독자의 1초를
아껴주는 정성을
만나보세요!

세상이 아무리 바쁘게 돌아가더라도 책까지 아무렇게나 빨리 만들 수는 없습니다.

인스턴트 식품 같은 책보다 오래 익힌 술이나 장맛이 밴 책을 만들고 싶습니다.

땀 흘리며 일하는 당신을 위해 한 권 한 권 마음을 다해 만들겠습니다.

마지막 페이지에서 만날 새로운 당신을 위해 더 나은 길을 준비하겠습니다.

거니의 문과 감성 실용 파이썬

Gunny's Python Automation for Beginners

초판 발행 · 2023년 1월 20일

지은이 · 이건희
발행인 · 이종원
발행처 · (주)도서출판 길벗
출판사 등록일 · 1990년 12월 24일
주소 · 서울시 마포구 월드컵로 10길 56(서교동)
대표 전화 · 02)332-0931 │ **팩스** · 02)322-0586
홈페이지 · www.gilbut.co.kr │ **이메일** · gilbut@gilbut.co.kr

기획 및 책임 편집 · 이원휘(wh@gilbut.co.kr) │ **디자인** · 박상희 │ **제작** · 이준호, 손일순, 이진혁
마케팅 · 임태호, 전선하, 차명환, 박민영, 지운집, 박성용 │ **영업관리** · 김명자 │ **독자지원** · 윤정아, 최희창

책임 편집 · 이미연 │ **전산편집** · 박진희 │ **출력 및 인쇄** · 금강인쇄 │ **제본** · 금강제본

ISBN 979-11-407-0301-2 93000
(길벗 도서코드 080300)

정가 22,000원

독자의 1초를 아껴주는 정성 길벗출판사

(주)도서출판 길벗 · IT교육서, IT단행본, 경제경영서, 어학&실용서, 인문교양서, 자녀교육서 www.gilbut.co.kr
길벗스쿨 · 국어학습, 수학학습, 어린이교양, 주니어 어학학습, 학습단행본 www.gilbutschool.co.kr

페이스북 · www.facebook.com/gbitbook
예제 소스 · http://github.com/gilbutITbook/080300

거니의

문과 감성 실용

파이썬

이건희 지음

길벗

2020년 10월 클래스101이라는 온라인 클래스 플랫폼에 코딩을 한 번도 해본 적 없는 비전공자를 위한 파이썬 업무 자동화 강의를 업로드했습니다. 이 강의가 인연이 되어 제가 가장 좋아하는 출판사인 길벗출판사와 책을 만들게 되었습니다. 강의할 때 말로 전했던 내용들을 글로 옮기고, 또 조심스럽게 읽어보면서 많이 고민하고, 그 고민 끝에 많은 부분을 수정한 뒤에야 이렇게 한 권의 책으로 세상에 나올 수 있었습니다.

말을 글로 옮기는 건 쉽지 않은 작업이었습니다. 강의와 똑같은 내용을 설명하지만, 제가 의도했던 뉘앙스와 분위기, 악센트까지 디테일하게 글로 옮기기에는 제약이 많았습니다. 하지만 글로 옮기면서 강의에서 설명이 약간 부족했던 부분을 더 명확한 문장으로 풀어서 자세히 이야기할 수 있었습니다. 강의에서 아쉬웠던 부분들이 책에서 많이 보완되었다는 느낌입니다.

다른 전공도 그렇겠지만 컴퓨터 공학에서는, 누군가 남긴 작업물 덕분에 이후 세대 개발자가 혜택을 누리며 더 편하게 프로그래밍할 수 있습니다. 파이썬 언어 또한 그렇습니다. 1972년에 데니스 리치가 C언어를 만들었고, 이후 여러 아이디어가 실험되고 발전하여 1989년 파이썬이 만들어졌습니다. 애초에 C언어가 없었다면 파이썬도 없었을 것입니다. 더 나아가, 파이썬 안에는 누군가 만들어놓은 14만여 개 라이브러리가 있습니다. 지금 이 순간에도 계속 늘고 있는 이 라이브러리들 덕분에, 내게 필요한 기능이 있으면 언제든지 가져와 편하게 그 기능을 사용할 수 있습니다. 누군가가 예전에 쓴 시간들이 현재와 미래에 많은 사람의 시간을 절약해주는 구조입니다.

저도 이러한 혜택을 받으며 컴퓨터 공학을 배웠고 많은 프로그램을 만들 수 있었습니다. 컴퓨터 공학을 발전시킨 많은 위인처럼, 저도 제가 만든 작업물이 누군가의 시간을 조금이라도 줄여준다면, 누군가에게 조금이라도 도움이 된다면 정말 좋겠습니다.

이 책으로 파이썬을 배우는 독자 여러분이, 제가 고민한 시간만큼 좀 더 빨리 파이썬을 배울 수 있다면 기쁘겠습니다. 또한, 이 책에서 같이 만들어볼 자동화 프로그램이 여러분의 시간을 아껴주기를 바랍니다.

코딩하는거니

이 책에서는 파이썬을 사용하여 일상이나 업무에 도움이 될 만한 자동화 프로그램을 만드는 과정을 함께 진행해 봅니다. 자동화 프로그램을 만들기까지 배워야 할 아주 기초적인 프로그래밍 문법과 파이썬에서 제공하는 자료 구조를 학습합니다.

프로그래밍을 한 번도 해본 적 없는 이가 읽어도 잘 따라올 수 있도록 전문 용어는 최대한 자제하고 쉬운 표현으로 설명했습니다. 다만 컴퓨터와 프로그래밍은 이름 자체가 영어인 만큼, 프로그래밍과 관련한 영어 표현이 많이 나옵니다. 영어 표현은 가능한 한글로 표현했으나 너무 무리해서 한국어로 옮기지는 않았고 융통성 있게 음차하거나 영어 그대로 표기하기도 했습니다. 두 표현 모두에 익숙해지도록 일부러 혼용한 부분도 있습니다. 프로그래밍할 때 구글 검색은 매우 중요하기 때문에 영어로 학습하면 향후 모르는 게 생겨 검색할 때 큰 도움이 될 것입니다.

초반에는 파이썬 기초 문법에 대해 배워보고, 파이썬에서 제공해준 자료 구조를 학습합니다. 어느 정도 프로그램을 만들 준비가 된 후에는 엑셀, 워드, 웹 사이트 등 실제 우리가 자주 쓰는 프로그램을 교재 삼아 프로그램이 만들어지는 과정을 학습합니다.

이 책의 목표는 엑셀, 워드, 웹 자동화 프로그램을 같이 만들어 보면서 궁극적으로 나에게 필요한 프로그램을 스스로 만드는 방법을 배우는 데에 집중합니다. 완벽한 코드를 보면서 키보드로 따라 치기만 하는 실습은 지양했습니다. 대신에, 프로그램을 만들어 나가면서 흔히 저지를 수 있는 실수, 오류를 파악하고 수정하는 과정 등을 실습에 고스란히 담았습니다. 앞으로 여러분이 어떤 프로그램을 만들더라도 비슷한 과정을 거칠 겁니다. 이 책을 통해 프로그래밍 과정을 잘 파악하고 연습하여 두려움 없이 프로그래밍에 도전하기를 바랍니다.

이 책은 크게 1부와 2부로 나눠져 있습니다. 1부에서는 파이썬으로 코딩하기 위해 필요한 내용들을 알아봅니다. 파이썬을 설치하고 코드를 입력하는 방법, 프로그램을 만들기 위해 기본적으로 알아야 하는 문법, 데이터를 다룰 때 아주 유용한 자료 구조를 배웁니다.

1부 | 나의 첫 파이썬: 파이썬 다뤄보기

① OT: 왜 파이썬인가?

② 파이썬 설치: 가능한 쉽게!

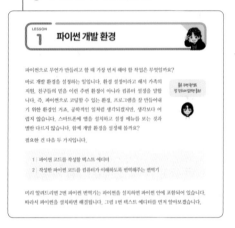

③ 파이썬 기본: 꼭 알아야 할 핵심만!

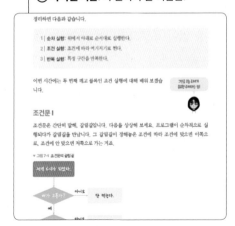

④ 파이썬 자료 구조: 궁금한 건 바로 해결!

2부에서는 1부에서 배운 지식들을 활용하여 프로그램 만드는 방법을 배웁니다. 진짜 프로그래머가 프로그램을 만드는 방식 그대로, 실제 동작하는 자동화 프로그램을 만들어 봅니다.

2부 | 나의 첫 프로그램: 파이썬으로 프로그램 만들어보기

① OT: 왜 자동화 프로그램을 실습하는가?

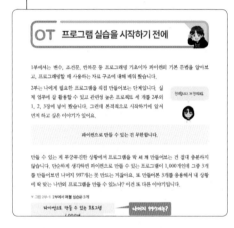

② 실전 1: 흩어진 엑셀 데이터 취합하기

③ 실전 2: 워드에 자동으로 입력하기

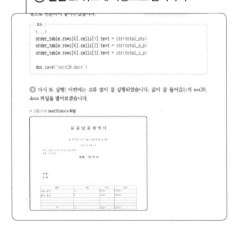

④ 실전 3: 웹 자동 모니터링 프로그램 만들기

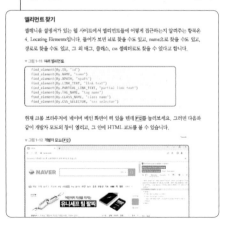

(예제 파일 내려받기)

예제 파일은 출판사 웹 사이트에서 도서 이름으로 검색하여 내려받거나 길벗출판사 깃허브와 저자 깃허브에서 내려받을 수 있습니다.

- 길벗출판사 웹 사이트 ▸ http://www.gilbut.co.kr
- 길벗출판사 깃허브 ▸ https://github.com/gilbutITbook/080300
- 저자 깃허브 ▸ https://github.com/gunnypython/gunnypython

깃허브에서 예제 파일을 내려받는 방법

1 깃허브 URL을 입력하여 접속합니다.

2 초록색 Code 버튼을 클릭합니다.

3 Download ZIP을 클릭합니다.

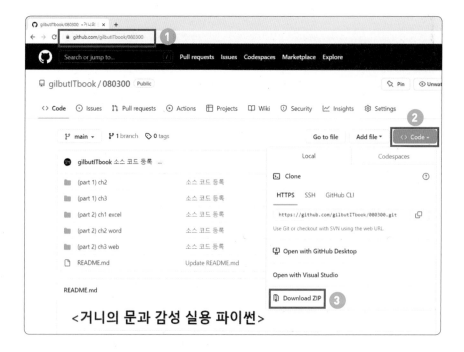

(**예제 파일의 구조**)

제공하는 예제 파일의 전체 구조는 다음과 같습니다.

1부 장별 / LESSON별로 정리했습니다.
1장(LESSON 1 파이썬 개발 환경, LESSON 2 주피터 랩) 부분은 코드가 없습니다.

2부 실습(엑셀, 워드, 웹)별로 정리했습니다.

1부 나의 첫 파이썬

- 📁 (part 1) ch2
  - 📄 lesson3.ipynb
  - 📄 lesson4.ipynb
    ⋮
  - 📄 lesson13.ipynb
- 📁 (part 1) ch3
  - 📄 lesson14.ipynb
  - 📄 lesson15.ipynb
    ⋮
  - 📄 lesson20.ipynb

2부 나의 첫 프로그램

- 📁 (part 2) ch1 excel
  - 📄 A연구실지원자.xlsx
    ⋮
  - 📄 excel.ipynb
- 📁 (part 2) ch2 word
  - 📄 contract_form.docx
  - 📄 list.txt
  - 📄 word.ipynb
- 📁 (part 2) ch3 web
  - 📄 web.ipynb

〔 오탈자 / 문의사항 〕

오탈자나 문의사항이 있다면 길벗출판사 웹 사이트나 저자 깃허브로 문의해 주세요.

- 저자 깃허브 ▶ https://github.com/gunnypython/gunnypython
- 길벗출판사 ▶ 웹 사이트(http://www.gilbut.co.kr) 접속 → 고객센터 → 1:1 문의 선택(로그인 필요)

▼ 그림 1 고객센터 > 1:1 문의

1부 │ 나의 첫 파이썬	시작 ▼	OT	파이썬을 시작하기 전에
1장 ▶ 파이썬 시작	1일	LESSON 01	파이썬 개발 환경
	2일	LESSON 02	주피터 랩
	3일	LESSON 03	숫자형과 문자형
	4일	LESSON 04	연산자
	5일	LESSON 05	변수
	6일	LESSON 06	변수: 실습
	7일	LESSON 07	조건문 I: 비교연산자, 논리연산자
2장 ▶ 파이썬 기본	8일	LESSON 08	조건문 II: IF, ELIF, ELSE
	9일	LESSON 09	조건문: 실습
	10일	LESSON 10	반복문 I: WHILE, FOR
	11일	LESSON 11	반복문 II: BREAK, CONTINUE
	12일	LESSON 12	반복문: 실습
	13일	LESSON 13	함수
	14일	LESSON 14	자료 구조 소개
	15일	LESSON 15	리스트
3장 ▶ 파이썬 자료 구조	16일	LESSON 16	리스트 연산 및 메서드
	17일	LESSON 17	튜플
	18일	LESSON 18	세트
	19일	LESSON 19	딕셔너리
	20일	LESSON 20	문자열 다루기
2부 │ 나의 첫 프로그램	시작 ▼	OT	프로그램 실습을 시작하기 전에
1장 ▶ 실전 프로그래밍1 : 엑셀 자동화	21일	LESSON 21	엑셀 자동화 프로그램 소개
	22일	LESSON 22	코딩 시작
	23일	LESSON 23	마무리 및 코드 분석
2장 ▶ 실전 프로그래밍2 : 워드 자동화	24일	LESSON 24	워드 자동화 프로그램 소개
	25일	LESSON 25	코딩 시작
	26일	LESSON 26	마무리 및 코드 분석
3장 ▶ 실전 프로그래밍3 : 웹 자동화	27일	LESSON 27	웹 자동화 프로그램 소개
	28일	LESSON 28	코딩 시작 I
	29일	LESSON 29	코딩 시작 II
	30일	LESSON 30	마무리 및 코드 분석
★ 완독 ★		마치며	완독을 축하합니다! 프로그래밍을 계속 해나갈 여러분을 응원합니다!

세상과 가까워지고 싶은 개발자로서 거니의 문과 감성 설명을 들어보면 참으로 경이롭습니다. 거니는 제가 아는 사람 중에 어려운 지식을 쉽게 풀어서 가장 잘 설명할 수 있는 사람입니다. 옆에 있는 개발자가 뭐하는 사람인지 궁금한 마케터, 디자이너, 기획자뿐 아니라 코딩이 대세라서 한번 접해보고 싶은데 도저히 그들의 세상 속으로 들어가기엔 엄두가 안 나는 분은 꼭 이 책으로 프로그래밍에 입문해 보기를 추천합니다.

게으른 개발자 쌤 | 빗썸

거니 님 유튜브에서 보았던 특유의 쉽고 재미있는 설명 방식이 글에 잘 녹아 있어서 초보자도 재미있게 몰입하여 배울 수 있었습니다. 유튜브 영상을 본 구독자라면 마치 음성이 지원되는 효과까지 누릴 수 있습니다. 요즘 시대에 필요한 파이썬과 자동화 관련 지식을 재미있는 설명과 함께 단순히 기초와 실습뿐만 아니라, 다양한 사례에 응용할 수 있는 접근 방법 자체를 배울 수 있는 책으로 코딩 입문자에게 강력 추천합니다.

조코딩 | 유튜버

파이썬은 굉장히 장점이 많은 프로그래밍 언어입니다. 다른 언어에 비해서 배우기 쉬우면서도 조금만 다룰 수 있다면 그 활용도가 엄청나죠. 개발자, 데이터 과학자, 비즈니스 분석가, 연구원 등 수많은 직종에서 사랑받고 있는 언어입니다. 이 책은 파이썬 코더라면 꼭 알아야 할 기초 지식과 다양한 업무 자동화 응용 사례를 거니 님 특유의 재치 있고 명쾌한 설명으로 풀어낸 책입니다. 프로그래밍을 배워보고 싶었지만 망설였던 분이 있다면 이 책을 강력 추천합니다!

Jason Choi | 아마존 알렉사팀 응용 과학자

파이썬은 초보자에게 좋은 언어로도 알려져 있지만 현업 개발자에게도 없어서는 안 될 언어 중 하나입니다. 파이썬을 처음 배울 때, 어려운 용어보다 쉬운 말로 하는 설명을 지향하는 거니에게 배운다면 흥미롭게 배울 수 있을 것입니다. 코딩 입문자에게 파이썬을 유쾌하게 배울 방법을 소개한다면, 거니의 파이썬! 추천합니다.

Sanghyuk Lee | 아마존 PV팀 개발자

직접 이야기를 듣는 것처럼 편안하게 설명해서 이해하기 쉬웠습니다. 단순히 따라만 하는 게 아니라 기초 문법과 자료 구조까지 자세히 설명해줘서 정말 좋았습니다. 기본기를 탄탄하게 다지는 느낌이랄까요. 지금까지 복사해서 붙여 넣는 소위 '야매코딩'으로 자동화 프로그램만 대충 만들어 보았는데, 파이썬 기초 문법부터 차근차근 읽으며 실습하니까 원리부터 잘 알게 되어 더 잘 활용할 수 있었어요. 2부에서 자동화 프로그램을 만들면서 모르는 부분이 나오면 계속 앞으로 돌아가 참고하면 좋을 것 같습니다. 파이썬 자동화 프로그램은 직장인으로서도, 대학원에서 연구하면서도 꼭 만들어 봐야지 생각만 하고 있었는데, 이 책에서 필요한 지식만 알려주면서 실습도 꼼꼼하게 잘 알려줘서 정말 좋았습니다. 사람마다 자동화해서 만들고 싶은 프로그램이 다를 텐데, 이 책에서는 세 가지 파이썬 자동화 프로그램을 응용해서 각자에게 맞는 프로그램을 만들 수 있도록 가이드하고 있습니다. 어떤 프로그램을 만들어 볼지는 아직 구상 중이지만 나중에 도움이 많이 될 것 같습니다.

구베타 | 직장인 | 직장과 대학원 병행 중

저는 국어국문학과를 졸업하고 개발과는 거리가 먼, 책 제목대로 문과에 가까운 삶을 살았습니다. 그러다가 온라인 교육 시스템 관련 업무를 하게 되면서 맡은 업무를 조금 더 잘해보고자 개발 공부를 시작하게 되었습니다. 제목에 '문과 감성'이라고 하니 파이썬 공부에 대한 장벽이 상대적으로 낮게 느껴졌습니다. 실제로 책을 봤을 때도 쉬운 단어와 예시로 쉽게 잘 설명해서 이해하기 좋았습니다. 또 직접 설명하는 듯한 구어체로 되어 있어 책을 읽는데도 옆에서 거니 님이 직접 설명해주는 듯한 느낌을 받았습니다. 1부에서는 기본적인 것을 배웠는데, 2부에서는 1부보다 더 실질적이고 활용 가능한 내용들을 배울 수 있어 큰 도움이 되었습니다. 특히 구글을 활용하는 방법이 설명되어 있어서 좋았고, 실습 사례에 현실에서 쉽게 겪을 수 있는 다양한 상황들이 녹아 있어서 더 몰입하면서 배울 수 있었습니다. 이 책을 통해 파이썬을 실제로 어떻게 활용할 수 있는지, 나에게 필요한 파이썬 프로그램은 어떻게 만들 수 있는지를 배울 수 있어서 좋았습니다. 저 같이 비전공자나 막연하게 '파이썬 배워야 하는데…' 하는 분께 꼭 추천하고 싶습니다! 다른 분들도 파이썬을 이해하는 것을 넘어 실제로 잘 활용할 수 있기를 바랍니다.

김대경 | 연세대학교 | 직원

주요 핵심 부분만 잘 설명된 것 같습니다. 프로그래밍을 시작하거나, 경험해보고 싶은 분께 적극 추천합니다.

박지호 | 크리더 | 3년차 풀스택 개발자

목차 및 구성이 자연스럽고 문장이 술술 읽혀서 너무 좋았습니다. 실습도 딱딱하지 않게 재미있었고, 난이도도 너무 쉽거나 어렵지 않은 딱 적당한 수준이었습니다. 특히 2부 내용이 조금 어려워 보여도 막상 읽어보면 그렇지 않았습니다. 거니 님이 직접 옆에서 말해주는 듯한 대화 형식의 풀이여서 확실히 이해가 잘 되었습니다. 크롤링, 뷰티풀숲 등 낯설 수 있는 개념이나 용어들이 많이 나오는데 재미있게 접근하고 이해할 수 있도록 예제 및 풀이가 잘 구성되어서 마치 한 단계를 깨나가는 퀴즈처럼 느껴졌습니다. 비유적인 표현이나 일상생활에 빗대어 설명해준 덕분에 한 번 읽으면 개념이 헷갈리지 않고 확실하게 머릿속에 들어와서 좋았습니다.

김종석 | 금융IT 재직 중 | 데이터 전문가

저도 공부하면서 구글 검색을 많이 하는데 구글 자료와 비교하면 이 책의 설명은 확실히 섬세했습니다. 어려운 내용도 차근차근 이해시키면서 가르쳐줘서 입문서로 접근하기에 부담 없이 딱 좋았습니다. 오류를 고쳐가면서 독자와 함께 한다는 느낌이 강하게 드는 책이었습니다. 1부에서 개념 위주로 배우다가, 2부에서 직접 문제를 파악하고, 해결 과정을 생각한 후 실습하려니 막막했는데, 하루에 조금씩 분량을 정해서 따라가니 끝까지 할 수 있었습니다! 하나하나 단계별로 안내되어 있어서 초보자도 두려움을 없애고 차근차근 하면 된다는 걸 계속 상기한다면 끝까지 포기하지 않고 잘 따라갈 수 있을 것입니다.

김현진 | 컴퓨터공학부 소프트웨어 인공지능 전공 | 개발자 취업 준비 중

첫 번째로, 거니 님의 책 집필 목표인 "전문 용어를 최소화하고, 누구나 다 이해할 수 있는 표현으로 프로그래밍 이야기를 한번 해보자!" 문구가 너무 좋았습니다. 저도 수학을 전공했고 남에게 다소 어려운 지식을 전달해야 할 때, 이해할 수 있는 표현으로 설명해 주려고 많이 노력했는데, 실제로 책을 읽으면서 이해가 쉽게 표현해줘서 너무 좋았습니다. 두 번째로, "예전에는 프로그램을 하나 만들 때 처음부터 대규모 프로그램을 완벽하게 설계해서 한 땀 한 땀 공들여서 만들었는데요. 이제는 여러 가벼운 프로그램을 빠른 시간에 일단 동작하도록 만들어내게 바뀌었습니다." 표현은 실무에서 제가 많이 느낀 부분입니다. 기본 개념에 대한 설명에서도 이전에 작성한 파이썬 프로그램 중 어떤 부분을 특정 자료 구조로 변경해야겠다는 생각이 많이 들 정도로 도움이 많이 되었습니다. 물고기가 아니라 물고기를 잡는 법을 알려준다는 말에 많이 공감했습니다. 책에서도 언급되었지만, 컴퓨터 공학 전문 용어를 모르더라도 내가 해결하고 싶은 문제가 무엇인지 정확히 파악할 수 있다면 좋은 프로그램을 만들 수 있다고 생각합니다. 이 책을 공부하면서 파이썬을 심도 있게 다루는 개발자는 아니지만, 앞으로 필요한 곳에 파이썬 자동화 프로그램을 만들 수 있을 거란 자신감을 가질 수 있었습니다.

특히, 웹 자동화 프로그램의 경우 정말 필요하다고 생각했지만 어려울 것이라고 항상 포기하고 만드는 것을 망설이게 되었는데, 이 책을 보면서 자신감을 갖게 되었습니다. 이 책에서 배운 '물고기 잡는 법'을 활용하여 그동안 아이디어로 머물러 있었던 제 프로그램들을 하나씩 만들어볼 예정입니다. 이 책이 실습의 양이 꽤 많고 복잡해보일 수도 있지만, 제대로 가르쳐 주느라 그런 것이니 너무 스트레스 받지 말기를 바랍니다. 2부에 있는 자동화 실습들을 진행하면서 기억 안 나는 부분을 다시 1부에서 복습하는 형태로 공부하면 좋습니다. 한 번에 다 알려고 하는 것보다 필요한 부분만 골라서 공부하면 지루함을 줄이고 재미있는 파이썬 프로그래밍이 될 것입니다.

김기덕 | 이스트시큐리티 | 알약 엔진 개발자

이 책은 비전공자 눈높이에 맞춰 기본 문법과 개념을 쉽게 설명합니다. 각 LESSON이 짧아 하루에 시간을 많이 투자하지 않아도 되므로, 처음 파이썬을 공부하는 분께 추천합니다. 또한, 개발하며 자주하는 실수, 누락하는 부분, 그 외 궁금한 점을 그림 및 구어체로 설명해주어 머릿속에 오래 기억하게 만들어 줬습니다. 저도 기존에 알던 내용에서 놓쳤던 부분을 이 책에서 다시 한번 알게 되었습니다. 눈으로 읽는 것보다는 거니 님이 알려준 방법으로 설치부터 직접 따라 하며 손으로 코딩해보면 더욱더 빠르게 성장할 수 있을 것입니다.

정호영 | 취업 준비생 | 백엔드 개발자 준비 중

문과 감성에서의 접근이 좋았습니다. 더 쉽고 친근하게 접근할 수 있게 잘 설명되었고, 개념을 잡기 위한 그림도 잘 들어가 있어서 실습을 따라 하기도 편했습니다. 2부에서는 라이브러리 구성에 대한 팁이라던지, 설치하는 방법에 대한 가이드가 잘 제시되어 있어 좋았습니다. 특히 워드 자동화에서 실제로 구글에서 검색해가며 자료와 설명을 따라가니 몰랐던 부분이 잘 이해되는 느낌이었습니다. 요즘은 클론 코딩 형식으로 많이 실습하곤 하는데, 이 책 1부와 2부를 완독하면 본인이 원하는 파이썬 응용 프로그램(자동화) 관련 프로젝트를 더 구체적으로 기획할 수 있을 것입니다. 클론 코딩하기 전에, 이 책을 통해 기초 지식을 쌓고 예제도 따라서 해보고, 컴파일 에러가 날 때 내 코드와 어떤 부분이 다른지 확인하는 방식으로 학습하면 도움이 될 것입니다.

루이 | 연구원 | 6년차 펌웨어 엔지니어

코드를 따라 해볼 때 실제로 오류를 내고 그 오류를 수정하는 것을 배우는 방식이 인상 깊었습니다. 이렇게 당장 완벽하지 않더라도 일단 해보고 오류가 난 부분을 찾아서 해결해가며 배우다 보면 금방 실력이 늘 것 같습니다. 또한, 보통 책에서는 이론과 문법을 알려주고 그 내용으로 실습하는 게 대부분인데 진짜 실무처럼 직접 구글에서 검색해 찾아보는 것이 큰 도움이 되었습니다.

양정운 | 공주대학교 컴퓨터공학부 | 개발자 취업 준비 중

거니 님의 강의에서 보았던 말투를 그대로 사용하여 익숙했고, 내용도 흥미롭게 설계되어 있어 학습에 부담이 없고 재미있었습니다. 특히 2부에서는 구글 검색을 효율적으로 사용하는 방법(검색하고 문제 해결하는 방식들)을 알기 쉽게 풀어 주고 그 과정을 세세히 설명해줘서 특히 도움이 되었습니다. 전공자와 비전공자 사이에 장벽을 유연하게 만들려는 거니 님의 행보를 응원합니다.

정연수 | 취업 준비생 | 백엔드 개발자 준비중

비전공자로 IT업계에 들어와 어떻게든 경쟁력을 갖기 위해서 개발에 대한 관심을 놓지 않으려 노력해 왔습니다. 1부를 읽으면서 이제껏 풀리지 않았던 여러 의문들이 한 번에 정리되고 풀리는 느낌이었습니다. 특히 작은따옴표와 큰따옴표, for와 while의 차이 등 어디서도 들을 수 없었던 섬세한 이야기들과, 그동안 도무지 왜 배우는 건지 모르고 일단 외우고 봤던 자료 구조 등이 사이다처럼 명쾌하게 이해되었습니다. 이 책은 마치 거니 님의 '음성 지원'을 받는 느낌입니다. 구어체로 쭉쭉 읽기 쉽게 풀어서 설명하고, 발생할 수 있는 오류에 대해서도 경우의 수를 나눠 참고 설명을 붙여주고, 코드도 풀어서 두번 세번 스텝을 나눠 설명해주니, 책을 보는 내내 재미있었습니다. 책에 나와 있는 내용을 하나하나 찍어보면서 직접 실습해 보세요. 저도 오류가 나면서도 다시 해보고, 또 해보는 사이에 내용을 더 명확하게 이해할 수 있었습니다.

박지은 | 프리랜서 | 서비스기획자

목차

1부 — 나의 첫 파이썬

파이썬을 시작하기 전에　020

1장 Hello, Python World!　025

LESSON **1**　파이썬 개발 환경　026
LESSON **2**　주피터 랩　036

2장 파이썬 기본　051

LESSON **3**　숫자형과 문자형　052
LESSON **4**　연산자　064
LESSON **5**　변수　073
LESSON **6**　변수: 실습　081
LESSON **7**　조건문 I: 비교연산자, 논리연산자　089
LESSON **8**　조건문 II: IF, ELIF, ELSE　101
LESSON **9**　조건문: 실습　114
LESSON **10**　반복문 I: WHILE, FOR　119
LESSON **11**　반복문 II: BREAK, CONTINUE　126
LESSON **12**　반복문: 실습　134
LESSON **13**　함수　144

3장 파이썬 자료 구조　153

LESSON **14**　자료 구조 소개　154
LESSON **15**　리스트　157
LESSON **16**　리스트 연산 및 메서드　167
LESSON **17**　튜플　189
LESSON **18**　세트　197
LESSON **19**　딕셔너리　209
LESSON **20**　문자열 다루기　226

2부 — 나의 첫 프로그램

프로그램 실습을 시작하기 전에   234

1장 **실전 프로그래밍1: 엑셀 자동화**   237

LESSON **21**   엑셀 자동화 프로그램 소개   238
LESSON **22**   코딩 시작   260
LESSON **23**   마무리 및 코드 분석   284

2장 **실전 프로그래밍2: 워드 자동화**   297

LESSON **24**   워드 자동화 프로그램 소개   298
LESSON **25**   코딩 시작   324
LESSON **26**   마무리 및 코드 분석   354

3장 **실전 프로그래밍3: 웹 자동화**   371

LESSON **27**   웹 자동화 프로그램 소개   372
LESSON **28**   코딩 시작 I   395
LESSON **29**   코딩 시작 II   414
LESSON **30**   마무리 및 코드 분석   443

 완독을 축하합니다!   458

찾아보기   461
함수, 메서드   464

1 부

나의 첫 파이썬

OT	파이썬을 시작하기 전에
1장	파이썬 시작
2장	파이썬 기본
3장	파이썬 자료 구조

OT 파이썬을 시작하기 전에

안녕하세요. 반갑습니다! **코딩하는거니**라는 유튜브 채널에서 컴퓨터 관련 지식을 쉽게 이야기해 드리고자 노력하고 있는 **거니**입니다.

▼ 그림 1부-1 코딩하는거니[1]

이 책에서 여러분과 함께 이야기해볼 주제는 파이썬이라는 프로그래밍 언어입니다. 하지만 그냥 파이썬이 아니라 **문과 감성 실용 파이썬**입니다. 문과 감성 실용 파이썬이란 무엇일까요? 키워드별로 의미를 하나씩 살펴보겠습니다.

문과 감성 프로그래밍

공학 과목은 전문 용어를 많이 씁니다. 하지만 이래서는 코딩이라는 분야가 대부분의 공과대학 건물처럼 산 위로 격리되고 세상과 가까워지지 못할 거라는 생각이 들었습니다.

---

1 https://www.youtube.com/gunnycoding

마치 다음 그림처럼 말이죠(그림 1부-2는 제가 다닌 서울대학교 관악캠퍼스인데, 눈이 오면 공과대학 건물까지 버스가 올라가지 못해서 강제로 관악산을 등산하곤 했답니다).

▼ 그림 1부-2 산 위에 격리된 공과대학 건물

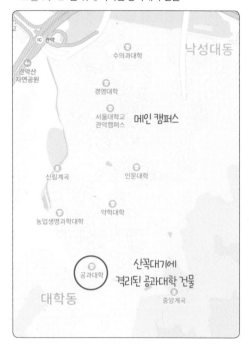

사실 공과대학이 세상과 더욱 가까워져야 하는 이유는 많습니다. 특히 오늘날에는 공학을 전공하지 않아도 코딩이나 프로그래밍을 필수로 알아야 한다고 인식이 바뀌고 있는 만큼,

> 전문 용어를 최소화하고, 누구나 다 이해할 수 있는 표현으로
> 프로그래밍 이야기를 한번 해보자!

라는 문과 감성으로 공학 지식을 풀어보려고 합니다.

실용 프로그래밍

넘어야 할 산은 전문 용어뿐만이 아니죠. 프로그래밍을 제대로 하려면 0과 1 같은 바이너리부터 시작해서 자료 구조, 운영체제, 알고리즘 등을 다 공부하고 컴퓨터 공학부에서

4년간 배우는 내용을 모두 알아야 프로그래밍을 잘할 수 있다는 이야기도 있습니다. 뭐 100% 틀린 말은 아닙니다.

이러한 지식을 다 배우면 아주 튼튼한 프로그램을 만들 수 있겠죠? 하지만 프로그램이 완벽하지 않아도, 말랑말랑한 버그가 조금 있어도, 일상에서 필요한 일을 해주고 내 일을 좀 더 편하게 만들어주면 그걸로 충분하지 않을까요?

▼ 그림 1부-3 완벽하지 않아도 괜찮지 않을까?

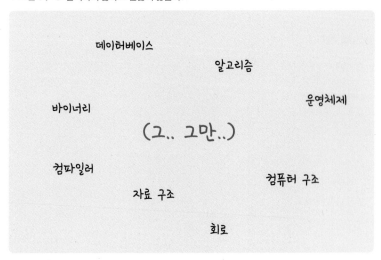

전공 지식은 최소화해서 필요한 것만 조금씩 배워 나가며 그때그때 나에게 필요한 프로그램을 만들 정도라면 바이너리니 알고리즘이니 하는 것은 크게 중요하지 않다고, 저는 생각합니다. 전공 지식은 정말 그 지식이 필요한 때가 왔을 때, 그때 가서 배우면 되지요. 프로그래머들도 새로운 프로그램을 만들기 전에 구글 검색부터 하거든요.

파이썬 프로그래밍

이렇게 문과 감성으로 실용적인 프로그래밍을 하기 위해 고른 프로그래밍 언어가, 바로 **파이썬**입니다. 파이썬은 다른 언어에 비해 최근에 널리 퍼지며 인기를 얻었습니다. 파이썬의 인기가 왜 이렇게 높아졌을까요?

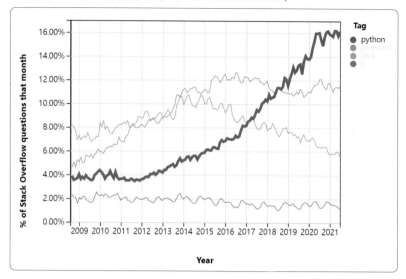

요즘에는 프로그래밍, 코딩이라는 것이 여러 산업 분야에서 없어서는 안 될 일이 됐습니다. 회사가 IT나 컴퓨터와 크게 관련이 없어도 프로그래밍해야 할 일이 조금씩 생겨나기 시작한 겁니다. 코딩을 사용해 간단히 생산력을 올릴 수 있다는 것을 깨달은 것이죠.

그래서 프로그래밍 패러다임도 달라졌습니다. 예전에는 프로그램을 하나 만들 때 처음부터 대규모 프로그램을 완벽하게 설계해서 한 땀 한 땀 공들여서 만들었는데요. 이제는 여러 가지 가벼운 프로그램을 빠른 시간에 일단 동작하도록 만들어내게 바뀌었습니다.

▼ 그림 1부-5 프로그램 패러다임의 변화

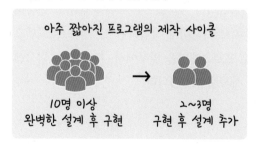

2 https://insights.stackoverflow.com/trends?tags=c%2Cjavascript%2Cjava%2Cpython

또한, IT 기술이 일반 회사로도 조금씩 퍼지면서 공학을 전공하지 않은 분(비전공자)도 이를 접할 기회가 많아지게 되었죠. 그러면서 당장 내가 원하는 프로그램을 뚝딱뚝딱 만들기 좋고 복잡하지 않은 언어를 원하게 되었고요. 이러한 변화들이 맞물리는 시기가 우연인 듯 필연인 듯 묘하게도 파이썬의 인기가 급격하게 올라간 시기와 살짝 겹칩니다.

물론 파이썬은 현재 비전공자뿐만 아니라 실제 프로그래머도 아주 유용하게 잘 쓰는, 인기 있는 프로그래밍 언어로 Best 3 안에 드는 언어랍니다.

▼ 그림 1부-6 파이썬

- 간단한 프로그램을 금방 만들기 좋은 언어
- 비전공자가 가장 선호하는 언어
- 실제 프로그래머도 유용하게 사용하는 언어

이제부터 파이썬이라는 언어를 사용해, 원하는 프로그램을 간단히 만들어 볼까요?

정리

여러분이 이 책을 통해 프로그래밍이 뭔지 감을 잡고, 파이썬을 한번 사용해 보면서 코딩을 알아가기를 바랍니다. 이 책은 정답만이 아니라, 프로그래밍하면서 쉽게 접할 수 있는 오류들과 그 오류들을 해결하는 과정까지 함께 보여주면서, 여러분이 미래에 접하고 느낄 코딩 경험과 최대한 비슷하게 내용을 준비했습니다. 이 책으로 코딩을 배우고 연습해서 뭘 할 수 있는지 깨닫고, 그동안 힘들게 손으로 하나하나 작업하던 것들을 프로그램으로 자동화할 수 있기를 바랍니다. 마지막으로 프로그래밍을 일상에서, 학교에서, 회사에서 실용적으로 사용할 수 있기를 바라며 한번 시작해 보겠습니다.

1 장

Hello, Python World!

1장은 파이썬으로 코딩하기 위해 필요한 것들을 알아보고, 실제로 간단히
사용해 보면서 인사하는 시간입니다. 꼭 필요한 것만 쉽게 해볼 테니 걱정
말고 시작해 봅시다!

LESSON
1 파이썬 개발 환경

파이썬으로 무언가 만들려고 할 때 가장 먼저 해야 할 작업은 무엇일까요?

바로 개발 환경을 설정하는 일입니다. 환경 설정이라고 해서 가족의 지원, 친구들의 믿음 이런 주변 환경이 아니라 컴퓨터 설정을 말합니다. 즉, 파이썬으로 코딩할 수 있는 환경, 프로그램을 잘 만들어내기 위한 환경인 거죠. 공학적인 일처럼 생각되겠지만, 생각보다 어렵지 않습니다. 스마트폰에 앱을 설치하고 설정 메뉴를 보는 것과 별반 다르지 않습니다. 함께 개발 환경을 설정해 볼까요?

물론 주변 환경도
잘 갖춰져 있으면 좋죠!

필요한 건 다음 두 가지입니다.

> 1 | 파이썬 코드를 작성할 텍스트 에디터
> 2 | 작성한 파이썬 코드를 컴퓨터가 이해하도록 번역해주는 번역기

미리 알려드리면 2번 파이썬 번역기는 파이썬을 설치하면 파이썬 안에 포함되어 있습니다. 따라서 파이썬을 설치하면 해결됩니다. 그럼 1번 텍스트 에디터부터 알아보겠습니다.

텍스트 에디터: 주피터

텍스트 에디터는 뭘까요? 파이썬 코드를 작성할 수 있는 프로그램입니다! 물론 컴퓨터마다 기본으로 설치된 메모장에 코드를 작성해도 됩니다. 실제로 1장에서 메모장으로 코딩을 시작하는 책도 있습니다. 그런데 그런 책들도 2, 3장에서는 모두 텍스트 에디터를 추천하고, 사용합니다.

왜 텍스트 에디터라는 걸 사용할까요? 텍스트 에디터가 코딩할 때 필요한 다양한 편의 기능을 제공하기 때문입니다. 우리가 글을 쓸 때 메모장을 사용하지 않고, 한글이나 워드 등 문서 작성 프로그램을 사용하는 것처럼 말이죠. 텍스트 에디터는 자동완성 기능 등으로

코드를 작성하기 쉽게 도와줍니다. 여러 색상으로 구분해 코드 내용을 알아보기 쉽게 정리해주고, 오류가 날 부분이나 잘못 작성된 코드를 표시해서 알려주기도 합니다.

이렇게 효율적으로 소프트웨어를 개발하기 위한 환경을 통합 개발 환경, 즉 IDE (Integrated Development Environment)라고 하는데, IDE의 역할은 생각보다 훨씬 많습니다. 무엇보다 이제 막 코딩을 시작한 우리도 폼 나게 코드를 작성할 수 있게 해줍니다. IDE는 종류도 다양하므로 나중에는 여러분 취향에 맞게 다른 IDE를 선택해도 상관없습니다.

그러나 우선 이 책에서는 최근 가장 많이 쓰는 텍스트 에디터를 사용하겠습니다. 그림 1-1은 한 웹 사이트에서 사람들이 가장 많이 사용하는 파이썬 IDE가 무엇인지 사용량으로 순위를 매긴 것입니다.

▼ 그림 1-1 파이썬 IDE 사용량 순위[3]

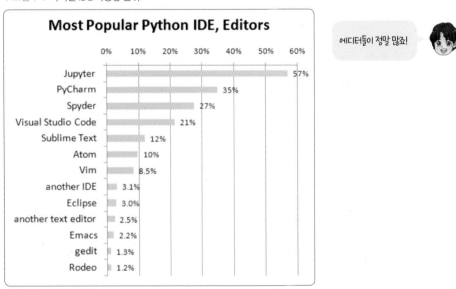

에디터들이 정말 많죠!

1위는 주피터가 차지했습니다. 그럼 고민하지 말고 바로 주피터를 설치해 보겠습니다.

앗, 거니 님! 인기 하나 믿고 바로 설치해도 되나요?

---

3 https://www.kdnuggets.com/2018/12/most-popular-python-ide-editor.html

물론입니다. 인기도는 컴퓨터 공학에서도 정말 중요하거든요. 사람들이 많이 쓰면서 서로서로 이야기해야 잘못된 부분은 고치고, 없는 건 만들면서 점차 개선해나갈 수 있습니다. 또한 내가 어떠한 오류를 마주쳤을 때, 나와 같은 오류를 이미 만나서 해결한 글들, 해결한 리소스들이 많다면 내가 코딩할 때도 유리합니다. 참고로 시간이 지나면서 순위가 바뀔 수도 있고, 에디터에 새로운 기능이 생길 수도 있으니 계속 관심을 두고 알아가면 좋겠습니다.

텍스트 에디터 + 파이썬 번역기 = 아나콘다

이제 설치할 두 가지를 모두 정했습니다.

1 │ 텍스트 에디터 =〉 **주피터**를 설치한다.

2 │ 파이썬 번역기 =〉 **파이썬**을 설치한다.

그런데 둘을 한 번에 설치할 수 있는, 두 가지를 다 가지고 있는 친절한 녀석이 있습니다. 바로 **아나콘다**(Anaconda)랍니다.

▼ 그림 1-2 아나콘다

아나콘다는 파이썬과 관련한 여러 패키지 친구들을 내려받거나, 다양한 환경을 손쉽게 구축할 수 있게 도와줍니다.

> **"파이썬 관련 주요 패키지를 모아놓은 종합 선물 세트"**
>
> **파이썬 + 다양한 오픈 소스 패키지 + 주피터 등 = 아나콘다**

따라서 매우 효율적으로 파이썬 개발을 할 수 있답니다. 우리는 아나콘다만 설치하면 되겠죠?

① 먼저 구글에 접속하세요. 앞으로도 구글에서 검색하는 일이 많답니다.

- https://www.google.com

② '아나콘다 다운로드'라고 검색하고, 처음에 나오는 공식 웹 사이트를 클릭합니다. 괜히 블로그 같은 데 들어가면 아나콘다는 파충류라느니, 너무 놀랍다느니 할 수 있기 때문에 꼭 공식 웹 사이트로 들어가세요.

▼ 그림 1-3 아나콘다 다운로드 검색

③ 공식 웹 사이트로 들어가면 다음과 같은 화면이 뜹니다. **다운로드(Download)** 버튼을 눌러 Anaconda3-2022.10-Windows-x86_64.exe라는 파일을 내려받습니다.

▼ 그림 1-4 아나콘다 공식 홈페이지

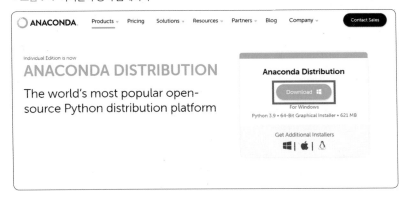

사용하는 컴퓨터 운영체제(윈도우, 맥, 리눅스)에 따라 파일을 다르게 받을 수 있는데, 이 책에서는 윈도우를 기준으로 실습할 것이므로 윈도우용 파일을 받겠습니다.

> **참고**
>
> **잠깐만요!**
>
> 이 책에서 사용하는 아나콘다 버전은 집필 시점(2022.11) 최신 버전입니다(Anaconda3-2022.10-Windows-x86_64.exe). 아나콘다는 시간이 흐르면 버전이 업데이트되기 때문에 설치 시점에 따라 기본적으로 설치되는 패키지들의 버전도 달라집니다. 이에 따라 책과는 다른 결과나 예기치 않은 오류가 생길 수 있습니다. 따라서 최신 버전이 있더라도 가능하면 책과 같은 버전으로 설치하길 권장합니다.

④ 내려받은 Anaconda3-2022.10-Windows-x86_64.exe 파일을 실행하면 다음과 같이 아나콘다 Setup 창이 뜹니다. 나오는 내용들을 하나하나 다 알지 못해도 됩니다. Next 버튼을 누르세요. Setup 창에서 설치 프로세스가 진행됩니다. I Agree 버튼을 누릅니다.

▼ 그림 1-5 아나콘다 Setup 창

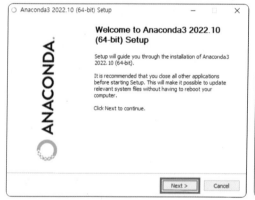
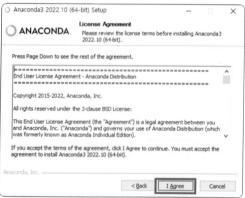

⑤ 순서대로 진행하세요. Next 버튼을 누릅니다. 설치 경로도 기본으로 제시된 경로 그대로 두어도 됩니다(원한다면 Browse 버튼을 눌러 바꿀 수 있지만 책에서는 기본 경로대로 두겠습니다). Next 버튼을 누릅니다.

▼ 그림 1-6 설치 프로세스

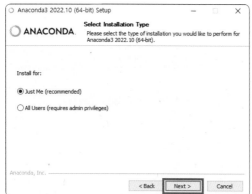
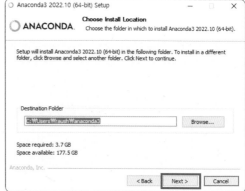

참고

설치 경로에 한글이 없어야 해요!

거니 님, 설치가 잘 안 돼요. 주피터가 실행되지 않아요.

이 경우 한 가지 확인해 보세요. 만약 윈도우 사용자 계정 이름이 한글이라면, 예를 들어 사용자 이름이 '이건희'라면 설치 경로에 한글이 들어가게 됩니다(C:\Users\이건희\anaconda3). 이러면 주피터 경로도 'C:\Users\이건희\workspace' 형태로, 한글이 들어가는 경로로 지정이 됩니다. 이처럼 경로에 한글이 들어가면 아나콘다나 주피터가 제대로 실행되지 않을 수 있으니 주의해야 합니다.

만약 윈도우 사용자 계정에 한글이 있다면, 반드시 영어로 된 계정을 새롭게 추가해서 아나콘다를 설치할 때 마우스 우클릭 후 관리자 권한으로 실행하여 설치하면 정상적으로 설치됩니다.[4]

1. **윈도우에서 사용자 계정 새로 추가하기**: 시작 > 설정 > 계정을 선택한 다음 가족 및 다른 사용자를 선택합니다. 다른 사용자 추가 옆에 있는 '계정 추가'를 선택합니다.

2. **아나콘다에서 관리자 권한 실행하기**: 윈도우에서 검색하여 anaconda prompt가 떴을 때 마우스 우클릭하여 '관리자 권한으로 실행'을 선택합니다.

3. 아직 위 내용이 어렵다면 설치 경로의 **Browse** 버튼을 눌러 한글이 없는 경로로 변경해 보세요.

⑥ 다음으로 Advanced Options 화면이 나오는데, 두 가지를 선택할 수 있습니다.

- 컴퓨터에 이미 파이썬을 설치했다면 둘 다 체크하지 말고 Install을 누릅니다.

- 컴퓨터에 파이썬을 처음 설치한다면 첫 번째를 체크한 다음 Install을 누릅니다.

---

4 https://bit.ly/3eH6bcF

Install을 누르면 설치를 진행합니다. 시간이 좀 걸릴 수 있어요.

▼ 그림 1-7 Advanced Options

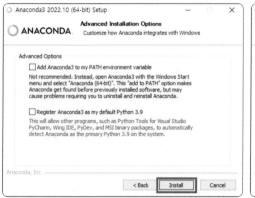 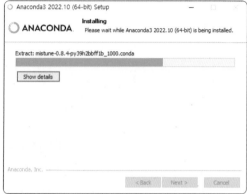

⑦ 설치가 끝나면 Next를 누릅니다. 누르다 보면 또 체크 박스가 나옵니다. 이건 아나콘다 튜토리얼을 내려받겠느냐, 아나콘다에 대해 더 알고 싶으냐는 이야기입니다. 그렇지 않다는 의미로 체크 박스를 해제하고 Finish를 누릅니다.

▼ 그림 1-8 설치 완료

 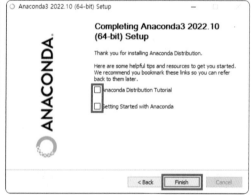

⑧ 아나콘다를 잘 설치했는지 확인해 볼까요? 윈도우 검색창에 anaconda를 입력해 보세요. 아나콘다 외에도 파워셸(Powershell), 내비게이터(Navigator) 같은 것들이 보이고, 주피터 노트북(Jupyter Notebook)도 보이네요. 주피터도 잘 설치된 것 같습니다. 검색 결과에서 맨 위에 있는 내비게이터(Anaconda Navigator)로 한번 들어가 볼까요?

▼ 그림 1-9 anaconda 검색 결과

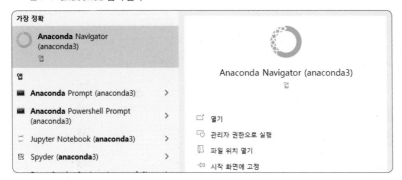

⑨ 클릭하면 다음과 같은 창이 뜹니다. 버튼이 Launch라고 뜨는 것은 아나콘다를 설치할 때 같이 설치된 것이고, Install이라고 뜨는 것은 아직 설치되지 않은 애플리케이션입니다. 이 중에서 우리가 사용할 주피터를 자세히 보겠습니다.

▼ 그림 1-10 아나콘다 내비게이터

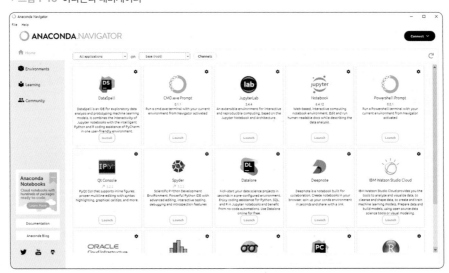

주피터 랩

내비게이터를 쭉 훑어보면 주피터 관련 애플리케이션이 두 개 있습니다. 바로 주피터 랩(JupyterLab)과 주피터 노트북(Notebook)입니다.

- **주피터 노트북**: 예전부터 일반적으로 사용해온 웹 기반의 IDE입니다.

- **주피터 랩**: 2018년에 나온, 주피터 노트북이 발전된 형태의 IDE입니다.

▼ 그림 1-11 주피터 랩과 주피터 노트북

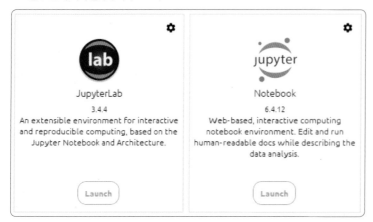

둘 중에 어느 걸 사용해도 상관없습니다. 그런데 나중에는 주피터 랩이 주피터 노트북을 대체할 거라는 이야기가 있으니, 이 책에서는 주피터 랩을 사용하겠습니다.

떨리는 마음으로 주피터 랩의 Launch 버튼을 눌러볼까요? Launch 버튼을 누르니 다음과 같은 화면이 실행됩니다. 이제 여기에서 파이썬 코딩을 시작할 겁니다.

▼ 그림 1-12 주피터 랩

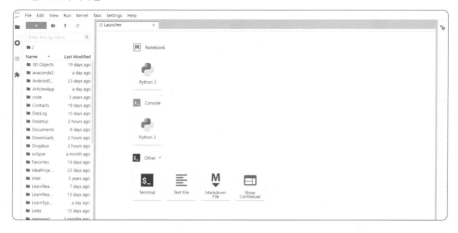

정리

수고하셨습니다! 파이썬으로 코딩할 준비가 끝났습니다. 개발 환경을 잘 설정한 겁니다. 그렇게 어렵지 않죠?

다음 시간에는 본격적인 코딩에 앞서 주피터 랩을 어떻게 사용하는지 알아보면서, 주피터 랩과 친해져 보겠습니다.

지난 시간에는 아나콘다를 설치하고 주피터 랩을 실행하는 것까지 같이 해봤습니다. 이번 시간에는 주피터 랩을 사용해 보면서 더 친해져 볼게요.

주피터 랩 실행

주피터 랩을 실행하는 방법! 기억나나요? 아나콘다 내비게이터를 열고 주피터 랩의 Launch를 누르면 다음과 같은 기본 화면이 나오죠?

▼ 그림 2-1 주피터 랩의 기본 화면

위에는 메뉴, 왼쪽에는 디렉터리/폴더 경로가 있고, 중앙에는 메인 화면이 있습니다. 참고로 지금은 인터넷 창 형태인데 F11 을 누르면 전체 화면으로도 볼 수 있답니다.

주피터 랩 파일 생성 및 디렉터리 위치

주피터 랩을 실행했으니 이제 파일을 하나 만들어 보겠습니다. 메인 화면에서 노트북(Notebook) 아래에 있는 Python 3를 눌러보세요.

▼ 그림 2-2 Notebook > Python 3

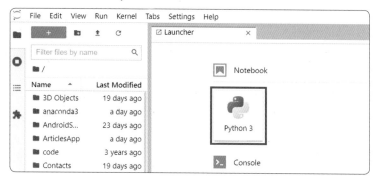

그러면 다음과 같은 화면이 뜹니다.

▼ 그림 2-3 Untitled.ipynb

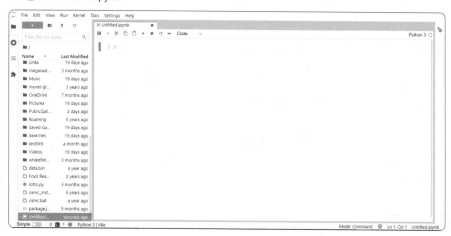

뭔가 타이핑할 수 있는, 본격적으로 코딩할 수 있는 화면이 나오고 왼쪽 디렉터리 아래에 파일이 하나 생겼죠? 이름은 아직 정하지 않아서 언타이틀(Untitled.ipynb)이라고 나오네요.

파일을 잘 만들긴 했는데, 이 파일은 어디에 생긴 걸까요? 우리가 작성한 코드들은 어디에 저장되는 걸까요?

화면의 왼쪽 맨 위를 보면 디렉터리 모양의 아이콘이 있습니다. 여기에 마우스 커서를 올려보세요.

▼ 그림 2-4 파일이 저장되는 경로 확인

▼ 그림 2-4 파일이 저장되는 경로 확인

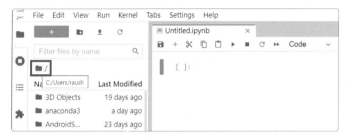

그림 2-4처럼 C 드라이브의 Users 디렉터리 안에 있는 여러분의 이름(이 책에서는 raush) 디렉터리가 나올 겁니다. 정말 실제로 이 위치에 파일이 있는지 확인해 볼까요? 이때 윈도우 탐색기를 열어서 디렉터리를 찾아가도 되지만, 좀 더 프로그래머처럼 확인하는 방법이 있습니다.

⊞+R를 한번 눌러보세요. 다음과 같이 실행창이 떴나요? 여기에 방금 본 디렉터리 경로를 적어보세요.

▼ 그림 2-5 실행창으로 경로 이동

입력이 끝나면 **확인**을 누르거나 Enter를 쳐보세요. 해당 경로의 디렉터리가 열리고, 우리가 찾던 Untitled.ipynb 파일도 보일 겁니다.

▼ 그림 2-6 파일이 저장되는 기본 디렉터리

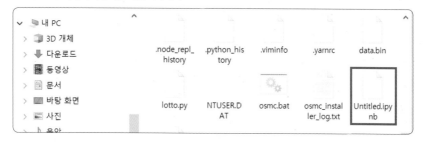

지금은 파이썬 코드를 작성하면 '이곳에 기본적으로 저장이 되는구나, 여기가 기본 디렉터리구나'라는 것만 이해하면 됩니다. 이제 다시 주피터 랩으로 돌아갑니다.

테마 바꾸기

본격적으로 코딩하기에 앞서 화면을 변경하는 방법을 알아봅시다. 지금은 막 접속한 아바타 상태, 즉 흰 티셔츠를 입고 있는 기본 상태와 같죠.

메뉴 바에서 Settings를 클릭하면 주피터 랩 테마(JupyterLab Theme)가 있는데 여기서 테마나 폰트 사이즈를 변경할 수 있습니다. 현재는 밝은(Light) 테마가 선택되어 있는데, 어두운(Dark) 테마로도 바꿀 수 있습니다. 코딩할 때 폰트 사이즈도 변경할 수 있으니 한번 원하는 대로 설정해 보세요.

▼ 그림 2-7 주피터 랩 설정

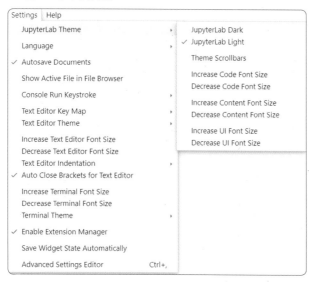

Hello World

이제 메인 화면에 코딩을 해봅시다!

일반적으로 코딩을 처음 배울 때 가장 먼저 하는 게 있는데, 바로 Hello World를 출력해보는 겁니다. 마치 여러분이 파이썬 세상에 온 것을 환영하는 의식 같지 않나요? 일단 다 같이 한번 Hello World를 외쳐봅시다.

첫 번째 프로그램을 작성해 보겠다는 목적에 따라 이름을 Untitled에서 myfirstprogram으로 바꾸겠습니다. 왼쪽 디렉터리 창에서 Untitled.ipynb 파일을 마우스 우클릭하면 팝업이 뜨는데, 여기서 Rename을 선택하면 이름을 바꿀 수 있습니다. 이때 .ipynb라는 확장자까지 지워버리면 안 됩니다.

▼ 그림 2-8 이름 바꾸기

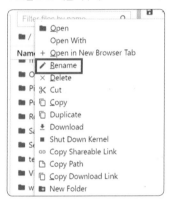

myfirstprogram.ipynb라고 이름이 바뀌었나요? 이제 빈 창에 다음 코드를 입력해 보세요.

```python
print("Hello World")
```

'Hello World를 프린트해라!'라는 의미의 코드입니다. 프린트(print)는 많이 사용하는 단어죠? 일상에서는 보통 종이에 데이터를 인쇄하는 걸 '프린트한다'라고 말하는데, 여기서는 코딩한 결과를 모니터 화면에 출력하는 걸 말합니다. '결과를 프린트한다, 결과를 출력한다'라고 함께 쓰곤 하는데, 이 책에서는 출력이라고 할게요.

▼ 그림 2-9 코드 입력

입력을 마친 뒤에는 파일 이름 아래에 ▶ 버튼, 즉 코드를 실행하라는 Run 버튼을 눌러보
세요. 그러면 코드 바로 아래 결과가 출력됩니다. Hello World라고 잘 출력됐나요?

▼ 그림 2-10 코드 실행

지금 저는 팔을 크게 벌리고 여러분을 격하게 환영하고 있습니다.

여러분!

파이썬 세계에 오신 것을 환영합니다!

크흠. 의식이 끝났습니다, 여러분. 처음 프로그램을 만들어 실행해본 귀중한 순간입니다.
환영합니다!

주피터 단축키

주피터를 더 잘 사용하기 위해 단축키를 알아봅시다.

음? 거니 님! 메뉴 바도 있고, 앞에서처럼 버튼을 마우스로 클릭하면 되는데

왜 단축키를 알아야 하나요?

단축키를 사용하면 훨씬 편하고 코딩 속도도 더욱 빨라지기 때문입니다. 예를 들어 문서 작성 프로그램을 떠올려 봅시다. 일부 텍스트를 복사하여 붙여 넣는데, 마우스로 작업할 때와 Ctrl+C, Ctrl+V 단축키를 사용할 때 어느 쪽이 더 편하고 빠른가요?

코딩할 때도 마찬가지입니다. 마우스와 거리가 멀면 멀수록 좋습니다. 키보드와 가까워야 해요. 마우스를 안 쓰면 코딩 속도도 아주 빨라집니다. 제가 대학교에서 코딩을 배울 때는 교수님이 '마우스 한 번도 안 쓰고 코딩하기'와 같은 제한을 걸기도 했어요.

그리고 키보드로 코딩하는 모습은 좀 매력적으로 다가오는 편입니다!

그래서 보통 텍스트 에디터는 마우스를 안 써도 크게 문제되지 않을 정도로 많은 단축키를 지원합니다. 이번 시간에는 단축키를 알아보고 좀 친해져 볼까요?

먼저 주피터 모드를 바꾸는 단축키입니다. 주피터 랩에는 모드가 두 개 있는데, 바로 **커맨드**(Command) **모드**와 **에디트**(Edit) **모드**입니다. 주피터 랩 하단을 보면 현재 어떤 모드인지 나와 있습니다.

▼ 그림 2-11 주피터 랩 모드

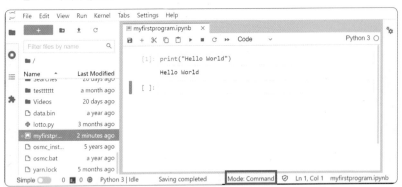

① 커맨드 모드는 명령 실행 모드로, 단축키는 ESC 입니다.

코드를 입력했던 코드 블록이 앞에서는 한 개였지만, 코딩하다 보면 이 블록들도 많아집니다. 커맨드 모드는 코드 블록들을 왔다 갔다 이동하면서 명령을 내리거나 행동을 취할 수 있는 모드입니다. 하단에 Mode: Command라고 나옵니다.

▼ 그림 2-12 커맨드 모드

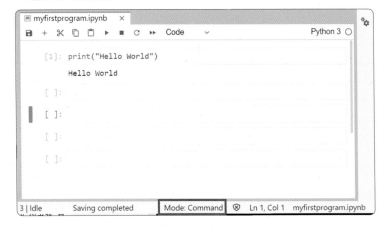

② 에디트 모드는 텍스트 입력/수정 모드로, 단축키는 Enter 입니다.

에디트 모드는 여러 개 중 하나의 코드 블록에서 코딩할 수 있는, 텍스트를 입력하거나 수정할 수 있는 모드입니다. 하단에 Mode: Edit라고 나옵니다.

▼ 그림 2-13 에디트 모드

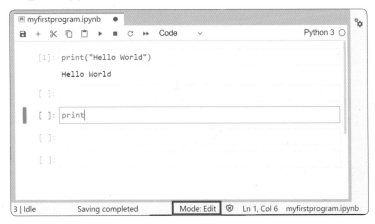

즉, 이쪽 코드 블록에 있다가 저쪽 코드 블록으로 가고 싶으면 ESC 를 눌러서(커맨드 모드로 들어가서) 코드 블록을 이동하고, 원하는 코드 블록이 선택된 상태에서 Enter 를 누르면 (에디트 모드로 들어가서) 해당 블록의 코드를 수정할 수 있어요.

에디트 모드에서 [ESC]를 누르면 커맨드 모드, 커맨드 모드에서 [Enter]를 누르면 다시 에디트 모드, 어렵지 않죠?

▼ 표 2-1 주피터 랩의 모드

모드	단축키	설명
커맨드 모드	[ESC]	코드 블록 이동, 셀 단위 명령
에디트 모드	[Enter]	코드(텍스트) 입력/수정

우리가 에디트 모드로 코드 블록에서 코딩할 때는 문서 작성 프로그램에서 쓰는 단축키와 거의 비슷합니다. [Ctrl]+[A], [Ctrl]+[C], [Ctrl]+[V], [Ctrl]+[X] 등 아마 많이 익숙할 거예요. 따라서 에디트 모드는 건너뛰고 커맨드 모드의 단축키를 더 알아보겠습니다.

▼ 그림 2-14 에디트 모드

커맨드 모드의 단축키

커맨드 모드의 단축키를 살펴봅시다. 약간 생소하지만 앞으로 자주 사용할, 꼭 필요한 단축키만 알아볼 테니 집중해 주세요.

일단 [ESC]를 눌러서 커맨드 모드로 옵니다. 하단에 Mode: Command라고 나왔지요? 이후 소개하는 단축키는 모두 커맨드 모드에서 실행합니다.

▼ 그림 2-15 커맨드 모드에서 실행

셀 만들고, 지우기

주피터에서는 코드 블록을 셀(cell)이라고 부릅니다. 이제부터는 셀이라고 할게요.

지금 셀이 하나 밖에 없는 상태이므로, 셀을 더 만들어 줍시다. B를 눌러보세요. 아래에 새로운 셀이 하나 생겼네요.

▼ 그림 2-16 B로 셀 아래에 새로운 셀 만들기

B를 두 번 더 눌러서 빈 셀을 3개로 만들어 보세요. 빈 셀을 아래가 아닌 위에 만들고 싶을 때는 A를 누르면 됩니다. 구별하기 쉽게 셀에 a를 입력해놓고 A를 눌러보세요. 커맨드 모드의 하이라이트된 부분(왼쪽의 파란 바) 위에 새로운 셀이 생겼나요?

▼ 그림 2-17 A로 셀 위에 새로운 셀 만들기

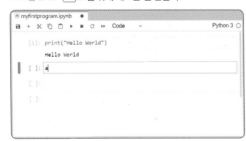 

이제 셀을 삭제해 보겠습니다. 현재 셀이 5개 있는데, 커맨드 모드에서 왔다 갔다 하다가 없애고 싶은 셀 위에 올라가서 D를 두 번 누릅니다. 셀이 잘 지워졌나요?

▼ 그림 2-18 ⓓ+ⓓ로 셀 지우기

셀 붙여 넣기

에디트 모드에서 Ctrl+C, Ctrl+X, Ctrl+V를 사용할 수 있다고 했지요? 이 기능은 커맨드 모드에서도 사용할 수 있습니다. 셀 전체를 복사하거나 잘라내서 붙여 넣을 수 있죠.

맨 위 셀에서 ⓧ를 누르면 셀이 없어집니다. 삭제된 게 아니라 잘라낸 상태입니다.

▼ 그림 2-19 ⓧ로 잘라내기

이 상태에서 ⓥ를 눌러보세요. 짠! 붙여 넣은 것을 볼 수 있습니다. 마찬가지로 ⓒ로 복사하여 ⓥ로 붙여 넣을 수도 있지요.

▼ 그림 2-20 ⓥ로 붙여 넣기

여러 셀 선택하여 작업하기

Shift를 누른 상태에서 셀을 왔다 갔다 하면 한 번에 여러 셀을 선택할 수 있습니다.

▼ 그림 2-21 Shift로 여러 셀 선택하기

이러면 여러 셀을 선택하여 C로 복사하고 V로 붙여 넣을 수 있습니다.

▼ 그림 2-22 여러 셀을 선택하여 C로 복사 후 V로 붙여 넣기

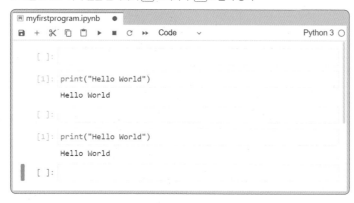

여러 셀을 선택하여 D를 두 번 누르면 한 번에 여러 셀이 삭제됩니다. 이렇게 여러 셀을 한 번에 작업할 수 있습니다.

▼ 그림 2-23 여러 셀을 선택하여 D + D로 삭제하기

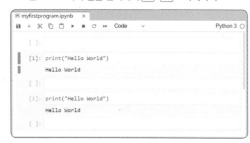 

마크다운 전환하기

마크다운은 텍스트 기반의 마크업 언어인데요. 참, 우리 쉽게 말하기로 했죠? 마크다운이란 코드에다가 '이 코드는 어떤 코드다!'라고 중간중간에 설명을 남겨놓는 거예요.

이렇게 간단한 설명을 남겨놓으면 나중에 '아, 내가 이런 의도로 코딩했었구나.'라고 알 수 있어서 편합니다. 다른 사람이 내 코드를 봤을 때도 마찬가지로 '아, 이건 이렇게 하려는 코드구나!'라고 알 수 있어서 편하죠. 흔히 코멘트, 주석이라고도 합니다.

그림 2-24와 같이 작성한 코드 위의 셀에 가서 M을 눌러보세요. 그러면 Code라고 되어 있던 부분이 Markdown이라고 바뀌면서 텍스트를 입력할 수 있게 바뀝니다.

▼ 그림 2-24 M으로 마크다운 변환하기

여기에 코드에 대한 설명을 넣을 수 있습니다. 'Hello World를 출력합니다'라고 설명을 넣어볼게요. 입력한 뒤 ▶ 버튼을 눌러보세요. 셀이 아니라 텍스트를 적어놓은 듯이 바뀌었나요? 이렇게 코딩하는 중간중간에 설명을 추가해 놓으면 코드를 이해하기가 한결 편하겠죠?

▼ 그림 2-25 실행 버튼을 눌러 텍스트로 변환

특히 주피터는 코드를 셀별로 실행할 수 있기 때문에, 마크다운 기능을 잘 활용하면 마치 잘 만든 보고서처럼 구성할 수도 있습니다. 다음과 같이 텍스트를 넣고, 파이썬 코드도 넣고, 실행 결과까지 하나의 문서에 작성할 수 있어서 무척 편리합니다.

▼ 그림 2-26 주피터를 활용한 보고서[5]

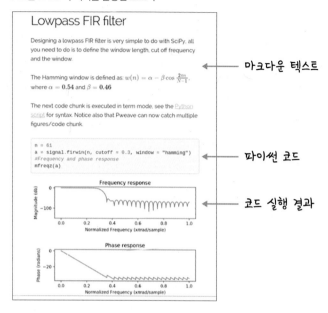

그런데 만약 코드를 입력한 셀을 잘못해서 M을 눌러 마크다운으로 바꿨다면 어떻게 해야 할까요? 당황하지 말고 Y를 누르면 다시 코드 셀로 돌아옵니다. 코드에서 M을 누르면 마크다운, 마크다운에서 Y를 누르면 다시 코드, 어렵지 않죠?

마크다운에는 여러 기능이 있습니다. 글자를 제목처럼 크게 하고 싶으면 #, 그보다 조금 작게 하고 싶으면 ##, 컬러를 넣거나 표를 그리거나 그림을 넣거나 등등 다양한 기능이 있어서 잘 사용하면 위와 같은 수준의 문서를 프로그래밍 코드와 함께 만들 수 있어요. 만약 예쁜 문서를 만들고 싶다면 마크다운을 잘 사용해 보세요!

코드 실행하기

파이썬으로 코딩한 뒤에는 실행도 해봐야겠죠? 앞으로 실행을 많이 해볼 거라서 이것도 단축키를 알아둡시다.

---

5 Pweave라는 파이썬 라이브러리를 사용하면 이런 식으로 마크다운을 활용할 수 있다는 홍보용 예시입니다. 마크다운으로 이 정도 수준의 보고서도 만들 수 있다는 예시로 참고해 주세요. (출처: https://mpastell.com/pweave)

물론 실행하려는 셀에서 ▶ 버튼을 눌러 코드를 실행해도 됩니다. 하지만 매번 실행할 때 마다 마우스 커서가 어디 있는지 찾아가며 ▶ 버튼을 클릭하는 건 프로그래머답지 않을 수 있어요. 이제 코드를 실행할 때 자신 있게 Ctrl+Enter를 누릅시다. 지금 바로 눌러보세요. 코드가 잘 실행됐나요?

▼ 그림 2-27 Ctrl+Enter로 코드 실행하기

만약 여러 셀에 코드를 작성했고, 개수가 많은 전체 셀을 실행해야 한다면 어떻게 할까요? Ctrl+A로 전체 셀을 선택한 다음에 Ctrl+Enter를 누르면 코드 전체를 실행할 수 있습니다.

▼ 그림 2-28 Ctrl+A로 전체 셀 선택 후 Ctrl+Enter로 실행

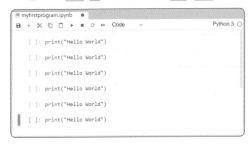 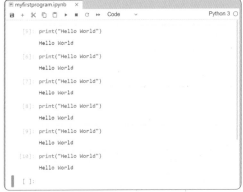

정리

본격적인 코드 작성에 앞서 주피터 환경을 설정해보고, 여러 단축키를 알아봤습니다. 간단히 파이썬을 소개하고 설치하고 개발 환경과 친해져보는 1장은 끝났습니다. 이후부터는 파이썬으로 코드를 작성하고 프로그램을 만드는 과정을 본격적으로, 하지만 천천히 진행해 볼게요.

이어지는 2장에서는 파이썬의 기본에 대해 알아봅시다.

2장

파이썬 기본

2장에서는 파이썬으로 프로그램을 만들기 전에 기본적으로 알아야 할 문법에 대해 배워 보겠습니다. 우리가 영어로 본격적인 글을 쓰기 전에 핵심 영문법을 배우는 느낌이죠. 가장 기본적이고 꼭 알아야 하는 지식들만 천천히, 차근차근 알아가겠습니다!

숫자형과 문자형

이번 시간에는 숫자형 값과 문자형 값에 대해 알아보겠습니다.

주피터에 셀 2개를 만들어서 숫자형, 문자형이라고 각각 적어보세요.

▼ 그림 3-1 숫자형, 문자형 입력

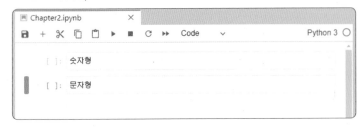

위 화면이 잘 나왔나요? 어떤 과정을 거쳤나요? 저는,

1 | 아나콘다 내비게이터에서 주피터 랩을 실행시킨 뒤,

2 | 2장 실습에 사용할 Chapter 2.ipynb라는 파일을 만들고,

3 | 커맨드 모드에서 B로 셀을 추가해 두 개로 만든 다음,

4 | 에디터 모드에서 위의 셀에는 '숫자형', 아래 셀에는 '문자형'이라고 적었습니다.

1장에서 배운 내용을 잘 기억하고 있군요! 이제 주피터 랩을 실행하고, 코드를 입력하고 실행하는 방법은 알고 있다고 생각하겠습니다.

지금부터 코드를 설명할 때는 다음 형태를 사용합니다.

코드

결과

코드는 우리가 입력하는 코드, **결과**는 코드를 실행하여 출력된 결과를 뜻합니다. 직접 주피터 랩에 코드를 입력해보고, 실행하여 결과가 맞게 나오는지 확인해 보세요!

숫자형

숫자형 값부터 살펴보겠습니다. 숫자를 한번 떠올려 볼까요?

1, 2, 39, 3923

맞습니다. 위와 같이 수를 나타내는 기호를 쉽게 생각할 수 있습니다. 여기서 한 발만 더 나아가 보겠습니다.

파이썬에서 숫자형 값은 크게 두 가지로 나눌 수 있습니다. 바로 **정수**와 **실수**입니다. 무엇이 정수이고, 무엇이 실수일까요?

> 1 | 정수(integer, 소수점이 없는 수)의 예: 2, 5, 39429
> 2 | 실수(float, 소수점이 있는 수)의 예: 1.5, 10.1, 0.7

소수점이 없는 수를 정수, 소수점이 있는 수는 실수라고 보면 됩니다. 정수는 영어로 인티저(integer), 실수는 영어로 플로트(float)라고 해요. 굳이 영어를 언급한 이유는 대부분의 프로그래밍 언어에서 인티저와 플로트를 데이터 타입으로 사용하기 때문입니다. 그리고 결과도 영어로 출력되지요. 이게 무슨 말인지, 파이썬에서 정수와 실수를 출력해 보겠습니다.

값이 정수인지 실수인지 확인할 수 있는 파이썬 함수가 있습니다. 나중에 '함수'라는 걸 배우게 될 텐데, 여기서는 우선 데이터 타입을 확인하는 함수를 사용해 보겠습니다. 바로 type()이라는 함수입니다.

type() 함수의 괄호 안에 정수 10을 입력한 뒤 멋있게 [Ctrl]+[Enter]를 눌러 실행해 보세요. 그러면 int라고 인티저가 나오는 것을 볼 수 있죠.

코드
| ```
type(10)
``` |

결과
| ```
int
``` |

이번에는 괄호 안에 실수 10.7을 입력한 뒤 실행해 보세요. 실수를 뜻하는 플로트가 결과로 출력됩니다.

코드	결과
`type(10.7)`	`float`

어떤 프로그래밍 언어는 정수와 실수를 아주 철저하게 구분하는데, 파이썬에서는 이 구분이 비교적 약한 편입니다. 그러므로 다음과 같이 간단히 기억하면 됩니다.

숫자형 값이 있다. 숫자형 값에는 정수인 인티저와
소수점이 있는 실수인 플로트가 있다.

참고

마크다운 활용법

코딩은 직접 해봐야 실력이 많이 늡니다. 이 책에서 설명하는 코드를 주피터 랩에 직접 입력하고 실행해 보세요. 입력하면서 본문에서 공부한 코드에 대한 설명, 관련 지식들을 마크다운으로 정리하는 것도 좋은 방법입니다. 예를 들어 위에서 배운 숫자형에 대한 설명을 주피터 랩에 정리한 뒤 마크다운으로 변환(단축키 M)하면 다음과 같이 예쁘게 볼 수 있지요.

▼ 그림 3-2 설명을 마크다운으로 변환

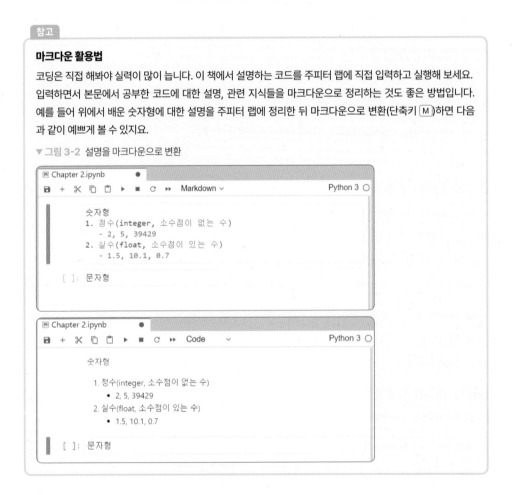

문자형

다음으로 문자형에 대해 알아보겠습니다. 문자를 떠올려 보세요. 앞에서 본 단어들도 떠오르고, 한글이나 영어도 생각납니다.

정수, integer, 가나다라, abcd, 거니

즉, 글자로 표기한 기호인데, 의미가 있든 없든 문자입니다.

문자형 값도 역시 크게 두 가지로 나눌 수 있습니다. 한 글자로 된 문자형 값과 두 글자 이상의 여러 글자로 된 문자형 값입니다.

> 1 │ 한 글자(character)의 예: a, b, c
> 2 │ 여러 글자(string, 문자열)의 예: asdnasdn, qwkjelkajsd, fjowiemopw

한 글자인 경우는 **캐릭터**(character), 여러 글자인 경우는 **스트링**(string, 문자열)이라고 합니다.

스트링/ 문자열

설명할 때 스트링과 문자열 중에 어떤 용어를 쓸지 고민했습니다. 고민 결과 이 책에서는 스트링과 문자열을 같이 쓰려고요!

거니 님! 두 용어가 같은 의미 아닌가요?

맞습니다. 스트링(string)을 우리말로는 문자열이라고 하는 거죠. 그래서 구글에 문자열을 검색하면 한글로 된 자료만 나옵니다. 그런데 string이라고 검색하면 전 세계 자료를 볼 수 있거든요.
저는 여러분이 영어로 된 코딩 용어에도 익숙해지면 좋겠습니다. 훨씬 더 많은 정보를 얻을 수 있기 때문입니다.
그래서 책에서도 막 영어로 부르고 할 거예요. 책을 읽으면서 코딩 용어에 조금은 편해졌으면 하는 바람입니다.

다른 프로그래밍 언어에서는 한 글자인 경우와 여러 글자(문자열)인 경우를 철저하게 구분합니다. 그런데 파이썬은 한 글자인 경우도 스트링 타입이라고 인식하기 때문에 편합니다.

숫자형에서 사용해본 type( ) 함수에 한 글자와 여러 글자를 넣고 각각 실행해 보세요. 결과를 보면 한 글자든 여러 글자든 둘 다 스트링(str)으로 분류된다는 것을 알 수 있습니다.

코드	결과
| ```
type('a')
``` | ```
str
``` |

코드	결과
| ```
type('asdjk')
``` | ```
str
``` |

문자형 값을 만드는 방법은 방금 문자를 입력할 때 사용했듯이 따옴표로 감싸는 것입니다.

```
'hello'
"hello"
```

이렇게 작은따옴표(' ') 또는 큰따옴표(" ")를 사용하면 됩니다. 다른 언어에서는 전통적으로 한 글자일 경우에는 작은따옴표를, 여러 글자(문자열)일 경우에는 큰따옴표를 사용합니다.

파이썬은 캐릭터와 스트링의 구분이 없으니 어느 것을 사용해도 사실 기능적으로는 문제가 없습니다. 그러나 다음과 같이 이미 따옴표가 사용된 문자열을 출력해야 하는 경우에는 주의해야 합니다.

```
나는 "전설"이다
```

위 문자열을 출력하려면 Hello World를 출력했을 때처럼 따옴표로 감싸서 print() 안에 넣어주면 되겠죠? 큰따옴표로 감싸서 실행해 볼까요?

코드
```
print("나는 "전설"이다")
```

결과
```
File "<ipython-input-1-27f054623e52>", line 1
    print("나는 "전설"이다")
                   ^
SyntaxError: invalid syntax
```

앗! 오류가 나면서 결과가 출력되지 않습니다.

잠깐, 여기서 오류(Error)에 대해 짚고 넘어 갈게요. 실행 결과를 보면 제대로 실행되지 않고 SyntaxError: Invalid Syntax라는 메시지와 함께 오류가 있다는 걸 알려주고 있습니다. Syntax는 우리말로 '문법'이므로, '문법오류'라는 뜻이죠. 자세히 보면 코드의 몇 번째 줄에서 일어난, 어떤 오류인지 파이썬이 힌트를 주고 있지요? 이 힌트를 보고 코드를 수정하면 됩니다.

우리가 처음 오류라는 걸 만난 역사적인 순간이군요.

한 가지 더 기억할 점은, 오류는 프로그래밍에서 매우 일상적인 일이므로 코드가 의도한 대로 실행되지 않는다고 해서 당황하거나 기분 나빠하거나 실망할 필요는 전혀 없다는 겁니다. 아무리 코딩을 잘 하는 사람도, 10년 경력자도 오류 하나 없이 처음부터 완벽하게 프로그래밍하는 사람은 없습니다. 코딩해보고 오류를 수정하고 다시 해보고 또 다른 오류를 수정해 나가야 합니다. 이 과정이 또 의외로 재미있거든요! 그러니 걱정하지 말고 마음 편하게 코딩합시다!

앞의 오류를 수정하려면 어떻게 해야 할까요? 괄호 안 문장을 보세요. 문장 안에 큰따옴표를 사용했을 경우에는 작은따옴표로 감싸야 합니다. 반대의 경우도 마찬가지입니다.

코드
```
print('나는 "전설"이다')
print("나는 '전설'이다")
```

결과
```
나는 "전설"이다
나는 '전설'이다
```

그럼, 다음과 같이 정리할 수 있겠네요.

- 전통적으로는 큰따옴표가 문자열을 표시한다.
- 파이썬의 경우 기능상 따옴표의 구분은 없지만, 만약 문장 안에 큰따옴표를 사용했다면 작은따옴표로 문자열을 감싸야 한다.

가장 중요한 건 따옴표로 감싸주면 문자열이 된다는 겁니다.

다음과 같이 숫자 5의 데이터 타입을 물어보면 정수라는 의미의 int를 출력하겠죠.

코드	결과
`type(5)`	`int`

그런데 숫자 5를 따옴표로 감싼 다음 실행하면 문자열이라는 의미의 str을 출력합니다. 즉, 숫자 5임에도 불구하고 문자열 5로 인식한다는 걸 알 수 있습니다.

코드	결과
`type("5")`	`str`

지금까지는 숫자형과 문자형이 무엇인지 알아봤는데 이제부터는 이게 왜 중요한지, 어떻게 사용해야 하는지를 알아보겠습니다. 위에서 배운 문자열 타입의 데이터와 정수 타입의 데이터를 여러 방법으로 섞어서 써보면서 두 데이터 형식과 더욱 친해져 봅시다.

문자열+문자열/정수+정수

앞에서 Hello World를 출력해봤죠?

```
print("Hello World")
```

그런데 Hello와 World가 따로따로 있다면 어떻게 해야 할까요? Hello라는 문자열과 World라는 문자열, 두 개가 있는 거죠.

```
"Hello"
"World"
```

이 경우 두 문자열을 플러스(+)로 묶어줄 수 있습니다. 하나로 합치는 거죠.

코드	결과

`print("Hello" + "World")`
`print("Hello" + " World")`
`print(5 + 5)`
	`HelloWorld`
	`Hello World`
	`10`

그냥 합쳤더니 중간에 띄어쓰기가 안 되어서 World 앞에 띄어쓰기를 넣었습니다. 한 문자열로 잘 출력되죠? 정수와 정수도 합칠 수 있는지 시험해보니, 역시나 잘 합쳐집니다.

그런데 여기서 만약 문자열인 Hello와 숫자 5를 더하면 어떻게 될까요?

코드
```
print("Hello" + 5)
```

결과
```
TypeError Traceback (most recent call last)
<ipython-input-4-5524c0f65cf5> in <module>
----> 1 print("Hello"+5)
TypeError: can only concatenate str (not "int") to str
```

앗! 오류가 나면서 오류 메시지가 나왔습니다. 메시지를 자세히 한번 볼까요? 아, 타입에 오류가 있다고 알려주네요. Can only concatenate str to str이므로, 만약 스트링 타입의 무언가를 합치려면 같은 스트링 타입이어야 한다는 메시지예요. (not "int")라는 걸 보면 내가 지금 스트링과 인티저 타입의 데이터를 서로 합치려고 한다는 거죠.

따라서 다음과 같이 이해하면 됩니다.

- 숫자끼리는 자연스럽게 합칠 수 있다.
- 문자열과 숫자를 합칠 때는 둘 중 하나의 타입을 바꿔서 데이터 타입을 동일하게 해야 한다.

문자열+정수(캐스팅)

> **참고**
>
> 이 절은 약간 심화 내용이지만 앞으로 코딩할 때 알아둬야 하는 내용이니 살짝만 살펴보고 넘어갈게요. 물론 뒤에서 다시 배울 건데, 문자열과 정수를 배운 김에 다뤄 보겠습니다. 보다가 너무 어렵다 싶으면 지금은 넘어가고 나중에 다시 돌아와서 봐도 됩니다.

앞에서 봤듯이 데이터 타입이 숫자인지 문자인지는 컴퓨터에는 매우 중요한 문제입니다. 그런데 목적에 따라 숫자 데이터를 문자처럼 사용하거나, 문자 데이터를 숫자로 사용하는 상황이 실제로 아주 많이 발생합니다. 엑셀에서 대량의 숫자 데이터를 읽어온다고 가정해 봅시다. 만약 숫자 데이터를 문자형 데이터로 잘못 받아들이게 된다면 그 데이터로는 필요한 연산을 진행할 수 없게 됩니다. 이러한 경우에는 읽어온 데이터를 숫자로 형 변환(type conversion)해주면 필요한 연산을 수행할 수 있지요.

앞에서 오류가 났던 코드도 형 변환을 통해 합칠 수 있습니다.

```
print("Hello" + 5)
```

서로 타입이 다른 게 문제이므로, 숫자 5를 문자열 5로 바꿔주면 됩니다. 따옴표를 감싸서 문자열로 바꿔줍니다. 그러면 같은 문자열이므로 합칠 수 있습니다.

코드	결과
`print("Hello" + "5")`	Hello5

그런데 만약 5를 문자열로 바꾸는 게 아니라 int라는 타입을 유지하면서 여기에서만 잠깐 str 타입으로 쓰고 싶다면? 그것도 방법이 있습니다. 타입을 강제로 str로 바꾸는 함수, str()을 이용하면 됩니다

코드	결과
`print("Hello" + str(5))`	Hello5

str()에 숫자 5를 넣어주면 아까 5를 따옴표로 감쌌을 때와 같은 결과가 나옵니다. 하지만 아까는 int 5를 아예 str로 만든 것이고, 지금은 int 5라는 값을 계속 사용하되 여기서만 잠시 str로 바꿨다는 점이 다릅니다. 이렇게 타입을 강제로 바꾸는 것을 **타입 캐스팅**(type casting, 줄여서 캐스팅) 또는 형 변환이라고 합니다.

즉, 서로 데이터 타입이 다른 a랑 b가 있는데, 둘을 이용해 무언가를 계산하려면 데이터 타입을 통일해야 합니다. 이때 하나의 타입을 임시로 바꾸는 것이 캐스팅이라고 이해하면 됩니다.

이번에는 반대로 문자열 5와 숫자 10을 합치고 싶어요.

```
print("5" + 10)
```

앞의 "5"는 str이고, 뒤의 10은 int인데, "5"의 문자열 타입을 유지하면서 여기서만 int 타입으로 바꾸려면 어떻게 해야 할까요? 강제로 int 타입으로 바꿔주는 캐스팅 함수는 int()입니다. 이걸 사용하여 실행해보면 숫자 15가 나옵니다.

코드	결과
`print(int("5") + 10)`	15

이처럼 정수도 문자열로 캐스팅할 수 있고, 문자열도 정수로 캐스팅할 수 있습니다. 위 예와 같이 타입이 다른 두 값으로 어떠한 연산을 해야 할 때는 두 값 중 하나의 타입을 바꿔서 동일한 타입으로 만든 뒤 연산하는 방법을 많이 씁니다.

만약 5를 정수 타입으로 만들지 않고, 10을 문자열로 만들어서 합치면 어떻게 될까요?

코드	결과
`print("5" + "10")`	510

510이 나옵니다. 숫자를 연산한 게 아니라 Hello World처럼 두 문자를 합친 것이죠. 이 코드의 데이터 타입을 확인해보면 str이라고 나오는 것을 확인할 수 있습니다.

코드	결과
`print(type("5" + "10"))`	`<class 'str'>`

문자열+문자열이니 결과 타입도 문자열이죠. 참고로 아까 15라는 결과가 나왔던, int() 함수를 사용한 코드의 데이터 타입도 확인해 볼까요?

코드	결과
`print(type(int("5") + 10))`	`<class 'int'>`

정수+정수이니 결과 타입도 정수입니다.

이렇게 두 값의 타입이 다를 때 하나의 타입을 바꾸는 걸 캐스팅이라고 합니다. 지금은 조금 어려울 수 있는데 나중에 필요할 때 다시 설명하겠습니다.

주석

이쯤에서 주석(comment)에 대해 알아보겠습니다.

주석은 코딩할 때 다른 사람이나 내가 코드를 알아보기 편하게 메모를 남겨놓는 겁니다.

생각나는 게 있죠? 맞아요. 앞에서 마크다운을 배웠죠? 마크다운도 코드에 메모를 남겨놓는 거라고 했습니다. 그렇다면 마크다운과 주석의 차이는 뭘까요? 무엇이 다를까요?

- 마크다운은 블록 단위로 메모를 남길 수 있습니다.
- 주석은 셀 안에 코드가 길게 있을 때 코드 사이사이에 간단하게 메모를 남기거나 코드를 무효화할 수 있습니다.

다음과 같이 코드가 5줄 정도 있다고 해볼게요.

▼ 그림 3-3 긴 코드

이 코드에 주석 처리를 해보겠습니다. 주석은 해시 기호(#), 흔히 샵, 우물 정(井)이라고도 부르는 기호를 사용합니다.

맨 위에 이 코드가 어떠한 코드라는 간단한 메모를 남겨볼게요. 그리고 5줄의 코드 중에서 2번째 코드도 주석으로 처리했습니다.

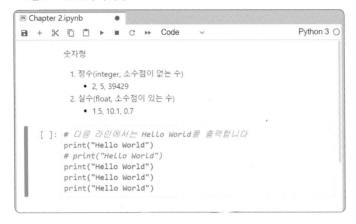

#이 붙은 코드의 컬러가 바뀌었죠? 주석으로 처리된 코드는 실행되지 않습니다. 코드가 아니라 주석, 메모가 된 거죠. 이 기능은 내가 코드를 작성하다가 이 부분을 잠시 보류하고 싶을 때 유용하게 사용할 수 있습니다.

하나만 찍으면 되는 간단하고 유용한 주석은 마크다운보다 더욱 자주 사용합니다. 일반적으로 주석은 내가 작성해놓은 코드 부분을 당장 지우기는 애매해서 잠시 남겨놓거나 이 코드가 어떤 동작을 하는 코드인지 설명하는 목적으로 많이 사용합니다.

마크다운은 블록 단위로 코멘트를 쓸 때, 주석은 코드 내 라인 단위에서 코멘트를 남기거나 코드를 보류하고 싶을 때 사용하면 됩니다.

정리

파이썬 코딩을 위해 기초 지식부터 배워가고 있습니다. 이번 시간에는 숫자형과 문자형이라는 데이터 타입을 알아보고, 데이터 타입을 바꿀 수 있는 캐스팅에 대해 배웠습니다. 그리고 코딩할 때 유용하게 사용할 수 있는 주석에 대해서도 알아봤습니다.

다음 시간에는 지금 배운 숫자형 값과 문자형 값에 영혼을 불어넣을 수 있는 연산자에 대해 알아보겠습니다.

LESSON 4 연산자

앞에서 코딩의 기초 지식인 숫자형 값과 문자형 값에 대해 배웠습니다. 이번에는 값들을 다룰 수 있는 **연산자**에 대해 알아보겠습니다 연산자라고 하니 뭔가 공학적인 용어 같지요? 그냥 더하기(+), 빼기(−) 같은 걸 다룰 거니까 너무 걱정하지 마세요.

연산자가 숫자형 데이터 타입에 대해서는 어떻게 반응하고, 문자형 데이터 타입에 대해서는 어떻게 반응하는지 각각 살펴봅시다.

더하기(+)

앞에서 문자열을 더할 때 더하기(+) 연산자를 사용했으니, 먼저 **더하기(+)**부터 시작하겠습니다.

더하기(+) 연산자는 숫자형 값에 대해 어떻게 반응할까요? 예를 들어 5 + 5를 해봅시다. 더하기 연산자를 사용하면 두 값을 더할 수 있지 않을까요?

코드
`print(5 + 5)`

결과
10

10이 나옵니다. 역시 생각한 대로 숫자형 값끼리는 서로 더할 수 있습니다. 직관적으로 예상할 수 있었죠?

그리고 문자형 값에 더하기 연산자를 사용해도 역시 합쳐집니다. 앞에서 이미 Hello와 World를 합쳐봤죠? 파이썬(python)과 거니(gunny)를 더하면 파이썬 거니(python gunny)가 됩니다.

코드
`print("python " + "gunny")`

결과
python gunny

이처럼 하나의 문자열이 되는 거죠. 간단하죠?

빼기(-)

이어서 **빼기**(-) 연산자입니다. 우선 5 - 2를 해볼까요?

코드	결과
| ```python
print(5 - 2)
``` | 3 |

숫자형 값은 이처럼 간단합니다. 이 숫자에서 저 숫자만큼 빼는 거죠.

그렇다면 문자형은 빼기에 어떻게 반응할까요? "aa"에서 "a"를 빼볼게요.

코드
```python
print("aa" - "a")
```

결과
```
TypeError Traceback (most recent call last)
<ipython-input-5-27c08f2d31a7> in <module>
----> 1 print("aa" - "a")
TypeError: unsupported operand type(s) for -: 'str' and 'str'
```

오류가 나네요! 오류 메시지를 보니 빼기는 문자열에 사용할 수 없는 연산자 타입이라고 나옵니다. 이처럼 문자형 값에는 빼기를 사용할 수 없습니다.

곱하기(*)

다음으로 **곱하기**(*) 연산자입니다. 숫자형 값은 모두가 예상한 그대로 곱셈이 이루어집니다.

코드	결과
| ```python
print(5 * 5)
``` | 25 |

이번에는 문자형 값에 5를 곱해볼게요.

코드	결과
| ```python
print("gunny " * 5)
``` | gunny gunny gunny gunny gunny |
```

문자열이 5번 나오는군요.

이번에는 문자열과 문자열을 곱해볼까요?

코드
```
print("gunny " * "hello")
```

결과
```
TypeError Traceback (most recent call last)
<ipython-input-7-b01047ed368e> in <module>
----> 1 print("gunny " * "hello")
TypeError: can't multiply sequence by non-int of type 'str'
```

문자열과 문자열은 곱할 수가 없습니다. 그런데 오류 메시지를 보니, 문자열 형식에 int가 아닌 값은 곱할 수 없다고 나오네요. 그럼 float를 곱하면 오류가 날까요?

코드
```
print("gunny " * 2.5)
```

결과
```
TypeError Traceback (most recent call last)
<ipython-input-8-6684e8ea2344> in <module>
----> 1 print("gunny " * 2.5)
TypeError: can't multiply sequence by non-int of type 'float'
```

예상한 대로 오류가 납니다. 하긴 2.5라고 하면 gun까지만 곱할 수도 없고, 안 되는 게 당연하겠죠?

나누기(/)

나누기(/) 연산자도 앞에서 본 연산자와 비슷합니다. 숫자형 값에서 나누기 연산자를 사용하면 나누어집니다.

코드
```
print(5 / 5)
```

결과
```
1.0
```

그런데 1이 아니라 1.0이라는 값이 나왔네요. 왜 1이 아닌 1.0이 나오는지는 뒤에서 설명할게요.

문자형 값은 나누어지지 않고 오류가 생깁니다. 이 부분은 앞에서 계속 살펴봤으니 이해하기 쉽죠?

> **참고**
>
> **0으로 나누면?**
>
> 무언가를 0으로 나누면 컴퓨터는 매우 당황합니다.
>
> ┤ 코드 ├
> ```
> print(5 / 0)
> ```
>
> ┤ 결과 ├
> ```
> ZeroDivisionError Traceback (most recent call last)
> <ipython-input-1-adafc2937013> in <module>
> ----> 1 print(5 / 0)
> ZeroDivisionError: division by zero
> ```
>
> 0으로 나누면 안 된다고 바로 오류를 보내죠. 컴퓨터는 0으로 나눈다고는 전혀 생각하지 않아요. 너무 당연한 소리인가요?

나누기나누기(//)

다음 연산자는 나누기(/)가 아니라 **나누기나누기(//)**입니다. 나누기 연산자와 함께 살펴보면 좋으니 잠시 소개할게요.

┤ 코드 ├
```
print(5 / 2)
```

┤ 결과 ├
```
2.5
```

5라는 정수를 2라는 정수로 나눴더니 2.5라는 실수가 나왔습니다. int와 int를 연산했는데 float가 결과로 나온 거죠. 데이터 타입을 확인해보면 확실히 float입니다.

┤ 코드 ├
```
print(type(5 / 2))
```

┤ 결과 ├
```
float
```

앞에서도 이러한 결과가 나왔는데, 이는 파이썬의 아주 친절한 특징 중 하나입니다.

다른 언어에서는 데이터 타입을 확실히 구별하기 때문에 int 형식을 int 형식으로 나누었을 때 그 결과로 나오는 값도 int 형식으로 계산되어 나오게 됩니다. 5를 2로 나누면 int 타입으로는 소수점 숫자를 표현할 수 없기 때문에 2만 나오고 0.5라는 값은 사라집니다.

하지만 우리는 보통 5를 2로 나누면 2.5라고 소수점 숫자까지 표현한 값을 떠올립니다. 그래서 파이썬은 결괏값의 데이터 타입까지 바꾸어 사회적으로 많이 통용되는 답을 내줍니다.

한쪽에 실수가 있는 경우에도 그렇습니다. 예를 들어 5.0/2와 같이 실수를 정수로 나누면, 실수 타입의 성격이 강하게 반영되어 2.5라는 실수가 결과로 나옵니다. 20/5.0과 같이 정수를 실수로 나누면 역시 실수 타입의 성격이 강하게 반영되어 4.0이라는 실수가 결과로 나옵니다. 실수가 존재하면 결과도 실수로 만들어 버리는 거죠.

여기서 나누기나누기(//) 연산자를 쓰면 다른 언어처럼 int 값으로 출력할 수 있습니다.

코드	결과
print(5 // 2)	2

type() 함수로 데이터 타입을 확인해보면 int입니다.

코드	결과
print(type(5 // 2))	int

이번에는 5.99라는 실수를 정수 2로 나누기나누기 연산을 해봅니다.

코드	결과
print(5.99 // 2)	2.0

2.0이라는 실수가 나왔습니다. 그냥 나누기 연산을 해보면 진짜 답은 2.995입니다.

코드	결과
print(5.99 / 2)	2.995

나누기나누기 연산은 2.995 중에서 소수점 앞부분, 즉 2번 나누어진다는 숫자만 가져오고 뒤에 995는 버립니다. 나머지를 버리는 거죠.

정리하면, 나누기 연산에서 정수를 정수로 나누면 정수로 결괏값이 나와야 하지만 소수점 까지 필요한 상황에서는 파이썬이 float로 데이터 타입을 바꿔서 답을 내줍니다.

정수를 정수로 나눌 때도 파이썬은 실수를 결과로 내주기 때문에 '만약 결괏값으로 정수를 받고 싶다면 나누기나누기(//) 연산자를 사용한다.'라고 이해하면 좋습니다.

거니 님, 제가 이해는 했지만… 그래서 이걸 어디에 쓰나요?

복잡할 수 있지만, 당장 외울 필요는 없습니다. 나중에 프로그램을 만들다가 소수점이 필요한지에 따라서 소수점을 없애거나 추가할 수 있습니다. 이번 시간에는 '나누기 연산자를 사용할 때와 나누기나누기 연산자를 사용할 때 데이터 타입이 이렇구나!' 정도만 알아두면 충분합니다.

모듈로(%)

다음은 퍼센트 기호(%)를 사용하는 연산으로 컴퓨터 공학에서는 이를 **모듈로** 연산이라고 부릅니다.

이 연산자를 사용하면 나머지를 가져옵니다. 한번 5 % 2를 연산해 보세요.

5를 2로 나누면 몫이 2이고, 1이 남습니다. 나머지 1을 출력한 겁니다. 좀 낯설죠? 한 번 더 해볼게요. 7 % 5를 연산하면 어떤 값이 나올까요?

7을 5로 나누면 몫이 1, 나머지가 2이므로 결과는 2입니다.

모듈로 연산을 배우니 어떤가요? '와, 신기하다'라고 생각할 수 있는데, 코딩하다 보면 유용할 때가 있습니다.

신기하다기보다… 정말 쓸데없어 보이는데, 대체 언제 유용한 거죠?

그럼, 예를 한번 들어볼게요. 2023이라는 숫자가 있을 때, 뒤에 23이라는 숫자만 필요하고, 앞에 20이라는 두 숫자는 천국으로 보내줘야 하는 상황이 있습니다. 그럴 때 2023이라는 숫자에 100 모듈로 연산을 하면 어떨까요?

이렇게 모듈로 연산을 사용하면 깔끔하게 뒤에 두 자리인 23이란 값만 얻을 수 있습니다. 2023이라는 수를 100으로 나누면 20번 나누어지고 23이 남으니, 23이라는 나머지를 가져오는 거예요.

그럼 반대로 2023에서 앞에 두 자리인 20을 가져오려면 어떻게 해야 할까요? 방금 2023 % 100을 연산했을 때 20번 나누어지고 나머지가 23이 남는다고 했으니, 이번에는 20번 나누어지는 걸 가져오면 되겠죠?

아이고, 이런! 파이썬의 친절함이 우리의 의도를 방해했네요. 정수인 2023을 정수 100으로 나누면 원래 정수 타입인 20이 나와야 하는데 20.23이라는 실수 타입의 값이 나와버렸어요. 그래서 파이썬이 나누기나누기(//) 연산자를 준비한 거죠?

// 연산자를 사용해서 성공적으로 앞에 있는 숫자 두 자리를 가져왔습니다.

한 가지 예를 더 들어 보겠습니다. 숫자를 하나 읽어왔는데, 앞뒤에 12345라는 필요 없는 숫자가 붙어 있습니다. 그걸 제거하고 8888이라는 숫자를 얻고 싶어요.

12345888812345

이러한 상황에서도 % 연산자와 // 연산자는 큰 힘이 됩니다.

코드	결과
`print(12345888812345 // 100000)`	123458888

먼저 나누기나누기 연산자로 뒤에 다섯 자리를 보내줍니다. 앞에 다섯 자리는 모듈로 연산자를 사용하면 되겠죠? 첫 번째 연산 결과에 다시 모듈로 연산을 해서 우리가 원하는 가운데 8888을 얻습니다.

코드
`print((12345888812345 // 100000) % 10000)`

결과
8888

숫자 연산과 아주 관련이 깊은 예제는 아니었지만, 모듈로 연산과 나누기나누기 연산은 원하는 숫자를 얻어야 하는 상황에서 도움이 많이 됩니다.

곱하기곱하기(**)

마지막으로 **곱하기곱하기**(**) 연산입니다. 이 연산은 간단히 말해 지수 연산입니다.

코드	결과
`print(2 ** 3)`	8

2 ** 3 연산은 2의 3제곱(2^3), 즉 2 * 2 * 2라는 의미이므로 8이 나옵니다.

정수를 연산하면 위와 같이 정수가 나오고, 실수를 연산하면 다음과 같이 실수가 나옵니다.

코드	결과
`print(2.0 ** 3)`	8.0

나누기나누기(//), 모듈로(%) 연산이 문자형 값에는 적용되지 않듯이, 곱하기곱하기(**) 연산도 문자열에는 적용되지 않습니다.

정리

이번 시간에는 코딩에 사용하는 연산자에 무엇이 있는지 알아보고, 여러 연산자를 사용해 숫자형과 문자형 값을 더하고 빼고 곱하고 나누어 봤습니다. 각 연산자들이 데이터 타입에 따라 어떻게 반응하는지도 직접 사용해 봤습니다.

다음 시간에는 숫자형, 문자형 값을 더 잘 사용하게 도와주는 변수에 대해 배워 보겠습니다.

변수

지금까지 숫자형, 문자형 값을 구분하고, 값에 영혼을 불어넣을 수 있는 연산자에는 무엇이 있는지, 또 어떻게 사용하는지를 알아봤습니다.

이번에는 숫자형, 문자형 값을 보관할 수 있는 보관함인 변수에 대해 알아보겠습니다. 변수를 알아보기 전에 변수에 대해 밑그림을 잠깐 그려보면, 데이터 중에는 한 번 쓰고 마는 데이터가 있고, 저장해두고 자주 꺼내서 사용해야 하는 데이터가 있습니다. 만약 자주 쓰일 것 같아서 어딘가에 저장해놓고 써야 한다면, 그 데이터를 위한 공간을 미리 준비해야 합니다. 변수를 만든다는 건 그 데이터가 머무를 집을 마련해주는 셈입니다.

변수

다음 코드를 볼게요. 더하기(+) 연산자를 사용해 숫자형 값인 5와 2를 더했습니다.

코드	결과
5 + 2	7

여기서 5와 2라는 숫자는 프로그램이 시작되고 끝날 때까지 계속 5와 2입니다. 5가 갑자기 7이 되거나 9가 될 수 없는, 고정된 값이라는 뜻이죠.

그런데 고정되지 않은, **변할 수 있는 값**도 있습니다. 예를 들어 '나이(age)'라는 값을 생각해 보세요. 이 값을 현재 나이 '30'으로 딱 고정시킨 프로그램을 만들었어요. 1년 뒤 31살이 되었는데도 값을 바꿀 수 없다면? 값이 고정되어 있다면? 안 되겠지요?

이때 필요한 게 바로 **변수**입니다. 나이라는 값이 1년에 1씩 늘어나는 것처럼, 변수란 변할 수 있는 수, 즉 변하는 수랍니다. 변하는 수를 코딩에 사용하려면 보관함을 사용해야 합니다. 변할 수 있는 값을 담는 보관함으로, 앞에서 배운 숫자형, 문자형 값을 보관할 수 있습니다.

나이를 안 먹으니 기분은 좋네요!

변수를 만드는 방법

'숫자형, 문자형 값을 보관할 수 있는 보관함'이 바로 변수라고 설명했습니다. 그렇다면 보관함은 어떻게 만들까요? 여기서는 '나이(age)'를 넣을 수 있는 보관함을 만들어 볼게요.

```
age = 30
```

이 코드는 보관함을 하나 마련해 age라고 이름 짓고, 안에 30이라는 정수형 값을 넣은 것과 같습니다. age라는 이름을 가진 이 보관함은 앞으로 정수를 담을 수 있게 된 겁니다.

▼ 그림 5-1 변수

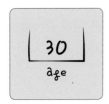

변수가 필요한 이유

변수가 무엇인지, 어떻게 만드는지 알아봤습니다. 그런데 아직 프로그램을 만들 때 왜 변수라는 것이 필요한지 잘 이해가 안 될 수 있습니다. 변수가 필요한 예를 한번 들어볼게요. 웹 사이트를 운영한다고 생각해 보세요. 사람들이 사이트에 방문해서 회원가입을 하겠죠? 그런데 사람들이 어떤 아이디로 회원가입을 할지 운영자인 우리가 미리 알 수 있을까요? 미리 알고 있다면 다음과 같이 미리 아이디를 고정해놓을 수 있겠지요.

```
id = "gunny"
```

하지만 사람들이 무슨 아이디를 입력할지는 알 수 없습니다. 어떤 아이디를 입력할지 모르기 때문에, 아이디가 입력되면 보관할 수 있는 보관함(id)을 미리 만들어놓는 거죠.

또한, 변수를 만든 뒤에는 연산자를 적용할 수 있습니다. 예를 들어 앞에서 만든 age라는 변수를 출력해보면 우리가 넣어둔 30이라는 값이 나올 겁니다.

<table>
<tr><td>

코드

```
age = 30
print(age)
```
</td><td>

결과

```
30
```
</td></tr>
</table>

현재 age가 가지고 있는 값에 5를 더하라는 코드를 추가하면 35가 나옵니다. 코드를 추가해 age가 30이라는 값을 버리고 35라는 새로운 값을 보관하게 한 거죠.

▼ 그림 5-2 변수 이름으로 연산

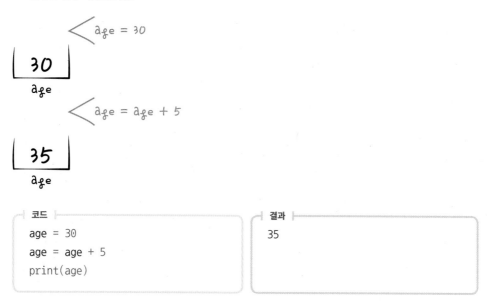

<table>
<tr><td>

코드

```
age = 30
age = age + 5
print(age)
```
</td><td>

결과

```
35
```
</td></tr>
</table>

만약 name이라는 변수에 gunny를 넣고 4를 곱하면 gunny가 4번 출력이 됩니다.

<table>
<tr><td>

코드

```
name = "gunny"
print(name * 4)
```
</td><td>

결과

```
gunnygunnygunnygunny
```
</td></tr>
</table>

이렇게도 사용할 수 있습니다. fname과 lname이라는 변수 두 개를 만들고 다음과 같이 값을 넣었어요.

```
fname = "gunny"
lname = "lee"
```

그리고 fullname이라는 새로운 변수를 만들어서 fname과 lname을 더합니다. fullname에는 어떤 값이 들어갔는지 한번 출력해 볼까요?

```
코드
fname = "gunny"
lname = "lee"

fullname = fname + lname
print(fullname)
```

```
결과
gunnylee
```

결과로 알 수 있듯이, fullname이라는 변수는 이제 gunny와 lee를 합친 문자열을 보관합니다. 코드의 세 변수가 각각 문자열을 보관하고 있다가 필요한 연산을 수행하는 거죠.

정리하면, 이전에는 숫자형이나 문자형 값을 직접 입력해 연산했다면, 이제 이 값들을 변수라는 보관함에 넣은 다음 변수 이름만 가지고도 다양하게 연산할 수 있다는 겁니다.

변수 이름

변수 이름은 어떻게 지으면 좋을까요? 변수 이름을 지을 때 주의할 점 두 가지를 먼저 살펴볼게요.

① 약간의 규칙이 있습니다. 변수 이름에 사용할 수 있는 것, 사용할 수 없는 것이 있어요.

> **변수 이름에 사용할 수 있음**
> - 문자: gunny
> - 숫자(중간에 들어가도 OK): gunny1, gu2nny
> - 언더스코어(어느 위치에 들어가도 OK): _gunny, gu_nny, gunny_

이외에 다른 특수 문자는 변수 이름에 사용할 수 없습니다. 그리고 다음과 같은 경우도 변수에 사용할 수 없습니다.

- 중간에 공백(스페이스)이 있는 경우: gunny 1

- 숫자가 맨 앞에 나오는 경우: 1gunny

- 이미 파이썬이 선점한 경우: int, float, true, print, …

파이썬이 선점한 키워드는 주피터 랩에서 다른 컬러로 나오기 때문에 알아보기 쉽습니다. 이외에는 자유롭게 원하는 대로 변수 이름을 만들 수 있습니다.

❷ 변수 이름은 최대한 알아보기 쉽게 지어야 합니다. 알아보기 편하려면 직관적이어야 하고, 또 짧을수록 좋겠죠. 누군가 내 코드를 봤을 때 변수 이름만 보고도 '여기에는 무엇이 담기겠구나, 이 변수의 용도는 이거구나.'라고 알 수 있게 이름을 짓는 것이 좋습니다.

예를 들어 다음과 같이 이름을 짓는다고 해볼게요.

코드	결과
`asdoeifhodjowhgieohwjd = 2` `print(asdoeifhodjowhgieohwjd)`	`2`

실행해보면 잘 동작합니다. 즉, 이렇게 만들어도 기능은 합니다. 하지만 이 변수가 어떤 변수인지, 안에 담긴 2가 어떤 값인지 의미를 알 수 없습니다. 따라서 코드를 보는 사람이 이 코드가 어떤 기능을 하는 코드인지 이해할 수가 없습니다.

그리고 아까 봤듯이 변수에 연산자를 적용할 수 있습니다. 이번에는 변수끼리 연산해 보겠습니다. 예를 들어 a, b, c라는 변수를 만들고 다음 값을 넣습니다.

사용은 가능하지만, 화장실 한번 갔다 오는 사이 나조차도 이 변수의 용도를 기억하지 못할 수 있어요~

```
a = 1
b = 2
c = a + b
```

c를 출력하면 무엇이 나올까요?

```
a = 1
b = 2
c = a + b
print(c)
```

결과
```
3
```

변수끼리 더하기 연산을 한 뒤 3이 나오겠죠? 곱하기, 나누기 등 모든 연산이 가능합니다.

그런데 c라는 변수를 굳이 만들지 않고 a + b를 해도 여전히 3이라는 값이 나옵니다(참고로 변수 c 관련 코드는 주석 처리해서 실행되지 않게 했습니다).

코드
```
a = 1
b = 2
# c = a + b
print(a + b)
```

결과
```
3
```

거니 님, print(c)나 print(a + b)나 똑같이 3을 출력한다면,
둘 중 어떤 것을 사용해도 상관없잖아요?

겉으로는 똑같아 보이지만, print(a + b)는 더하기 연산의 결과가 저장되지 않습니다. 보관함이 없으니 어디에도 저장되지 않겠죠. 계산한 값을 나중에 사용하고 싶다면 변수 c를 만들어서 값을 저장한 뒤 print(c)와 같이 쓰는 게 안전합니다.

> **참고**
>
> 다음 코드를 실행해보면 오류 메시지를 볼 수 있습니다. 어디가 잘못됐을까요?
>
> ```
> a = 1
> b = 2
> c = a + b
> print(C)
> ```
>
> 정답은 변수 이름을 소문자 c로 지었는데, 대문자 C를 출력했습니다. 대소문자를 구별하기 때문에 대문자 C라는 변수는 없다고 오류를 낸 것이지요.

input() 함수

마지막으로 변수와 관련한 함수를 하나 소개하겠습니다. 함수에 대해서는 나중에 더 자세히 설명합니다. 하지만 그 전까지 우리가 함수를 못 쓰느냐? 그럴 수는 없으니 '이 함수는 이럴 때 이렇게 쓰는구나.' 정도로 알아가면서 써봅시다.

지금까지 print()나 type() 같은 함수를 코드에서 조금씩 써왔는데요. 이번에 소개할 함수는 바로 input()입니다. 프로그램이 실행되는 중간에 실시간으로 문자열을 받고 싶을 때 사용합니다.

예를 들어 프로그램을 사용하는 사용자에게 이름을 하나 받고 싶다고 해볼게요. 먼저 사용자에게 이름을 입력하라고 알려줘야 하니 print() 함수를 사용해 다음 문자열을 출력합니다.

```
print("이름을 입력하세요.")
```

다음으로 사용자가 이름을 입력하면, name이라는 변수에 저장합니다.

```
print("이름을 입력하세요.")
name = input()
```

실행하면 박스가 생기고, 입력을 기다리며 깜빡깜빡 하고 있을 겁니다.

결과
이름을 입력하세요.

박스에 gunny라고 써볼까요?

결과
이름을 입력하세요.
gunny

어? 이 상태로 프로그램이 끝나버립니다. 왜 그럴까요?

앞에서 작성한 코드를 저장만 시키고 끝났기 때문입니다. 저장한 후 어떻게 하겠다는 코드는 작성하지 않았기 때문이죠. 예를 들어 다음과 같이 코드를 이어서 작성하면, 문자열 값을 받은 뒤 "당신의 이름은 name입니다."라고 알려줍니다.

```
코드
print("이름을 입력하세요.")
name = input()
print("당신의 이름은 " + name + "입니다.")
```

```
결과
이름을 입력하세요.
┌─────────────────────────────────┐
│ gunny                           │
└─────────────────────────────────┘
당신의 이름은 gunny입니다.
```

입력 박스에 gunny라고 입력하면 이번에는 입력된 문자열에 따라 문장을 출력하는 것을 볼 수 있습니다.

input()이라는 함수는 변수를 사용할 때 많이 쓰일 것 같죠?

정리

이번 시간에는 변수에 대해 알아봤습니다. 변수란 무엇이고, 왜 사용해야 하는지를 알아보고, 변수 이름으로 사용할 수 있는 것과 사용할 수 없는 것을 구분해 봤습니다. 마지막으로 input() 함수에 대해서도 배웠습니다.

다음으로 조건문에 대해 배울 텐데, 조건문으로 넘어가기 전에 지금까지 배운 내용을 바탕으로 간단한 프로그램을 하나 만들어보면 좋겠어요. 배운 걸로 연습해보는 거니까 걱정하지 말고 다음 시간에 만나요.

실습하기 좋은 타이밍!

변수: 실습

이번 시간에는 프로그램을 하나 만들어 봅시다. 지금까지 여러 내용을 배웠는데 이쯤에서 한번 실습해보면 배운 내용도 정리되고, '아 이런 용도에 사용할 수 있구나.'라는 생각이 들면서 데이터, 변수, 연산자와 더욱 친해질 수 있을 거예요.

만들어볼 프로그램은 '아이큐 조작 프로그램'입니다. 어떤 프로그램이냐 하면, 간단합니다. 사용자에게 아이큐를 물어본 다음, 입력받은 아이큐에서 30을 뺀 값을 당신의 아이큐라고 알려주는 겁니다. 친구를 놀려줄 수 있는 프로그램을 만든다니 재미있죠?

친구들을 놀려줄 생각에 벌써 두근두근하네요!

그럼 시작해 봅시다.

해야 할 일

아이큐 조작 프로그램을 만들려면 어떤 작업을 해야 하는지, 해야 할 일을 정리해 볼게요.

> 1 │ 아이큐를 물어본다.
> 2 │ 변수 iq를 만들어서 input() 함수로 값을 받는다.
> 3 │ 아이큐를 30 낮춘다.
> 4 │ 낮춘 아이큐를 출력하면서 "당신의 아이큐는 ___ 입니다."라고 알려준다.

이렇게 네 가지 작업만 하면 됩니다. 위와 같이 해야 할 일을 먼저 정리하는 것도 코딩에서 매우 중요한 부분입니다. 뼈대를 세우듯 미리 설계해 놓으면 차근차근 각 작업을 채워주기만 하면 되거든요!

이후 내용을 보기 전에 여러분 스스로 한번 위 순서에 따라 프로그램을 만들어보는 것을 추천합니다.

꼭! 해보세요! 실력 향상에 큰 도움이 됩니다! 파이팅!

만들어보고 왔나요? 여러분이 먼저 만들어 봤다고 굳게 믿고 이제 해보겠습니다. 코딩은 이처럼 믿음이 중요합니다. 주변 동료들도 믿고, 스스로도 믿고! 그럼 함께 해봅시다.

프로그래밍 과정

① 일단 아이큐를 물어봐야겠죠?

```
print("당신의 아이큐는 몇입니까?")
```

② 사용자는 출력된 질문을 보고 아이큐를 입력할 겁니다. 우리는 iq라는 변수를 만들어서 input() 함수로 값을 받겠습니다.

```
print("당신의 아이큐는 몇입니까?")
iq = input()
```

③ 아이큐를 30 낮춰야 하므로, 현재 iq 변수가 가지고 있는 값에서 30을 뺀 값을 다시 iq에 넣습니다.

```
print("당신의 아이큐는 몇입니까?")
iq = input()
iq = iq - 30
```

앞에서 변수 배울 때도 해봤지만, iq 보관함에 저장되어 있는 현재 값에 어떤 값을 더하거나 뺀 다음 그대로 똑같은 변수에 다시 저장하는 작업은 코딩할 때 정말 많이 사용합니다.

그래서 더 간단하게 쓰는 방법도 있습니다. 다음 두 코드는 같은 의미입니다. 두 번째 코드는 첫 번째 코드를 짧고 간단하게 쓴 것뿐입니다. 여기서는 첫 번째 코드를 사용해 볼게요.

```
iq = iq - 30
iq -= 30
```

❹ print()를 사용해서 "당신의 아이큐는 ___ 입니다."라고 낮춘 아이큐를 출력합니다.

코드
```
print("당신의 아이큐는 몇입니까?")
iq = input()
iq = iq - 30
print("당신의 아이큐는 " + iq " 입니다.")
```

앞에서 하려고 계획한 작업들을 다 했습니다. 프로그램이 어느 정도 완성된 것처럼 보입니다. 한번 실행해 볼까요?

결과
```
File "<ipython-input-1-bcc275d848d4>", line 4
    print("당신의 아이큐는 " + iq " 입니다.")
                                  ^
SyntaxError: invalid syntax
```

오류가 뜨네요. 오류 내용을 보니 invalid syntax! 문법이 틀렸다고 합니다. 아! iq 뒤에 +를 빼먹었네요. 스트링 + 스트링 + 스트링이므로 +를 계속 넣어줍니다.

코드
```
(…)
print("당신의 아이큐는 " + iq + " 입니다.")
```

수정하고 다시 실행해보면, 프로그램이 우리가 원하는 질문을 던집니다.

결과
당신의 아이큐는 몇입니까?
```
                              
```

30이 빠질 테니 180 정도로 넣어볼까요?

결과
당신의 아이큐는 몇입니까?
```
180
```

Enter 를 치니, 다시 오류가 뜹니다.

```
결과
TypeError Traceback (most recent call last)
<ipython-input-2-8a9242c45cb5> in <module>
      1 print("당신의 아이큐는 몇입니까?")
      2 iq = input()
----> 3 iq = iq - 30
      4 print("당신의 아이큐는 " + iq + " 입니다.")
TypeError: unsupported operand type(s) for -=: 'str' and 'int'
```

오류가 나와도 당황하지 말고, 오류 메시지를 살펴보세요.

오류 메시지는 코드에서 문제가 있는 부분을 화살표로 표기해 줍니다. 3번째 줄의 코드에 화살표가 있네요. 어떤 문제인지는 맨 아래 내용을 보면 돼요. str과 int가 지원되지 않는 타입이라고 하는데, 한번 생각해 봅시다.

input()으로 무언가를 입력받으면 항상 str 타입으로 받게 되어 있습니다. 즉, 파이썬이 제공하는 input() 함수는 데이터를 받으면 어떤 데이터를 입력받든지 상관없이 str, 즉 문자열 타입으로 저장하는 함수였던 겁니다. 30을 입력받든 30.5를 입력받든 hello를 입력받든, 모두 문자열 형태로 보관되는 거죠.

그래서 변수 iq에 180이라는 str을 받았는데, 문자열에서 숫자 30을 빼려고 하니 뺄 수가 없었습니다. 180이라는 문자열에서 숫자를 빼라는 건, 컴퓨터 입장에서는 ""안녕하세요" 에 5를 더하면 답이 뭡니까?"라고 물어보는 것과 비슷하게 느껴졌을 거예요. 그러면 어떻게 해야 할까요?

변수 iq는 str이 아니라 int라고 알려주면 되겠네요. 문자열과 숫자는 서로 더하거나 뺄 수 없으니, iq라는 문자열을 숫자로 만들어서 숫자끼리 빼야겠어요.

```
코드
print("당신의 아이큐는 몇입니까?")
iq = input()
iq = int(iq) - 30
print("당신의 아이큐는 " + iq + " 입니다.")
```

문자열에 대해 어떠한 숫자형 데이터를 더하거나 뺄 수 없기 때문에, int(iq) 라인에서 '여기서 iq 변수는 int로 취급됐으면 좋겠어요~'라고 타입 캐스팅을 해줍니다. iq라는 보관함을 숫자형 데이터로 만든 뒤 30을 빼주었습니다. 그리고 그 결과를 다시 iq라는 보관함에 저장한 거죠.

처음에 작성했던 계산 코드(iq = iq - 30)에 캐스팅 함수 int()를 사용합니다. 이러면 계산할 수 있겠죠? 한번 실행해 볼게요.

┌ 결과 ├
당신의 아이큐는 몇입니까?

180

입력란에 180을 넣고 Enter 를 입력하면! 역시 오류가 떴습니다. 한번 읽어보죠. 어디서 문제가 생겼나 한번 봅시다.

오류가 난다고 실망하거나 겁먹지 마세요!

┌ 결과 ├
```
TypeError Traceback (most recent call last)
<ipython-input-4-6e62f746f544> in <module>
      2 iq = input()
      3 iq = int(iq) - 30
----> 4 print("당신의 아이큐는 " + iq + " 입니다.")
TypeError: can only concatenate str (not "int") to str
```

앞에서 수정한 3번째 줄은 통과했네요! iq를 스트링으로 받고, 3번째 줄에서 int로 변환한 뒤 30을 빼고 다시 iq에 할당해주는 방식은 잘 작동합니다.

이번 문제는 마지막 4번째 줄에서 생겼네요. 오류 메시지를 보면 str과 int는 합쳐질 수 없다고 나와 있는데, 무슨 뜻일까요?

┌ 코드 ├
```
print("당신의 아이큐는 " + iq + " 입니다.")
```

오류 메시지를 보면 위 코드에서 합치려고 하는 데이터 타입이 print(str + int + str) 이렇게 되어 있다고 합니다. 그러고 보니 처음에 input() 함수로 iq의 데이터를 받았을 때는 str 타입이었는데, 30이라는 숫자를 빼주기 위해 int로 데이터 타입을 바꿨습니다.

더하기는 같은 타입끼리만 가능하므로, str + int + str은 불가능하고, str + str + str 형식으로 바꿔야겠네요. 그럼 다시 iq를 int 타입에서 str 타입으로 타입 캐스팅을 해주어 데이터의 형식을 바꾸면 되겠네요.

코드
```
print("당신의 아이큐는 몇입니까?")
iq = input()
iq = int(iq) - 30
print("당신의 아이큐는 " + str(iq) + " 입니다.")
```

4번째 줄에 캐스팅 함수 str()을 사용했습니다 이제 iq는 int에서 다시 str이 됩니다. 이제는 잘 작동하는지 처음부터 쭉 실행해 볼게요.

결과
```
당신의 아이큐는 몇입니까?

```

자, 이걸 친구한테 딱 보여주는 거예요. 그러면 친구가 "나는 한 120 정도 될걸." 하면서 120을 넣겠죠?

결과
```
당신의 아이큐는 몇입니까?
 120
당신의 아이큐는 90 입니다.
```

짜잔! '당신의 아이큐는 90 입니다.'라고 나오면 "어, 뭐야!" 하면서 친구가 당황하겠죠?

전체 코드

첫 번째 프로그램을 성공적으로 만들어 봤는데 전체 코드를 보면서 정리해 봅시다.

1 먼저 '당신의 아이큐는 몇입니까?' 하고 물어봤어요.

```
# 아이큐를 물어본다.
print("당신의 아이큐는 몇입니까?")
```

2 그리고 input() 함수로 값을 받았습니다. input()으로 값을 받으면 iq가 str 값이 됩니다. iq의 타입을 한번 물어볼까요? str로 받았으니까 타입은 str로 나오겠죠?

```
# 변수 iq를 만들어서 input() 함수로 값을 받는다.
iq = input()
print(type(iq))
```

3 다음으로 30을 빼야 하는데 str 값에서 30을 빼려고 하니 연산이 안 됐어요. 그래서 str 값을 강제로 int로 변환해서 연산하고, 그 값을 iq에 넣어줬어요. 여기서도 iq의 타입을 물어볼게요. int로 강제 변환했으니 int라고 뜨겠죠?

```
# 아이큐를 30 낮춘다.
iq = int(iq) - 30
print(type(iq))
```

4 연산을 마친 값을 다시 str과 합치기 위해 str로 캐스팅한 다음 최종 메시지를 출력했습니다.

```
# 낮춘 아이큐를 출력하면서 "당신의 아이큐는 ___ 입니다."라고 알려준다.
print("당신의 아이큐는 " + str(iq) + " 입니다.")
```

전체 코드는 다음과 같습니다. 다시 한번 실행해 보겠습니다.

코드

```python
# 아이큐를 물어본다.
print("당신의 아이큐는 몇입니까?")

# 변수 iq를 만들어서 input() 함수로 값을 받는다.
iq = input()
print(type(iq))

# 아이큐를 30 낮춘다.
iq = int(iq) - 30
print(type(iq))

# 낮춘 아이큐를 출력하면서 "당신의 아이큐는 ___ 입니다."라고 알려준다.
print("당신의 아이큐는 " + str(iq) + " 입니다.")
```

결과

```
당신의 아이큐는 몇입니까?
 120
<class 'str'>
<class 'int'>
당신의 아이큐는 90 입니다.
```

프로그램을 만들 때 의도했던 결과가 잘 나왔습니다. 타입도 확인했나요?

정리

이번 시간에는 앞에서 배운 내용을 활용해서 프로그램을 하나 만들어 봤습니다. 숫자형, 문자형 값을 담을 수 있는 변수를 만들었고, 사용자에게 값도 받아봤고, 타입을 변환해서 연산한 뒤 결과를 출력해 봤습니다. 타입이 맞아야 연산이 가능하다는 것을 실습을 통해 다시 한번 확인해볼 수 있었어요.

다음 시간에는 또 다른 내용을 배워 보겠습니다.

조건문 I: 비교연산자, 논리연산자

이번 시간에는 프로그래밍에서 아주 중요한 부분에 대해 이야기해볼 겁니다.

지금 배우고 있는 파이썬 외에도 프로그래밍할 수 있는 언어가 많고, 언어마다 사용법이 조금씩 다릅니다. 그런데 언어와 상관없이, 어떤 언어로 코딩하든지 프로그램은 **세 가지 레고 블록**으로 이루어져 있습니다. 아주 작은 프로그램도, 매일 마주하는 상용 컴퓨터 프로그램도, 크기가 30GB가 넘는 아주 큰 게임도 결국 세 가지 레고 블록으로 구성되고 제어되죠.

프로그램을 구성하는 세 가지 레고 블록은 다음과 같습니다.

1 │ 순차 실행

2 │ 조건 실행

3 │ 반복 실행

이 세 가지만 알면 어떠한 프로그램도 다 만들 수 있습니다!

먼저 이 세 가지 레고 블록이 어떤 건지 간단히 알아보겠습니다.

순차, 조건, 반복 실행

순차 실행(sequential)은 말 그대로 순서에 맞게 차례로 실행하는 겁니다. 컴퓨터는 기본적으로 코드를 작성한 순서대로, 위에서 아래로 실행합니다. 위에 작성한 코드를 두고 아래 있는 코드부터 먼저 실행하지는 않습니다. 우리가 앞에서 작성한 코드들도 순차 실행했죠.

조건 실행(conditional)은 순차적으로 실행하다가, 특정 조건이 되면 여기 또는 저기로 이동하여 다시 순차적으로 실행하는 방식입니다. 이번 시간에 자세히 알아볼 겁니다.

반복 실행(iterative)은 일정 구간을 왔다 갔다 하면서 같은 동작을 계속 실행하는 방식입니다. 반복 실행에 대해서는 다음 시간에 알아볼게요.

정리하면 다음과 같습니다.

> 1 | **순차 실행**: 위에서 아래로 순서대로 실행한다.
> 2 | **조건 실행**: 조건에 따라 여기저기로 튄다.
> 3 | **반복 실행**: 특정 구간을 반복한다.

이번 시간에는 두 번째 레고 블록인 조건 실행에 대해 배워 보겠습니다.

그만큼 오늘 주제가 중요한 주제라는 점!

조건문 I

조건문은 간단히 말해, 갈림길입니다. 다음을 상상해 보세요. 프로그램이 순차적으로 실행되다가 갈림길을 만납니다. 그 갈림길이 정해놓은 조건에 따라 조건에 맞으면 이쪽으로, 조건에 안 맞으면 저쪽으로 가는 거죠.

▼ 그림 7-1 조건문의 갈림길

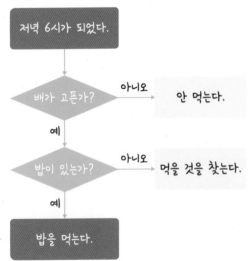

이런 방식으로 동작하게 됩니다. 예를 들어볼게요. 여러분이 웹 사이트를 하나 만들었어요. 사용자가 웹 사이트에 회원가입을 할 때 아이디는 최대 10글자를 넘을 수 없다고 설정하고 싶어요. 이런 조건을 설정하려면 사용자가 사용하고 싶은 아이디를 입력했을 때 글자 수가 10글자를 넘는지 안 넘는지 확인해야겠죠. 확인한 후 10글자 이하면 회원가입 진행, 10글자를 초과하면 다시 짧게 입력하라고 알려주려고 합니다. 이때 사용하는 것이 바로 조건문입니다.

불리언 타입

본격적으로 조건문을 배우기 전에 알아야 할 데이터 타입이 하나 있습니다. 앞에서 데이터 타입 중 숫자형과 문자형 값에 대해 알아봤습니다. 이번에는 한 가지 더, 불리언 (boolean)이라는 데이터 타입을 알아볼게요.

불리언 타입은 진실(참) 혹은 거짓, 딱 두 개를 나타냅니다.

- 진실(True)

- 거짓(False)

간단하죠? 데이터 타입을 확인하는 type( ) 함수에 True나 False를 넣어보세요.

코드	결과
type(True)	bool

결과가 불(bool)이라고 뜹니다. False 역시 마찬가지로 불입니다. 딱 두 개밖에 없어요. 진실 혹은 거짓이죠.

비교연산자

그렇다면 어떤 것이 진실(True)이고, 어떤 것이 거짓(False)일까요?

파이썬에는 어떤 것이 진실이고 어떤 것이 거짓인지 확인해주는 판사님들이 계시답니다. 바로 비교연산자입니다. 비교연산자에 무엇이 있을까요? 아마 많이 본, 익숙한 기호일 거예요.

- ==
- !=
- <, >
- <=, >=

==

==은 등호를 두 개 사용한 비교연산자입니다. 앞에서 변수에 값을 넘겨줄 때 등호를 한 개 사용했는데(예를 들어 age = 30), 이는 age라는 보관함(변수)에 30이라는 숫자 형식의 값을 할당하겠다는 의미였습니다. 다음과 같이 등호를 두 개 사용하면 두 값이 같은지를 물어보는 겁니다.

만약 a와 b가 똑같으면 True, 다르면 False입니다. 코드로 예를 들어볼게요.

코드	결과
5 == 5	True

5와 5가 같은지 물어보면 당연히 True가 나옵니다. 5와 6이 같은지 물어보면 역시 당연히 False가 나오겠죠?

코드	결과
5 == 6	False

즉, '두 값을 비교해라, 서로 같은가?'라고 물어보는 비교연산자입니다. 문자열도 똑같습니다.

코드	결과
'hello' == 'hello'	True

hello와 hello를 비교하면 True가 나오는데, 숫자 6과 문자열 6을 비교하면 False가 나옵니다.

코드	결과
6 == '6'	False

같은 6이지만 둘은 int와 str로 타입이 다르니까요. 만약 캐스팅 함수를 사용해서 타입을 같게 해주면 결과가 어떻게 나올까요?

코드	결과
`str(6) == '6'`	True

똑같이 str 타입으로 맞춰주니 True라는 결과가 나옵니다. 반대로 뒤에 str 타입의 6을 int()로 캐스팅해서 int 타입으로 맞춰 비교해도 동일하게 True라는 판결을 내주겠죠?

!=

두 번째 비교연산자는 !=입니다. ==과 반대입니다.

$$a \mathrel{!=} b \rightarrow a와 b가 다른가?$$

다른지를 비교해서 다르면 True, 같으면 False가 나옵니다.

코드	결과
`5 != 5`	False

앞에서처럼 5와 5를 비교하면 둘은 같기 때문에 False가 나옵니다. '5와 5가 달라?'라고 물어봤을 때 '아니, 똑같아.'라고 대답한 것입니다. 5와 6이 다른지 물어보면 '응, 달라.'라는 의미로 True라고 대답합니다.

코드	결과
`5 != 6`	True

<, >

세 번째는 부등호 〈, 〉입니다. 이 비교연산자들은 직관적이죠?

$$a < b \rightarrow a가 b보다 작은가? (b가 a보다 큰가?)$$
$$a > b \rightarrow a가 b보다 큰가? (b가 a보다 작은가?)$$

코드	결과
`5 < 6`	True

5가 6보다 작은지, 또는 6이 5보다 큰지 물어보면 참(True)이라고 확인해 줍니다.

<=, >=

네 번째는 <=, >=입니다. 모양만 봐도 어떻게 비교하는지 감이 오나요?

$a <= b →$ a가 b보다 작거나 같은가? (b가 a보다 크거나 같은가?)

$a >= b →$ a가 b보다 크거나 같은가? (b가 a보다 작거나 같은가?)

코드	결과
5 <= 6	True

5가 6보다 작거나 같은지를 물어보면 True가 나옵니다. 마찬가지로 5와 5를 비교해도 True가 나오죠.

코드	결과
5 <= 5	True

논리연산자

논리연산자라고 하니 갑자기 어려워질 것 같은 느낌이 드나요? 아닙니다. 어렵지 않아요. 앞에서 살펴본 비교연산자는 a와 b가 같은지 다른지 알려주는, 익숙한 부호들이었지요? 논리연산자도 마찬가지입니다.

논리연산자로는 다음 세 가지를 알아볼게요.

- and

- or

- not

and

예를 들어 앞에서 웹 사이트를 만들고 회원가입을 받았던 것을 떠올려 보세요. 사용자가 회원가입을 하면서 아이디와 비밀번호를 입력합니다. 이번에는 아이디와 비밀번호의 길이가 각각 다섯 글자를 넘으면 안 된다는 제한을 설정해 볼게요.

> ID:
> PW:
> (*아이디와 비밀번호의 길이가 각각 다섯 글자를 넘으면 안 됩니다.)

이때 아이디는 5글자, 패스워드는 6글자를 입력하면 회원가입이 안 되겠죠?

이처럼 두 조건, 즉 아이디 그리고(and) 패스워드의 조건을 다 충족해야 True가 나오는 것이 바로 and입니다. 코드로도 확인해 볼까요?

사용자가 회원가입을 하면서 다음과 같은 id와 pw를 입력했다고 합니다.

```
id = "abcde"
pw = "12345"
```

우리는 id와 pw의 길이를 확인해야겠죠? 길이를 알려주는 간단한 함수, len()을 사용해 보겠습니다.

코드
```
id = "abcde"
pw = "12345"

len(id)
```

결과
```
5
```

id의 길이가 5라고 알려주네요. 그런데 우리는 몇 글자인지가 아니라 5글자를 넘는지를 확인하고 싶으므로 비교연산자를 사용해 줍니다. id의 길이가 최대 5글자이므로, 6보다 작은지를 물어보면 되겠죠?

코드
```
id = "abcde"
pw = "12345"

len(id) < 6
```

결과
```
True
```

True가 나옵니다. 그러면 한 단계 더 나아가서 id도 6글자보다 짧고, pw도 6글자보다 짧은 지를 물어볼게요.

코드
```
id = "abcde"
pw = "12345"

len(id) < 6 and len(pw) < 6
# (len(id) < 6) and (len(pw) < 6) 보기 편하게 괄호를 넣어줄 수도 있습니다.
```

결과
```
True
```

id도 True, pw도 True이면, 즉 True and True이면 True가 나옵니다. 만약 둘 중에 하나가 True가 아니라면 어떻게 나올까요? 사용자가 id를 6글자로 입력했다면,

코드
```
id = "abcdef"
pw = "12345"

len(id) < 6 and len(pw) < 6
```

결과
```
False
```

결과는 False입니다. 둘 중 하나라도 False면 다른 하나가 True라고 해도 결과는 False입니다.

or

or는 둘 중 하나라도 True이면 True를 내주는 키워드입니다.

바로 앞에서 id가 6글자, pw가 5글자일 때 and 키워드는 False and True이기 때문에 False를 출력했지요? or라면 어떻게 될까요?

```
코드
id = "abcdef"
pw = "12345"

len(id) < 6 or len(pw) < 6
```

```
결과
True
```

False and True, 즉 둘 중 하나라도 True이기 때문에 True가 나온 겁니다. 이게 or 키워드입니다. 더 이해하기 쉽게 표로 한번 정리해 볼까요?

▼ 표 7-1 and & or (True = O / False = X)

and			or		
A	B	결과	A	B	결과
X	X	X	X	X	X
X	O	X	X	O	O
O	X	X	O	X	O
O	O	O	O	O	O

컴퓨터 공학에서는 이 표를 진리표라고 부릅니다(영어로는 Truth-Table, 진실의 테이블이죠). and 표를 보면 A와 B 둘 중 하나라도 X(False)를 표시하면 결과는 O(True)가 나올 수 없고, A와 B 둘 다 O(True)를 표시할 때만 결과가 O(True)로 나오는 걸 볼 수 있습니다. 반대로 or 같은 경우에는 A와 B, 두 인풋이 X(False)를 표시할 때만 결과가 X(False)로 나오고, 둘 중 하나라도 O(True)를 표시하면 결과가 O(True)로 나오게 됩니다.

논리연산자 and와 or에 대해 배운 걸 바탕으로 간단히 이것저것 코딩해 볼게요.

다음과 같은 코드가 있다면 1은 2보다 크지 않고, 2도 3보다 크지 않으니, False or False이므로 False가 나오겠죠?

```
1 > 2 or 2 > 3
```

여기에 True를 하나 더해봅니다.

```
1 > 2 or 2 > 3 or 3 > 2
```

```
True
```

3은 2보다 크니까 True이고, 하나라도 True가 있기 때문에(False or False or True) True가 나옵니다.

이걸 보면 앞에서 예로 들었던 회원가입 같은 경우에 or 연산자는 맞지 않겠네요. 모든 조건을 다 만족할 때만 회원가입 절차를 진행해야 하니까요.

그럼 and로 한번 바꿔볼까요?

```
1 > 2 and 2 > 3 and 3 > 2
```

and는 하나라도 False면 False이므로 이 코드는 무조건 False입니다. 모든 조건을 다 만족해야 True가 나오는 and의 특성상, 첫 후보인 1 > 2를 봤을 때 False가 나오므로, 뒤의 두 식은 볼 필요도 없이 최종 결과는 False가 나옵니다. 그래서 다음과 같이 모든 조건을 True로 만들어야 True and True and True이므로 True가 나옵니다.

쓰다 보면 꽤나 직관적으로 사용할 수 있습니다.

```
6 > 2 and 8 > 3 and 3 > 2
```

```
True
```

조금 헷갈리나요? and와 or의 단어 뜻을 생각하면 잘 사용할 수 있습니다.

not

마지막으로 not 키워드를 간략하게 소개하고 넘어갈게요. 딱 봐도 부정적이죠. 이 연산자는 어떤 결과가 나오든 반대로 뒤집어 버립니다.

코드
```
1 > 2
```

결과
```
False
```

1이 2보다 큰지를 물어보면 당연히 False가 나오는데, 앞에 not 키워드를 붙이면 False가 True가 되어 버려요.

코드
```
not 1 > 2
```

결과
```
True
```

또 다른 예로 hello와 hello가 같은지 not을 붙여서 물어보면 True라는 결과가 False가 됩니다.

코드
```
not 'hello' == 'hello'
```

결과
```
False
```

지금까지 논리연산자인 and, or, not까지 배워 봤습니다.

그런데 거니 님! and와 or는 어느 정도 이해했는데요.

어떤 결과가 나오든지 그 결과를 반전시키는 not은 어디에 쓰는 거죠?

아! 궁금하실 수 있죠. 실제로 프로그래밍하면 not 키워드가 심심치 않게 사용됩니다. 예를 들어 홈페이지에서 회원가입을 받을 때 아이디의 길이가 5글자를 넘지 말아야 하는 상황을 생각해 볼게요.

이 문제를 해결하기 위해 프로그래머는 자신에게 편한 논리에 따라 코딩하게 됩니다. 똑같은 문제를 100명의 프로그래머에게 주면 아마 100가지 모두 다른 프로그램이 나올 거예요. 이는 사람마다 문제를 해결하기 위해 접근하는 순서나 방법이 조금씩 다르기 때문입니다.

위에서 가정한 상황을 해결하는 방법도 여러 가지가 있어요.

```
1 | id < 6 (아이디의 길이가 6보다 작을 때 통과)
2 | id <= 5 (아이디의 길이가 5보다 같거나 작을 때 통과)
3 | not( id > 5 ) (아이디의 길이가 5보다 큰 숫자가 아니라면 통과)
4 | not( id >= 6 ) (아이디의 길이가 6과 같거나 6보다 큰 숫자가 아니라면 통과)
```

위 네 가지 식은 모두 동일한 기능을 하지만, 프로그래머의 생각의 흐름에 따라 코드는 다르게 표현되는 거죠. 그러니 not 키워드도 일단 알아두면 나중에 필요할 때 힘이 되어줄 겁니다.

정리

지금까지 비교연산자와 논리연산자를 배워 봤습니다. 이것으로 조건문을 작성할 수 있는 준비를 마쳤습니다. 배운 연산자를 바탕으로 다음 시간에는 본격적으로 조건문에 대해 알아보겠습니다.

조건문 II: IF, ELIF, ELSE

먼 길을 왔습니다. 이제 본격적으로 두 번째 레고 블록인 조건문에 대해 알아보겠습니다.

앞에서 비교연산자랑 논리연산자로 'True냐 False냐'라는 불리언 타입의 값을 확인해 봤습니다. 불리언, 비교연산자, 논리연산자를 잘 이해했다면 조건문이 그렇게 어렵지는 않을 겁니다.

조건문 II

조건문은 말 그대로 '만약'입니다. '만약' 결과가 True면 이렇게 하고, False면 저렇게 하라고 하는 겁니다. 결과가 True냐 False냐에 따라 행동이 달라지겠죠. 이게 조건문이에요.

```
만약 최종 결과가 True면:
        이렇게 해라
    False면:
        저렇게 해라
```

예를 들어 우리는 횡단보도를 건널 때마다 조건문을 마주하곤 합니다. 바로 신호등이죠. 만약 신호등이 빨간불이면? 멈춰서 기다려야 합니다. 만약 신호등이 파란불이면? 길을 건널 수 있지요.

```
만약 신호등이 빨간불이면:
        멈춰서 기다려라
    신호등이 파란불이면:
        길을 건너라
```

조건문의 기본 구조: if

예를 들어 word라는 변수에 pizza라는 스트링 값을 넣습니다.

```
word = "pizza"
```

그리고 'word에 들어 있는 값이 혹시 pizza냐' 하고 물어볼게요.

코드
```
word = "pizza"

word == "pizza"
```

결과
```
True
```

비교연산자 ==을 사용하면 값이 pizza인지 확인할 수 있죠. 결과는 당연히 True가 나옵니다.

여기서 **만약** pizza가 맞으면(True라면) 피자라는 설명을 출력합니다. '만약'은 영어로 if죠?

코드
```
word = "pizza"

if word == "pizza":
    print("위 단어는 피자입니다.")
```

이것이 기본 조건문의 구조입니다. '만약(if) word가 pizza라는 게 True이면 콜론(:) 다음인 여기로 들어오라'는 의미죠. 앞에 들여쓰기가 되어 있지요? 콜론 다음에 Enter를 입력하면 자동으로 if 영역(if 블록) 안으로 들여쓰기를 해서 들어가게 됩니다. 결과를 확인해 봅시다.

결과
```
위 단어는 피자입니다.
```

결과가 True이므로 콜론 아래 print 명령을 실행한 것이죠.

만약에 pizza가 아니라 pizza5였다면, 즉 True가 아니라 False였다면 아무것도 출력하지 않습니다.

```
word = "pizza5"

if word == "pizza":
    print("위 단어는 피자입니다.")
```

프로그램이 조건문에 닿았을 때 '단어가 pizza와 동일한가?'를 판단하게 됩니다. 하지만 pizza5와 pizza는 동일하지 않으므로 False가 나오고, 그러면 아래 들여쓰기된 영역의 명령을 실행하지 않고 영역 밖으로 빠져나갑니다. 만약 False일 경우에는 어떻게 하라고 코드를 작성했다면 그 행동을 했겠죠.

이렇게 코드를 작성한다면 조건이 True냐 False냐에 따라 사용자들이 어떤 메시지를 받고, 어떤 화면을 볼지 여러분이 결정할 수 있답니다.

조건문의 기본 구조: else

앞에서 배운 if는 True, 즉 '만약 ~라면'에 해당합니다. 반대의 경우인 False, 즉 '그렇지 않으면'에 해당하는 단어를 알아볼게요.

앞에서 '만약 피자라면' 이 단어가 피자라는 문장을 출력하라고 했습니다. 그런데 '만약 피자가 아니라면' 이 단어는 피자가 아니라고 경고를 한번 날리고 싶어요.

코드
```
word = "pizza"

if word == "pizza":
    print("위 단어는 피자입니다.")

    print("위 단어는 피자가 절대 아닙니다.")
```

결과
```
위 단어는 피자입니다.
위 단어는 피자가 절대 아닙니다.
```

실행해보면 pizza가 맞으므로 아래 들여쓰기 부분으로 넘어오면서 첫 번째 문장을 출력했는데, 두 번째 문장까지 그냥 출력해 버리네요. 이때 들여쓰기 없이, 즉 if 영역 밖에 문장을 놓으면 어떻게 될까요?

```
코드
word = "pizza"

if word == "pizza":
    print("위 단어는 피자입니다.")

print("위 단어는 피자가 절대 아닙니다.")
```

```
결과
위 단어는 피자입니다.
위 단어는 피자가 절대 아닙니다.
```

결과는 같습니다. 첫 번째 문장을 출력하고, if 영역 밖으로 빠져나와서 두 번째 문장까지 출력한 거죠. 만약 word가 pizza가 아니라 pizza5라면, 이때는 두 번째 문장만 출력합니다.

```
코드
word = "pizza5"

if word == "pizza":
    print("위 단어는 피자입니다.")

print("위 단어는 피자가 절대 아닙니다.")
```

```
결과
위 단어는 피자가 절대 아닙니다.
```

if 영역에 들어왔다가 첫 번째 문장을 건너뛰고(True가 아니므로) if 영역 밖으로 나와서 두 번째 문장을 출력했습니다. 원하는 대로 두 번째 문장만 출력했으니 이렇게 하면 될까요?

아닙니다. 이 코드의 if는 완전하지 않습니다. 일단 True일 때 두 문장을 다 출력하기도 하고, if 영역 안에서 깔끔하게 처리되고 끝나는 게 아니라 if가 끝나도 if 관련 내용이 계속 나옵니다. 이 문제는 '만약에' 부분을 작성한 뒤에 '그렇지 않으면' 부분도 넣어주면 해결됩니다.

이 둘은 세트예요!

만약에는 if, 그렇지 않으면 else를 사용합니다.

코드

```
word = "pizza"

if word == "pizza":
    print("위 단어는 피자입니다.")
else:
    print("위 단어는 피자가 절대 아닙니다.")
```

결과

위 단어는 피자입니다.

이렇게 코드를 작성했습니다. 만약 word가 피자라면 첫 번째 문장을 출력하고 else는 들르지 않고 밖으로 나갑니다. 이미 True이므로 '그렇지 않으면' 영역에 갈 필요가 없기 때문입니다. 바로 if 조건문 블록 밖으로 빠져나가죠.

그리고 다음 코드처럼 만약 word가 피자가 아니라면 첫 번째 문장은 건너뛰고 두 번째 문장으로 갑니다.

코드

```
word = "pizza5"

if word == "pizza":
    print("위 단어는 피자입니다.")
else:
    print("위 단어는 피자가 절대 아닙니다.")
```

결과

위 단어는 피자가 절대 아닙니다.

'어? True가 아니네? 그럼 여기로 가라.'라고 하는 거죠. if 또는 else, 둘 중 하나는 무조건 실행할 수밖에 없습니다.

if 피자냐? 피자면 피자라고 해라,

else 아니냐? 아니면 아니라고 해라.

둘 중 하나만 실행할 수 있습니다.

조건문의 기본 구조: elif

그런데 생각해 봅시다. 다음과 같은 조건문도 있을 수 있습니다.

피자도 좋지만, 나는 햄버거도 좋아해.

그래서 햄버거라는 단어도 넣어서 검사하고 싶어.

이렇게 하려면 어떻게 해야 할까요? 아! 이전에 배웠던 or 연산자를 사용해 볼까요? '피자냐 아니냐?'라고 물어볼 때 '피자냐? 햄버거냐?'라고 물어보는 거죠.

```python
word = "pizza"

if word == "pizza" or word == "hamburger":

  ( ··· )
```

그런데 이렇게 하면 word가 피자 또는 햄버거, 둘 중 하나라도 True라면 '위 단어는 피자입니다.'라는 문장을 출력하게 됩니다(or가 어떻게 동작하는지 기억하고 있지요?). 우리는 '피자라면 피자입니다, 햄버거라면 햄버거입니다.'라고 출력하고 싶은데 말이죠.

그러면 if 안에 또 if를 작성하는 건 어떨까요? or 연산자를 사용해서 word가 피자 또는 햄버거라면 일단 if 블록 안에 들어오게 합니다. 이 안에 들어왔다는 건 피자 또는 햄버거라는 뜻이니까 피자면 피자라는 문장을, 그렇지 않으면 햄버거라는 문장을 출력하라는 거죠.

```
word = "hamburger"

if word == "pizza" or word == "hamburger":
    if word == "pizza":
        print("위 단어는 피자입니다.")
    else:
        print("위 단어는 햄버거입니다.")
else:
    print("위 단어는 피자나 햄버거가 아닙니다.")
```

피자 또는 햄버거가 아니라면, 둘 다 아니라는 마지막 else 문장을 출력할 겁니다. 실행해 볼까요?

결과

```
위 단어는 햄버거입니다.
```

원하는 결과가 나왔습니다!

이렇게 조건문을 구성해 봤는데, 다시 보니 코드가 좀 복잡합니다. if 안에 if가 있고 피자 인지 두 번이나 검사하고… 군더더기가 붙어 있는 느낌인데, 좀 더 간결하고 깔끔하게 구현할 수는 없을까요?

이럴 때 파이썬에서는 elif를 쓸 수 있습니다. else와 if 사이라서 elseif, 이걸 줄여서 elif 라고 기억하세요. 방금 구현한 내용을 elif로 다시 구현해 보겠습니다.

코드

```
word = "hamburger"

if word == "pizza":
    print("위 단어는 피자입니다.")
elif word == "hamburger":
    print("위 단어는 햄버거입니다.")
else:
    print("위 단어는 피자나 햄버거가 아닙니다.")
```

word가 피자인지 검사하고 피자면 피자라고 해라. 피자가 아니라면 다음으로 넘어가서 햄버거인지 검사하고, 햄버거면 햄버거라고 해라. 햄버거도 아니라면 둘 다 아니라고 해라. 이렇게 작성했습니다. 한번 실행해 볼까요?

결과

위 단어는 햄버거입니다.

같은 결과가 나왔습니다.

두 가지 방식으로 구현해 봤는데 차이가 느껴지나요? 둘은 조건문과 결과가 같지만 물어보는 방식이 조금 다릅니다.

첫 번째 방식은 앞에서 피자인지 햄버거인지를 먼저 검사하고 통과한 word를 놓고 다시한번 피자냐 햄버거냐를 물어봤습니다. 두 번째 방식은 바로 피자냐 햄버거냐를 물어봤습니다.

```
피자냐 햄버거냐 (둘 중 하나면 이리 와봐)
    피자냐
        (피자라고 해)
    햄버거냐
        (햄버거라고 해)
둘 다 아니냐
    (둘 다 아니라고 해)
```

두 번째 방식이 훨씬 깔끔합니다. elif를 사용하면 이처럼 훨씬 더 간단하게 조건문을 작성할 수 있습니다.

코드를 작성할 때는 어떤 방식이든 사용할 수 있습니다. 물론 기능을 구현하는 게 가장 중요하겠죠. 원하는 답을 구하고, 원하는 대로 작동하게 만드는 게 최우선인데, 이왕 똑같은 기능을 수행한다면, 중복되는 구문도 없고 군더더기도 없고 보기에도 예쁘고 그래서 코드를 이해하기도 쉽게 작성하면 더더욱 좋겠죠.

elif의 장점은 또 있습니다. 우리가 앞에서 햄버거를 추가했듯이 단어를 또 추가할 수 있잖아요? 그럴 때 쉽게 추가할 수 있습니다.

elif는 몇 개라도 추가할 수 있어요!

피자도 좋고 햄버거도 좋았는데 이제 치킨도 좋아졌어요. 그래서 치킨을 추가하고 싶다면 다음과 같이 elif를 추가하면 되죠.

```python
word = "hamburger"

if word == "pizza":
    print("위 단어는 피자입니다.")
elif word == "hamburger":
    print("위 단어는 햄버거입니다.")
elif word == "chicken":
    print("위 단어는 치킨입니다.")
else:
    print("위 단어는 피자나 햄버거나 치킨이 아닙니다.")
```

만약 첫 번째 방식이었다면 피자 or 햄버거 or 치킨인지 물어보고 안에 들어왔을 때 피자냐 뭐냐 또 물어보고… 엄청 복잡하고 코드도 못생겨집니다. 두 번째 방식이 원하는 동작을 깔끔하게 수행할 수 있죠.

조건문은 프로그래밍하면서 정말 많이 사용하게 됩니다 조건이 얼마나 까다롭냐에 따라서 if – else가 한 세트가 될 수도 있고, if – elif – else가 한 세트가 될 수도 있고, 규모가 더 커지면 if 안에 if가 여러 개 있거나, 그 안에 또 elif가 여러 개 있을 수도 있습니다. 조건문을 중첩하여 얼마든지 창의적으로 조건문을 구성할 수 있죠.

if, elif, else를 사용하여 어떠한 조건문의 구조들을 완성해 나가야 하는데, 여기서는 정말 개인의 생각 흐름에 따라 정말 다양한 형태의 조건문이 구성됩니다. 하지만 중요한 건 복잡하지 않게 설계하는 겁니다. 조건문의 구조가 간단하면 나중에 혹시 문제가 생겼을 때 수정하기도 훨씬 편해지겠죠!

조건문의 효율성

지금까지 조건문에 대해서 알아봤습니다. 마지막으로 조건문을 어떻게 사용해야 하는지에 대해 생각해 보겠습니다.

조건문 if를 사용하면서 가장 중요한 것은 코드로 모든 상황에 대응해줘야 한다는 겁니다. 앞에서 예로 들었던 웹 사이트를 다시 생각해 볼게요. 회원가입을 하려는 사용자에게 아이디를 입력받는데 최대 길이를 5글자로 설정했습니다. 사용자가 다음과 같이 아이디를 입력했어요.

```
id = "abcde"
```

사용자가 조건에 맞게 아이디를 제대로 입력했는지 확인해야겠죠. 완벽한 실행 코드 말고, 어떤 식으로 코드를 작성해야 하는지 대략 틀만 잡아보면 다음과 같습니다.

```
id = "abcde"

if len(id) < 6:
    진행하세요.
else:
    아이디가 너무 깁니다.
```

만약(if) id의 길이가 6글자가 안 되면 진행하라고 알려주고, 그렇지 않으면(else) 사용자에게 아이디가 너무 길다고 경고문을 보여줍니다. 위와 같은 조건문을 작성했다면 이제 6글자 이상의 아이디는 이 조건문으로 잡아낼 수 있겠죠?

그런데 이 조건문 하나로 모든 상황에 대응할 수 있을까요? 사용자는 어떤 행동을 할지 알 수 없는 존재들입니다. 그래도 우리는 사용자의 행동을 미리 예측해야 합니다.

예를 들어 사용자가 아이디를 입력하지 않았다고 가정해 봅시다. 아이디를 입력하지 않았으므로 id는 공백입니다. 문제는 이 공백도 6글자를 넘지 않으니 그대로 진행됩니다. 그럼 버그, 즉 소위 취약점이라고 하는 정말 일어나선 안 되는 일이 발생할 수가 있습니다. 따라서 id는 최소 2글자는 돼야 한다는 조건을 추가합니다.

```
id = " "

if len(id) < 6 and len(id) > 1 :
    진행하세요.
else:
    아이디가 잘못됐습니다.
```

id의 길이는 5글자 이하, 그리고(and) 2글자 이상이어야 한다는 조건을 설정했습니다. else 부분에는 이제 아이디가 짧을 수도 있으니 아이디가 잘못됐다는 말로 경고하겠습니다.

이렇게 조건을 추가하면 모든 상황을 다 커버할 수 있을까요? 이번에는 어떤 사용자가 아이디로 3글자를 입력했는데 다음 코드처럼 러시아어인 거예요.

```
id = "Жиё"
(…)
```

길이는 조건에 맞으니 사용자는 문제없이 아이디를 만들 수 있습니다.

에이, 거니 님, 왜 러시아인이 회원가입을 해요~

나중에 여러분 또는 여러분의 회사가 웹 사이트를 만들었을 때 정말로 러시아인이 러시아어로 회원가입을 시도하지 않는다고 장담할 수 있을까요?

자, 그래서 조건을 또 추가합니다. if 위에 if를 만들어서 아이디가 러시아어인지 검사하고, 러시아어면 러시아어는 안 된다고 알려줍니다. 처음에 러시아어인지 아닌지 검사하는 조건문을 하나 추가하고, 그 조건이 False로 판단되어 러시아어가 아닌 경우에만 원래 작성해둔 글자 수를 확인하는 코드에 진입할 수 있게 else 쪽으로 빼놓습니다.

```
id = "Жиё"

if id == 러시아어:
    러시아어 아이디는 안 됩니다.
else:
    if len(id) < 6 and len(id) > 1 :
        진행하세요.
    else:
        아이디가 잘못됐습니다.
```

이제 러시아어로는 아이디를 못 만듭니다. 그런데 누가 아랍어를 넣으면 어쩌죠? 태국어를 넣으면 또 어쩌나요? 이런 일이 발생할 때마다 아랍어도 안 된다고 추가하고, 태국어도 안 된다고 추가하면 될까요?

코드 자체도 복잡해지지만, 코딩하는 여러분이 너무 너무 번거롭겠죠? 여기서 알 수 있는 건 뭘까요?

조건문을 효율적으로, 잘 짜야 한다!

위와 같은 언어 문제를 해결하려면 '아이디는 영어로만 만들 수 있다'라고 설정하면 됩니다. 다음과 같이 영어인지 먼저 검사하고, 영어면 길이를 검사하고 영어가 아니면 영어를 쓰라고 얘기해 줍니다.

```
id = "ЖИЁ"

if id == 영어:
    if len(id) < 6 and len(id) > 1 :
        진행하세요.
    else:
        아이디가 잘못됐습니다.
else:
    영어를 쓰시오.
```

위 코드는 if 안에 if를 넣어서 구성했는데 아니면 다음과 같이 할 수도 있죠. 영어인지 검사를 하고 영어가 아니라면(!=) 영어를 쓰라고 하고, 영어면 else 구문으로 넘어가서 길이를 검사하게 구성할 수도 있습니다.

```
id = "ЖИЁ"

if id != 영어:
    영어를 쓰시오.
else:
    if len(id) < 6 and len(id) > 1 :
        진행하세요.
    else:
        아이디가 잘못됐습니다.
```

자, 이제 러시아어니 아랍어니 하는 모든 상황에 대처할 수가 있습니다.

이런 식으로 사용자의 행동을 예측하여 *if* – *elif* – *else*를 사용해서 모든 상황에 잘 대응할 수 있는 창의적인 조건문을 만드는 게 중요합니다.

만약 조건문을 잘못 구성하거나 조건을 잘못 설정하여, 빈 틈이 많고 예외적인 상황이 발생한다면 프로그램의 버그가 될 확률이 아주 높습니다. 따라서 조건문을 사용할 때는 전체 범위를 확인하고 모든 부분이 빠짐없이 대응되도록 잘 분류하는 게 중요합니다.

조건문에서는 이 점이 가장 중요하다는 것! 꼭 알려드리고 싶었어요!

정리

이번 시간에는 조건문에 대해서 알아봤습니다. 프로그래밍에서 매우 중요한 부분이니 꼭 확실하게 이해하고 넘어가면 좋겠습니다.

자주 써보면 익숙해져서 자연스럽게 사용할 수 있습니다.

아직 조건문에 대해 잘 모르겠다면 그래도 걱정하지 마세요. 다음 시간에 이어서 실습 한번 같이 해보면 '조건문도 별거 아니구나!' 할 거예요.

다음 시간에는 조건문을 한번 실습해보고, 그 다음에는 세 번째 레고 블록인 반복문에 대해 알아보겠습니다.

조건문: 실습

지난 시간에 조건문에 대해서 알아봤는데, 이번 시간에 한번 실습해 보면서 조건문을 더 확실히 이해하고 넘어가기로 해요.

만들어볼 주제는 바로 '짝수 홀수 확인하기'입니다. 사용자에게 숫자를 하나 입력받아서 이 수가 짝수인지 홀수인지 확인한 다음 '짝수면 짝수입니다, 홀수면 홀수입니다, 0이면 0입니다'라고 알려주는 간단한 조건문을 만들어 봅시다.

실습하면서 요리조리 조건을 따져봅시다!

해야 할 일

지난번 실습할 때처럼 일단 우리가 해야 할 것들을 머릿속으로 생각해보고 무엇부터 하면 좋을지 순서를 짜보면 좋을 것 같아요.

해야 할 작업은 다음과 같습니다. 이번에는 코드에 다음과 같이 주석을 적어두고 시작해볼게요. 우리는 할 작업의 구조를 완성해놓고, 각각의 작업을 완성해가면 됩니다.

```
# 숫자를 입력하라는 문장 출력하기
# 인풋으로 숫자를 하나 입력받기
# 짝수인지 홀수인지 0인지 확인하기
# 확인 결과에 따라 짝수입니다, 홀수입니다, 0입니다 출력하기
```

어? 거니 님, 이거 혼자 할 수 있을 것 같은데요?

라고 방금 생각한 거 맞죠? 다음 내용을 보기 전에 스스로 한번 해보는 것을 강력하게 추천합니다.

자, 모두 자신의 코드를 작성해 봤나요? 그럼 같이 한번 살펴보겠습니다!

프로그래밍 과정 1: 구조 완성

1 가장 먼저 숫자를 입력받기 위해 안내문을 출력합니다.

```
# 숫자를 입력하라는 문장 출력하기
print("숫자를 입력하세요.")
```

2 사용자가 입력하는 숫자는 num이란 변수에 input()으로 받겠습니다.

```
# 숫자를 입력하라는 문장 출력하기
print("숫자를 입력하세요.")

# 인풋으로 숫자를 하나 입력받기
num = input()
```

3 입력으로 어떤 값이 올 수 있을까요? 짝수가 오거나 홀수가 오거나, 아니면 짝수도 홀수도 아닌 0이 올 수 있겠네요. 어떤 값인지 알아보기 위해서는 조건문을 사용해야겠죠? 먼저 num이 0이라면 0이라고 출력합니다.

```
# 숫자를 입력하라는 문장 출력하기
print("숫자를 입력하세요.")

# 인풋으로 숫자를 하나 입력받기
num = input()

# 짝수인지 홀수인지 0인지 확인하기
if num == 0:
    print("0입니다.")
```

4 0이 아니고, 짝수라면 짝수라고 출력합니다. 만약 0도 아니고, 짝수도 아니라면 그 숫자는 홀수겠죠? 따라서 나머지는 홀수라고 출력합니다. 이렇게 대충 구조를 완성했습니다.

```
# 숫자를 입력하라는 문장 출력하기
print("숫자를 입력하세요.")

# 인풋으로 숫자를 하나 입력받기
num = input()

# 짝수인지 홀수인지 0인지 확인하기
if num == 0:
    print("0입니다.")
elif num == 짝수:
    print("짝수입니다.")
else:
    print("홀수입니다.")
```

프로그래밍 과정 2: 짝수/홀수 확인

이제 프로그램이 올바르게 작동하도록 구체적으로 코드를 작성해 보겠습니다.

그런데 지난번 변수 실습에서 데이터 타입 때문에 오류가 났던 거 기억나나요? 지금도 num에 input() 함수로 숫자를 받으면 그 숫자는 str(문자열) 형태로 들어옵니다. 짝수/홀수를 판단하려면 str이 아닌 int(정수) 형태여야 하므로, num을 int로 캐스팅한 다음에 조건문으로 넘겨줄게요.

┌─ 코드 ┐
```
# 숫자를 입력하라는 문장 출력하기
print("숫자를 입력하세요.")

# 인풋으로 숫자를 하나 입력받기
num = input()
num = int(num)
(…)
```

다음으로 num이 짝수면 짝수라고 말해줘야 하는데, 짝수라는 걸 어떻게 확인할까요? 어떤 수를 2로 나누었을 때 나머지가 0이면 그 숫자는 짝수겠죠?

앞에서 배웠던 연산자 중에 모듈로(%)가 바로 어떤 수를 나누고 나머지를 가지고 오는 연산자였어요. 그러므로 주어진 숫자에 % 2를 했을 때 결과가 0이라면, 주어진 숫자는 짝수입니다. 만약 나머지가 0이 아니라면 홀수겠네요. 즉, 2로 나눈 나머지가 0으로 딱 떨어지는지 아닌지를 가지고 조건문을 작성해 봤습니다.

```
코드
(…)
# 짝수인지 홀수인지 0인지 확인하기
if num == 0:
    print("0입니다.")
elif (num % 2) == 0:
    print("짝수입니다.")
else:
    print("홀수입니다.")
```

이제 한번 실행해 볼게요.

```
결과
숫자를 입력하세요.
┌────────────────────────────┐
│                            │
└────────────────────────────┘
```

숫자를 입력하는 창이 뜨면 원하는 숫자를 입력해 보세요. 예를 들어 33을 넣어볼게요.

```
결과
숫자를 입력하세요.
┌────────────────────────────┐
│ 33                         │
└────────────────────────────┘
홀수입니다.
```

잘 작동되는 것 같죠? 이번에는 20을 입력해 볼게요.

```
결과
숫자를 입력하세요.
┌────────────────────────────┐
│ 20                         │
└────────────────────────────┘
짝수입니다.
```

아, 0도 입력해 볼게요. 0을 입력하니 조건문의 맨 앞에서 바로 걸러지죠.

결과

숫자를 입력하세요.

```
0
```

0입니다.

마지막으로 마이너스를 붙여서 긴 숫자를 넣어볼게요.

결과

숫자를 입력하세요.

```
-1268462
```

짝수입니다.

만들려고 했던 프로그램이 잘 동작하는 걸 확인했습니다.

정리

이번 시간에는 조건문을 연습해 봤습니다. 사용자에게 숫자를 받고, 짝수/홀수를 판단하는 간단한 조건문을 같이 만들어 봤어요. 마무리하면서 전체 작업을 정리해 볼게요.

1 │ 사용자에게 숫자를 입력하라고 출력합니다.

2 │ input()으로 숫자를 받으면 str(문자열) 타입으로 받게 되는데, 우리는 숫자 형태가 필요하므로 int(정수) 타입으로 캐스팅합니다.

3 │ if 0이면 0이라고 출력,
elif 모듈로(%) 2를 했을 때 0이면 짝수라고 출력,
else 1이면 홀수라고 출력합니다.

다음 시간에는 마지막 레고 블록인 반복문에 대해 알아보겠습니다.

반복문 I: WHILE, FOR

지난 시간에 모든 프로그램은 세 가지 제어 방식, 즉 레고 블록으로 구성되어 있고, 이 세 가지만 알면 어떤 프로그램이라도 만들 수 있다고 설명했습니다. 바로 순차실행, 조건실행, 반복실행이었죠.

- **순차실행**: 지금까지 계속 해왔듯이, 위에서 아래로 한 줄씩 실행되는 방식
- **조건실행**: 지난 시간에 배운 조건문처럼, 특정 조건을 만족하면 여기저기로 약속된 라인으로 튀어버리는 방식

지금까지 두 가지 레고 블록은 배웠습니다. 이제 마지막 블록인 반복실행, 즉 **반복문**에 대해서 알아보겠습니다.

반복문

반복실행은 간단히 말해 일정한 구간을 계속 반복하는 거예요. 프로그램이 특정 작업을 계속 수행하면서 뱅글뱅글 돕니다. 그런데 그냥 도는 건 아니고 특정 조건에 맞춰서, 이 조건이 끝날 때까지 돕니다. 그래서 반복문을 **루프**(loop)라고도 합니다.

영어로 된 코딩 용어도 막 부르기로 했었죠? 반복문, 루프 모두 기억하세요!

만약 프로그래머가 종료 조건을 잘못 설정하면 반복실행이 끝나지 않기도 하는데, 이걸 무한루프라고 부르죠(멈추지 않고 계속 도는 거예요).

따라서 반복문은 두 가지만 기억하면 됩니다.

- 언제까지 돌릴 것인가? → **종결 조건**
- 도는 동안에는 뭘 할 것인가? → **명령**

반복문에는 while 반복문과 for 반복문이 있습니다. 두 가지를 모두 알아볼게요.

while 루프

먼저 **while**이라는 키워드를 알아보겠습니다. 영어 단어의 뜻은 '~하는 동안'이죠. while문은 다음과 같이 구성됩니다. 여기서 조건은 종결 조건을 말합니다.

```
while 조건:
    반복할 내용
```

루프의 동작을 잠깐 따라가 볼게요. 코드가 순차적으로 실행되다가 while을 딱 마주치면 while의 조건을 테스트해 보게 됩니다. 만약 조건이 True를 내주면 반복할 내용을 실행한 뒤 다시 while 라인으로 돌아와 다시 조건을 테스트합니다. 그러다가 조건이 False를 내주면 while 문 밖으로 나가게 됩니다. while의 사용 방법은 이거면 끝입니다. 조건이 True라면 계속 내용을 반복하는 것!

예를 들어 Hello Gunny를 10번 반복해서 출력하고 싶어요. 우리가 반복문을 작성해서 10번 반복해 보겠습니다. 위에서 본 while의 사용 방법에 따라 구조를 잡아봅시다.

```
코드
num = 0

while num < 10:
    print("Hello Gunny")
```

조건에 사용할 num = 0을 하나 만든 다음, num이 10보다 작으면 아래 내용을 실행하라고 조건을 적어줍니다. 실행 내용은 Hello Gunny를 출력하는 겁니다.

자, 이렇게 작성하면 while 반복문이 잘 실행될까요? 언뜻 보기에는 반복문이 잘 실행될 것 같은데… 아닙니다. 지금 실행하면 무한루프에 빠져 노트북이 난로가 됩니다 (CPU가 계속 돌면서 점점 뜨거워지고 열을 식히기 위해 팬이 미친 듯이 돌거든요). 왜 무한루프에 빠지는 걸까요?

num의 숫자를 확인해서 10보다 작으면 출력한 뒤 다시 위로 올라가서 num의 숫자를 확인합니다. 즉, 루프를 돌면서 종결 조건을 확인하는데 잘 보면 num이 바뀌지 않습니다. num을 만들기는 했는데, 루프를 도는 와중에 num이 바뀌질 않으니 무한루프죠.

그럼 어떻게 해야 할까요? 루프를 돌 때마다 num에 변화를 주면 됩니다. 루프를 한 번 돌 때마다 num을 1씩 증가시키는 겁니다.

```
코드

num = 0

while num < 10:
    print("Hello Gunny")
    num = num + 1
```

루프를 돌 때마다 num이 0이었다가 점점 증가하면서 1이 되고 2가 되고 결국 10이 되면서, 종결 조건이 True가 아닌 False가 나오는 시점이 생기고 반복문을 끝내게 됩니다.

이제 실행해 볼까요? Hello Gunny가 10번 나왔네요. 루프가 10번 돈 거죠.

```
결과

Hello Gunny
Hello Gunny
Hello Gunny
Hello Gunny
Hello Gunny
Hello Gunny
Hello Gunny
Hello Gunny
Hello Gunny
Hello Gunny
```

정말로 루프가 잘 돈 건지 궁금하니까 이를 확인하기 위해, print()문 끝에 num이 현재 어떤 값을 가지고 있는지 함께 출력하라고 해볼게요.

```
코드

num = 0

while num < 10:
    print("Hello Gunny" + str(num))
    num = num + 1
```

출력할 문자열은 str이고, num의 값은 int이므로 서로 더할 수 없겠죠? 따라서 int를 str로 만든 다음(str로 캐스팅을 한 다음) 컴파일하면 다음과 같이 루프가 돈 흔적을 확인할 수 있습니다.

정리하면,

1 │ num의 값이 0부터 시작해 1씩 증가하면서 9까지 print( )문을 실행합니다.

2 │ 루프 종결 조건인 '10보다 작니?(〈 10)'를 물어보면 '응, 10보다 작아(True)'라고 대답하면서 아래 내용을 계속 실행합니다.

3 │ 그러다가 num이 10이 되었을 때 '아니, 10보다 작지 않아(False)'라고 대답합니다.

4 │ 그러면 더 이상 실행하지 않고 루프를 빠져나가면서 프로그램이 종료됩니다.

for 루프

while과 똑같은 일을 하는 두 번째 루프를 소개하겠습니다. 바로 for입니다.

축구계 투 톱(two top)으로 메시와 호날두가 있다면, 반복문의 투 톱은 누가 뭐래도 for와 while입니다. 여러 프로그래밍 언어에서 둘의 위치는 동등하고, 상황에 따라 둘 다 유용하게 쓰입니다. 그런데 파이썬에서만큼은 for가 while보다 유용하다고 알려져 있습니다. 파이썬에서는 for가 주인공인 거죠.

반복문은 while이랑 for만 알면 끝나요!

for의 구조는 다음과 같습니다.

```
for 식별자 in 범위:
    반복할 내용
```

좀 특이하죠? 사실 for 반복문의 전통적인 모양은 아니고, 파이썬에서 유용하게 사용하기 위해 조금 변형된 형태입니다.

자세히 살펴볼게요. for에서는 식별자를 알려주고 범위를 줍니다. 식별자라는 말이 좀 어렵죠? 좀 더 쉬운 단어가 없을까 고민했는데 여기에 해당하는 영어 단어는 더 어렵고, 어차피 코딩할 때 자주 나오는 말이라서 우리도 식별자라고 부를게요.

식별자는 말 그대로 '식별하는 아이, 식별하는 녀석'인데, 여기서 식별이란 '분별하고 알아본다'는 뜻입니다. 무엇을 알아볼까요? 바로 종결 조건이죠. 옆에 범위를 주면 이 범위를 다 돌 때까지 식별합니다. 식별자가 주어진 범위만큼 반복한다면, 범위는 어떻게 만들까요? 범위는 range라는 함수를 이용해서 만듭니다.

range() 함수

range는 범위라는 뜻이죠. 즉, for 루프에 범위를 줄 수 있습니다.

```
for 식별자 in range:
    반복할 내용
```

range의 괄호 안에 범위의 시작과 끝을 넣어줍니다.

```
range(범위의 시작, 범위의 끝)
```

예를 들어 0과 5를 넣는다면 0부터 5 전까지, 즉 '0, 1, 2, 3, 4'라는 범위를 만드는 겁니다.

```
range(0, 5)
```

0부터 시작할 때는 시작점을 제외할 수도 있습니다.

```
range(7)
```

이렇게 하면 7의 크기를 가진 '0, 1, 2, 3, 4, 5, 6' 범위를 만든 겁니다. 이렇게 자신이 원하는 범위를 for에 만들어줄 수 있어요. 이제 for에서 한번 사용해 보겠습니다.

for 반복문

앞에서 본 for 구조에 맞춰서 다음과 같이 코드를 작성했습니다.

```
코드
for i in range(6):
    print(i)
```

순서대로 살펴볼게요. for 루프를 사용하는데 식별자로 i를 사용하고, 범위는 6입니다. 즉, i라는 식별자가 0부터 5까지(0, 1, 2, 3, 4, 5) 6번 반복하면서, 반복할 내용을 실행합니다. in 키워드는 식별자 i가 영어 전치사 in, 즉 '이 범위 안에서'라는 느낌이죠?

실행해보면 식별자 i가 0부터 6까지 범위를 다 돌고 종료됩니다.

```
결과
0
1
2
3
4
5
```

자료 구조에서의 for

for 루프는 식별자와 범위가 주어지면, 식별자가 그 범위 안에서 한 번씩 반복한다고 설명했죠. 범위는 range() 함수를 이용해 숫자로 줄 수도 있지만, 자료 구조를 이용하여 줄 수도 있습니다. 파이썬에서는 for 루프가 주인공이라고 한 이유가 바로 이겁니다. 2장에서 자료 구조에 대해 공부해볼 텐데, 간단히 예를 들면 다음과 같습니다.

```
코드
fruits = ["apple", "orange", "melon"]

for i in fruits:
    print(i)
```

```
결과
apple
orange
melon
```

위 코드는 fruits라는 자료 구조를 만든 다음, 그 안에 문자열로 이루어진 apple, orange, melon을 넣은 코드입니다. 과일이라는 바구니 안에 사과와 오렌지와 멜론이 들어 있다는 것이죠.

for 루프에서 range( ) 함수가 아니라 fruits라는 바구니를 범위로 주고 식별자를 i로 지정한 이후 루프를 실행해보면, i라는 식별자가 fruits라는 바구니 속 과일에 한 번씩 착 달라붙어서 출력하고 반복문이 종결되는 것을 볼 수 있습니다.

이처럼 for 루프는 여러 형태의 범위에 대해 반복적으로 실행하는 걸 도와주기 때문에 잘 알아두면 반복문이 필요한 상황에서 자유자재로 사용할 수 있습니다.

이 내용은 나중에 자료 구조를 배우면서 더 자세히 알아보겠습니다.

정리

이번 시간에는 반복문으로 while과 for에 대해 알아봤습니다.

- **while**: 종결 조건이 True이면 내용을 실행한다. 언제까지? True가 아닐 때까지 계속!
- **for**: 식별자가 지정된 범위 안에서 반복한다!

라는 방식으로 동작했습니다. while과 for는 비슷하면서도 생김새가 좀 다르죠? 하지만 어느 것을 쓰든지 종결 조건이나 범위만 잘 설정해 준다면 어렵지 않게 반복문을 사용할 수 있습니다.

다음 시간에는 오늘 배운 반복문(루프)을 더 잘 쓸 수 있게 도와주는 키워드들에 대해서 알아보겠습니다.

반복문 II: BREAK, CONTINUE

지난 시간에는 while과 for 키워드로 반복문에 대해 알아봤습니다. 이번 시간에는 반복문을 사용할 때 양념 같은 존재인, 흐름 제어에 대해 알아보려고 합니다.

거니 님! '흐름 제어'라는 걸 모르면

제대로 된 반복문을 실행하지 못하나요?

꼭 그런 건 아닙니다. 그렇지만 필요할 때가 있기도 하고, 알아두면 편하기도 합니다. 말 그대로 양념 같은 내용입니다. 무엇보다 나중에 여러분이 파이썬으로 코딩하는데 누가 옆에 와서 '파이썬 어디서 배웠어요? 거기서는 이런 거 안 알려줬어요?'라고 이야기하면 안 되니까 짚고 넘어갈게요.

흐름 제어 키워드는 반복문에 사용하는 양념 같은 키워드인 만큼 반복문 내용 안에 들어갑니다. 반복문을 돌리면 다음과 같은 흐름으로 동작합니다.

이때 반복문의 흐름을 바꿀 수 있는 키워드가 흐름 제어 키워드입니다. 키워드는 두 개를 소개할게요. 바로 break와 continue입니다.

break

break란?

루프를 돌다가 break 키워드를 만나면 즉시 루프를 종료합니다. 앞뒤 상황 안 보고 그냥 반복문을 나가버립니다.

이해하기 쉽게 예제를 한번 보겠습니다.

```
for i in range(10):
    print(i)
```

이 코드는 0부터 9까지, 루프를 열 번 돌면서 i의 위치를 출력하라는 의미죠. 실행해보면 의도한 대로 결과가 잘 나옵니다.

```
0
1
2
3
4
5
6
7
8
9
```

그런데 위 반복문 안에 다음 명령을 넣어볼게요.

루프를 돌다가 i가 6이면 바로 루프를 종료해라(break해라)!

```
for i in range(10):
    if i == 6:
        break
    print(i)
```

실행해보면 0부터 5까지 나옵니다. 5까지 출력하고, i가 6이 되면 조건문이 True가 되면서 루프를 종료하는 겁니다.

```
┌ 결과 ─────────────────────────────────────────────────────────
  0
  1
  2
  3
  4
  5
└─────────────────────────────────────────────────────────────
```

break를 쓰는 상황은 크게 두 가지가 있습니다.

break를 쓰는 상황(1)

예를 들어 내가 어떤 범위 안에서 루프를 돌면서 무언가를 찾고 있어요. 그러다가 중간에 내가 원하는 값을 찾으면 나머지 부분은 루프를 돌 필요가 없겠죠? 괜히 cpu를 낭비하는 거니까요.

▼ 그림 11-1 break를 쓰는 상황(1)

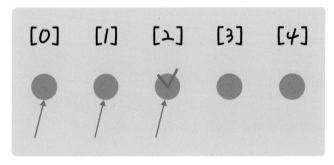

이렇게 루프를 돌다가 내가 원하는 걸 중간에 찾아서 루프를 종료해야 할 때는 다음 두 가지 방법을 많이 사용합니다.

첫째, 정석적인 방법입니다. 내가 원하는 값을 찾았다는 걸 알려줄 found라는 변수를 만들고, 루프가 found를 종료 조건으로 체크하게 합니다. 이렇게 하면 중간에 원하는 값을 찾는 즉시 루프가 종료되죠.

예를 들어 다음과 같이 i가 10보다 작으면 진행하는 while 루프가 있어요.

```
while i < 10 :
    진행해라
```

만약 이 루프를 돌다가 내가 원하는 데이터를 중간 지점에서 찾아서 루프를 좀 더 일찍 종료하려면 루프 위에 found라는 변수를 하나 만들어서 0으로 둡니다. i도 0부터 시작하고요.

```
found = 0
i = 0

while i < 10:
    진행해라
```

내가 원하는 값을 찾으면 found를 1로 바꿔버립니다. 그리고 이 내용을 루프 종료 조건으로 추가해주는 거죠. 마치 found라는 전구를 들고 루프를 돌다가 내가 원하는 답을 찾으면 전구가 탁 켜지는 이미지를 떠올려 보세요. 그리고 루프 종료 조건에 '만약 전구에 불이 켜져 있다면, 루프를 더 이상 진행하지 마라!'라는 문구를 추가하는 거예요.

```
found = 0
i = 0

while i < 10 and found == 0 :
    if i == 내가 원하는 값:
        found = 1
    진행해라
```

이제 i가 10보다 작으면, 그리고 found가 0이면 진행합니다. 아직 원하는 값을 못 찾아서 루프가 유효한 범위 안에서 반복하고 있다면(즉, found가 0이면) 루프를 진행하는 거죠.

만약 원하는 값을 찾았다면(즉, found가 1로 바뀌면) found == 0이라는 조건을 만족하지 못하므로 루프를 계속 진행하지 않고 루프 밖으로 빠져나옵니다.

이게 루프 중간에 내가 원하는 걸 찾았을 때 루프를 종료하는 정석적인 방법이에요.

둘째, break 키워드를 써서 그 즉시 루프를 빠져나오는 방법입니다. found 변수고 뭐고 필요 없이 찾으면 그냥 break해 버리는 거죠. 앞의 코드에 break를 사용하면 다음과 같습니다.

```
i = 0

while i < 10 :
    if i == 내가 원하는 값:
        break;
    진행해라
```

사실 break라는 키워드를 사용하는 걸 조심스러워하는 사람도 있어요. 불완전하게 루프를 강제 종료한다고 생각하기 때문이죠. 그런데 잘만 사용하면 found라는 추가 변수를 만들지 않고도 루프에서 나올 수 있기 때문에 프로그램의 크기가 변수 하나만큼 작아진다는 장점이 있습니다.

break를 쓰는 상황(2)

break를 쓰는 두 번째 상황은 무한루프를 빠져나올 때입니다. 사실 생각보다 의도적으로 무한루프를 쓸 일이 많습니다. 돌려놓은 무한루프가 일을 다 하면 무한루프를 나가는 방법으로 break 키워드를 입력하는 거죠.

한번 예를 들어볼게요. i는 0부터 시작해 1씩 증가합니다. 조건을 무조건 True로 주면 무한루프를 돌면서 계속 i를 무한대로 증가시키겠죠? 루프를 돌면서 i를 계속 출력합니다.

| 코드 |
```
i = 0

while True:
    print(i)
    i = i+1
```

이 무한루프에 break를 사용해 볼게요.

```
코드
i = 0

while True:
    if i == 10:
        break
    print(i)
    i = i+1
```

while 반복문의 종료 조건이 True이니, 얘는 뭐 볼 것도 없이 무조건 무한루프가 되는 거죠. 무한루프를 돌다가 i가 10이면, 즉 i가 10에 도달하면 break하라는 명령을 넣어줬습니다. 의도한 대로 0~9까지 출력됩니다.

```
결과
0
1
2
3
4
5
6
7
8
9
```

그런데 무한루프를 아무데나 함부로 사용하면 안 됩니다. 자신이 무한루프를 아주 안정적으로 잘 다룬다고 자만하게 되면 모든 루프를 일단 무한루프로 만들고, 원하는 작업을 한 뒤에 break로 빠져나오도록 코딩합니다. 원하는 동작만 잘하면 된다고 생각하면서 이런 방식을 무분별하게 사용하면 언제 어디선가 버그가 발생해 프로그램이 계속 무한루프를 돌고 있을지 모르게 됩니다. 결코 좋은 코딩 습관이 아닙니다.

continue

흐름 제어 키워드 두 번째는 continue입니다. break가 끝내는 느낌이라면 continue는 좀 더 진행하는 느낌이죠.

예를 들어 다섯 번을 도는 루프가 있어요. 앞에서 while을 사용했으니 여기서는 for를 사용해 볼게요.

```
코드
for i in range(5):
    print(i)
```

다섯 번을 돌면서 i를 출력합니다. 그러면 결과는 0~4까지 나오겠죠.

```
결과
0
1
2
3
4
```

이 코드에 만약 i가 2라면, continue하라는 명령을 추가로 넣어주겠습니다. 아까처럼 break를 넣었다면 숫자 2를 출력하고 루프가 종료되었을 텐데, continue는 어떨까요?

```
코드
for i in range(5):
    if i == 2:
        continue
    print(i)
```

```
결과
0
1
3
4
```

실행해보면 2가 빠졌습니다! i가 0일 때는 문제없이 출력, i가 1일 때도 문제없이 출력, i가 2일 때는 출력하지 않고 그냥 지나가고, 다시 3, 4를 출력했습니다.

즉, break 키워드를 만나면 전후사정 볼 필요 없이 무조건 바로 루프를 종료하고, continue 키워드를 만나면 해당 반복은 건너뛰고 다시 종료 조건을 확인해서 다음 루프를 진행하는 겁니다.

조건을 추가해서 다시 확인해 볼까요? i가 2나 4면 continue하라고 명령합니다. 실행해보면 i가 2나 4이면 출력하지 않고 continue합니다.

코드	결과
| ```python
for i in range(5):
    if i == 2 or i == 4:
        continue
    print(i)
``` | 0<br>1<br>3 |

참고

왜 자꾸 i를 쓰는지 궁금한가요?

반복할 때 0번 인덱스, 1번 인덱스, ..., 4번 인덱스 i의 값이 0, 1, 2, 3, 4가 되면서 다섯 번을 반복합니다. 이 하나하나의 반복을 영어로 이터레이션(iteration)이라고 합니다. 그래서 보통 프로그래밍 언어에서 전통적으로 루프의 식별자를 i라는 변수로 돌립니다.

또는 인덱스의 i를 따왔다는 이야기도 많습니다. 만약 루프가 3개 이상 겹친다면 차례대로 i, j, k, l, m... 순으로 알파벳이 진행됩니다. 수학에서 자연스럽게 x, y, z를 쓰듯이 루프를 돌릴 때는 i, j, k를 씁니다. 그렇게 i의 포지션을 출력하는 거죠.

정리

이번 시간에는 반복문 두 번째 시간으로 흐름 제어 키워드인 break와 continue에 대해 알아봤습니다.

물론 반복문도 실습을 준비했습니다. 다음 시간에 같이 이것저것 해보면서 루프, 흐름 제어와 더 친해져 볼게요.
```

반복문: 실습

지난 시간에는 반복문과 흐름 제어에 대해 배웠습니다. 배우고 그냥 넘어가는 게 아니라, 간단히 실습해 봅시다. 반복문과 더 친해지기 위한 반복문 실습!

저도 예전에 뭔가 배울 때 조교가 실습 문제 딱 주고 "이거 만들어 보세요. 해보세요." 하면 가끔 좀 귀찮을 때가 있었어요. '왜 자꾸 시키는 거야?' 이런 마음이었겠죠? '같이 만들어 보면서 설명해주면 이해가 더 잘될 것 같은데…' 그런 마음이 들 때가 있잖아요?

그래서 이번에는 생각의 흐름에 따라 함께 실습해 보겠습니다. 준비됐나요?

이번 시간에는 다음 두 가지 프로그램을 만들어 보겠습니다.

1 | 첫 번째 프로그램: 무한루프, break, continue

2 | 두 번째 프로그램: 중첩 반복문

첫 번째 프로그램: 무한루프, break, continue

> 무한루프를 돌면서 50까지 숫자를 출력하는데, 그중 3의 배수만 출력하라.

첫 번째 실습입니다. 간단하죠? 다음과 같은 흐름으로 여러분도 같이 해보세요.

- 무한루프를 돌면서 50까지 숫자를 출력한다.
- 그중 3의 배수만 출력한다.

무한루프를 돌면서 50까지 출력하기

1 만약 무한루프가 아니라 그냥 숫자 50까지 출력하라고 했다면 다음과 같이 for를 사용하면 되겠죠? 범위는 0부터 51까지 놓고, i를 출력해 봅니다.

```
for i in range(0, 51):
    print(i)
```

```
0
1
2
...
49
50
```

실행하면 0부터 50까지 출력합니다. 이렇게 반복문을 짜면 50까지 출력할 때 무한루프를 돌릴 필요가 없습니다.

❷ 그러나 앞에서 break를 배웠기 때문에 '군이 무한루프를 쓰라고 했구나.'라는 출제자의 의도를 파악하면서, while True로 진행해 볼게요. i는 0부터 시작해서 1씩 증가합니다.

```
i = 0;

while True:
    i += 1
```

❸ 무한루프에서 가장 중요한 건 끊어주는 겁니다. 여기서는 i가 51이 되면 break해 주겠습니다. 'i == 51이 되면 당장 이 무한루프를 종료해라!'라는 거죠.

```
i = 0;

while True:
    if i == 51:
        break
    i += 1
```

이러면 무한루프를 잘 막을 수 있겠죠. '아! 코드를 짤 때 루프 종료 조건부터 말하는 걸 보니, 무한루프를 잘못 쓰다가 혹시라도 독자들 컴퓨터에 문제가 생길까 봐 같이 실습하자고 한 거구나!'라는 저의 의도도 살짝 흘려봅니다.

④ 무한루프가 잘 종료되는지 테스트도 해볼 겸 일단 출력해 볼게요.

코드	결과

<pre>i = 0;
 	
while True:
    if i == 51:
        break
    print(i)
    i += 1</pre>
	<pre>0
	1
	2
	…
	48
	49
	50</pre>

무한루프를 돌려 0부터 50까지 안전하게 결과가 잘 나오는 걸 확인했습니다.

3의 배수만 출력하기

자, 이제 여기서 3의 배수만 출력해야겠죠? 어떻게 3의 배수만 출력할 수 있을까요?

⑤ 이전 실습에서 모듈로(%)로 나머지를 검사해본 적이 있는데, 기억나나요? 즉, i에 모듈로 3을 했을 때 나머지가 0이라면 i는 3의 배수이므로, 그럴 때만 i를 출력하면 되겠네요.

코드	결과

<pre>i = 0;
 	
while True:
    if i == 51:
        break
 	
    if i % 3 == 0:
        print(i)
    i += 1</pre>
	<pre>0
	3
	6
	9
	…
	39
	42
	45
	48</pre>

⑥ 실행해보니 3의 배수들이 잘 출력되었습니다. 그런데 0이 있네요. 0은 3의 배수가 아니죠. 0을 없애고 싶은데, 어떻게 하면 0이 나오지 않을까요? 아! 그냥 i를 1부터 시작하면 되겠네요.

코드
```
i = 1;

while True:
    (…)
```

결과
```
3
6
9
(…)
```

⑦ 만약 i를 0부터 시작하고 싶다면, 0부터 시작한 다음에 맨 밑에 있던 1씩 추가하는 코드를 맨 위로 올려주는 방법도 있습니다. 이렇게 하면 0으로 시작했지만 바로 1이 되어 버리니까 0은 테스트에 들어가지 않겠죠?

코드
```
i = 0;

while True:
    i += 1

    if i == 51:
        break

    if i % 3 == 0:
        print(i)
```

결과
```
3
6
9
(…)
```

역시 잘 실행됩니다. 50까지 숫자 중 3의 배수를 출력하긴 했는데 break와 함께 배운 continue를 못 써본 게 아쉽네요. 아쉬우니까 continue를 사용해서 코드를 한번 발전시켜 보겠습니다.

continue 적용하기

⑧ 위 코드에 continue를 적용하려면 어떻게 해야 할까요? 지금은 3의 배수라면 출력하라고 했는데, 반대로 3의 배수가 아니면 continue하라고 해볼까요?

```
i = 0;

while True:
    i += 1

    if i == 51:
        break

    if not(i % 3 == 0):
        continue

    print(i)
```

코드를 완성했습니다! 정리하면, 일단 첫 번째 조건문으로 무한루프가 빠져나갈 수 있는 출구를 잘 마련했습니다.

그리고 두 번째 조건문 not(i%3 == 0)으로 3의 배수가 아닌 것을 확인했습니다. 더 자세히 설명하면 만약 3으로 모듈로 연산했을 때 == 0이 나온다면 3의 배수라는 의미입니다. 그러면 이 조건문(if)에 못 들어오고(not) 밑으로 내려가서 print(i)합니다. 3의 배수가 아니라면(== 0이 아니라면) 이 조건문(if)으로 들어온 뒤 이번 순서는 그냥 통과(continue)해 버리고 다음 숫자를 살펴보게 됩니다. 즉, 3의 배수가 아니면 continue하고, 이에 해당하지 않으면 내려가서 print하는 거죠. 이로써 3의 배수만 출력됩니다.

print()의 위치에 주의하세요!

첫 번째 실습은 조건문만으로도 간단히 해결할 수 있는 문제였지만, 무한루프와 break, continue까지 한 번씩 다 써본 의미 있는 실습이었습니다.

두 번째 프로그램: 중첩 반복문

두 번째로 같이 해볼 실습은 바로 중첩 반복문입니다. 사실 반복문에서 자주 쓰고, 그래서 꼭 짚고 넘어가야 하는 개념인데 앞에서는 다루지 않았습니다. 반복문의 기본 개념을 이해하는 데 꽤히 복잡해질 것 같아서요. 지금은 간단히 소개하고, 다음에 왜 이런 상황에 중첩 반복문이 필요한지 직접 사용해보며 자세히 설명하겠습니다.

중첩 반복문이란?

중첩 반복문(nested loop)이란 반복문을 두 번 쓰는 겁니다. 반복문 안에 또 반복문이 있는 이중 반복문이죠.

코드로 한번 살펴볼게요. 우선 for문을 하나 작성합니다.

```python
for i in range(3):
```

그리고 for문 안에 또 for문을 작성합니다.

```python
for i in range(3):
    for j in range(3):
```

이제 for문을 한번 출력해 볼게요. 출력할 때는 스트링 값으로 변환해서 출력하겠습니다.

코드

```python
for i in range(3):
    for j in range(3):
        print(str(i) + " " + str(j))
```

결과

```
0 0
0 1
0 2
1 0
1 1
1 2
2 0
2 1
2 2
```

실행해보니 2차원 배열이 나왔습니다. 중첩 반복문은 이렇게 루프 안에 또 루프가 있어서 루프가 중첩되어 있는 걸 말합니다. 당장 다 이해되지 않아도 됩니다. 바로 이후에 그림으로 다시 한번 코드에 대해 이야기해 볼게요!

구구단 출력하기

중첩 반복문 예제로 가장 많이 나오는 게 구구단입니다. 위 코드를 조금 수정해서 구구단이 출력되게 만들어 볼까요?

1 구구단을 1단부터 9단까지 출력해야 하니 범위는 1부터 10까지로 놓습니다. 그리고 곱하기 기호(x)와 곱한 값을 넣어주면 구구단이 완성됩니다.

코드

```
for i in range(1, 10):
    for j in range(1, 10):
        print(str(i) + " x " + str(j) + " = " + str(i*j))
```

결과

```
1 x 1 = 1
1 x 2 = 2
1 x 3 = 3
1 x 4 = 4
(…)
9 x 6 = 54
9 x 7 = 63
9 x 8 = 72
9 x 9 = 81
```

2 결과가 잘 나왔나요? 그런데 1단부터 9단까지 쭉 이어져서 나오니 보기가 불편하네요. 보기 편하도록 루프가 끝나면 new 라인을 하나 넣어볼게요. 그러면 한 단이 끝나면 한 줄을 띄고 출력되겠죠?

코드

```
for i in range(1, 10):
    for j in range(1, 10):
        print(str(i) + " x " + str(j) + " = " + str(i*j))
    print("\n")
```

| 결과 |

```
1 x 1 = 1
1 x 2 = 2
1 x 3 = 3
1 x 4 = 4
1 x 5 = 5
1 x 6 = 6
1 x 7 = 7
1 x 8 = 8
1 x 9 = 9

2 x 1 = 2
2 x 2 = 4
2 x 3 = 6
2 x 4 = 8
(…)
```

코드의 구조

자, 다시 처음으로 돌아가서 코드의 구조를 그림으로 그려 보겠습니다. 첫 번째 루프를 바깥쪽 루프(outer loop)라고 하고, 두 번째 루프는 안쪽 루프(inner loop)라고 합니다.

```
for i in range(3):      ---- outer loop
    for j in range(3):  ---- inner loop
        print(str(i) + " " + str(j))
```

1 바깥쪽 루프는 0, 1, 2 이렇게 세 번 돕니다.

▼ 그림 12-1 바깥쪽 루프

② 안쪽 루프도 0으로 들어와서 0, 1, 2라는 루프를 돕니다.

▼ 그림 12-2 안쪽 루프

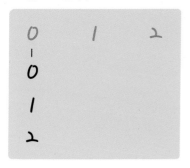

③ 안쪽 루프를 다 돌면 다시 바깥쪽 루프로 돌아와서 1로 넘어갑니다. 안쪽 루프도 1로
들어와서 다시 0, 1, 2라는 루프를 돕니다. 돌면서 계속 출력하는 거죠.

▼ 그림 12-3 다시 바깥쪽 루프

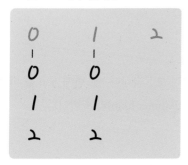

④ 마지막으로 2가 남았네요. 안쪽 루프도 2로 들어와서 0, 1, 2 세 번 돕니다.

▼ 그림 12-4 다시 안쪽 루프

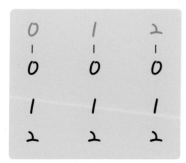

⑤ 결국 총 9번 도는 거죠. 결과를 보면 똑같이 나와 있다는 걸 확인할 수 있습니다. 두 숫자 중에 앞에 있는 숫자(outer loop)가 0일 때 뒤에 있는 숫자(inner loop)가 0, 1, 2이고, 1일 때 또 0, 1, 2를 돌고, 마지막으로 2일 때도 0, 1, 2가 나왔죠.

▼ 그림 12-5 중첩 반복문

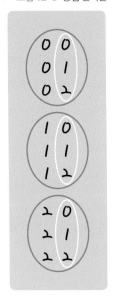

구구단 예제도 마찬가지입니다. 바깥쪽 루프를 1부터 9까지 돕니다. 그리고 안쪽 루프도 각 바깥쪽 루프의 반복마다 1부터 9까지 새롭게 돌겠죠? 이게 중첩 반복문입니다.

혹시 어려웠나요? 자칫 코딩이 어려워 보일까 봐 실습에서만 잠깐 짚고 넘어갑니다! 이번에 같이 실습해본 예제들의 코드를 한줄 한줄 다시 따라가며 이해하려고 노력하다 보면, 나중에 중첩 반복문이 필요한 시점에 자신도 모르게 중첩 반복문을 자연스럽게 구현하게 될 겁니다.

정리

이번 시간에는 반복문과 더 친해질 수 있게, 프로그램 두 가지를 함께 실습해 봤습니다. 앞에서 배운 무한루프도 써보고, 그 안에서 break와 continue도 다 써봤어요. 그리고 중첩 반복문도 간단하게 소개했습니다.

그럼 다음 시간에는 2장의 마지막 주제인 함수에 대해 배워 보겠습니다.

13 함수

이번 시간에는 **함수**(function)에 대해 배워 보겠습니다.

함수는 굉장히 중요합니다. 저는 함수 덕분에 컴퓨터 공학과 현대 프로그램의 퀄리티가 오늘날처럼 발전할 수 있었다고 생각합니다. 왜 그렇게 생각하는지, 함수를 배우기 전에 잠깐 이야기해 볼게요. 이야기를 들으면 여러분도 함수를 꼭 배워야겠다고 생각하게 될 겁니다.

함수의 중요성

왜 함수를 배우면 좋을까요? 우리나라에 컴퓨터가 보급되던 1990년대의 컴퓨터 프로그램과 게임을 최신 프로그램이나 게임과 비교해보면 퀄리티 차이가 정말 엄청납니다.

▼그림 13-1 1990년대 vs. 최신

1990년대		최신
컴퓨터 프로그램과 게임	VS.	컴퓨터 프로그램과 게임

불과 2~30년 만에 소프트웨어가 엄청나게 발전했죠. 프로그램의 규모와 퀄리티가 어떻게 이렇게 단시간에 급격히 발전할 수 있었을까요? 이에 크게 기여한 게 바로 함수입니다.

한번 상상해 보세요. 개발자 거니가 어떤 프로그램을 코딩하는데 섭씨를 화씨로 변환하고, 다시 화씨를 섭씨를 변환하는 일이 자주 일어났어요. 50줄 쓰고, 100줄 쓰고, 200줄, 300줄, 400줄… 계속 코딩하면서 섭씨⇔화씨 공식이 필요할 때마다 계속 직접 쓸 수밖에 없죠. 400줄 코딩하는 동안 100줄 이상은 똑같은 코드를 반복하다 보니 점점 화가 나기 시작합니다.

솔직히 하다 보면 화가 날 수밖에 없겠죠?

▼ 그림 13-2 섭씨⇔화씨 변환 코드

```
c = 32
f = (c * 1.8) - 32

c = 17
f = (c * 1.8) - 32

f = 80
c = (f - 32) / 1.8

c = 11
f = (c * 1.8) - 32
...
```

Celsius ⟶ Fahrenheit

$$F = \frac{9}{5}C + 32$$

섭씨 ⇔ 화씨 변환 공식

이렇게 계속 코드를 반복하다 보니 최적화의 필요성을 느끼게 됩니다. 여기서 최적화라는 건 자주 반복하는 행동에 대해 그 행동의 가격을 낮추는 걸 말합니다. 어떤 행동을 하는 데 들어가는 품, 에너지를 줄이는 거죠.

매번 필요할 때마다 섭씨⇔화씨 변환하면 너무 번거로우니 이 변환 작업을 코드로 미리 짜놓고, 나중에 변환해야 할 때 필요한 곳에 가져다 쓰자. 이걸 함수라고 하자! 그렇게 함수를 만들어서 같은 코드를 다시 작성해보니 400줄짜리 코드가 훨씬 더 보기 좋은 300줄짜리 코드가 됩니다!

막혔던 속이, 이야~ 뻥 뚫리는 기분인 거죠!

▼ 그림 13-3 섭씨⇔화씨 변환 코드를 함수로 만들자!

```
CtoF(32)

CtoF(17)

FtoC(80)

CtoF(11)
```

32도 ＞ 온도 변환 함수 ＜ 89.6도

프로그램이 가벼워지니 용량도 적고 속도도 빠릅니다. 게다가 개발자 거니는 이렇게 만든 함수를 똑같이 고생하고 있는 다른 개발자들이 마음껏 가져다 쓸 수 있도록 나누어 주기도 합니다.

그런데 어떤 개발자가 섭씨⇔화씨 변환 함수를 유용하게 쓰다가 자신이 자주 쓰는 마일⇔킬로미터, 인치⇔센티미터 같은 변환을 몇 개 더 추가해서 이 함수를 확장했어요.

▼ 그림 13-4 섭씨⇔화씨 변환 함수에 다른 기능 추가

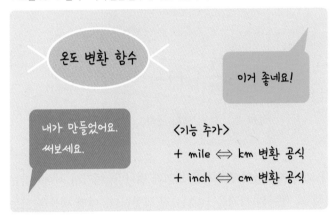

변환 함수가 점점 확장되어 결국 만능 변환 함수가 되고, 더 많은 사람이 사용하게 됩니다.

여기서 중요한 건 함수를 사용하면, 함수가 없었을 때 개발을 시작하던 위치보다 한참 뒤부터 프로그램을 만들기 시작할 수 있다는 겁니다. 시작 지점이 달라진 거죠. 많은 고생과 시행착오를 거치며 만들어진 함수들을 사용하기 시작하면서 프로그래밍 난이도도 점점 낮아졌고, 프로그램의 크기 역시 쉽고 빠르게 커지면서 30GB에 달하는 프로그램들이 나오게 되었습니다.

이게 함수입니다. 반복 작업을 미리 정의해놓고, 필요할 때마다 불러서 사용할 수 있게 만든 거죠. 동작 방식은 수학에서 배웠던 함수랑 똑같습니다.

x를 넣으면 y가 나온다.

섭씨 값을 넣으면 화씨 값이 나온다.

▼ 그림 13-5 만능 변환 함수

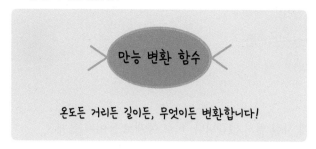

만능 변환 함수

온도든 거리든 길이든, 무엇이든 변환합니다!

똑같죠? 그럼 이 함수라는 걸 한번 만들어 볼까요?

함수의 구조

함수의 구조는 다음과 같습니다. 맨 앞에는 def라고 씁니다. 이건,

define, 즉 '나는 이제 함수를 정의할 거야'

라는 뜻입니다. 그리고 함수 이름을 넣고 함수에 무엇을 넣을 것인지를 씁니다. 예를 들어 섭씨를 화씨로 바꿔주는 함수라면, 이 함수가 받아야 하는 값은 섭씨가 되겠죠? 우선은 num이라고 해볼게요. 섭씨를 받아서 화씨로 변환한 다음 화씨를 돌려줍니다.

```
def 함수이름(num):
    섭씨 -> 화씨
    return 화씨
```

자, 함수의 구조에서 키워드가 두 개 나왔죠?

- def: 함수를 정의합니다.
- return: 함수가 어떤 값을 돌려주느냐를 말합니다.

함수 정의에 필요한 내용을 정리하면 다음 세 가지입니다.

- 이 함수가 무엇을 받는가? (입력)

- 받은 내용으로 무엇을 할 것인가? (변환)

- 무엇을 돌려줄 것인가? (출력)

처음 들었을 때는 복잡해 보이는데 사실 별거 없습니다. 바로 예제로 들어가 볼게요.

함수 없이 코딩하기

먼저 섭씨에서 화씨로(섭씨⇒화씨) 변환해 보겠습니다. 함수의 소중함을 느끼기 위해 처음에는 함수를 사용하지 않고 해보겠습니다.

현재 온도는 섭씨(c)로 32도이고, 이 온도를 화씨(f)로 바꾸고 싶다면 다음과 같이 계산해야 합니다($F = 1.8T(℃) + 32$).

┤ 코드 ├

```
c = 32
f = c * 1.8
f = f + 32

print(str(c) + "C의 F 온도는 " + str(f) + "입니다.")
```

┤ 결과 ├

```
32C의 F 온도는 89.6입니다.
```

실행해보면 의도한 결과가 나옵니다.

거니 님! 근데 왜 f를 저렇게 두 번 연산했나요?

사실 f를 한 줄로 연산할 수도 있지만, 함수의 소중함을 느끼기 위해서 일부러 두 줄로 해봤어요. 섭씨에서 화씨로 바꾸는 알고리즘을 힘들게 만들어본 거죠.

만약 함수가 없다면 섭씨에서 화씨로 바뀔 때마다 이 공식을 계속 반복해서 써야 합니다. 프로그램이 매우 길어지겠죠?

섭씨⇒화씨 함수

그럼 지금까지의 내용을 함수로 만들어 볼게요. 함수 이름은 섭씨를 화씨로 바꾼다는 의미로 CtoF라고 하겠습니다.

```
def CtoF(num):
    f = num * 1.8 + 32
    return f
```

위 코드를 한 줄씩 우리말로 풀어서 살펴보겠습니다. 먼저 다음 코드는 CtoF라는 이름으로 함수를 만들겠다는 뜻입니다. 또한 하나의 변수(인자)를 전달받을 건데 이 함수 안에서는 이를 num이라고 하겠다네요.

```
def CtoF(num):
```

그다음 코드는, f라는 변수를 새로 만들 건데, 이 보관함에는 CtoF 함수를 부를 때 전달받은 num 값에 1.8을 곱한 다음, 다시 32를 더한 뒤 보관하겠다는 뜻입니다.

```
f = num * 1.8 + 32
```

마지막 코드는 함수를 부른 사람에게 f라는 변수를 리턴하겠다는 뜻이고요.

```
return f
```

누가 이 함수를 부를 때 num을 건네주면 아마 섭씨를 건네주게 되겠죠. 그 num에 변환 공식을 적용하여 변환된 숫자(화씨)를 돌려주는 함수입니다. 앞으로는 섭씨⇒화씨 변환이 필요할 때마다 언제든지 우리가 만든 CtoF라는 함수를 호출해서 쓸 수 있습니다. 한번 사용해 볼게요. 다음은 앞에서 작성했던 코드입니다. 여기서 계산한 부분은 지워버리고, 대신 함수를 불러오겠습니다.

코드

```
c = 32

print(str(c) + "C의 F 온도는 " + CtoF(c) + "입니다.")
```

```
TypeError Traceback (most recent call last)
<ipython-input-6-8b112f5cd56f> in <module>
      1 c = 32
      2
----> 3 print(str(c) + "C의 F 온도는 " + CtoF(c) + "입니다.")
TypeError: must be str, not float
```

실행해보면 컴파일 오류가 뜹니다. TypeError가 뜨는 이유는 리턴하는 값인 f가 str 타입이 아니기 때문입니다. 현재 print문에서는 str끼리 이어지기 때문에 이 값도 마찬가지로 str로 캐스팅해 줘야 합니다.

코드

```
c = 32

print(str(c) + "C의 F 온도는 " + str(CtoF(c)) + "입니다.")
```

결과

```
32C의 F 온도는 89.6입니다.
```

이제 섭씨⇒화씨 계산이 필요할 때마다 이 함수만 부르면 언제든지 계산할 수 있습니다. 함수를 사용한 뒤 코드가 아주 깔끔해진 걸 보면 나도 모르게 기분이 좋아지곤 합니다.

코드	결과
`CtoF(-1)`	`30.2`

섭씨 영하 1도는 화씨로 30.2도라는 걸 간단히 알 수 있지요.

화씨⇒섭씨 함수

이번에는 반대로 화씨를 섭씨로(화씨⇒섭씨) 만드는 함수를 만들어 볼게요. FtoC 함수는 화씨(f)를 받아 섭씨(c)로 변환을 해주는 함수입니다. 함수 이름은 FtoC, 계산은 아까와 반대로 해주면 되겠죠.

```
def FtoC(num):
    return(num - 32) / 1.8
```

앞의 코드처럼 c라는 변수를 만들어서 계산하고 c값을 return해도 되는데, 코드를 더 짧게 써봤습니다. 어때요, 좀 멋져 보이나요?

화씨⇒섭씨 함수를 만들었으니 사용해 봐야겠죠? 앞에서 섭씨 32도는 화씨로 89.6도인 걸 계산했으니, 이걸 반대로 계산해 볼게요. 실행해보면 섭씨 32도에 가까운 값이 나옵니다.

'이건 이렇게 쓰는구나' 또는 '저렇게도 쓸 수 있구나' 하고 점점 이해를 넓혀가면 좋겠다는 거니의 바람입니다.

코드	결과
FtoC(89.6)	31.999999999999996

이렇게 CtoF, FtoC라는 함수를 만들어 봤습니다. 앞으로 어떤 프로그램을 만들든 코딩할 때 섭씨⇔화씨 변환이 필요하면 계산하지 말고 이 함수를 호출하면 됩니다.

어떤가요? 함수가 꽤 유용하죠?

함수 공유하기

앞에서 말했듯이 힘들게 만든 함수를 다른 사람과 공유할 수 있습니다. 그러면 다른 사람은 좀 편하게 코딩하도록 도와줄 수 있거든요.

myfunc.py 파일을 하나 만듭니다. 그냥 메모장으로 만들어도 됩니다. 이 파일에 다음과 같이 앞에서 만든 함수 두 개를 넣어줍니다.

▼ 그림 13-6 myfunc.py 파일

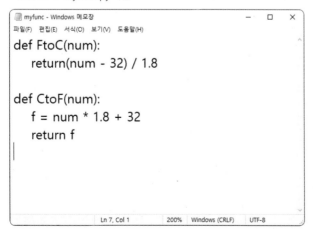

이제 친구에게 이 파일만 건네주면 친구들은 자기 코드에 섭씨⇔화씨 함수를 불러와서 사용할 수 있습니다. 불러오는 방법은 다음과 같습니다.

```
from myfunc import CtoF
from myfunc import FtoC
```

myfunc이라는 파이썬 함수 파일에서 CtoF 함수를 임포트(import)하겠다, FtoC 함수를 임포트하겠다는 의미입니다. 코드 맨 위에 적어주면 받은 파일에서 함수를 편하게 사용할 수 있죠. 이런 방식으로 내가 만든 함수를 파일로 널리 공유하면 더 많은 개발자가 편하게 이를 사용할 수 있습니다. 그리고 사용하다가 필요한 게 있으면 기능을 추가해 업그레이드한 버전을 재공유할 수도 있고요. 모두가 쉽고 행복하게 변환 함수를 사용할 수 있겠죠?

정리

이번 시간에는 자주 사용하는 행동을 하나의 블록 형태로 만들어서 필요할 때마다 사용할 수 있게 해주는 함수에 대해 알아봤습니다.

사실 우리는 함수를 배우기 전에도 이미 함수를 사용해 왔습니다. 앞에서 사용해본 print(), range(), type() 등이 모두 함수였어요. 이 함수들은 파이썬의 내장함수입니다. 필요할 때 사용하라고 미리 만들어 파이썬에 넣어놓은 함수죠.[1] 내장함수 이야기가 나온 김에, 메서드(method)에 대해서도 잠깐 짚고 넘어가겠습니다. 파이썬에 내장되어 있고, 함수 같이 생겼고, 함수랑 비슷하게 동작하지만 느낌이 조금 다릅니다.

파이썬이 자주 쓰는 함수들을 제공해 준다고 했는데, 자주 쓰는 자료 구조도 제공해 줍니다. 이때 단순히 자료 구조만 제공하는 게 아니라, 자료 구조를 잘 이용할 수 있게 패키지처럼 내장함수 같은 것들을 많이 포함해 제공합니다. 이 패키지에 포함된 함수들을 메서드라고 부르는데, 이에 대해서는 곧 배울 3장에서 더 자세히 알아보겠습니다.

그럼 2장 파이썬 기본 내용은 이것으로 마치고, 다음 시간부터는 3장으로 들어가서 파이썬에서 사용하는 자료 구조에 대해 쉽고 재미있게 알아보겠습니다!

---

1 파이썬 언어의 문서를 보면 파이썬이 미리 준비해놓은 내장함수들을 볼 수 있습니다(https://docs.python.org/3/library/functions.html).

3장

파이썬
자료 구조

프로그래밍 기초 문법인 2장 파이썬 기본이 끝나고, 3장 파이썬 자료 구조가 시작되었습니다. 자료 구조는 '컴퓨터 구조의 꽃'이라고 불립니다. 비유를 들자면, 다루어야 할 데이터가 많을 때 그 많은 데이터를 용도에 맞게 예쁘게 잘 넣을 수 있는 캐비닛을 떠올리면 됩니다. 그럼 자료 구조 역시 핵심 위주로 함께 알아봅시다.

LESSON
14 자료 구조 소개

우리는 앞에서 값의 타입에 대해 알아봤습니다. 숫자형에는 인티저(integer)나 플로트 (float), 문자형에는 스트링(string)이 있었죠. 다른 언어에서는 값의 타입이 30가지가 넘는 경우도 있답니다. 그만큼 컴퓨터에서는 값을 아주 중요하게 여깁니다.

그리고 프로그램을 만들면 이 값을 한두 개 수준이 아니라 엄청나게 많이 다룹니다. 요즘에는 몇 천만 개, 빅데이터로 넘어가면 몇 억 개 또는 그 이상의 데이터를 다루죠.

어마어마하죠?

그래서 프로그래밍 초창기부터 사람들은 다음과 같이 고민해 왔습니다.

수많은 데이터를 어떻게 규칙적으로 잘 다룰 수 있을까?

이 고민은 컴퓨터 공학 안에서 아주 중요한 학문으로 만들어지게 되는데, 그게 바로 자료 구조입니다.

파이썬에서의 자료 구조

컴퓨터가 발전해 오면서 꽤 유용하다고 알려진 자료 구조의 다양한 형태들이 계속 연구되었고, 덕분에 지금은 어느 정도 이름 있는(named) 자료 구조들이 정립되어 있습니다.

프로그램에서 데이터가 어떻게 생겼고, 어떤 방식으로 처리되는지를 알아두고, 내가 앞으로 설계할 프로그램에 따라 적합한 자료 구조를 쇼핑하듯이 골라서 사용하면 되는 거죠. 즉, 수많은 자료 구조 중에 필요한 자료 구조를 골라서 직접 코드로 동작을 구현하고 사용해야 하는데, 바로 여기서 우리가 파이썬을 고른 이유가 나옵니다.

우리가 왜! Why! 파이썬을 골랐느냐!

파이썬은 아주 친절한 언어입니다. 많은 자료 구조 중에서 유용하다고 알려진 몇몇 자료 구조의 형태들을 이미 만들어 놓았기 때문에, 우리는 마치 원래부터 내 것이었던 것처럼! 단물만 쏙 빼먹듯이 사용하면 됩니다.

다른 언어에서는 자료 구조를 배우고 나에게 맞게 어떻게 바꿀지 고민하고 구현까지 해야 했다면, 파이썬에서는 "어? 이런 게 있었구나? 이거 한번 써봐야지~" 하고 그냥 찾아서 야무지게 쓰면 됩니다.

자료 구조 맛보기

사실 고민을 좀 했습니다. 이 책으로 코딩을 처음 배우는 여러분이,

자료 구조에 대해 완벽하게 이해하고 코딩해야 하지 않을까?

하고요. 그런데 고민할수록 현재 단계에서 아주 깊게, 세세하게 배울 필요는 없겠다는 생각이 들었어요.

정말 시작하면서부터 자료 구조에 대해 자세히 알아야 할까?

나에게 필요한 간단한 프로그램을 만드는 데 자료 구조가 필수일까?

그렇지 않다고 결론을 내렸습니다. 사실 파이썬에서 제공하는 자료 구조를 보면 제공하는 형태와 기능이 크게 다르지 않아요. 즉, 어떤 자료 구조를 쓰든 비슷하게 동작하는 프로그램을 만들 수 있다는 뜻입니다.

규모가 엄청나게 큰 프로그램이라면 어떤 자료 구조를 선택하느냐에 따라 영향을 많이 받아요. 예를 들어 대기업에서 데이터 10억 개를 처리하는데 이 자료 구조로 하면 5분, 저 자료 구조로 하면 10분이 걸린다고 해요. 이 경우라면 안정적인 서비스를 제공하려면 자료 구조의 선택이 아주 중요하겠죠? 그런데 일반 개인이 그렇게 큰 규모의 프로그램을 만드는 일은 드뭅니다. 특히 파이썬에서는 더더욱 그렇습니다. 개인이 만드는 소규모 프로그램에서 이 자료 구조를 쓰면 0.01초, 저 자료 구조를 쓰면 0.03초 걸린다면, 무엇을 써도 크게 다르지 않다는 거죠.

자료 구조는 컴퓨터 공학을 전공할 때 한 학기 동안 수업할 정도로 배울 게 많은 학문입니다. 그러나 이제 막 시작하는 프로그래머라면 자료 구조를 완벽하게 이해하고 사용해야 할 필요가 없습니다. 따라서 이 책에서는 괜히 지루한 부분까지 깊숙하게 들어가지 않을게요.

앞으로 배울 자료 구조

자, 3장에서는 무엇을 배울까요? 앞에서 설명한 내용은 다음과 같습니다.

- 값이 많아지니까 값들을 관리하는 방법을 고민했다.
- 자료 구조는 집단의 데이터를 다루는 데 특화된, 또 다른 값의 형식이다.
- 그동안 다양한 자료 구조들이 연구되고 검증되었다.
- 파이썬에서도 몇몇 이름 있는 자료 구조들을 자체적으로 지원한다.

그래서 3장에서는 대표적인 자료 구조를 한번 소개하는 정도로 넘어가겠습니다. 이후 4장에서 프로그램을 만들 때 자료 구조를 직접 사용하면서 여기에 왜 이 자료 구조를 사용하고, 어떻게 사용하는지 설명하겠습니다.

3장에서 알아볼 자료 구조는 다음 네 가지입니다.

- 리스트
- 튜플
- 세트
- 딕셔너리

이 네 가지만 알아놓으면 파이썬에서 규모가 좀 큰 프로그램이라도 전혀 문제없이, 자료 구조를 잘 활용하여 올바른 프로그램을 만들 수 있습니다.

정리

이번 시간에는 자료 구조가 무엇인지와 3장에서 배울 자료 구조 네 가지가 무엇인지 알아봤습니다. 다음 시간부터 차례차례 배워볼까요?

LESSON 15 리스트

자료 구조는 많은 값을 잘 관리할 수 있게 도와준다고 설명했지요?

예를 들어 데이터 100개를 관리해야 한다고 생각해 봅시다. 그러면 변수도 100개를 만들어야겠죠? a1, a2, a3, a4… 이렇게 변수를 100개 만든다면? 너무 비효율적이죠. 그래서 여러 종류의 데이터를 많이 다루어야 한다면, 자료 구조를 이용해야 합니다.

또 다른 예로 웹 사이트의 데이터베이스에 사용자가 약 2천 명 등록되어 있는데, 여기서 무언가 의심스러운 사용자 목록을 뽑았더니 100명이 나왔습니다. 이 100명을 정밀 검사해보려 할 때 자료 구조에 넣고 하나하나 자세히 살필 수 있는 거죠.

즉, 자료 구조라고 하면 일단 자료들이 줄줄이 있다고 생각하면 됩니다. 머릿속에서 값들이 일자로 ○○○처럼 주르륵 서 있는 모습을 그려보세요. 순서는 있을 수도 있고, 없을 수도 있습니다.

이 자료 구조에 데이터를 새롭게 추가한다면 어떤 방식으로 추가할 수 있을까요? 삭제한다면 어떤 방식으로 삭제될까요? 데이터를 검색하고 싶다면 어떤 방식으로 검색할까요? 여러 방법이 있는데 이 방법에 따라 자료 구조가 나뉩니다.

이번 시간에는 첫 번째로, 리스트에 대해 가볍게 한번 알아볼게요.

리스트

리스트는 앞으로 가장 흔하게, 자주 사용할 자료 구조입니다. 리스트는,

순서가 있는 값들이 모여 있는 공간

이라고 생각하면 돼요. 중요한 건 순서가 있다는 거예요.

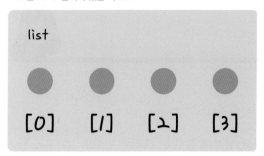

순서는 인덱스로 구분합니다. 첫 번째 인덱스가 0, 두 번째 인덱스가 1··· 이렇게 인덱스 0번부터 순서가 있는 값들이 모여 있죠. 이게 리스트입니다. 지금은 조금 헷갈리겠지만, 코딩할 때는 숫자의 시작이 무조건 0부터라는 점에 익숙해져야 합니다.

리스트를 만드는 방법(1): 대괄호

그럼 리스트를 한번 만들어 봅시다. 리스트는 대괄호([ ])를 사용해서 만들 수 있습니다. 이렇게 숫자(int)로만 구성된 리스트를 만들 수도 있고,

```
a = [1, 2, 3]
```

숫자와 문자열(str)이 같이 있는, 다양한 데이터 타입이 섞인 리스트도 만들 수 있어요.

```
b = [1, 2, 'algorithm', 'together']
```

다음과 같이 불리언 값, 플로트 값, 문자열 값 등이 다 들어 있는 리스트도 가능합니다.

```
c = [True, 3.2, 'hello', 9]
```

또 일단 빈 리스트를 만들어놓고, 나중에 값을 추가할 수도 있습니다.

```
d = []
```

위 코드의 타입을 한번 출력해보면 모두 리스트(list)로 나오는 걸 확인할 수 있습니다. 즉, 우리가 리스트 안에 어떤 걸 넣든 대괄호([ ])로 감싸져만 있으면 파이썬은 리스트라고 생각합니다.

```
코드

a = [1, 2, 3]
b = [1, 2, 'algorithm', 'together']
c = [True, 3.2, 'hello', 9]
d = []

print(type(a), type(b), type(c), type(d))
```

```
결과

<class 'list'> <class 'list'> <class 'list'> <class 'list'>
```

이제 만들어놓은 리스트에 하나씩 접근해 보겠습니다.

인덱싱

먼저 a 리스트에 접근해 볼게요. 앞에서 각 자리마다 값마다 인덱스가 있다고 그랬죠?

간단히 a 리스트에서 0번 인덱스는 뭐냐고 물어보면,

```
코드

a = [1, 2, 3]
print(a[0])
```

```
결과

1
```

이렇게 1이라고 알려줍니다. 같은 방식으로 1번 인덱스는 2, 2번 인덱스는 3이겠죠? 각 값마다 인덱스가 있어서 순서대로 접근할 수 있습니다.

리스트를 만드는 방법(2) : 리스트 함수

리스트를 만드는 또 다른 방법이 있습니다. 우선 gunnypython이라는 문자열을 만듭니다.

```
코드
st = "gunnypython"
```

그리고 리스트 함수(list())를 사용해서 st를 리스트로 만듭니다.

```
코드
st = "gunnypython"
li = list(st)
```

리스트 내용을 출력해보면 글자 하나하나가 쪼개져서 리스트의 값으로 들어가 있는 것을 확인할 수 있습니다.

```
코드
st = "gunnypython"
li = list(st)
print(li)
```

```
결과
['g', 'u', 'n', 'n', 'y', 'p', 'y', 't', 'h', 'o', 'n']
```

이런 식으로 리스트 함수를 이용해서 문자열을 리스트 형식으로 구성할 수도 있습니다.

문자열뿐만 아니라, 숫자도 마찬가지로 범위를 만들어서 그 범위를 그대로 리스트로 구성할 수 있지요. 앞에서 배운 range 함수를 사용해서 0부터 9까지 숫자를 리스트 함수에 넣어볼게요. 그리고 리스트를 출력해보면 범위의 값들이 리스트의 값으로 들어가 있지요?

```
코드
li = list(range(10))
print(li)
```

```
결과
[0, 1, 2, 3, 4, 5, 6, 7, 8, 9]
```

또 'it is good day to code'(오늘은 코딩하기 좋은 날이다)라는 문자열이 있다고 해볼게요.

```
st = "it is good day to code"
```

여기에 마침표(.)를 찍고 split()이라는 메서드를 사용하면 리스트가 만들어집니다.

```
st = "it is good day to code"
li = st.split(' ')
```

split이라는 단어는 따로따로 나눈다는 의미를 갖고 있어요. (나중에 더 자세히 알아보겠지만) 위 코드에서 두 번째 줄의 의미는 '나는 이 문자열을 split하겠다. split하는 기준은 공백이다.'라는 뜻입니다. 이 리스트를 출력해보면 공백을 기준으로 문자열이 나뉘어서 값들로 들어가 있는 걸 볼 수 있습니다.

```
st = "it is good day to code"
li = st.split(' ')
print(li)
```

결과
```
['it', 'is', 'good', 'day', 'to', 'code']
```

문자열을 리스트의 타입으로 바꾸어서 저장하는 방법을 소개했습니다.

그러고 보니 처음으로 메서드를 소개한 것 같은데, 함수를 쓰던 방법과 다르게 마침표를 찍고 그러죠? 앞에서 파이썬은 자료 구조나 다양한 형식을 제공하면서 같이 잘 쓸 수 있는 메서드를 패키지로 묶어서 준다고 설명한 적이 있습니다. 여기서 split()할 수 있었던 건 파이썬이 str이라는 데이터 형식을 쓰라고 주면서 문자열 형식과 잘 쓸 수 있는 각종 메서드들을 패키지로 같이 주었기 때문입니다. split()도 '이 문자열에서 이걸 기준으로 나눠줘~'라고 요청할 수 있는 메서드입니다. 메서드에 대해서는 다음 시간에 더 자세히 알아보고, '지금은 이런 방식으로도 만들 수 있구나.' 정도로만 알아두면 되겠습니다.

여기서는 리스트 함수를 이용해서도 리스트를 만들 수 있다는 것을 알아봤습니다.

리스트를 사용하는 방법(1): 범위

이제 우리는 리스트를 만들 수 있습니다. 그렇죠? 리스트를 만드는 것도 중요하지만, 리스트에 있는 많은 값들을 잘 관리하고 사용해야겠죠? 잘 사용하기 위해 굳이 리스트 형식을 만들었으니까요.

자, split()이든 range()든 '하나였던 무언가를 잘게 쪼개서 리스트 형식에 맞게 집어넣었다'는 말은, 잘게 쪼개진 리스트의 값들을 작은 단위로 하나씩 살펴보면서 더 정밀하게 어떤 작업을 할 수 있다는 뜻입니다.

만드는 것보다 잘 사용하는 게 중요!

잘게 쪼개진 리스트의 많은 값들을 하나하나 살펴보려면 어떤 방법을 사용해야 할까요? 맞습니다. 하나씩 루프를 돌면 값들을 하나씩 살펴볼 수 있겠죠?

다음 코드에 for 루프를 사용해 보겠습니다. range() 함수를 이용해서 for 루프에 범위를 잡아주는데, 리스트의 길이를 모르기 때문에 0부터 리스트의 길이(len())만큼 돌아보라고 하겠습니다.

코드
```python
st = "it is good day to code"
li = st.split(' ')

for i in range(len(li)):
    print(li[i])
```

그리고 이 리스트의 인덱스를 0부터 리스트에 있는 쪼개진 단어의 개수만큼(len(li)) 출력해보면, 리스트의 내용이 모두 출력됩니다.

결과
```
it
is
good
day
to
code
```

파이썬에서 반복문은 두 개가 있었죠. while과 for입니다. 파이썬에서 반복문의 주인공은 while이 아니라 for라고 설명했는데, range()라는 범위 대신 더 멋있는 범위를 잘 쓸 수 있기 때문입니다. 기억나나요?

즉, 다음과 같이 리스트에 접근할 수도 있습니다. 범위를 range()가 아니라 리스트(li)로 줍니다. 그러면 리스트도 범위가 될 수가 있죠. 이 범위를 돌면서 단순히 i를 출력해볼게요.

코드	결과

``
st = "it is good day to code"
li = st.split(' ')
 	
for i in li:
    print(i)
``
	it
	is
	good
	day
	to
	code

아까와 같은 결과가 나왔습니다. 신기하죠? 다시 한번 설명하면, 식별자 i가 리스트 범위를 반복해 돌면서 리스트의 각 값을 출력했어요. 첫 번째, range() 함수로 리스트 길이만큼 돌면서 출력한 것과 두 번째, 리스트 자체를 범위로 넘겨 i가 리스트 내에서 식별하면서 출력한 것은 똑같은 행동입니다. 차이는 **범위**에 있습니다.

- **첫 번째 for 루프**: range()로 리스트 길이(len(li))만큼 범위를 만든 다음 이 리스트에 0부터 6까지 인덱스를 주면서 접근하는 루프입니다. 출력할 때 li[0]을 출력하고, li[1]을 출력하고, li[2]를 출력하는 식입니다.
- **두 번째 for 루프**: 리스트를 범위로 줬기 때문에 0부터 6까지가 아니라 이 값부터 이 값까지를 범위로 준 셈입니다. 그래서 출력할 때 'it' 값을 출력하고, 'is' 값을 출력하고, 'good' 값을 출력하는 식이죠.

똑같이 행동했지만, 어떻게 다른지 이해가 되었나요? for에는 식별자가 있다는 설명을 기억하나요? 이 식별자가 주어진 범위의 인덱스 또는 리스트의 아이템 하나하나에 착 달라붙어서 어떠한 행동을 반복하게 도와주는 겁니다.

리스트를 사용하는 방법(2): 슬라이싱

루프를 사용해서 리스트를 한 바퀴 쭉 둘러보는 방법에 대해 한번 알아봤습니다. 그런데 다음과 같이 둘러보는 방법도 있습니다. 하나씩 다 보는 게 아니라 내가 필요한 부분만 보는 방법입니다. 즉, 필요한 범위를 내가 조정하는 방법인데, 이를 슬라이싱이라고 합니다.

슬라이스(slice)한다는 건 자른다는 뜻으로, 내가 원하는 부분만 잘라서 사용하겠다는 거죠. 슬라이싱을 이용하면 장점이 아주 많습니다. 하지만 코딩이 처음이라면 조금 덜 직관적이고 괜히 혼란스러울 수 있기 때문에, 자세히 알아보지는 않고 간단히 소개만 하고 넘어갈게요.

예를 들어 다음과 같은 리스트가 있을 때, 리스트와 같은 대괄호를 사용해 [시작:끝:단위] 형식으로 숫자를 건네면서 슬라이싱할 수 있습니다.

아~ 이런 것도 있네~ 하고 넘어가면 됩니다.

```
li = [1, 2, 3, 4, 5]
[시작:끝:단위]
```

세 개를 다 넣을 수도 있고 하나만 넣을 수도 있어요. 예를 들어 다음과 같이 사용할 수 있습니다.

리스트에 0부터 2까지라고 하면 '0번 인덱스에서 시작해 2번 인덱스 전까지'이므로 1, 2가 슬라이스되었습니다.

코드	결과
```li = [1, 2, 3, 4, 5]``` ```li[0:2]```	```[1, 2]```

콜론은 '싹 다, 모두'라는 의미이므로 3번 인덱스 전까지 1, 2, 3이 슬라이스되었습니다.

코드	결과
```li = [1, 2, 3, 4, 5]``` ```li[:3]```	```[1, 2, 3]```

이렇게 하면 1번 인덱스 다음부터 모두라는 의미이므로 2, 3, 4, 5가 슬라이스되었습니다.

코드	결과

``python
li = [1, 2, 3, 4, 5]
li[1:]
``
	`[2, 3, 4, 5]`

슬라이싱하는 방법은 무궁무진합니다. 엄청 많으므로 굳이 다 소개하지 않고 이쯤에서 넘어갈게요.

리스트를 사용하는 방법(3): 마이너스 인덱스

앞에서 인덱스를 사용해서 이것저것 해봤는데, 마이너스 인덱스도 사용할 수 있습니다. 말 그대로 인덱스가 음수인 거죠. 이것도 슬라이싱처럼 소개만 하고 넘어갈게요.

우리가 아는 인덱스는 앞에서부터 순서대로 들어가죠. 앞의 리스트를 예로 들면 이렇게 0부터 5까지 인덱스가 자리하겠죠?

▼ 그림 15-2 인덱스

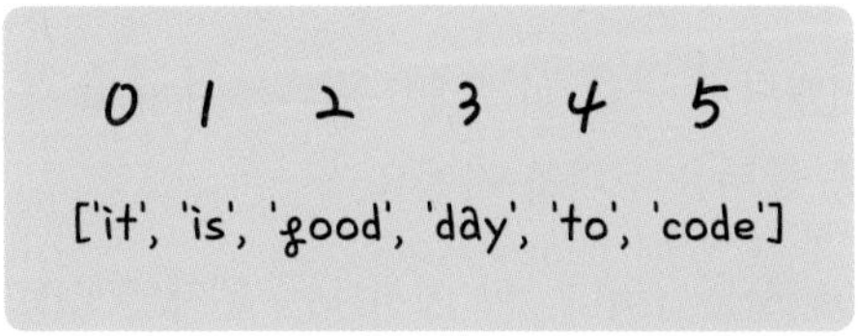

그런데 인덱스에 마이너스가 들어가면 오른쪽이 아니라 왼쪽으로 갑니다. 0번을 기준으로 왼쪽으로 간다면 'code'가 나오겠죠?

▼ 그림 15-3 마이너스 인덱스

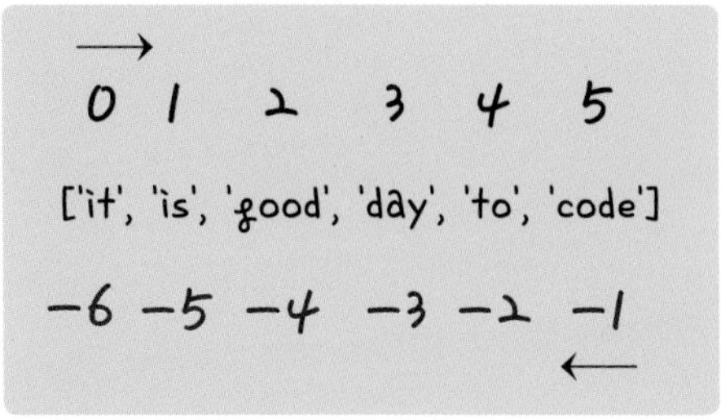

그래서 이 리스트의 −2 인덱스라면 'to'가 나오게 됩니다.

```
코드
st = "it is good day to code"
li = st.split(' ')

li[-2]
```

```
결과
'to'
```

파이썬에서는 마이너스 인덱스도 가능하고, 마이너스 인덱스로 슬라이싱도 가능합니다. 코딩의 세계는 참 넓죠?

정리

이번 시간에는 리스트에 대해 배웠습니다. 리스트를 만들어보고, 만들어진 리스트를 반복문으로 살펴보는 방법도 알아봤습니다.

그런데 한번 쭉 살펴만 보려고 굳이 리스트를 배워서 쓰는 게 아닙니다. 우리가 뭐 하려고 힘들게 값들을 리스트에 담았을까요? 힘들게 담은 만큼 리스트의 혜택을 누려야겠죠?

이번 시간에 리스트를 만들고, 범위를 줘서 살펴봤다면 다음 시간에는 리스트의 값을 본격적으로 잘 관리하기 위해 파이썬이 준비한 각종 혜택을 누려볼 거예요.

아까 split()이라는 메서드를 사용해 리스트를 만들었습니다. 이 메서드는 문자열 스트링을 잘 다룰 수 있게 파이썬이 문자열과 함께 제공해준 함수 비슷한 겁니다. 리스트도 마찬가지입니다. 파이썬은 리스트라는 자료 구조를 제공하면서 리스트와 같이 잘 사용할 수 있는 리스트 메서드들도 패키지로 포장해서 제공합니다. 이에 대해서는 다음 시간에 자세히 알아볼게요.

리스트 연산 및 메서드

첫 번째 자료 구조로 리스트에 대해 알아봤습니다. 이 리스트는 정말 흔하게, 많이 사용하는 자료 구조이기 때문에 이번 시간에도 리스트에 대한 이야기를 더 나눠 보겠습니다.

사실 다른 자료 구조도 리스트와 크게 다르지 않아요. 리스트를 잘 이해하고 넘어가면 다른 자료 구조도 쉽게 이해할 수 있어요. 그러니 리스트를 샌드백 삼아 잽, 훅, 스트레이트 등 펀치를 날려보면서 자료 구조와 더 친해져 볼게요.

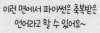
이런 면에서 파이썬은 축복받은
언어라고 할 수 있어요~

지난 시간에는 리스트가 뭔지, 어떻게 생겼는지, 어떻게 만들고, 어떻게 인덱싱하고 접근하는지를 알아봤습니다. 이번 시간에는 리스트에 있는 값들을 어떻게 잘 관리할 수 있는지, 어떻게 연산하고 유용하게 사용할 수 있는지 그 방법에 대해 알아보겠습니다.

리스트 연산

일단 리스트끼리 간단히 연산하는 방법으로 시작해 볼게요. 앞에서 숫자도 더하고 문자열도 더하고 배열도 더해봤는데, 리스트끼리도 더할 수 있을지 한번 볼까요?

자, 일단 리스트를 두 개 만들어 보세요. li1과 li2를 다음과 같이 만든 다음 출력해보면,

코드
```
li1 = list(range(5))
li2 = list(range(5, 10))

print(li1, li2)
```

결과
```
[0, 1, 2, 3, 4] [5, 6, 7, 8, 9]
```

0부터 4까지, 5부터 9까지, 이렇게 리스트가 두 개 만들어졌습니다.

단순하게 두 리스트를 더해(li1 + li2)볼까요?

```
li1 = list(range(5))
li2 = list(range(5, 10))

print(li1 + li2)
```

결과
```
[0, 1, 2, 3, 4, 5, 6, 7, 8, 9]
```

두 리스트가 합쳐져서 하나의 큰 리스트가 되었네요. 만약 'A반 학생 목록'이라는 리스트와 'B반 학생 목록'이라는 리스트가 있을 때, A+B만 해도 두 리스트를 쉽게 합쳐서 새로운 반 하나를 만들 수 있겠죠?

다음과 같이 li3 = li1 + li2를 한 뒤 li3를 출력해도 같은 결과가 나오겠지요?

```
li1 = list(range(5))
li2 = list(range(5, 10))

li3 = li1 + li2
print(li3)
```

결과
```
[0, 1, 2, 3, 4, 5, 6, 7, 8, 9]
```

사실 리스트 두 개를 합치는 작업이 다른 언어에서는 간단하지 않은데, 파이썬에서는 더하기만 하면 그냥 합쳐집니다.

약간 설명을 덧붙이면, 다른 프로그래밍 언어에서 두 리스트를 합치려고 할 때는 다음 순서로 접근하게 됩니다. 예를 들어 리스트 A와 B가 있으면 A의 크기를 살펴보고 B의 내용을 담을 수 있는지 확인합니다. 보통은 A가 B를 위한 장소(메모리)까지 가지고 있지 않기 때문에, A 보관함은 크기를 늘리기 위해 메모리를 더 요청하거나 새로운 크기의 보관함을 다시 할당받아야 합니다. 그렇게 새로운 장소를 받아서 A의 내용을 하나씩 옮겨 담은 다음, B의 내용도 하나씩 옮겨 담습니다. 이전에 사용하던 A와 B의 공간(메모리)은 필요에 따라 비워주고요.

복잡하고 번거롭죠? 근데 이걸 파이썬에서는 +만 하면 알아서 보관함의 크기로 늘리거나 줄여주고, 내용도 옮겨준다니! 역시 프로그래머의 수고를 아주 많이 덜어주는 언어랍니다.

참고

근데, 거니 님! 더할 때 있잖아요! print()에서 바로 더하지 말고, 꼭 li3를 만들어 더한 뒤 li3를 출력해야 하나요?

우리가 다음과 같이 1번과 2번, 두 방법을 사용했는데 모두 li1과 li2를 더할 수 있습니다. 둘 다 써도 돼요.

```
# 1번 방법
print(li1 + li2)
```

```
# 2번 방법
li3 = li1 + li2
print(li3)
```

둘의 차이점은, print 안에서 바로 더하면 그 결과는 한번 출력되고 사라지고(1번 방법), li3라는 리스트에 저장해서 더하면 나중에 또 다시 li3에 추가 작업을 할 수 있다는 겁니다(2번 방법).

리스트끼리 빼기(li1 - li2), 곱하기(li1 * li2), 나누기(li1 / li2) 연산은 할 수 없습니다(직접 해보면 아마 오류 메시지가 뜰 거예요). 다만 하나의 리스트에 숫자를 곱해줄 수는 있습니다.

코드

```
li1 = list(range(5))
li2 = list(range(5, 10))

li3 = li1 * 2
print(li3)
```

결과

```
[0, 1, 2, 3, 4, 0, 1, 2, 3, 4]
```

그러면 동일한 리스트가 반복되는, 큰 리스트가 만들어집니다.

'만들어진 새로운 리스트의 다섯 번째 인덱스는 무엇이냐(li3[5])'와 같이 접근해볼 수도 있겠죠?

코드

```
li1 = list(range(5))
li2 = list(range(5, 10))

li3 = li1 * 2
print(li3[5])
```

결과

```
0
```

참고

거니 님! 근데 왜 더하기만 되고 다른 연산은 안 돼요?

예를 들어 다음과 같이 봄 과일과 여름 과일 리스트가 있다고 생각해 볼게요.

```
봄 과일 = [딸기, 체리, 매실]
여름 과일 = [참외, 수박, 포도]
```

이때 두 리스트를 더하면 별 문제없이 모든 과일이 합쳐진 하나의 큰 과일 리스트가 나올 겁니다.
그런데 컴퓨터에게 봄 과일에서 여름 과일을 빼라고 명령을 내리면, 컴퓨터는 과일 6개 중에 어떤 걸 빼야 하는지 알 수 없습니다. 마찬가지로 봄 과일에서 여름 과일을 나누라고 해도 어떤 기준으로 나눠야 하는지도 컴퓨터는 알 수 없지요. 그래서 빼기나 나누기 연산이 안 되는 것입니다.
리스트에 2를 곱할 수 있는 건 리스트에 같은 과일을 두 번씩 넣으면 간단히 해결되기 때문이겠죠?

리스트와 친한 내장함수

지난 시간에 잠깐 언급한 대로 파이썬은 우리가 잘 쓸 수 있는 여러 내장함수를 만들어서 자체적으로 제공합니다. 이 중 리스트와 함께 잘 어울려서 유용하게 쓸 수 있는 내장함수나 기타 키워드가 있습니다.

먼저 내장함수에 대해 알아볼게요. 내장함수는 지금까지 계속 써온 친구들입니다.

참고

앞으로 자료 구조 안에 포함된 요소를 가리키는 경우가 많이 나올 텐데요. 리스트나, 기타 자료 구조에 포함된
개체를 엘리먼트(element, 요소), 아이템(item) 등으로 부릅니다. 엄격히 구분하면 다음과 같습니다.

- 엘리먼트: 트리 자료 구조, 그래프의 노드, HTML 등 눈에 잘 보이지 않는 요소
- 아이템: 하나하나의 의미 있는 개체나 객체, 특히 자료 구조 안에 있는 요소

따라서 앞으로는 자료 구조 안 요소를 가리켜 아이템이라고 부르겠습니다.

range()

리스트를 생성할 때 많이 사용했죠. 이번 시간에도 range()로 범위를 만들어서 리스트를
구성했습니다.

list()

다른 타입의 값들을 리스트 형식으로 만들 수 있는 함수입니다.
예를 들어 li1이라는 리스트를 만들어서 list() 함수에 hello라
는 문자열을 건네주면, 문자 하나하나를 리스트의 아이템으로 만
들어서 리스트를 구성해 줍니다.

이름을 보면 그야말로 무엇이든
건네주면 리스트로 만들어줄 것
같이 생겼습니다.

| 코드 |

```
li1 = list("hello")

print(li1)
```

| 결과 |

```
['h', 'e', 'l', 'l', 'o']
```

이렇게 문자열 타입을 리스트로 바꾸듯이 다른 형식의 자료 구조도 리스트 함수를 사용하
면 리스트 형식으로 바꿀 수 있습니다.

```
li1 = list(다른 자료 구조)
```

len()

len() 함수로는 리스트의 전체 길이를 알 수 있습니다. 이전 웹 사이트 만드는 부분에서 아이디 길이를 검사할 때 문자열의 길이를 알아보기 위해 len() 함수를 썼던 거 기억하나요?

근데 이 길이를 알려주는 함수가 리스트에도 내장되어 있습니다. 예를 들어 다음과 같이 li1과 li2를 더한 li3이 있을 때 li3의 전체 길이, 즉 li3의 아이템이 총 몇 개인지를 알 수 있죠.

코드

```
# li1 = (0, 1, 2, 3, 4)
li1 = list(range(5))

# li2 = (5, 6, 7, 8, 9)
li2 = list(range(5, 10))

# li3 = [0, 1, 2, 3, 4, 5, 6, 7, 8, 9]
li3 = li1 + li2
print(len(li3))
```

결과

```
10
```

리스트의 전체 길이를 알면 유용할 때가 많습니다. 리스트의 값들을 하나하나 검사해야 할 때 루프를 몇 번 돌려야 하는지 미리 알 수 있겠죠?

min(), max()

영어로 잘 알고 있겠지만 min()은 최솟값, max()는 최댓값이라는 뜻입니다. 즉, 이 함수를 사용하면 리스트의 가장 작은 값, 가장 큰 값을 알 수 있습니다.

다음 리스트 li3에서 가장 작은 값과 가장 큰 값을 물어보면,

코드

```
li1 = list(range(5))
li2 = list(range(5, 10))

li3 = li1 + li2

print(li3)
print(min(li3))
print(max(li3))
```

결과

```
[0, 1, 2, 3, 4, 5, 6, 7, 8, 9]
0
9
```

이 리스트에서 가장 작은 아이템인 0과 가장 큰 아이템인 9를 알려줍니다.

in, not in

in과 not in 키워드 기억나나요? 앞에서 for 루프를 돌리면서 식별자 in으로 in을 한번 사용해 봤는데, 리스트에서도 in과 not in 키워드를 사용할 수 있어요.

예를 들어 리스트 li3에 5라는 숫자가 있냐고 물어보면,

코드

```
# li1 = (0, 1, 2, 3, 4)
li1 = list(range(5))


# li2 = (5, 6, 7, 8, 9)
li2 = list(range(5, 10))

# li3 = [0, 1, 2, 3, 4, 5, 6, 7, 8, 9]
li3 = li1 + li2
print(5 in li3)
print(10 in li3)
```

```
True
False
```

True가 나오죠. 하지만 10이라는 숫자는 없기 때문에 False가 나옵니다. 결과를 불리언 값으로 알려주는 거죠. not in도 같은 방법으로 사용할 수 있습니다.

```
li1 = list(range(5))
li2 = list(range(5, 10))

li3 = li1 + li2
print(10 not in li3)
```

```
True
```

not in은 in과 반대로 10이 리스트 li3에 **없는지**를 물어봅니다. 따라서 결과는 True가 나옵니다.

del

delete라고 하면 뭔가 지우는 듯한 느낌이 들죠? del 키워드는 in, not in 키워드와 마찬가지로 함수는 아니고 파이썬에서 제공하는 강력한 키워드 중 하나입니다. 이 키워드 뒤에 변수, 리스트 등을 입력하면 앞뒤 안 보고 지워버리는 강력한 아이입니다.

예를 들어 앞에서 만든 리스트 li3를 출력하는 중간에 del을 사용해 볼게요.

```
li1 = list(range(5))
li2 = list(range(5, 10))

li3 = li1 + li2

del li3
print(li3)
```

```
NameError Traceback (most recent call last)
<ipython-input-4-410edacbc62f> in <module>
      5
      6 del li3
----> 7 print(li3)
NameError: name 'li3' is not defined
```

중간에 del li3를 하니, 'li3'를 찾을 수 없다면서 컴파일 오류가 납니다. 분명히 li3를 만들어 줬는데 만든 리스트를 del로 다시 지워버린 거죠.

그래서 del과 슬라이싱을 이용하면 다음과 같은 작업도 할 수 있습니다.

코드

```
li1 = list(range(5))
li2 = list(range(5, 10))

li3 = li1 + li2

del li3[:2]
print(li3)
```

추가한 코드는 li3의 2번 인덱스 전까지 지우겠다는 뜻입니다. 그리고 2번 인덱스부터 출력하라는 거죠. 그래서 결과가 이렇게 나옵니다.

결과

```
[2, 3, 4, 5, 6, 7, 8, 9]
```

del과 슬라이싱을 이용해 일정 범위, 어느 한 부분만 제거할 수 있지요.

지금까지 리스트에 파이썬의 내장함수를 사용해 봤습니다. 리스트와 같이 쓸 수 있는 함수나 키워드가 물론 더 있지만, 우선은 이 정도만 알면 충분합니다.

다음은 리스트의 메서드로 넘어갈게요.

메서드

앞에서 함수를 설명할 때 파이썬이 자료 구조를 이미 만들어놓고 우리가 자유롭게 사용할 수 있게 제공해 준다고 했죠? 우리는 선언만 하고 바로 사용할 수 있어요. 그때 파이썬은 자료 구조만 딸랑 던져주지 않고, 같이 동작할 수 있는 메서드, 함수와 비슷한 친구인 이 메서드를 패키지로 묶어서 함께 제공한다고 설명했어요. 기억나나요?

파이썬이 리스트와 함께 어떤 메서드들을 줬는지 알아보겠습니다.

리스트가 가지고 있는 메서드는 뭐가 있는지 확인하려면 리스트를 하나 만든 다음에 마침표(.)를 찍습니다. 그리고 Tab 을 누릅니다.

▼ 그림 16-1 리스트의 메서드

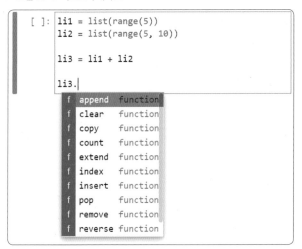

오, 파이썬이 선물 보따리를 한아름 안겨준 것 같네요. 뭐가 이리 많죠? 이러이러한 친구들을 다 사용할 수 있다는 건데, 이름이 꽤 직관적이니 하나하나 빠르게 살펴볼게요.

append()

첫 번째로 나온 append()는 '덧붙이다'라는 영문 뜻 그대로 리스트 맨 뒤에 아이템을 하나 추가하는 걸 의미합니다.

예를 들어 다음과 같이 li3에 append(10)을 해보면,

```
li1 = list(range(5))
li2 = list(range(5, 10))

li3 = li1 + li2
print(li3)

li3.append(10)
print(li3)
```

```
[0, 1, 2, 3, 4, 5, 6, 7, 8, 9]
[0, 1, 2, 3, 4, 5, 6, 7, 8, 9, 10]
```

기존에 9까지 있었던 리스트 맨 뒤에 새롭게 10이 추가된 걸 볼 수 있죠.

clear()

두 번째 메서드인 clear()도 이름 그대로 리스트 내용을 모두 치우고, 비워버립니다. 아까 del은 리스트 자체를 삭제해서 'li3는 없는데? 난 몰라.'라는 느낌이라면, clear()는 리스트 li3는 놔두고 안의 내용들만 깨끗하게 비워서 빈 리스트로 만드는 겁니다.

```
li1 = list(range(5))
li2 = list(range(5, 10))

li3 = li1 + li2
print(li3)

li3.clear()
print(li3)
```

```
[0, 1, 2, 3, 4, 5, 6, 7, 8, 9]
[]
```

copy()

세 번째 메서드는 copy(), 즉 리스트를 복사합니다.

예를 들어 li1과 li2가 있을 때, li2는 li1의 copy()라고 하면 li1이 그대로 복사됩니다.

코드
```
li1 = list(range(5))
li2 = list(range(5, 10))

li2 = li1.copy()
print(li2)
```

결과
```
[0, 1, 2, 3, 4]
```

> 근데 거니 님! list2 = list1를 해도 간단히 복사되는데,
>
> 왜 굳이 copy()를 리스트 자료 구조 패키지로 같이 넣어 주었을까요?

물론 충분히 그런 의문이 들 수 있습니다. 그런데 둘은 비슷해 보이지만 다른 동작입니다.

다음 코드와 결과를 한번 보세요. 1, 2, 3이라는 아이템을 가진 old_list가 있고, 여기에 new_list를 만들어 =로 old_list를 복사했습니다. 복사한 뒤 old_list에 4라는 아이템을 추가했어요.

코드
```
old_list = [1, 2, 3]
new_list = old_list

old_list.append(4)
print(new_list)
```

결과
```
[1, 2, 3, 4]
```

그리고 new_list의 내용을 출력하면 old_list에 추가해준 아이템 4가 그대로 새로 만든 리스트에 옮겨와 있지요?

그렇습니다. =로 리스트를 복사하면 net_list가 old_list의 집 주소(메모리)를 그대로 가리키게 됩니다. 그래서 예전 집 주소에 어떤 아이템이 들어오거나 나가면 새로운 리스트에도 그대로 반영되는 것이죠.

그런데 파이썬이 마련해준 리스트 메서드인 copy()로 old_list의 아이템을 new_list에 복사하면 new_list는 다른 도시에 새로운 집(메모리)을 구해서 old_list의 아이템들을 합법적으로 전입신고하는 셈이라, 예전 주소와 상관없이 리스트를 복사할 수 있습니다. 따라서 나중에 old_list에 아이템 4가 추가되어도 new_list는 전혀 영향을 받지 않는 거죠.

코드

```python
old_list = [1, 2, 3]
new_list = old_list.copy()

old_list.append(4)
print(new_list)
```

결과

```
[1, 2, 3]
```

count()

네 번째 메서드인 count()는 리스트 안에 특정 아이템이 몇 개 있는지 세줍니다.

다음은 li3 리스트에 '10'이 몇 개 있는지 물어보는 코드입니다.

코드

```python
li1 = list(range(5))
li2 = list(range(5, 10))

li3 = li1 + li2
print(li3)

li3.count(10)
```

결과

```
[0, 1, 2, 3, 4, 5, 6, 7, 8, 9]
0
```

10이 없으니 0이 나오죠. 만약 '1이 몇 개냐?'라고 물어보면,

코드
```
(···)
li3.count(1)
```

결과
```
[0, 1, 2, 3, 4, 5, 6, 7, 8, 9]
1
```

1이 하나 있다고 알려줍니다. 이렇게 있으면 몇 개 있는지 알려주고, 없으면 0을 돌려주죠.

extend()

extend()는 '무언가 연장하다'라는 뜻입니다. 즉, 리스트 맨 뒤에 새로운 리스트나 다른 자료 구조를 연장해 줍니다.

예를 들어 li3에 li1을 연장하면(extend(li1)),

코드
```
li1 = list(range(5))
li2 = list(range(5, 10))

li3 = li1 + li2
print(li3)

li3.extend(li1)
print(li3)
```

결과
```
[0, 1, 2, 3, 4, 5, 6, 7, 8, 9]
[0, 1, 2, 3, 4, 5, 6, 7, 8, 9, 0, 1, 2, 3, 4]
```

li3 리스트 뒤에 li1 리스트가 붙었죠. 그런데 리스트끼리는 더하기 연산으로 더할 수 있잖아요? 그래서 extend()의 경우는 다른 형식의 값을 붙이는 데 사용하면 좋습니다.

예를 들어 다음 코드처럼 li3에 문자열을 붙인다거나,

```
코드
(…)
li3.extend('hello')
print(li3)
```

```
결과
[0, 1, 2, 3, 4, 5, 6, 7, 8, 9]
[0, 1, 2, 3, 4, 5, 6, 7, 8, 9, 'h', 'e', 'l', 'l', 'o']
```

다음 코드처럼 10~15까지의 범위를 연장해서 새로운 리스트로 extend하는 거죠.

```
코드
(…)
li3.extend(range(10, 16))
print(li3)
```

```
결과
[0, 1, 2, 3, 4, 5, 6, 7, 8, 9]
[0, 1, 2, 3, 4, 5, 6, 7, 8, 9, 10, 11, 12, 13, 14, 15]
```

물론 위에 'hello'를 추가하거나 range()를 이용해 새로운 범위를 추가하는 건 + 연산자를 통해서도 가능합니다.

```
Li3 = li3 + list("hello")
Li3 = li3 + list(range(10, 16))
```

사실 리스트 두 개를 합칠 때는 + 연산자나, extend() 메서드나 엄청나게 큰 차이는 없습니다. 다만 파이썬의 장점 중 하나인 코드의 가독성을 생각했을 때 extend()를 사용하면 코드가 문장처럼 잘 읽히게 도와줄 것 같긴 합니다.

여기서 잠깐 숨 좀 돌릴까요? 메서드가 많긴 하네요. 사실 다 알아보고 기억할 필요는 없습니다. 보통은 리스트를 사용하다가 '이런 기능이 필요한데 혹시 파이썬이 만들어 놨으려나.' 하면서 찾아보곤 합니다. 따라서 메서드 모두를 반드시 익혀둬야 한다는 게 아닙니다. 그냥 '아~ 이런 것들이 있구나.'라는 느낌으로 나머지 메서드들도 간단히 살펴볼게요.

index()

index()는 리스트 안에서 특정 값이 있는지 확인하고, 있으면 첫 번째로 그 값이 발견된 인덱스를 리턴해 줍니다.

예를 들어 0부터 9까지 들어 있는 li3에 문자열 hello를 extend()한 뒤, li3에서 h의 인덱스를 찾고 싶다고 하면,

```
코드
li1 = list(range(5))
li2 = list(range(5, 10))

li3 = li1 + li2
print(li3)

li3.extend("hello")
print(li3)

li3.index('h')
```

```
결과
[0, 1, 2, 3, 4, 5, 6, 7, 8, 9]
[0, 1, 2, 3, 4, 5, 6, 7, 8, 9, 'h', 'e', 'l', 'l', 'o']
10
```

h는 10번 인덱스에 있다고 알려줍니다. 아까 in 키워드는 있는지(True) 없는지(False)만 리턴했고, count() 메서드는 해당 리스트에 키워드가 몇 번 나오는지만 알려줬는데 index()는 위치까지 리턴해주는 거죠.

insert()

영어만 봐도 느낌 오나요? insert()는 리스트에 뭘 넣는 메서드입니다. 아까 append()는 맨 뒤에 추가했다면, insert()는 중간에도 추가할 수 있습니다.

예를 들어 li3의 3번 인덱스에 'hello'를 추가할 수 있는 거죠.

```
li1 = list(range(5))
li2 = list(range(5, 10))

li3 = li1 + li2
print(li3)

li3.insert(3, "hello")
print(li3)
```

```
[0, 1, 2, 3, 4, 5, 6, 7, 8, 9]
[0, 1, 2, 'hello', 3, 4, 5, 6, 7, 8, 9]
```

넣을 위치와 넣을 값, 이렇게 두 값을 insert()에 넣어주면 됩니다.

pop(), remove()

두 메서드를 같이 설명하는 이유는, pop()과 remove() 둘 다 리스트에서 무언가를 없애는 메서드이기 때문입니다.

먼저 remove()를 사용해 볼게요. list()를 사용해서 hello를 한 글자씩 li1에 넣어줍니다. 그리고 remove('l')을 하면 가장 먼저 찾은 'l'이 지워집니다.

```
li1 = list("hello")
print(li1)

li1.remove('l')
print(li1)
```

```
['h', 'e', 'l', 'l', 'o']
['h', 'e', 'l', 'o']
```

이처럼 remove( ) 메서드는 리스트 안에서 내보낼 아이템의 정보를 받은 뒤, 가장 먼저 발견된 해당 조건에 맞는 아이템을 리스트 안에서 삭제합니다.

다음으로 pop( )입니다. remove( )와 같이 리스트에서 무언가 아이템을 빼낼 때 사용하지만, 용도와 뒤처리 방법이 조금 다릅니다. remove( )는 삭제한다면, pop( )은 빼낸다는 느낌입니다. 물론 빼낸 뒤 아무것도 하지 않으면 단순히 삭제만 됩니다.

remove( )에서는 삭제할 아이템의 정확한 이름을 호명했다면, pop( )은 삭제하고 싶은 아이템의 인덱스(순서)를 가리키거나 아무것도 입력하지 않으면 최근에 들어간 아이템을 빼냅니다.

코드
```
li1 = list("hello")
print(li1)

li1.pop(2)
print(li1)

li1.pop()
print(li1)
```

결과
```
['h', 'e', 'l', 'l', 'o']
['h', 'e', 'l', 'o']
['h', 'e', 'l']
```

hello라는 문자열의 문자를 아이템으로 가지고 있는 리스트 li1에 li.pop(2)를 실행하면 2번 인덱스에 있는 첫 번째 'l'을 빼낸 걸 볼 수 있습니다.

다시 helo라는 문자열의 문자를 아이템을 가진 리스트에 pop( )을 실행하면 마지막에 리스트에 들어간(Last-In) 아이템을 빼낸 걸 볼 수 있습니다.

여기까지만 보면 'remove( )는 정확한 정보를 줘야 삭제하고, pop( )은 인덱스나 최근에 들어간 걸 삭제하는구나!'라고 생각할 수 있지만, 아직 pop( )에게는 힘이 남아 있습니다.

```
li1 = list("hello")
print(li1)

rv = li1.remove('l')
print(li1)
print(rv)

pv = li1.pop(0)
print(li1)
print(pv)
```

```
['h', 'e', 'l', 'l', 'o']
['h', 'e', 'l', 'o']
None
['e', 'l', 'o']
h
```

코드를 보면, li1라는 리스트는 hello라는 문자열의 문자를 아이템으로 가지고 있습니다. 이후 remove('l')을 통해 첫 번째 l을 지우는 데 성공했습니다. 그런데 그 결과를 rv에 보관하라고 하고, rv를 출력해 봤더니 None이 나옵니다. 텅 비어 있는 겁니다.

이후 첫 번째 l이 지워진 helo 리스트에 대해서 0번째 인덱스를 pop()해 봤더니, 0번째 인덱스에 있는 h가 리스트에서 제외된 걸 볼 수 있습니다. 그 이후 결과를 pv에 저장하고, 출력해 봤더니 성공적으로 h를 손에 쥐고 나온 pop()을 볼 수 있습니다.

이처럼 둘 다 리스트 안에서 특정 아이템을 제외하는 건 동일합니다. 다만 remove()는 필요 없는 아이템을 삭제하는 느낌이라면, pop()은 필요한 아이템을 빼내는 느낌이죠.

사실 pop()은 컴퓨터 공학에서 위대한 자료 구조 중 하나라고 알려진 스택(stack)이라는 자료 구조의 핵심 동작입니다. 파이썬은 여러 자료 구조에 append()와 pop() 메서드를 같이 제공하여, 유사 시 스택처럼 이용할 수 있게 해줍니다.

두 메서드는 다음과 같이 정리하고 기억하세요.

- **remove()**: 아이템을 삭제하고 싶을 때 정보를 보내어 삭제
- **pop()**: 원하는 인덱스 또는 최근에 입력된(Last-In) 아이템을 빼내서 가져옴

reverse()

reverse()는 말 그대로, 리스트의 순서를 반전합니다. 간단하죠?

다음과 같이 순서를 거꾸로 뒤집습니다.

코드
```
li1 = list(range(5))
li2 = list(range(5, 10))

li3 = li1 + li2
print(li3)

li3.reverse()
print(li3)
```

결과
```
[0, 1, 2, 3, 4, 5, 6, 7, 8, 9]
[9, 8, 7, 6, 5, 4, 3, 2, 1, 0]
```

sort()

마지막 메서드인 sort()는 좀 신기한 면이 있는 메서드입니다.

일단 기본 기능은 정렬입니다. 다음과 같은 리스트가 있다고 해볼게요. li1을 sort()하면,

코드
```
li1 = [2, 32, 4, 34, 64, 34, 1]

li1.sort()
print(li1)
```

이렇게 작은 수부터 오름차순으로 정렬해 줍니다.

위 코드처럼 sort() 메서드에 아무것도 넣지 않으면 오름차순으로 정렬하는데, 만약 큰 수부터 내림차순으로 정렬하고 싶을 경우에는 reverse=True라고 넣어주면 됩니다.

| 코드 |

```
li1 = [2, 32, 4, 34, 64, 34, 1]

li1.sort(reverse=True)
print(li1)
```

| 결과 |

```
[64, 34, 34, 32, 4, 2, 1]
```

신기한 면이 있다고 했죠? sort()는 재미있는 게 있어요. 위에서 reverse()를 넣어봤는데, 이외에도 함수를 넘겨주면서 '이거대로 정렬해줘.'라고 할 수도 있습니다. 정렬의 기준이 함수가 되는 거죠. 메서드를 부르면서 함수를 넘겨준다? 신기하죠?

먼저 fnc라는 함수를 만들어 볼게요. ch를 받아 ch의 길이를 리턴해주는 함수입니다. 어떤 문자열을 받든 길이를 리턴해주는 간단한 함수죠.

| 코드 |

```
def fnc(ch):
    return len(ch)
```

임의로 여러 길이의 문자열이 담긴 리스트를 만들고, sort()를 부릅니다. 부를 때 key는 fnc대로 정렬해 달라고 넣어줄게요.

```
def fnc(ch):
    return len(ch)
li1 = ['hello', 'hi', 'gun', 'python', 'gunnnnnyy']

li1.sort(key=fnc)
print(li1)
```

```
['hi', 'gun', 'hello', 'python', 'gunnnnnyy']
```

그러면 문자열 길이를 기준으로 정렬해 줍니다. 물론 key=fnc에 reverse=True까지 한다면 뒤집어서 길이가 긴 순서대로 정렬해 주겠죠? 또 False로 하면 다시 원래대로, 짧은 순서대로 정렬할 것입니다.

사실 컴퓨터 공학을 전공하는 학생들은 '어떤 알고리즘으로 어떻게 정렬할까?'에 대해 한 학기 동안 공부하기도 합니다. 어떤 아이템이 어떻게 있느냐에 따라 가장 효과적인 정렬 알고리즘이 다르기 때문이에요. 몇몇 중요한 정렬 알고리즘은 외우기도 합니다.

근데 파이썬에서 마침표(.) 찍고 sort()만 입력하면 알아서 가장 좋은 방법으로 정렬해주는 걸 보고 많은 생각이 들었습니다. 2G 통신에 대해 논문을 쓰고 졸업했는데 이미 세상은 3G가 상용화된 느낌이랄까요?

지금까지 파이썬이 리스트와 함께 제공해준 메서드는 무엇이 있는지, 어떤 기능을 하는지 간단히 알아봤습니다. 재미있었죠?

정리

이번 시간에는 리스트라는 자료 구조에 어떤 연산을 할 수 있고, 리스트와 파이썬의 내장 함수들이 어떻게 같이 사용되는지 알아봤습니다. 그리고 리스트의 메서드들도 간단히 사용해 봤어요. 어땠나요? 자료 구조와 조금 친해진 느낌이 들기 시작하나요?

그럼 다음 시간에는 두 번째 자료 구조인 튜플에 대해 알아보겠습니다.

튜플

지난 시간에는 파이썬에서 흔하게 사용하는 자료 구조인, 리스트라는 자료 구조에 대해 알아봤습니다. 처음 배우는 자료 구조이므로 조금 자세하게, 리스트 안에서 제공하는 메서드들까지 하나하나 알아봤어요. 이제 남은 자료 구조들은 빠르게 살펴볼게요.

이번 시간에는 두 번째 자료 구조를 배워볼 텐데, 바로 튜플입니다.

튜플

튜플(Tuple)은 리스트와 많이 닮은 자료 구조입니다. 둘 다 순서가 있다는 점도 닮았고요. 그래서 리스트와 튜플을 혼용해서 쓸 수도 있습니다.

> 아니, 튜플이랑 리스트랑 비슷하고 혼용할 수도 있다면
>
> 그냥 리스트를 쓰지, 왜 튜플을 쓰나요?

당연히 이런 의문이 들 것입니다. 그런데 리스트와 튜플은 결정적인 차이가 있습니다. 리스트와 달리, 튜플은 한번 만들면 튜플에 있는 아이템을 추가하거나 삭제하지 못합니다. 한번 만들면 아주 시멘트처럼 단단히 굳어 있는 거예요.

> 거니 님! 데이터를 다루는데, 한번 만들면 추가/삭제를 못한다고요?
>
> 좀 이상한데요?

그렇죠? 조금 이상하죠? 개별 아이템을 추가하거나 삭제하지 못하는 이유는, 그렇게 해서 얻는 이점이 있기 때문입니다. 튜플은 이런 제약 덕분에 리스트보다 속도가 훨씬 빠르답니다. 어떤 개발자가 자신의 웹 사이트에서 리스트와 튜플을 각각 만들고, 파이썬 번역기로 번역된 상태의 코드를 한번 비교해 봤습니다.[2]

---

2 https://stackoverflow.com/questions/68630/are-tuples-more-efficient-than-lists-in-python

▼ 그림 17-1 리스트 vs. 튜플 비교

▼ 그림 17-1 리스트 vs. 튜플 비교

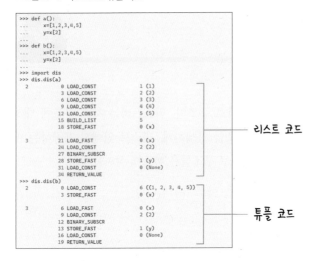

리스트 코드

튜플 코드

그림 17-1을 보면 위가 리스트, 아래가 튜플입니다. 리스트를 만들고 리스트 안에 저장되어 있는 값을 하나 가져오는 데 코드가 13줄이 필요합니다. 반면에 똑같이 튜플을 만들고 값을 하나 가져오는 코드는 8줄이죠.

튜플은 데이터 추가/삭제 기능을 버리고, 대신 속도를 얻었다는 뜻!

에이, 5줄밖에 차이가 안 나잖아요.

물론 이처럼 짧은 코드에서는 그렇죠. 그런데 데이터가 점점 더 커지고, 연산이 점점 더 많아지면 리스트와 튜플의 속도 차이는 점점점점~ 더 벌어질 수밖에 없습니다.

이점은 또 있습니다. 바로 보안입니다. 만약 누군가 내 시스템에 들어와서 데이터를 건드린다고 생각해 보세요. 하지만 튜플에 데이터를 보관했다면, 쓰거나 지우는 기능이 없기 때문에 추가/삭제할 수 없어 여러 상황에서 안전하게 동작할 가능성이 높습니다.

거니 님, 그러면요. 보안이나 속도에 아주 민감하지 않으면

튜플을 안 써도 되는 건가요? 리스트만 써도 되는 건가요?

음… 만약 누군가 이렇게 묻는다면, 저는 이것도 맞는 말이라고 답해요. 지금 당장은 튜플을 어디에 어떻게 사용해야 좋을지 잘 모르겠고, 리스트만 확실히 익히기도 힘드니 난 당분간 리스트만 계속 쓰겠다, 그것도 좋아요. 그렇게 계속 코딩하다 보면 파이썬을 점점 더 많이, 깊이 이해하게 되고, 나중에는 튜플이 필요한 곳에 튜플을 효과적으로 사용하게 될 겁니다.

그러려면 우리가 튜플이 어떤 것인지 기본 지식은 알고 있어야겠죠?

튜플 만들기

그럼 튜플을 한번 만들어보죠. 앞에서 리스트를 만들 때는 네모난 괄호, 대괄호([ ])를 사용했어요. 튜플은 둥그런 괄호, 소괄호(( ))를 사용해 만듭니다.

코드	결과

`tu = (1, 2, 3)`
 	
`type(tu)`
	tuple

tu라는 튜플을 처음에 선언하여 만들고, 이후 type( ) 함수를 이용해 타입을 확인해보면 역시 튜플이라고 나옵니다.

튜플은 순서가 있기 때문에 리스트처럼 인덱싱을 통해 접근할 수 있습니다.

코드	결과
`tu = (1, 2, 3)` **`tu[0]`**	1

그런데 주의해야 할 점이 있어요. 만약 아이템이 하나인 튜플을 만들고 싶어서 다음과 같이 만들었는데, 타입을 확인해보면,

코드	결과

`tu = (1)`
 	
`type(tu)`
	int

앗, 괄호에 숫자 하나만 있으면 숫자(integer)로 인식해 버립니다. 그냥 보기에도 숫자로 보이긴 해요. '이 괄호에 숫자가 하나밖에 없긴 하지만, 그래도 이건 튜플이야.'라고 알려주고 싶다면 숫자 뒤에 콤마를 찍어주면 됩니다.

코드	결과
```\ntu = (1,)\n\ntype(tu)\n```	```\ntuple\n```

마치 '뒤에 무언가 아이템이 더 있고, 그래서 내가 입력하려고 했는데 아직 입력하지 못했다'는 것처럼 보이죠? 이렇게 콤마를 하나 넣어주면 이제 정상적으로 튜플로 인식됩니다.

그리고 리스트처럼 다양한 형태의 값을 튜플에 넣어줄 수도 있어요.

코드	결과
```\ntu = (30, 'hello')\n\nprint(tu)\n```	```\n(30, 'hello')\n```

여기서 한 가지 짚고 넘어갈 것이, 앞에서 튜플을 한번 만들면 개별 아이템을 넣거나 빼지 못한다고 설명했죠? 만약 다음과 같이 tu1과 tu2가 있을 때 리스트처럼 두 튜플을 합칠 수 있을까요?

코드	결과
```\ntu1 = (30, 'hello')\ntu2 = ('gunny', 'python')\n\ntu3 = tu1 + tu2\nprint(tu3)\n```	```\n(30, 'hello', 'gunny', 'python')\n```

네, 합칠 수는 있습니다. 두 튜플이 합쳐져서 하나의 큰 튜플이 되는 거죠.

아니, 거니 님! 아까 튜플에는 데이터 추가가 안 된다고 했는데,

이렇게 새로운 튜플로 만들어서 합치는 방법으로 추가하면 되잖아요?

당연한 질문입니다. 이렇게 우회해서 추가할 수도 있지만 보통 데이터를 이런 식으로 추가하지는 않아요. 무언가 추가할 것 같으면 애초에 튜플이라는 자료 구조를 선택하지 않았을 거예요. 처음부터 리스트로 만들었다면, append() 한번 호출하면 아이템을 추가할

수 있는걸요. 그런데 튜플에서 아이템을 추가하려고 하면, 또 하나의 튜플을 만들어서 두 튜플을 합치는 번거로운 과정을 거쳐야 하잖아요.

위 예제에서는 아이템이 2~3개밖에 없어서 튜플을 만들고 합치는 게 상대적으로 간단한 작업처럼 보였지만, 회사 규모로 커진다면 그 비용이 더 비싸지겠죠? 튜플을 사용하다가 혹시 아이템을 추가할 일이 생기면, '비싼 비용을 지불해서라도 합칠 수 있는 방법은 있구나!'라는 느낌으로 이해하면 됩니다.

그리고 사실 우회해서 아이템을 추가, 수정하는 방법이 또 있어요. 앞에서 튜플과 리스트는 혼용할 수 있다고 한 것, 기억나나요?

다음과 같이 리스트를 하나 만들어요. 리스트 함수를 이용해서 튜플을 넣으면 리스트가 튜플로 변합니다. 둥그런 괄호(소괄호)가 네모난 괄호(대괄호)로 바뀌죠.

코드	결과
``tu1 = (30, 'hello')

li = list(tu1)

print(li)``` | ```[30, 'hello']``` |

결과 창을 봤을 때 대괄호를 쓰는 걸 보니 이제 리스트가 된 거죠. 리스트 함수를 이용해서 튜플을 리스트로 바꾸고, 아이템을 하나 추가할 수 있어요. 리스트는 추가나 삭제가 가능하니까요. 그리고 다시 튜플 함수로 리스트를 튜플로 바꿔주면,

코드	결과
``tu1 = (30, 'hello')

li = list(tu1)
li.append(5)

tu1 = tuple(li)
print(tu1)``` | ```(30, 'hello', 5)``` |

번거롭지만 이렇게 튜플에 값을 추가할 수 있죠.

앞에서 설명했듯 튜플의 이점은 속도가 빠른 것입니다. 만약 튜플을 사용하다가 어쩔 수 없이 데이터를 추가할 일이 생기면 이런 식으로 추가하고, 다시 튜플로 만들어서 속도가 빠른 튜플의 이점을 살리는 방법도 생각해볼 수 있겠죠?

내장함수

튜플도 파이썬의 내장함수와 같이 잘 어우러져 사용할 수 있습니다.

리스트처럼 in이나 not in으로 아이템이 있나 없나 검사도 가능하고요. 30이 tu1에 있냐고 물어보니 있다고(True) 알려주죠.

코드	결과
``tu1 = (30, 'hello')

print(30 in tu1)``` | True |

min(), max()로 최솟값, 최댓값도 구할 수 있습니다.

코드	결과
``tu1 = (30, 40, 40, 20, 10)

print(min(tu1))``` | 10 |

len()으로 튜플의 길이를 구하는 것도 물론 가능합니다.

코드	결과
``tu1 = (30, 40, 40, 20, 10)

print(len(tu1))``` | 5 |

또 튜플에 대해 루프를 돌 수도 있습니다. 리스트와 마찬가지로 튜플의 길이만큼 하나하나 인덱싱해서 살펴볼 수도 있어요.

코드	결과
``tu1 = (30, 40, 40, 20, 10)

for i in range(len(tu1)):
    print(tu1[i])``` | 30
40
40
20
10 |

또는 파이썬 for문의 장점인 범위 부분에 자료 구조인 튜플을 주고, 식별자가 튜플 내 한 아이템씩 착 달라붙으며 반복문을 실행할 수도 있겠죠.

코드	결과
``tu1 = (30, 40, 40, 20, 10)

for i in tu1:
    print(i)``` | 30
40
40
20
10 |

메서드

파이썬이 튜플이라는 자료 구조를 주면서 자료 구조만 주지는 않았겠죠. 과연 튜플에는 어떤 메서드가 있는지 한번 살펴볼게요.

리스트에서 했던 것처럼 tu1 뒤에 마침표(.)를 입력하고 Tab 을 누르면, 이럴 수가! 리스트 와는 다른데요? append()나 del() 이런 건 하나도 없고 딱 두 개가 나옵니다.

▼ 그림 17-2 튜플의 메서드

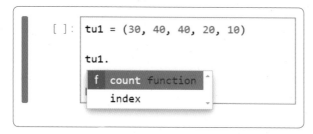

count()는 어떤 값이 몇 번 나오는지 알려주고, index()는 어떤 값이 몇 번째 인덱스에 있는지 위치를 알려주겠죠?

코드	결과
| ```
tu1 = (30, 40, 40, 20, 10)

print(tu1.index(20))
``` | 3 |

정리

이번 시간에는 리스트와 많이 닮았지만 개별 아이템을 추가하거나 삭제할 수는 없고 대신 속도나 보안에 이점을 가진 튜플이라는 자료 구조에 대해 배웠습니다.

리스트 바로 직후에 튜플을 배우니까 제한이 많은 튜플이 상대적으로 좀 폄하되는 느낌도 듭니다. 하지만 튜플도 필요한 곳에서 활약하면 리스트보다 훨씬 더 좋은 퍼포먼스를 보이곤 합니다.

예를 들어 백과사전 프로그램을 만들 때를 생각해 보세요. 모든 단어의 인덱싱을 위해 (ㄱ, ㄴ, ㄷ, ㄹ, ㅁ, ㅂ, ㅅ, ㅇ, ㅈ, ㅊ, ㅋ, ㅌ, ㅍ, ㅎ)라는 대분류를 만들어 놓았습니다. 한글에 새로운 자음이 추가되기 전까지 백과사전의 자음 분류는 달라지지 않을 겁니다. 위 아이템들을 저장하기 위한 자료 구조를 선택해야 할 때, 여러분은 어떤 자료 구조를 선택할 건가요? 내용을 자유롭게 추가하고 삭제하면서 속도가 상대적으로 느린 리스트를 선택할 건가요? 아니면 내용을 추가하거나 삭제하기 어렵지만, 속도가 빠른 튜플을 선택할 건가요? 이 상황에서는 한글 자음이 바뀐다는, 매우 적은 가능성에 대비하여 확장성 있는 리스트를 고르기보다는, 상대적으로 빠른 속도로 색인을 도와줄 튜플을 쓰는 게 더욱 합리적입니다.

여러분도 파이썬을 더 깊게 공부해 나가면 나중에는 튜플을 아주 잘 활용하게 될 것입니다. 그럼 다음 시간에는 세 번째 자료 구조인 세트에 대해 알아보겠습니다.
```

LESSON 18 세트

지난 시간에는 리스트와 많이 닮은 튜플에 대해 알아봤습니다. 이번 시간에는 세 번째 자료 구조인 세트를 소개합니다.

세트

세트는 리스트나 튜플과 다르게 특정 연산에 특화되어 있습니다. 어떤 연산이냐 하면 (이름에서도 약간 짐작이 가죠?) 바로 **집합**입니다.

학창시절에 이제 맘잡고 수학 공부 좀 하려고 하면 처음 나오는 게 집합 단원이었어요. 그래서 1장인 집합 부분이 수학 책에서 가장 더러워졌고, 이후로는 대체로 책이 깔끔... 아무튼 이 집합을 영어로 하면 세트(set)입니다.

이처럼 세트는 집합 관련 연산에 특화된 자료 구조입니다. 그래서 리스트, 튜플과 다르게 순서가 없고, 중복도 허용하지 않아요. 집합끼리 교집합도 나오고 합집합도 나오는데 하나의 집합에 똑같은 값이 두 번 들어가 있으면 안 되겠죠?

> **세트의 특징**
> - 집합 관련 연산에 특화되어 있다.
> - 순서가 없다.
> - 중복을 허용하지 않는다.

세트 만들기

그럼 세트를 한번 만들어 볼게요.

리스트는 대괄호([ ])를 써서 만들었고 튜플은 소괄호(( ))를 써서 만들었으니, 이제 남은 괄호가 뭐가 있죠? 맞습니다. 세트는 중괄호({ })를 이용해서 만듭니다. se라는 세트를 만들고 타입을 물어보면,

괄호란 괄호는 다 갖다 쓰죠?

코드	결과
se = {1, 2 ,3} type(se)	set

세트라고 알려줍니다.

앞에서 리스트는 list( ) 함수를 이용해서 리스트를 구성하거나 리스트 안에 range( ) 함수를 사용해 범위를 구성했습니다. 튜플도 tuple( ) 함수가 있었고요.

세트도 마찬가지로 set( ) 함수를 이용해서 세트를 만들 수 있습니다. set( ) 함수 안에 helloworld라는 문자열을 넣어볼게요.

코드	결과
se = set("helloworld") print(se)	{'r', 'l', 'o', 'h', 'w', 'e', 'd'}

문자열에는 'l'이 세 번 들어가는데 결과를 보면 하나만 있습니다. 앞에서 설명했듯, 세트는 중복값을 허용하지 않기 때문입니다. 그리고 정확한 순서가 있어서 그 순서로 접근했던 리스트나 튜플과 다르게 세트는 순서도 자기 맘대로 집어넣었죠?

range( ) 함수도 다음과 같이 사용할 수 있고요.

코드	결과
se = set(range(5)) print(se)	{0, 1, 2, 3, 4}

세트를 만들 때 주의해야 할 점이 두 가지 있습니다. 첫째로, 빈 세트를 만드는 경우입니다. 빈 세트를 만들려고 다음과 같이 코드를 작성하고 타입을 확인해보면,

코드
```
se = {}

type(se)
```

결과
```
dict
```

다음 시간에 배울 딕셔너리가 됩니다. 그래서 반드시 안에 아이템을 하나 이상 넣어주거나,

```
se = {1}
```

아니면 set() 함수를 이용해서 만들어야 세트 형식으로 자료 구조가 생성됩니다.

코드
```
se = set()

type(se)
```

결과
```
set
```

둘째로, 세트는 순서가 없기 때문에 튜플이나 리스트처럼 [ ] 안에 인덱스를 넣어서 접근할 수 없습니다. 이 점에도 주의해 주세요.

코드
```
se = {1, 2, 3, 4, 5}

print(se[0])
```

결과
```
TypeError Traceback (most recent call last)
<ipython-input-9-f7ddfaa8741a> in <module>
      1 se = {1, 2, 3, 4, 5}
      2
----> 3 print(se[0])
TypeError: 'set' object is not subscriptable
```

내장함수

세트와 같이 사용할 수 있는 파이썬의 내장함수에 대해 살펴봅시다. 앞에서 사용했던 내장함수들을 당연히 다 사용할 수 있습니다.

코드	결과
```python se = {1, 2, 3, 4, 5} print(1 in se) print(len(se)) print(max(se)) print(min(se)) ```	``` True 5 5 1 ```

세트 se에 1이 있느냐(in 키워드), 세트 se의 총 길이(자료 구조 안에 들어 있는 아이템의 개수)는 얼마냐(len()), 세트 se에서 가장 큰 수는 뭐냐(max()), 가장 작은 수는 뭐냐(min()) 다 사용 가능합니다.

세트 se에 숫자와 문자, 즉 int와 str이 같이 있다면 사용할 수 없습니다. 세트가 한 가지 데이터 타입으로만 구성되었다면 어떤 아이템이 가장 크고 작은지 따져볼 수 있지만, 숫자와 문자가 합쳐지는 순간 우열을 가리기 힘들어지기 때문입니다.

코드
```python
se = {1, 2, 3, 4, 5, 'hello'}

print(min(se))
```

결과
```
TypeError Traceback (most recent call last)
<ipython-input-14-148be5b11cdf> in <module>
      1 se = {1, 2, 3, 4, 5, 'hello'}
      2
----> 3 print(min(se))
TypeError: '<' not supported between instances of 'str' and 'int'
```

for문

참고로 세트도 for 루프를 사용할 수 있습니다.

코드	결과
se1 = {1, 2, 3, 4, 5} for i in se1: print(i)	1 2 3 4 5

이렇게 세트에 있는 모든 아이템을 출력합니다. range( )와 함께 for문을 사용해 범위를 줄수 있다고 알아두세요.

메서드

이제 세트를 잘 사용할 수 있게 준비된 메서드에는 뭐가 있는지, 세트 옆에 마침표(.)를 찍어볼까요? 과연 어떤 메서드들이 있나 구경해 봅시다.

se에 마침표를 찍고 [Tab]을 눌러봅니다. 앗, 리스트와 튜플에서 보던 메서드와는 다르게 이름이 엄청 길고, 수학적으로 보이는 메서드들이 많네요. 하나씩 간단하게 살펴보겠습니다.

▼ 그림 18-1 세트의 메서드

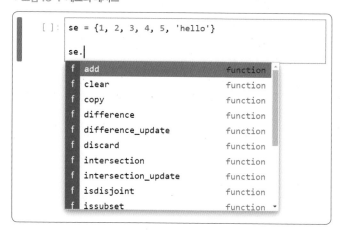

add()

add()는 세트에 값을 추가하는 메서드겠죠? 한번 사용해 봅시다. 바로 값이 추가됩니다.

코드	결과
| ```python
se = {1, 2, 3, 4, 5}

se.add(6)
print(se)
``` | `{1, 2, 3, 4, 5, 6}` |

update()

세트에 값을 하나만 추가할 때는 add()를 사용하고, 대량으로 추가할 때는 (스크롤을 좀 내려보면 나오는) update() 메서드를 이용해 한 번에 추가할 수 있습니다.

코드	결과
| ```python
se = {1, 2, 3, 4, 5}

se.update({6, 7, 8})
print(se)
``` | `{1, 2, 3, 4, 5, 6, 7, 8}` |

pop(), remove()

이름에서 바로 알 수 있듯 clear()는 앞에서 배운 세트 안의 값들을 다 비우는 메서드, copy()는 세트를 복사하는 메서드입니다. 그 외 수학적인 메서드들을 잠깐 넘겨서 스크롤을 내리다 보면 pop()과 remove() 메서드가 보입니다.

▼ 그림 18-2 pop() 메서드

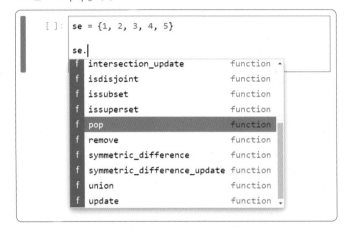

pop()은 인덱스를 주면 그 인덱스를 빼서 건네주는 메서드인데, 세트에 pop()이 있네요? 세트는 순서가 없기 때문에 인덱스로 접근할 수 없다고 했는데 어떻게 사용하는 걸까요?

세트는 리스트나 튜플과 달리 순서가 없습니다. 내가 넣은 순서대로 들어가 있다는 보장이 없죠. 하지만 pop()은 순서에 영향을 많이 받는 메서드입니다. 일반적으로 **마지막에 입력된**(Last-In) 데이터를 빼내 오는 동작이라고 많이 알려져 있으니까요.

거니 님! 순서가 없는 자료 구조에 순서에 영향을 받는

pop()이 들어가 있다고요? 이상해요!

그래서 세트의 pop()은 일반적으로 **랜덤** 아이템을 뽑아오는 메서드로 알려져 있습니다.

코드	결과

```se = {"chicken", "pizza", "hamburger"}```
 	
```print(se.pop())```
	pizza

갑자기 두 번째에 있는 pizza가 빠져나왔죠?

반면 remove()는 pop()과 다르게 특정 키워드를 검색해서 빼낸 다음 '지워버린다. 건네주지 않는다'는 메서드입니다. 기억하고 있지요?

| 코드 |
```
se = {1, 2, 3, 4, 5}
a = se.remove(2)

print(se, a)
```

| 결과 |
```
{1, 3, 4, 5} None
```

세트는 순서는 없지만 아이템을 특정해서 remove()하면 해당 아이템을 세트에서 제외합니다.

수학적인 메서드

이제부터는 세트의 특징인, 수학적인 메서드들을 살펴볼게요.

- union(): 세트가 두 개 있을 때 두 세트의 합집합 메서드

- intersection(): 두 세트의 겹치는 부분, 즉 교집합 메서드

- difference(): 두 세트의 다른 점을 알려주는 차집합 메서드

- issubset(): 부분집합 메서드

- issuperset(): 상위집합 메서드

메서드들을 쭉 보니까 세트가 어떤 것에 특화된 자료 구조고, 어떤 메서드들로 어떤 동작을 하는지 느낌이 좀 오죠? 합집합이니 교집합이니 차집합이니, '아 이런 것들을 하기 위한 자료 구조구나.'라는 느낌이 강하게 들기 시작합니다.

즉, 세트는 세트가 둘 있을 때 둘의 데이터를 비교하는 데 특화되어 있습니다. 메서드들이 많아서 다 볼 수는 없고, 다음과 같은 두 세트로 세트에서 자주 쓰일 것 같은 주요 메서드들만 살펴보겠습니다.

친구들과 노느라 숙제를 못해 갔던 수학 시간이 갑자기 생각이 나네요.

| 코드 |
```
se1 = {1, 2, 3}
se2 = {3, 4, 5}
```

■ 합집합

대표적인 집합 연산인 합집합부터 알아보겠습니다. 왠지 느낌이 두 세트를 더하면 나올 것 같은데,

```
코드
se1 = {1, 2, 3}
se2 = {3, 4, 5}

se3 = se1 + se2
```

```
결과
TypeError Traceback (most recent call last)
<ipython-input-6-baf923feebc3> in <module>
      2 se2 = {3, 4, 5}
      3
----> 4 se3 = se1 + se2
TypeError: unsupported operand type(s) for +: 'set' and 'set'
```

세트는 더하기(+) 연산을 지원하지 않네요. 두 세트의 합집합은 | 기호를 사용합니다. 참고로 | 기호는 Shift + \ 를 누르면 됩니다. \ 는 Enter 바로 위에 있습니다.

```
코드
se1 = {1, 2, 3}
se2 = {3, 4, 5}

se3 = se1 | se2
print(se3)
```

```
결과
{1, 2, 3, 4, 5}
```

합집합은 두 세트에서 중복되는 아이템을 제외하고 합치는 거죠? 그러고 보니 앞에서 합집합 메서드를 봤습니다. 바로 union()이죠. union() 메서드 안에 se1과 se2를 넣어주면 같은 결과를 볼 수 있습니다.

<table>
<tr><td>코드</td><td>결과</td></tr>
</table>

```
se1 = {1, 2, 3}
se2 = {3, 4, 5}

se3 = set.union(se1, se2)
print(se3)
```

결과
```
{1, 2, 3, 4, 5}
```

■교집합

교집합은 두 세트에 동시에 속하는 아이템으로 된 집합이죠. 앤드 또는 앰퍼샌드 기호(&)를 사용하면 교집합을 만들 수 있습니다.

코드
```
se1 = {1, 2, 3}
se2 = {3, 4, 5}

se3 = se1 & se2
print(se3)
```

결과
```
{3}
```

그리고 메서드는 intersection()을 사용할 수 있습니다.

코드
```
se1 = {1, 2, 3}
se2 = {3, 4, 5}

se3 = set.intersection(se1, se2)
print(se3)
```

결과
```
{3}
```

거니 님! 근데 실제 코딩할 때 이런 기능을 사용하나요?

물론입니다. 예를 들어볼게요. A 웹 사이트의 회원 아이디를 한 세트에 넣고, B 웹 사이트의 회원 아이디를 다른 세트에 넣은 뒤 교집합을 만들면 두 웹 사이트에 모두 가입한 아이디들을 알 수 있겠죠? 당장은 '이걸 어디다 쓸까?' 싶은 생각이 들어도, 마치 여러분이 수학 시간에 집합을 배우면서 '이걸 어디다 쓸까?'라고 똑같이 생각했듯이, 이번 시간도 비슷합니다. 배워두면 나중에 꼭 요긴하게 쓸 상황이 생깁니다.

■ 차집합

차집합은 서로 다른 아이템을 걸러줍니다. 두 세트 A, B가 있을 때, A에는 속하고 B에는 속하지 않는 아이템으로 된 집합을 A에 대한 B의 차집합이라고 합니다. 예를 들어 se1 동그라미와 se2 동그라미에서 중간에 겹쳐진 부분까지 뺀, se1에만 있는 아이템인 거죠.

▼ 그림 18-3 차집합

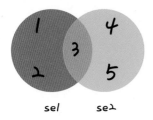

차집합은 마이너스(−)를 사용합니다.

코드	결과
``` se1 = {1, 2, 3} se2 = {3, 4, 5} se3 = se1 - se2 print(se3) ```	{1, 2}

또는 difference() 메서드를 사용할 수 있습니다.

코드	결과
``` se1 = {1, 2, 3} se2 = {3, 4, 5} se3 = set.difference(se1, se2) print(se3) ```	{1, 2}

■ 부분집합/상위집합

부분집합이나 상위집합은 수학에서 나오는 것과 똑같습니다. se2의 모든 아이템이 se1에 있다면 se2는 se1의 부분집합(subset), se1는 상위집합(superset)이라고 할 수 있겠죠.

다음과 같은 두 세트가 있을 때 se2가 se1의 부분집합이냐고 물어보면, True가 나옵니다.

코드	결과
se1 = {1, 2, 3, 4, 5} se2 = {3, 4, 5} print(set.issubset(se2, se1))	True

정리

이번 시간에는 세트라는 자료 구조를 알아보고, 이것저것 같이 확인해 봤습니다. 세트는 특징이 너무 명확해서 '아! 세트라는 자료 구조는 이럴 때 쓰는구나! 이럴 때 쓰면 유용하구나!' 느낌이 바로 오죠?

사실 지금 소개한 세트의 동작은 아주 기본적인 것들이고 더 복잡하고 강력한 기능도 많습니다. 처음부터 복잡한 내용으로 힘 빼지는 않을 테니 나중에 세트를 사용할 때 한번 찾아보세요. 새로운 기능을 발견하며 잘 사용할 수 있을 겁니다.

그럼 다음 시간에는 마지막 자료 구조인 딕셔너리에 대해 알아보겠습니다.

지난 시간에 세 번째 자료 구조인 세트까지 알아봤습니다. 마지막으로 알아볼 자료 구조는 **딕셔너리**(dictionary), 즉 사전이죠.

딕셔너리는 파이썬에서 리스트와 더불어 활용도가 높은 자료 구조입니다. 물론 코딩을 처음 배우는 분은 '아, 이건 좀 어렵다.'라고 느낄 수도 있어요. 하지만 지금 당장 완벽하게 이해하지 못해도 괜찮으니 한번 따라와 보세요. 천천히 설명하겠습니다.

딕셔너리: 키-밸류 방식

이번 시간의 주인공인 딕셔너리는 키-밸류 방식을 이용하는 자료 구조입니다.

Dictionary: KVS(비관계형, 키-밸류 방식)

키-밸류 방식이 뭐냐고요? 이를 설명하기 위해 잠깐 컴퓨터에서 데이터 다루는 이야기를 하겠습니다. 데이터를 다룰 때는 데이터베이스를 사용하겠죠?

2000년대 초반까지만 해도 탄탄하고 조직적인, 관계형 데이터베이스 형식을 사용했어요. 그런데 2000년대 후반에 들어서면서 스마트폰이나 클라우드, SNS 등이 폭발적으로 성장하면서 데이터가 쏟아져 나오기 시작했죠. 바로 빅데이터입니다. 엄청난 양의 데이터가 매일매일 쏟아지니까 '덜 조직적이어도 무조건 속도가 빨라야 한다.' 그리고 '확장성이 좋아야 한다.' 쪽으로 주류가 바뀌게 돼요. 탄탄하고 조직적인 관계형 데이터베이스에서 키-밸류 방식으로 천천히 바뀌면서 키-밸류 방식이 활발히 연구되고, 키-밸류 기반의 알고리즘들이 많은 부분에서 나오게 되었죠.

키-밸류 방식은 2010년대 들어와서 아주 핫(hot)해졌지요.

▼ **그림 19-1** 데이터베이스 형식의 변화

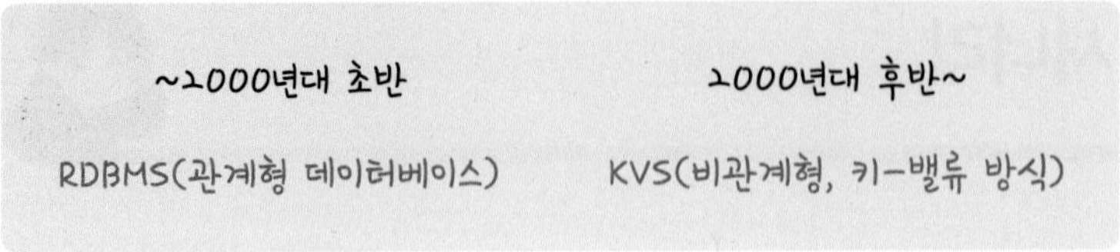

~2000년대 초반   2000년대 후반~

RDBMS(관계형 데이터베이스)   KVS(비관계형, 키-밸류 방식)

키-밸류 방식이란 key-value가 한 쌍으로 있어서 내가 어떤 값을 찾고 싶을 때 그에 해당하는 키를 찾는 방식을 말합니다.

KEY-VALUE

예를 들어 한영사전이 앞에 있다고 해볼게요. (이 자료 구조의 이름이 딕셔너리죠?)

사과가 영어로 뭐지?

'사과'가 우리가 가지고 있는 키예요. 이 키로 밸류를 찾는 거죠. 한영사전에서 사과를 검색하면 apple이라고 나옵니다. apple이 밸류입니다.

포도가 영어로 뭐지?

한영사전에서 포도를 검색하면 grape가 나옵니다. 우리가 알고 있는 키인 포도로 밸류인 grape를 찾았습니다.

이처럼 알고 있는 키로 모르는 밸류를 찾는 방식이 바로 키-밸류 방식입니다. 아직 좀 헷갈리나요? 그렇다면 파이썬에서 딕셔너리, 사전을 한번 만들어 보면서 더 이해해 볼게요.

딕셔너리 만들기

지난 시간에 세트를 만들다가 빈 세트를 만들려고 중괄호만 썼더니 딕셔너리라고 나왔던 적이 있죠? 이처럼 딕셔너리도 중괄호로 만듭니다. 빈 중괄호를 넣기만 해도 빈 딕셔너리가 만들어집니다.

코드

```
dic = {}
type(dic)
```

결과

```
dict
```

중괄호 안에 값을 넣을 때는 키와 밸류를 넣어줍니다. 넣는 방식은 콜론을 사이에 두고 키 : 밸류 한 쌍을 넣으면 됩니다.

```
dic = {'name':'gunny'}
```

또 한 쌍을 추가해 볼게요.

코드

```
dic = {'name':'gunny', 'age':30}
print(dic)
```

결과

```
{'name':'gunny', 'age':30}
```

그리고 나서 출력해보면 딕셔너리 안에 있는 키와 밸류가 출력됩니다.

물론 리스트, 튜플, 세트가 그랬던 것처럼 dict() 함수를 이용해서도 딕셔너리 자료 구조를 만들 수 있습니다. 앞에서 만든 것과 똑같은 자료 구조를 dict() 함수로 만들면 다음과 같습니다.

코드

```
# dic = {'name':'gunny', 'age':30}
dic = dict(name = 'gunny', age = 30)
print(dic)
```

결과

```
{'name':'gunny', 'age':30}
```

여기서 name과 age가 키고, gunny와 30이 밸류입니다. 우리가 누군가를 보면서 '어… 저 사람 name이 뭐지?' 하면 대답으로 'gunny야.' 이렇게 나오는 셈이죠. 참고로 키가 꼭 str 타입일 필요는 없습니다. 예를 들어 int 타입도 키로 들어갈 수 있습니다.

인덱싱

다음으로 만들어놓은 딕셔너리에 인덱싱, 즉 접근해서 값을 얻어내는 방법에 대해 알아보겠습니다. 딕셔너리도 원래는 순서가 없었는데, 파이썬 3.7 버전 이후로 갑자기 순서를 지키는 자료 구조가 되었습니다.[3]

좀 더 설명하면 순서가 없던 자료 구조에서, 적어도 넣은 순서는 기억하는 자료 구조가 되었습니다. 내가 원하는 인덱스의 키-밸류 쌍에 직접 접근하는 메서드는 아직 지원하지 않지만, 굳이 원한다면 첫 번째 키-밸류 쌍에 접근할 수 있는 방법은 생긴 것이죠.

하지만 대부분은 인덱싱보다, 여전히 딕셔너리의 전통적인 방법인 키를 들고 접근하여 밸류를 얻는 방식을 사용합니다.

key로 value 얻기

딕셔너리에 키와 밸류가 있는데 중요한 건 키입니다. 키와 밸류로 묶인 한 쌍의 아이템들이 쭉 있는 형태이고 이때 밸류는 중복될 수도 있지만, 키는 중복될 수 없어요. 딕셔너리에서는 보통 키를 가지고 주요한 동작들을 많이 수행하기 때문입니다.

자, 키를 사용해 밸류를 찾는 방법은 앞에서 본 방법과 비슷합니다. 대괄호 안에 인덱싱하듯이 다음과 같이 키를 입력해 줍니다.

```
dic['key']
```

대괄호 안에 원하는 키를 입력하면 해당 키에 맞는 밸류를 리턴해 줍니다.

코드
```
dic = dict(name = 'gunny', age = 30)
dic['name']
```

결과
```
'gunny'
```

'name이라는 키에 상응하는 밸류는 gunny야.'라고 알려주네요. 밸류를 모르는 상태에서 age를 물어보면 30이라고 알려주겠죠?

---

3 https://docs.python.org/3/whatsnew/3.6.html#new-dict-implementation

키로 밸류를 찾는 방법이 또 있습니다. 딕셔너리 자료 구조의 메서드인 get 함수를 이용하는 방법입니다.

▼ 그림 19-2 딕셔너리의 메서드

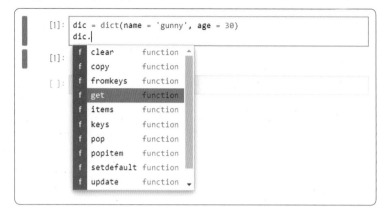

코드
```
dic = dict(name = 'gunny', age = 30)
dic.get('name')
```

결과
```
'gunny'
```

같은 결과를 볼 수 있습니다. 그런데 두 가지 방법에 차이점이 있습니다. dic['key']와 같이 직접 접근하는 경우, 만약 키가 없다면 오류가 납니다.

코드
```
dic = dict(name = 'gunny', age = 30)
dic['a']
```

결과
```
KeyError Traceback (most recent call last)
<ipython-input-4-f729a461a5a8> in <module>
      1 dic = dict(name = 'gunny', age = 30)
----> 2 dic['a']
KeyError: 'a'
```

그런데 get 메서드를 사용하면 오류가 나지 않고 디폴트 값으로 설정되어 있는 None을 리턴합니다.

코드	결과

``python
dic = dict(name = 'gunny', age = 30)
print(dic.get('a'))
``
	None

둘의 차이를 잘 알고 있어야 합니다. 만약 데이터가 없을 경우 오류가 떠서 우리가 오류를 관리하게 하느냐, 디폴트로 설정된 None 값이 나오게 하느냐가 다르기 때문입니다.

프로그래밍할 때 오류를 받는 것과 None이라는 값을 정상적으로 전달받는 것은 큰 차이가 있습니다. 오류가 리턴되는 경우에는 예외처리를 안 하면 프로그램이 그대로 중단될 수도 있습니다. 하지만 None이라는 값이 리턴되는 경우에는 단순히 아이템을 찾지 못한 것이기 때문에 이후 관련된 처리를 해주고 프로그램을 그대로 진행시킬 수 있죠.

Key가 있는지 조사하기

앞에서 배운 자료 구조에서 유용하게 써오던 in과 not in 키워드를 사용하여 딕셔너리에 키가 있는지 없는지 불리언 값을 리턴받을 수도 있습니다.

코드	결과

``python
dic = dict(name = 'gunny', age = 30)
print('name' in dic)
``
	True

dic 딕셔너리 안에 name이라는 키가 있으므로 True를 리턴합니다. 혹시 밸류값을 넣어서 알아볼 수도 있을까요?

코드	결과

``python
dic = dict(name = 'gunny', age = 30)
print('gunny' in dic)
``
	False

안 됩니다. 밸류와는 아무 상관이 없고, 아무런 동작을 할 수 없어요. 딕셔너리는 키가 중요합니다.

len()으로 크기 얻기

len() 함수를 이용하여 딕셔너리의 전체 크기도 알 수 있습니다.

코드	결과
```python\ndic = dict(name = 'gunny', age = 30)\nprint(len(dic))\n```	2

딕셔너리의 총 크기, 즉 dic 딕셔너리에는 2쌍이 정의되어 있다고 알려줍니다.

메서드

이제 딕셔너리의 메서드는 무엇이 있는지, 어떤 동작을 할 수 있는지 알아볼게요. 앞에서 나왔던 메서드는 이미 알고 있으니 지나가고, 딕셔너리와 관련해서 알아야 하는 메서드만 살펴보겠습니다.

items()

먼저 items()를 볼까요? 딕셔너리에 있는 모든 아이템을, 키와 밸류를 같이 가져와 보여주는 메서드입니다.

코드

```python
dic = dict(name = 'gunny', age = 30)
print(dic.items())
```

결과

```python
dict_items([('name', 'gunny'), ('age', 30)])
```

keys()

items()가 모든 아이템의 키와 밸류를 보여줬다면, keys()는 키만 보여주는 메서드입니다.

코드	결과
```python\ndic = dict(name = 'gunny', age = 30)\nprint(dic.keys())\n```	```python\ndict_keys(['name', 'age'])\n```

그러면 밸류만 보여주는 메서드도 있을까요?

values()

values() 메서드는 모든 밸류만 보여줍니다.

| 코드 |
```
dic = dict(name = 'gunny', age = 30)
print(dic.values())
```

| 결과 |
```
dict_values(['gunny', 30])
```

추가하기

딕셔너리에 무언가 추가하고 싶다면 어떻게 할까요? 메서드들을 봐도 딱히 append(), add(), insert()와 같은, 추가하는 메서드가 안 보이네요.

딕셔너리 자료 구조에 아이템을 추가하는 방법은 다음과 같습니다. 대괄호를 이용해 키를 넣어주고, 해당 키에 맞는 밸류를 입력해주면 새롭게 추가됩니다.

$$dic['new\_key'] = new\_value$$

실제로 넣어볼까요? items()로 키와 밸류를 보면 잘 추가되었죠?

| 코드 |
```
dic = dict(name = 'gunny', age = 30)
dic['newkey'] = 'hello'
print(dic.items())
```

| 결과 |
```
dict_items([('name', 'gunny'), ('age', 30), ('newkey', 'hello')])
```

지우기

딕셔너리에 있는 아이템을 지우는 메서드는 뭐가 있는지 볼까요?

▼ 그림 19-3 pop() 메서드

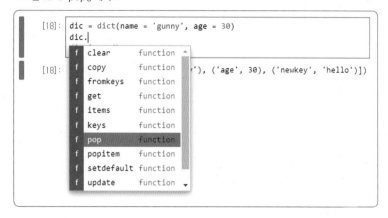

아, 여기 pop()이 있네요. pop()에 키를 하나 넣어준 뒤 출력해보면 그 키가 지워졌다는 걸 알 수 있죠.

코드
```
dic = dict(name = 'gunny', age = 30)
dic.pop('name')
print(dic.items())
```

결과
```
dict_items([('age', 30)])
```

또 pop() 밑에 popitem()이라고 있는데, 뭔가 하는 일이 비슷해 보이죠?

잠깐 짚고 넘어가면 딕셔너리에서 pop()은 키를 지정하여 해당 키를 가진 키-밸류 쌍을 지우는 기능을 하고, popitem()은 무작위의 키-밸류 쌍을 제외시키고 그 결과를 손으로 붙들고 있는 기능으로 사용되었습니다. 그런데 파이썬 3.7 버전 이후 딕셔너리가 순서를 따르는 자료 구조가 되고 나서 popitem()은 랜덤한 키-밸류 쌍을 가져오는 게 아니라 마지막으로 입력된 값을 손으로 붙들어서 빼내 오는 메서드로 쓰이기 시작합니다. 여러 방면에 아주 필수적인 메서드는 아니니, 이렇게 간단히만 알고 넘어갈게요.

지울 때는 또 del 키워드를 이용할 수도 있습니다. del 키워드로 age라는 키와 밸류를 지워 보겠습니다.

```
dic = dict(name = 'gunny', age = 30)
del dic['age']
print(dic.items())
```

```
dict_items([('name', 'gunny')])
```

그리고 clear() 메서드도 있습니다. 사용하면 딕셔너리 안 아이템이 다 지워지고, 빈 딕셔너리가 됩니다.

```
dic = dict(name = 'gunny', age = 30)
print(dic.items())

dic.clear()
print(dic.items())
```

```
dict_items([('name', 'gunny'), ('age', 30)])
dict_items([])
```

결과를 보면 clear() 메서드를 사용하기 전에는 딕셔너리 안에 아이템이 있었는데, clear() 메서드를 사용하고 나니 딕셔너리가 비워졌지요? 만약 딕셔너리 전체를 지우고 싶다면 이렇게 clear() 메서드를 이용하면 됩니다.

수정하기

딕셔너리 안에 있는 내용을 수정하거나 업데이트하는 방법을 살펴볼게요. 다시 말하지만 딕셔너리에서 중요한 건 키입니다. 키에 접근해서 밸류를 수정할 수 있습니다.

다음과 같이 name으로 접근한 다음, gunny가 아닌 sunny라고 수정해 볼게요.

```
dic = dict(name = 'gunny', age = 30)
print(dic.items())

dic['name'] = 'sunny'
print(dic.items())
```

```
dict_items([('name', 'gunny'), ('age', 30)])
dict_items([('name', 'sunny'), ('age', 30)])
```

또는 update() 메서드를 이용해서, gunny가 아니라 sonny였다고 수정할 수도 있습니다.

코드

```
dic = dict(name = 'gunny', age = 30)
print(dic.items())

dic.update(name = 'sonny')
print(dic.items())
```

결과

```
dict_items([('name', 'gunny'), ('age', 30)])
dict_items([('name', 'sonny'), ('age', 30)])
```

이러한 방법을 통해 새로운 밸류로 업데이트할 수 있습니다.

그런데 만약 딕셔너리 안에 없는 키를 수정하겠다고 넣으면 어떻게 될까요? 사실 이 형태의 코드는 앞에서 새로운 값을 추가하는 코드와 같습니다. 따라서 해당하는 키가 이미 있으면 밸류가 새롭게 업데이트되고, 해당하는 키가 없으면 해당 키와 밸류가 새롭게 추가되는 것이죠.

코드

```
dic = dict(name = 'gunny', age = 30)
print(dic.items())

dic['a'] = 'new'
print(dic.items())
```

결과

```
dict_items([('name', 'gunny'), ('age', 30)])
dict_items([('name', 'gunny'), ('age', 30), ('a', 'new')])
```

합치기

이번에는 두 딕셔너리를 합쳐 보겠습니다.

```
코드
dic1 = {'name':'gunny', 'age':30}
dic2 = {1:'ill'}

dic1.update(dic2)
print(dic1.items())
```

```
결과
dict_items([('name', 'gunny'), ('age', 30), (1, 'ill')])
```

dic1과 dic2가 있을 때, dic1에 update( ) 메서드를 호출하면서 새롭게 추가할 dic2 딕셔너리를 인자로 넘겨주면 하나로 합쳐진 새로운 딕셔너리가 됩니다.

그런데 이 경우 문제가 있습니다. dic1에 새로운 데이터가 합쳐지면서 기존의 dic1 원본 데이터는 없어져 버립니다.

코딩할 때 항상 조심해야 하는 게 원본 데이터를 보존하는 것입니다. 예를 들어 dic1과 dic2의 데이터를 합친 결과를 dic1에 저장하려다가 혹시 잘못되면 dic1에 있는 데이터들도 없어지거나 변조될 가능성이 높습니다. dic1과 dic2의 데이터가 주어졌다면, 최대한 원본 데이터는 건드리지 말고, dic3라는 보관함을 따로 만들어서 둘을 합친다면 조금 더 안전하게 코딩할 수 있겠죠?

```
코드
dic1 = {'name':'gunny', 'age':30}
dic2 = {'1':'ill'}

dic3 = dic1.copy()    # dic3를 만들어서, dic1 내용을 복사
dic3.update(dic2)    # dic1 내용을 가진 딕셔너리 dic3에 dic2 내용을 추가

print(dic3)
```

```
결과
{'name':'gunny', 'age':30, '1':'ill'}
```

이러면 dic1과 dic2를 훼손하지 않고 둘을 합한 새로운 딕셔너리 dic3를 만들 수 있습니다.

지금까지 딕셔너리 메서드를 사용해서 넣고 빼고 수정하는, 여러 동작을 해봤습니다. 사실 프로그래밍이 처음이고, 딕셔너리가 처음이라면 '거니가 지금 뭐 하고 있는 건가' 싶기도 할 거예요. 좀 어렵다고 느끼는 게 정상입니다.

이번 시간에 알고 넘어가야 하는 건,

1 | 딕셔너리라는 자료 구조가 있다.

2 | 키와 밸류로 이루어져 있다.

3 | 추가, 삭제, 수정(업데이트)이 가능하다.

이 정도인데, 여기에 다음 내용까지 추가하면 좋겠죠.

4 | 이렇게 생긴 자료 구조가 필요한 프로그램이 있으면 딕셔너리를 한번 고려해 봐야겠다.

딕셔너리에서 루프 돌기

마지막으로 딕셔너리 자료 구조에 루프를 사용해 보겠습니다.

루프를 돌려서 딕셔너리 안에 담긴 내용을 출력해볼 텐데, 딕셔너리는 다른 자료 구조에 비해 루프와 친하지 않습니다. 리스트나 튜플은 순서가 있어서 길이만큼 루프를 돌면서 아이템을 찾아가며 검사할 수 있는데, 딕셔너리는 키를 입력하면 바로 그 키로 가기 때문이죠. 다른 자료 구조보다는 루프와 덜 친하지만 그래도 루프를 돌면서 출력해 볼게요.

방법 1: for문

예를 들어 다음과 같은 딕셔너리가 있다고 합시다. 여기에 for 루프를 실행해 보겠습니다.

```
코드

dic1 = {'name':'gunny', 'age':30, 1:'ill'}

for i in dic1:
    print(i)
```

```
name
age
1
```

i는 dic1에서 키 하나하나를 돌면서 출력하는 거죠? 결국 모든 키를 출력합니다. 이제 키를 모두 알았으니, 그 키를 입력하면 키와 밸류가 한 번에 나오게 됩니다.

코드

```
dic1 = {'name':'gunny', 'age':30, 1:'ill'}

for i in dic1:
    print(i, dic1[i])
```

결과

```
name gunny
age 30
1 ill
```

딕셔너리 키에 접근할 때 dic1['key'] 이런 형태로 키를 입력했는데, i를 통해 키를 알아냈으니 그 키를 그대로 딕셔너리에 넘겨 바로 밸류를 얻을 수 있습니다.

방법 2: items()

딕셔너리는 이렇게도 해볼 수 있습니다. for문은 다음과 같은 형태로 입력하는데,

for 식별자 in 범위:

여기서 범위를 딕셔너리의 items() 메서드로 주면 어떨까요? items 메서드는 딕셔너리의 키와 밸류 한 쌍을 같이 출력했죠? 즉, 앞에서는 키만 하나하나 돌았다면 여기서는 키와 밸류, 한 번에 달라붙어야 할 데이터가 두 개씩 나오니까 식별자도 두 개를 넣어야겠죠? 따라서 식별자도 i와 j로 두 개를 만들고, 둘 다 출력해 보겠습니다.

```
dic1 = {'name':'gunny', 'age':30, 1:'ill'}

for i, j in dic1.items():
    print(i, j)
```

```
name gunny
age 30
1 ill
```

i는 키 범위에, j는 밸류 범위에 붙어서 딕셔너리의 키와 밸류가 나란히 출력되는 걸 볼 수 있습니다.

자료 구조의 혼용

딕셔너리에 대해서는 어느 정도 설명한 것 같습니다. 같이 동작하는 메서드도 대략 소개하고, 루프도 한번 돌아봤습니다.

이 책에서 다룬 자료 구조의 내용은 가장 기본적인 구조와 동작입니다. 그런데 자료 구조는 예전부터 계속 연구되어 왔고 활용하는 곳도 아주 많기 때문에 매우 다양한 구조와 동작이 나올 수 있습니다.

리스트 안에 리스트가 들어가거나, 리스트 안의 리스트 안에 리스트가 들어갈 수도 있고, 리스트 안에 갑자기 튜플이 들어갈 수도 있습니다. 딕셔너리 안에 딕셔너리가 들어가거나, 딕셔너리 안에 뜬금없이 리스트가 들어갈 수도 있습니다.

예를 들어 gunny와 sunny와 sonny라는 키들이 다음과 같이 개수도 다르고 타입도 다른 밸류를 가진, 그런 딕셔너리도 있을 수 있습니다.

```
dic1 = {'gunny':[1, 2, 3], 'sunny':30 , 'sonny':'ill'}

print(dic1['gunny'])
type(dic1['gunny'])
```

dic1에서 gunny라는 키에 접근해보니 밸류가 리스트로 되어 있네요. 데이터 타입을 확인해보니 역시 리스트 형식입니다. 리스트이므로 다음과 같이 0번째 인덱스에 직접 접근할 수 있습니다.

 코드

```
dic1 = {'gunny':[1, 2, 3], 'sunny':30 , 'sonny':'ill'}

# dic1이라는 딕셔너리의 'gunny' 키를 가지고 있는 아이템의 0번째 인덱스에 접근
dic1['gunny'][0]
```

 결과

```
1
```

만약 dic1이라는 딕셔너리에 있는 키-밸류 쌍이자 gunny라는 키를 가진 아이템의 밸류가 리스트 형태라면 append( ) 메서드도 사용할 수 있겠죠? dic1의 gunny 키에 10이라는 밸류를 추가한 뒤 dic1 전체를 출력해보면, 값이 추가된 것을 볼 수 있습니다.

 코드

```
dic1 = {'gunny':[1, 2, 3], 'sunny':30 , 'sonny':'ill'}

dic1['gunny'].append(10)
dic1.items()
```

 결과

```
dict_items([('gunny', [1, 2, 3, 10]), ('sunny', 30), ('sonny', 'ill')])
```

이와 같이 여러 자료 구조를 다양한 형태로 혼용할 수 있습니다. 다만, 처음 배울 때는 괜히 혼란스러울 수 있기 때문에 이렇게 짬뽕해서 사용하는 형태를 굳이 설명하지는 않았습니다. 나중에 여러분이 파이썬으로 무언가를 만들 때,

여기서는 딕셔너리를 쓰면 좋은데 밸류가 좀 많을 것 같네.

혹시 딕셔너리 형태를 좀 변형할 수는 없나?

라고 생각한다면 제 설명은 성공했다고 봅니다. 스스로 '이런 자료 구조이므로 이런 형태가 필요한데…'라고 자료 구조의 변형 및 혼용에 대한 필요성을 느끼는 정도까지만 가도, 여러분은 자료 구조에 대해 충분히 이해했고, 또 이후에도 잘 응용할 수 있을 것입니다.

정리

유난히 길었던 마지막 자료 구조인 딕셔너리를 마무리하겠습니다.

다음 시간에는 편안한 마음으로 문자열을 한번 다뤄본 뒤, 2부로 넘어가서 본격적으로 나만의 자동화 프로그램 만들기를 시작해 보겠습니다.

문자열 다루기

지금까지 3장에서는 파이썬의 자료 구조를 알아봤습니다. 이제 1부에 해당하는 파이썬의 기본 문법과 자료 구조에 대해서는 마무리하고, 다음 2부부터는 처음으로 프로그램을 만들어 보면서 실전처럼 프로그래밍해 보려고 합니다.

파이썬의 기본을 어떤 내용으로 마무리하면 좋을지 고민해 봤는데, 결론은 문자열! 즉 스트링(str)으로 정했습니다. 문자열은 이 책을 시작하고 Hello World를 입력할 때부터 자주 사용해온 값의 타입이지요? 실제로 무언가를 코딩할 때 정말 많이 사용하는 만큼 중요한 내용입니다. 이번 시간에는 문자열에 대해 더 자세히 이야기해 볼게요.

파이썬에서의 문자열

파이썬에는 크게 보면 숫자형 값과 문자형 값이 있고, 숫자형으로는 인티저(integer)와 플로트(float), 문자형으로는 문자열(string)이 있다고 앞에서 설명했습니다. 사실 다른 언어에는 문자형도 두 가지가 있습니다. 문자열을 나타내는 스트링과 문자 하나를 의미하는 캐릭터(character)입니다.

- **숫자형**: int, float
- **문자형**: string, character

사실 초기 프로그래밍 언어는 문자열 타입을 지원하지 않았어요. 문자의 경우 캐릭터로 한 글자만 표시할 수 있었기 때문에, 캐릭터를 어레이(array, 파이썬으로 치면 리스트 같은 곳)라는 곳에 넣어서 힘들게 문자열을 사용했지요.

반면 요즘 프로그래밍 언어에 문자열(스트링) 타입이 없다? 그러면 바로 사용자에게 한 소리 듣고 이 언어 안 좋다고 욕을 먹게 될 겁니다. 아, 제가 또 '라떼는 힘들게~ 캐릭터로 구성된 자료 구조를 손수 만들어서 그걸 문자열이라고 불렀다.'라고 하거나 '여러분은 스트링 타입이 있으니 편한 겁니다.'라고 하려는 건 아니고요. 파이썬에서 사용하는 문자열이 이전에 문자열이 없었을 때의 언어들과 조금 닮아 있어서요.

예를 들어 다음과 같은 문자열이 있다면,

```
코드
a = "gunnypython"
```

문자열처럼 보여도 사실 '캐릭터의 배열' 또는 '리스트처럼 캐릭터 하나하나가 모여서 문자열이 되었다.'라고 볼 수 있습니다. 그래서 리스트에 접근하듯이 인덱스로 한 글자씩 접근할 수 있습니다.

```
코드
a = "gunnypython"
a[0]
```

```
결과
'g'
```

위 코드는 a라는 보관함을 만들어서 'gunnypython'이라는 문자열을 보관했고, [0]번 인덱스로 접근하여 첫 번째 문자인 g를 가져왔습니다.

그리고 리스트에서 했던 것처럼 in, not in 키워드를 사용해서 이 문자열에 어떤 문자가 있는지 확인하는 것도 당연히 가능합니다. g라는 캐릭터가 a에 있는지 물어보면 True라고 알려주죠.

```
코드
a = "gunnypython"
print('g' in a)
```

```
결과
True
```

메서드

지금까지 자료 구조를 배우면서 자료 구조와 함께 사용할 수 있도록 지원되는 메서드에 대해서도 알아봤습니다. 문자열도 마찬가지입니다. 파이썬이 문자열이라는 타입을 지원하면서 문자열과 함께 잘 사용할 수 있는 메서드들을 많이 만들어 놓았습니다.

어떤 메서드들이 있을까요? 한번 살펴보죠. 앞에서 a라는 문자열을 만들었으니 a 옆에 마침표(.)를 입력하고 Tab 을 눌러보세요.

▼ 그림 20-1 문자열의 메서드

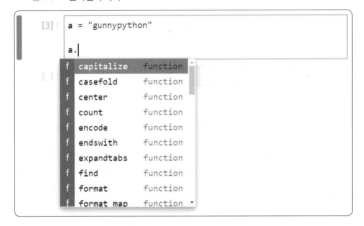

메서드가 아주 많이 나옵니다. 엄청 많죠? 지금까지 봤던 어떤 자료 구조보다도 많네요. 하나씩 다 사용해 보기보다는 웹 사이트에서 검색해서 어떤 메서드들이 있나 살펴보는 게 더 좋겠어요. 구글에 python string methods라고 입력하면 다음 웹 사이트가 나오는데, 파이썬에서 사용할 수 있는 문자열의 메서드가 쫙 나와 있습니다.

▼ 그림 20-2 python string methods[4]

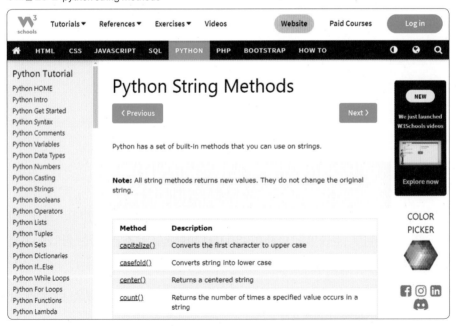

---

4 https://www.w3schools.com/python/python_ref_string.asp

여기서 어떤 메서드를 지원하는지 몇 가지만 살펴보겠습니다.

capitalize( ): 이 메서드는 문자열의 맨 앞 글자, 즉 첫 번째 캐릭터를 대문자로 바꿔줍니다. 한번 써보죠.

```
코드
a = "gunnypython"
print(a.capitalize())
```

```
결과
Gunnypython
```

casefold( ): 이 메서드는 문자열을 소문자로 바꿔줍니다. a를 모두 대문자로 바꾸고 casefold( )를 써보면 소문자로 바뀌죠.

```
코드
a = "GUNNYPYTHON"
print(a.casefold())
```

```
결과
gunnypython
```

count( ): 앞에서도 봤지만, 이 문자열에서 특정 문자가 몇 번 등장하는지 알려줍니다.

endswith( ): 어떤 문자열이 특정 값으로 끝나는지 알려줍니다. 결과로는 True나 False를 리턴합니다.

```
코드
a = "gunnypython"
print(a.endswith('n'))
```

```
결과
True
```

find( ): 이 문자열에 특정 키워드가 있는지, 있다면 인덱스로 위치를 알려줍니다.

index( ): find( )랑 설명이 똑같네요. 마찬가지로 특정 키워드가 있는지 확인하고 인덱스를 알려주죠.

이후에는 is로 시작하는 메서드들이 나옵니다. is~ 메서드들은 '~가 맞느냐?'를 물어보는 것이기 때문에 모두 True나 False를 리턴합니다.

isalnum( ): isalnum은 'is alphabet or number?'의 줄임말입니다. 만약 모든 문자열이 알파벳이거나(a~z) 숫자(0~9)면 True를 리턴하고, 그렇지 않으면 False를 리턴합니다. 웹 사이트에서 회원가입을 할 때 '아이디가 알파벳이나 숫자로만 이루어져야 한다!'라는 조건을 걸 때 이 메서드를 써볼 수 있겠네요.

isalpha( ): 모든 문자가 알파벳으로만 이루어져 있으면 True, 다른 외국어나 숫자가 한 글자라도 포함되어 있으면 False를 내어줍니다.

isdecimal( ): 모든 문자가 10진수의 숫자이면 True 아니면 False입니다.

islower( ): 모든 문자가 소문자이면 True 아니면 False입니다.

isupper( ): 모든 문자가 대문자이면 True 아니면 False입니다.

replace( ): 특정 키워드를 찾아서 바꾸는 메서드입니다. 어떤 문자를 찾아서 다른 문자로 바꿔주는 거죠.

split( ): 앞에서 써봤던 메서드네요. 어떤 문자를 기준으로 문자열을 split()하면 글자 단위로 리스트를 만들어 줍니다. 문자열 메서드 중 자주 사용하는 메서드입니다. 예를 들어 다음과 같은 코드를 보세요.

코드	결과
``st = "gunny coding"
print(st.split(' '))```	```['gunny', 'coding']```

gunny coding이라는 문장에 대해 split( ) 메서드를 호출하고, 나누는 기준은 빈칸(' ')으로 하겠다고 전달했습니다. 결과를 보면 빈칸을 기준으로 두 조각으로 나누어졌고 괄호의 모양을 보아 리스트의 형식으로 만들어져서 아이템 두 개가 포함된 걸 볼 수 있습니다.

startswith( ): 문자열이 지정된 값으로 시작하면 True 아니면 False입니다.

swapcase( ): 대문자를 소문자로 바꾸거나 소문자를 대문자로 바꾸는 메서드입니다.

이렇게 파이썬은 문자열 메서드를 많이 지원합니다. 사실 파이썬을 다루다 보면 문자열을 가지고 노는 경우가 아주 많아요.

거니가 이번 시간에 여러분에게 알려주고 싶은 건 다음 세 가지였습니다.

1 | 우리가 자주 쓰는 문자열도 사실 캐릭터로 이루어진 데이터 타입이다.

2 | 파이썬은 여러분이 문자열 타입을 잘 사용할 수 있게 여러 메서드를 지원한다.

3 | 문자열을 가지고 놀다가 문자열로 어떤 동작을 하고 싶다면 직접 그 코드를 만들지 말고, 혹시 사용할 수 있는 메서드가 있는지부터 확인해보고, 있으면 있는 걸 사용하자.

정리

이번 시간에는 문자열에 대해 좀 더 알아봤습니다.

지금까지 파이썬에 대한 기본 지식, 자료 구조, 문자열에 대해 알아봤습니다. 여기까지 오느라 수고하셨습니다.

이제 본격적으로 나만의 자동화 프로그램을 만들 준비가 된 것 같아요. 다음 시간에는 다같이 첫 번째 프로그램을 만들어 보겠습니다.

거니의 파이썬

2^부

나의 첫 프로그램

OT	프로그램 실습을 시작하기 전에
1장	실전 프로그래밍1: 엑셀 자동화
2장	실전 프로그래밍2: 워드 자동화
3장	실전 프로그래밍3: 웹 자동화
마치며	완독을 축하합니다

OT 프로그램 실습을 시작하기 전에

1부에서는 변수, 조건문, 반복문 등 프로그래밍 기초이자 파이썬의 기본 문법을 알아보고, 프로그래밍할 때 사용하는 자료 구조에 대해 배워 봤습니다.

2부는 나에게 필요한 프로그램을 직접 만들어보는 단계입니다. 실제 업무에 잘 활용할 수 있고 관련성 높은 프로젝트 세 개를 2부의 1, 2, 3장에 넣어 봤습니다. 그런데 본격적으로 시작하기에 앞서 먼저 하고 싶은 이야기가 있어요.

진지합니다. 저 진지해요.

> **파이썬으로 만들 수 있는 건 무한합니다.**

만들 수 있는 게 무궁무진한 상황에서 프로그램을 딱 **세 개** 만들어보는 건 절대 충분하지 않습니다. 단순하게 생각하면 파이썬으로 만들 수 있는 프로그램이 1,000개인데 그중 3개를 만들어보면 나머지 997개는 못 만드는 거잖아요. 또 만들어본 3개를 응용해서 내 상황에 딱 맞는 나만의 프로그램을 만들 수 있느냐? 이건 또 다른 이야기입니다.

▼ 그림 2부-1 2부에서 해볼 실습은 3개

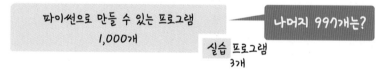

당장 다음 장부터 첫 번째 프로그램인 '엑셀 자동화 프로그램'을 만들어볼 텐데요. 제가 이 책을 통해 바라는 건,

- 여러분이 '엑셀 자동화 프로그램을 만드는 방법'을 배워가는 것도 아니고,
- '워드 자동화 프로그램을 만드는 방법'을 알게 되는 것도 아니고,
- 뒤에 나올 '웹 자동화 프로그램을 만드는 방법'을 익히는 것도 아닌,

을 배워가는 것입니다. 2부에서 해볼 세 가지 실습은 위 목적을 이루기 위한 그저 작은 예제가 되면 좋겠습니다.

거니 님, 제가 전공자가 아니라서 못 만드는 거겠죠?

프로그래머들은 1,000가지 프로그램을 뚝딱뚝딱 다 만들 수 있을 텐데요.

절대 그렇지 않습니다. 전공자든 프로그래머든, 프로그램을 만들면서 책도 참고하고 인터넷도 찾아보고 부족한 부분은 더 배우고, 실패하고 다시 만듭니다. 그런 과정을 거치지 않으면 하나도 제대로 만들기 힘들어요. 여러분과 똑같습니다.

다만, 프로그래머는 프로그램이 동작하는 방식과 그때그때 나에게 필요한 게 무엇인지 대략 알기는 하죠. 그래서 내가 원하는 프로그램을 만들어 내기까지 필요한 것들을 찾고 배울 수 있죠. 프로그래머도 코딩 20%, 참고 80%입니다. 사용할 수 있는 함수가 몇 백, 몇 천만 개가 있는데 그 함수들의 사용법, 형태 등을 다 외우는 건 불가능합니다. 요즘은 인터넷에서 전 세계 사람들의 의견, 논리, 시행착오, 토론 등을 살펴볼 수 있으므로, 이 중에서 지금 나에게 필요한 것만 쏙 골라 참고한 다음 코딩해요.

여기서 파이썬 언어의 큰 장점 두 가지가 특히 빛을 발합니다.

① 방대한 라이브러리

앞에서 함수를 설명할 때 코딩의 불편함을 느낀 사람들이 여러 기능을 미리 만들었고, 많은 사람이 가져다 사용하면서 점점 기능을 추가해, 현재는 편하게 다운로드해서 사용하기만 하면 된다고 했죠? 파이썬에는 이미 만들어진 라이브러리, 즉 여러분이 그냥 다운로드해서 사용할 수 있는 라이브러리가 엄청나게 많습니다.

② 크고 강력한 커뮤니티

또한, 파이썬을 쓰면서 불편한 점을 개선하는 법, 오류가 났을 때 대처하는 법 등을 다른 프로그래머들과 토론하면서 해결할 수 있는 커뮤니티 역시 매우 많습니다. 해외는 물론이고 국내 커뮤니티도 엄청 많아요. 딥러닝, 빅데이터, 웹 사이트를 만드는 프레임워크, 수학 관련 라이브러리 등 커뮤니티들이 분야별로, 주제별로 다양하게 나뉘어져 있기도 합니다.

그래서 여러분이 파이썬으로 어떤 프로그램을 만들 때는 다음 작업도 아주 중요합니다. 이 책에서는 다음 작업들을 어떻게 하는지 알아보고, 또 함께 코딩해볼 겁니다.

- 만들려는 프로그램에 사용할 수 있는 라이브러리를 찾는 것
- 선택한 라이브러리를 어떻게 사용하는지 배우는 것
- 커뮤니티에서 나에게 필요한 정보를 얻는 것

정리

앞으로 2부의 1, 2, 3장에서 실제 동작하는 프로그램을 같이 만들어 보겠습니다. 가능한 진짜 프로그래머가 프로그램을 만드는 방식 그대로, 최대한 비슷하게 따라가면서 설명합니다. 엑셀 자동화 프로그램, 워드 자동화 프로그램, 웹 자동화 프로그램을 만들어보는 게 아니라, 책을 다 본 후에 여러분이 실제로 필요한 프로그램을 직접 만들 수 있도록 '프로그램을 만드는 과정'을 같이 진행하겠습니다.

정리하면 궁극적인 목표는 다음과 같습니다.

나에게 딱 필요한 프로그램을 만드는 방법 배우기

2부의 실습 예제 세 개는 이를 이루기 위한 연습입니다.

실습 예제가 실제로 더 도움이 될 수 있도록 사람들에게 여러모로 유용하다고 알려진 엑셀, 워드, 인터넷 브라우저를 사용할 겁니다. 업무 환경에서 많이 사용하기 때문에, 나에게 필요한 프로그램을 만드는 방법을 연습하는 과정에서 사용할 샌드백으로 골라봤습니다.

▼ 그림 2부-2 나에게 필요한 파이썬 프로그램 만들기 위한 예제

그럼 2부에서는 본격적으로 파이썬을 이용해 자동화 프로그램을 만들어 봅시다.

다 함께 파이팅!

1장

실전 프로그래밍1: 엑셀 자동화

Lesson 21 엑셀 자동화 프로그램 소개

Lesson 22 코딩 시작

Lesson 23 마무리 및 코드 분석

엑셀 자동화 프로그램 소개

1부에서는 파이썬 기초 문법과 자료 구조를 배웠습니다. 배운 내용을 활용해서 2부에서는 실전에 돌입해 볼게요. 코딩을 통해 본격적으로 자동화 프로그램을 만들어 봅시다!

앞으로 실습을 진행하는 방식은 제가 뚝딱뚝딱 프로그램을 만들면서 여러분 이거는 이렇게 하고요, 여기서는 이 함수를 쓰고요, 이렇게 설명하는 방식이 아닙니다. 파이썬을 이제 막 시작한 프로그래머가 프로그램을 만들어 나가는 방식 그대로 접근해볼 겁니다. 여러분이 나중에 여러분만의 프로그램을 만들어야 할 때, 즉 뭐부터 시작해야 할지 잘 모를 때랑 최대한 비슷한 상황을 연출해 보겠습니다.

상황

자, 우리는 A대학교 대학원에 다니고 있어요. 어느 날 메일을 한 통 받았어요.

운영팀 그니 〈geuny@gilbut.co.kr〉
학교 구성원에게 ▼

안녕하세요. 저는 A대학교 컴퓨터공학과 운영팀에서 근무하는 그니입니다.

이번에 각 연구실 대학원생 중에서 학교 투어 가이드를 세 명 뽑으려고 합니다.

한 학기 동안 가이드해 주면 이번 학기 등록금이 면제되고, 월 200만 원씩 지원금이 나오므로 많이 신청해 주세요.

[지원 방법]

첨부된 엑셀 파일을 다운로드해서 연구실별로 지원자 명단을 보내주세요.

··· 🗅 지원서 양식.xlsx

뭐? 등록금 면제에 월 200만 원? 이거는 무조건 지원해야죠! 연구실 학생들에게 물어보니 다들 지원하겠다고 합니다.

첨부된 엑셀 파일을 열어보니 이름, 이메일주소, 핸드폰번호를 작성할 표가 있습니다. 엑셀 파일의 양식대로 연구실 학생들 정보를 쭉 써서 메일로 딱 제출합니다. 제발 선정됐으면 좋겠네요.

▼ 그림 21-1 지원서 양식

A 대학교 투어 가이드 지원자 명단		
이름	이메일주소	핸드폰번호

자, 이번에는 운영팀 그니의 시점으로 가볼까요?

안내 메일을 발송하고 다음날 출근해서 메일을 열어보니, 난리가 났습니다! 이건 뭐, 모든 연구실의 모든 학생이 다 지원했어요.

원래 그니는 엑셀 파일을 하나하나 열어보면서 손으로 하나하나 복사한 다음, 가이드 세 명을 선정하겠다고 쉽게 생각했는데 말이에요. 몇 백 개 엑셀 파일에 따로따로 들어 있는 전 연구실 학생들의 정보를 언제 손으로 다 옮기죠?

시작

이제부터 우리가 그니를 도와줍시다.

가장 먼저 해야 할 일은 뭘까요? 일단 여러 파일에 흩어져 있는 정보들을 모두 취합해야겠죠? 모든 엑셀 파일에 있는 지원자 정보를 엑셀 파일 하나로 정리하고 싶은데요. 그러려면 뭐부터 해야 할까요?

음… 점점 머릿속이
텅 비어 가는데…

라이브러리 검색

그러고 보니 제가 예전에 파이썬으로 자동화 프로그램을 만드는 온라인 강의를 들었는데, 그 강의에서 이런 말을 들었어요.

내가 무슨 일을 하든, 잘 동작할 수 있게 도와주는

파이썬 라이브러리가 많다!

우리가 다뤄야 할 파일이 엑셀이므로 파이썬에서 엑셀 동작을 도와주는 라이브러리가 있는지 먼저 찾아봅시다. 어디서? 구글에서요.

1 구글에 들어가서 python excel library list를 검색합니다.

▼ 그림 21-2 구글에서 라이브러리 검색

또 영어로 검색하나고요?

> **참고**

> **거니 님! 한글로 검색하면 안 되나요? 한글로 검색해도 결과가 잘 나오는데요?**
>
> 물론 한글로 검색해도 됩니다. 근데 문자열과 스트링 때 설명한 것처럼, 한글로 검색하면 한글로 된 결과 페이지만 나옵니다. 파이썬은 전 세계에서 사용하고, 커뮤니티도 엄청납니다. 우리나라에도 좋은 커뮤니티와 유익한 정보가 많지만, 영어권 정보까지 볼 수 있다면 더 많은 정보를 얻을 수 있겠죠? 영어는 코딩할 때도 도움이 많이 된답니다. 그래서 영어 공부도 추천해요!

2 검색 결과로 웹 사이트들이 쭉 나옵니다. 라이브러리를 설명하는 비슷비슷한 사이트가 많을 거예요.

▼ 그림 21-3 구글 검색: python excel library list

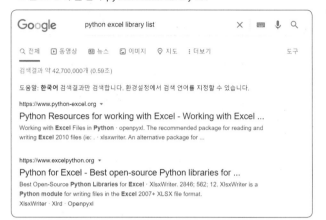

맨 위에 있는 사이트[1]에 들어가 볼게요. 엑셀과 파이썬을 같이 쓸 수 있는 라이브러리 리스트들이 보입니다. 과연 엑셀과 관련한 파이썬 라이브러리가 있을까 걱정했는데 아주 많네요! 이 중에서 뭘 쓰면 좋을지 고르기 위해 대충 이력을 살펴봅니다.

커뮤니티에 들어가면 뭘 써봤는데 이런 게 좋았다며 소개도 하고, 엑셀 라이브러리 순위도 매기고 그럽니다.

▼ 그림 21-4 엑셀과 파이썬을 같이 쓸 수 있는 라이브러리 리스트

Working with Excel Files in Python

This site contains pointers to the best information available about working with Excel files in the Python programming language.

Reading and Writing Excel Files

There are python packages available to work with Excel files that will run on any Python platform and that do not require either Windows or Excel to be used. They are fast, reliable and open source:

openpyxl

The recommended package for reading and writing Excel 2010 files (ie: .xlsx)

Download | Documentation | Bitbucket

xlsxwriter

An alternative package for writing data, formatting information and, in particular, charts in the Excel 2010 format (ie: .xlsx)

Download | Documentation | GitHub

pyxlsb

This package allows you to read Excel files in the xlsb format.

Download | GitHub

---

1 https://www.python-excel.org

③ 가장 위에 있는 openpyxl을 추천한다고 하니, 이 녀석을 한번 살펴볼게요. 일단 많이 사용하는 게 순위에서도 가장 위에 있을 확률이 높고 많이 사용할수록 사용하기에도 편한 경우가 많아요. 이름이 openpyxl인 걸 보니 파이썬에서 엑셀을 오픈하는 느낌인데, 이상한 라이브러리는 아닌 것 같군요.

Documentation(공식 문서)에서는 튜토리얼(tutorial, 사용하는 방법을 알려주는 일종의 가이드)을 시작으로 이 라이브러리가 어떤 일을 할 수 있고 어떻게 사용하는지 설명을 볼 수 있습니다.

▼ 그림 21-5 openpyxl의 Documentation

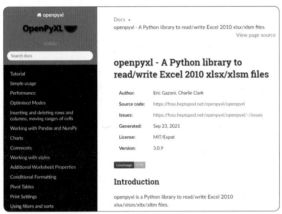

④ 그럼 이 녀석을 써보기로 하고, 다운로드해 볼까요? 이전 화면으로 돌아가서 Documentation 옆에 있는 **Download** 링크를 클릭하면 다운로드하는 방법이 나옵니다. pip install openpyxl이라고 입력하면 된다고 하네요. OK! 한번 다운로드해 보죠.

▼ 그림 21-6 Download

라이브러리 다운로드/설치

① openpyxl을 다운로드하기 위해 아나콘다에 들어가서 CMD.exe 프롬프트에 들어갑니다. **CMD.exe 프롬프트**를 찾아서 Launch 버튼을 누릅니다.

▼ 그림 21-7 CMD.exe 프롬프트 > Launch

② 다음과 같은 검은색 창이 뜨는데, 여기에 앞에서 본 pip install openpyxl을 입력합니다. 아래 그림에서 입력하는 부분의 경로 C:₩Users₩raush 부분은 컴퓨터마다 사용자명에 따라 다르게 나옵니다.

▼ 그림 21-8 pip install openpyxl 입력

pip install openpyxl을 입력하고 Enter 를 누르려는 순간, 잠깐! 앞에서 아나콘다를 설치할 때 주피터와 파이썬 번역기뿐만 아니라, 파이썬에서 유용하게 쓸 수 있는 무언가를 미리 같이 설치해 놨다고 들었거든요. 그럼 혹시 아나콘다에 이미 openpyxl이 설치되어 있지는 않을까요?

보통 파이썬에서 라이브러리를 설치한다고 하면 pip ← 얘로 다운로드하고 설치합니다.

pip install 라이브러리이름

이렇게 입력하면 바로 라이브러리를 다운로드하죠. 그런데 이렇게 하려면 pip라는 다운로드 도구가 설치되어 있어야 합니다. pip가 설치되어 있는지 알아볼까요? cmd.exe 프롬프트의 검은색 화면에 pip만 입력해 보세요.

▼ 그림 21-9 pip만 입력했을 때

```
C:\WINDOWS\system32\cmd.exe                                            —    □    ×

Microsoft Windows [Version 10.0.18363.1556]
(c) 2019 Microsoft Corporation. All rights reserved.

(base) C:\Users\raush>pip

Usage:
  pip <command> [options]

Commands:
  install                     Install packages.
  download                    Download packages.
  uninstall                   Uninstall packages.
  freeze                      Output installed packages in requirements format.
  list                        List installed packages.
  show                        Show information about installed packages.
  check                       Verify installed packages have compatible dependencies.
  config                      Manage local and global configuration.
  search                      Search PyPI for packages.
  cache                       Inspect and manage pip's wheel cache.
  wheel                       Build wheels from your requirements.
  hash                        Compute hashes of package archives.
  completion                  A helper command used for command completion.
  debug                       Show information useful for debugging.
  help                        Show help for commands.
```

pip를 입력했을 때 'pip 방법이 잘못됐어~'라는 경고와 pip에 대한 설명이 나오면 pip가 설치된 거고요. '엉? pip? 이게 뭐야?'라는 반응이 나오면 pip가 설치되지 않은 겁니다. 재미있죠? 그런데 보통 pip는 아나콘다를 설치할 때 자동으로 설치되니까 걱정하지 마세요.

③ 아나콘다에 무엇이 미리 설치되었는지 확인하는 방법을 알아보겠습니다. 아나콘다 내비게이터에 들어갑니다. 그리고 왼쪽 탭 중 Environments 탭에 들어가면 설치된 라이브러리 리스트가 쫙 나옵니다. 엄청 많네요. 잘하면 openpyxl도 이미 설치되었을지 몰라요.

▼ 그림 21-10 Environment 탭

④ 라이브러리가 많으니 오른쪽 상단 검색창에서 **openpyxl**을 검색해 보겠습니다.

▼ 그림 21-11 openpyxl 검색

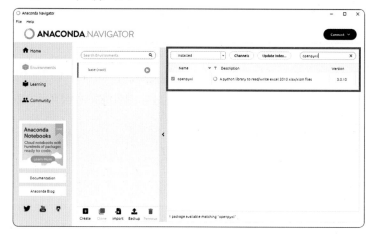

⑤ 앗! 역시 3.0.10 버전으로 설치되어 있습니다. 이렇게 필요한 라이브러리를 찾아봐서 이미 설치되어 있다면 그냥 사용하면 되고, 없다면 pip로 설치한 뒤 사용하면 됩니다. 정리하면,

> 1 | 필요한 직업이 무엇인지 생각해본다.
>
> 2 | 그 작업을 하는 라이브러리가 있는지 검색해본다.
>
> 3 | 사용할 라이브러리의 설치 방법을 알아본다.
>
> 4 | 아나콘다에서 설치한다(또는 설치되었는지 확인한다).

어떤가요? 다음에 다른 상황에서도 적용해볼 수 있겠죠?

openpyxl 사용해보기

샘플 코드 실행

이제 openpyxl을 어떻게 사용하는지 주피터 랩에서 간단히 알아보겠습니다.

① 먼저 주피터 랩에 임포트해야겠죠? 남이 열심히 만들어놓은 라이브러리를 우리는 아주 쉽게, 포크로 케이크 먹듯이 쉽게 이용할 수 있습니다. pip로 설치하고 라이브러리를 사용하겠다고 한 줄만 딱 써놓으면 되거든요.

▼ 그림 21-12 import openpyxl 실행

```
[1]: import openpyxl

[ ]:
```

import openpyxl이라고 입력하고 실행해 보겠습니다. 만약 임포트했을 때 오류가 나면 라이브러리가 없다는 의미이므로, 라이브러리 다운로드/설치 부분을 다시 한번 확인해 보세요. 지금은 오류 없이 잘 실행되네요.

② 아까 openpyxl 웹 사이트에서 이 라이브러리는 이렇게 쓰는 거라며 만들어놓은 예제를 봤는데, Documentation에 있던 샘플 코드를 한번 그대로 복사해서 우리 주피터 랩에 붙여 넣어볼게요. 샘플 코드를 그대로 실행해서 사용법을 알아보려고요.

▼ 그림 21-13 openpyxl의 Documentation 샘플 코드

Mailing List

The user list can be found on http://groups.google.com/group/openpyxl-users

Sample code:

```
from openpyxl import Workbook
wb = Workbook()

# grab the active worksheet
ws = wb.active

# Data can be assigned directly to cells
ws['A1'] = 42

# Rows can also be appended
ws.append([1, 2, 3])

# Python types will automatically be converted
import datetime
ws['A2'] = datetime.datetime.now()

# Save the file
wb.save("sample.xlsx")
```

❸ 뭘 하는 코드인지는 아직 잘 모르겠지만, 우선 실행해 볼까요? 잘 실행되고 sample. xlsx라는 엑셀 파일이 생겼습니다.

▼ 그림 21-14 샘플 코드 실행 후 sample.xlsx 파일 생성

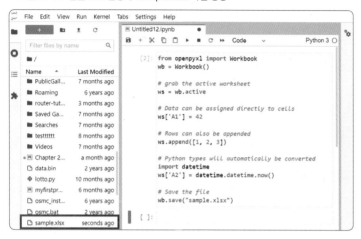

참고

여기서 복습! sample.xlsx 파일이 어디에 생겼을까요? 맞습니다. 아나콘다 왼쪽 위에 있는 폴더에 마우스를 가까이 가져가면 파일이 어느 경로에 있는지 알려줍니다.

▼ 그림 21-15 sample.xlsx 파일의 위치

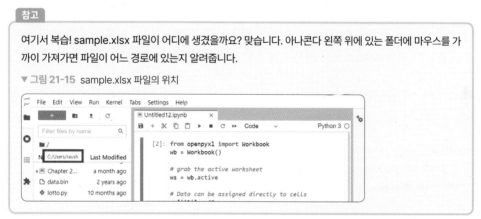

❹ 파일이 있는 위치에 가서 sample.xlsx 파일을 열어보면 다음과 같이 무언가 적혀 있습니다.

▼ 그림 21-16 sample.xlsx 파일의 내용

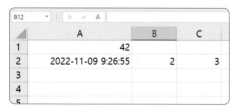

단순히 라이브러리를 임포트하고 샘플 코드만 실행했는데, 디렉터리에 sample.xlsx가 생겼어요! 파이썬과 엑셀이 상호 동작하는 걸 보니 연동하는 데는 성공했다는 느낌이 듭니다.

샘플 코드 분석

입력한 샘플 코드가 어떤 동작을 했는지 같이 한번 살펴보겠습니다.

① 먼저 첫 두 줄입니다. 라이브러리 openpyxl에서 Workbook과 관련한 기능들을 사용하겠다고 선언하는 코드입니다.

```
코드
from openpyxl import Workbook
wb = Workbook()
```

이어서 wb라는 변수를 만들고, 거기다가 Workbook()이라는 함수를 실행시킵니다. 이는 비어 있던 wb라는 변수에 Workbook()이라는 영혼이 깃든 셈입니다. 이제 앞으로 wb라는 변수는 워크북(엑셀 파일)으로서 행동하고 다닐 수 있게 된 겁니다.

② 그다음 두 줄입니다. 첫 번째는 주석이네요. 라이브러리 제작자가 아래 코드가 어떤 행동을 하는지 메모를 남겨 두었습니다. 현재 활성화된 워크시트를 선택한다는 메모네요.

```
코드
# grab the active worksheet
ws = wb.active
```

아래 코드를 보면 ws라는 변수를 새로 만들었고, 이 변수에는 바로 위에서 만든 wb라는 엑셀 워크북의 현재 활성화된 워크시트가 들어갑니다. 엑셀 파일을 만들게 되면 일반적으로 현재 작업 중인 Sheet1이 활성화됩니다.

▼ 그림 21-17 활성화된 Sheet1

따라서 wb는 워크북으로서 행동하고, ws는 그 워크북의 워크시트(Sheet1)로서 행동할 수 있게 되었습니다.

③ 다음 줄 역시 아래 코드를 설명하는 주석으로 시작하네요. 데이터를 셀(cell)에 직접 입력할 수 있다고 안내하고 있습니다.

코드
```
# Data can be assigned directly to cells
ws['A1'] = 42
```

그리고 wb라는 엑셀 워크북에 현재 활성화된 Sheet1을 ws로 만들어준 뒤, ws의 ['A1'] 셀에 42라는 숫자를 입력합니다. 다음 그림처럼 말이죠. 이렇게 좌표를 입력해서 값을 지정해줄 수 있다는 것도 알았네요!

▼ 그림 21-18 ws의 A1 셀에 42 입력

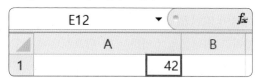

④ 다음 줄의 주석을 읽어보면, 숫자 뭉텅이를 한 줄로 추가할 수도 있다고 합니다. 그리고 워크시트에 1, 2, 3을 마치 리스트 형식으로 건네줍니다. 참고로, 결과를 보면 알 수 있듯이, append() 메서드를 사용하면 다음 열(입력된 숫자 42 다음 열)로 넘어가네요. 즉, A2, B2, C2 위치에 각각 숫자 1, 2, 3이 차례로 들어갑니다.

코드
```
# Rows can also be appended
ws.append([1, 2, 3])
```

⑤ 다음은 파이썬 타입을 입력해도 자동으로 변환해서 엑셀에 넣어준다는, 이 라이브러리의 장점을 한껏 자랑하는 내용입니다.

그리고 파이썬의 기본 라이브러리 중 하나인 시간을 표시해주는 datetime을 사용하겠다고 선언한 뒤(import), ws 워크시트의 A2 자리를 지정해 datetime의 함수로 현재 시간을 표시하는 값을 넣어줍니다. 바로 앞의 코드에서 A2에 1을 넣어줬는데, 이 값을 다시 현재 시간으로 바꿔주는군요. 아하, 그래서 최종 결과에서 1, 2, 3이 안 나오고, 1의 자리에 현재 시간이 나온 거네요.

> **코드**
```python
# Python types will automatically be converted
import datetime
ws['A2'] = datetime.datetime.now()
```

⑥ 마지막 코드입니다. 현재 작업한 파일을 저장한다는 주석과 함께, 위에서 작업했던 ws가 담긴 wb를 sample.xlsx라는 엑셀 파일로 저장하는 코드입니다.

> **코드**
```python
# Save the file
wb.save("sample.xlsx")
```

그리고 보니 여기에도 사용할 수 있는 메서드들이 많이 있네요. ws 옆에 점을 입력하고 탭을 눌러보면 차트를 추가하고 이미지를 추가하고 테이블을 추가하는 등 워크시트에 다양한 걸 할 수 있습니다.

▼ 그림 21-19 메서드 목록

7 샘플 코드를 살짝 바꿔서 연습해 볼까요? 다른 부분은 복잡하니까 좀 지우고, ws ['A1']에 42가 아니라 hello라고 한번 입력해 볼게요. 그리고 저장하는 파일의 이름을 다르게 지정한 다음(sample2.xlsx) 실행해 봅니다.

코드
```python
from openpyxl import Workbook
wb = Workbook()

ws = wb.active

ws['A1'] = 'hello'

wb.save("sample2.xlsx")
```

실행하니 sample2.xlsx가 만들어집니다. hello가 잘 들어갔는지 확인해 볼까요? A1 자리에 hello가 잘 입력되어 있습니다. 이제 조금씩 openpyxl 라이브러리에 대해 감이 오네요.

▼ 그림 21-20 sample2.xlsx

openpyxl로 엑셀 파일 불러오기

앞에서 살펴본 샘플 코드는 빈 엑셀 파일을 만들어서 값을 넣고 엑셀 파일을 생성하는 코드였습니다. 그런데 우리가 원하는 건 이미 있는 엑셀 파일들을 불러와서 특정 값을 가져오는 겁니다. openpyxl 라이브러리로 이 작업을 어떻게 할 수 있는지 찾아볼까요?

1 다시 구글로 가서 openpyxl 라이브러리로 엑셀 파일을 불러오는 방법을 알아볼게요. openpyxl load xlsx라고 검색해 봅시다. 젯코드(ZetCode)[2]라는 곳에 튜토리얼이 있다고 하니 들어가 봅시다.

---

2 https://zetcode.com/python/openpyxl

▼ 그림 21-21 구글 검색: openpyxl load xlsx

② 생성하고 만드는 코드들 다음에 셀(cell)을 불러오는 코드가 있습니다. 한번 살펴보죠. openpyxl.load_workbook()이라는 메서드를 사용하면 엑셀 파일을 읽어올 수 있다고 합니다. 그다음에 워크시트를 선택하고, 선택한 워크시트의 A1에 있는 열은 a1 변수로, A2에 있는 값은 a2 변수로… 이렇게 셀을 가져오는 것 같아요.

▼ 그림 21-22 셀(cell)을 불러오는 코드

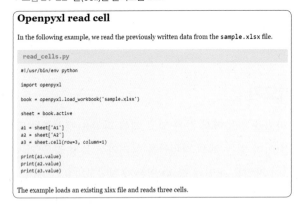

③ 좋아요. 이 코드를 한번 시험해보죠. 앞에서 만든 sample 엑셀 파일은 삭제하고 지원자 명단의 엑셀 파일 하나를 샘플로 가져와 보겠습니다.

우리가 처리해야 할 엑셀 파일은 다음과 같습니다. 이 연구실에서는 디그다랑 김트리랑 이크롱이 지원했네요. D연구실지원자.xlsx 파일을 아까 sample.xlsx라는 엑셀 파일이 있던 경로에 넣어줍니다.

▼ 그림 21-23 D연구실지원자.xlsx 파일

	A	B	C
1	A 대학교 투어 가이드 지원자 명단		
2	이름	이메일주소	핸드폰번호
3	디그다	digda22@hotmail.com	010-2202-8541
4	김트리	tree.kim@gmail.com	010-2345-0278
5	이크롱	cronlee@helloworld.com	010-6652-2577
6			
7			

파일 내 이름, 이메일 주소,
핸드폰번호는 제가 가상으로,
임의로 작성한 것입니다.

참고

잠깐 openpyxl.load_workbook('sample.xlsx')이라는 코드를 살펴볼까요. openpyxl 라이브러리가 엑셀 파일을 불러오는 load_workbook() 메서드를 사용합니다. 이때 괄호 안에 불러오려는 파일을 알려주면 되는데, 파일의 위치를 알려주는 방법은 크게 다음 두 가지입니다.

1. 'C:\Users\Gunny\workspace\sample.xlsx'
   파일의 절대 경로와 이름을 메서드에 건네주어서 파일을 찾습니다.
2. 'sample.xlsx'
   현재 작업 중인 디렉터리에 불러오려는 파일이 있다면 경로 없이 파일 이름만 건네주어도 됩니다.

그래서 D연구실지원자.xlsx 파일을 현재 내가 작업하고 있는 파이썬 파일이 있는 경로에 넣어주면 간단히 파일을 불러올 수 있죠.

참고

실습에 필요한 엑셀 파일과 코드 파일은 길벗출판사 웹 사이트에서 도서 이름으로 검색하여 내려받거나 길벗출판사 깃허브에서 내려받을 수 있습니다.

- 길벗출판사 웹 사이트: http://www.gilbut.co.kr
- 길벗출판사 깃허브: https://github.com/gilbutITbook/080300

실습별로 파일을 정리해 놓았으니, 2부 excel 디렉터리를 참고해 주세요.

④ 이제 주피터 랩에 있던 코드를 모두 지우고, 앞에서 본 샘플 코드를 그대로 복사해서 붙여 넣습니다. 그리고 sample.xlsx 대신 D연구실지원자.xlsx 파일을, book이 아닌 wb로 불러오도록 수정합니다. 그 다음에 active된 sheet를 ws로 잡아줍니다.

코드

```
import openpyxl

wb = openpyxl.load_workbook('D연구실지원자.xlsx')
ws = wb.active
(…)
```

⑤ 다음으로 셀을 읽습니다. 표의 헤드에 해당하는 A2, B2, C2를 한번 읽어볼게요. a2, b2, c2 변수를 만들고 각각 A2, B2, C2를 넣어줍니다. 그리고 a2의 value, b2의 value, c2의 value를 출력해 봅시다.

| 코드 |

```
import openpyxl

wb = openpyxl.load_workbook('D연구실지원자.xlsx')
ws = wb.active

a2 = ws['A2']
b2 = ws['B2']
c2 = ws['C2']

print(a2.value)
print(b2.value)
print(c2.value)
```

| 결과 |

```
이름
이메일주소
핸드폰번호
```

이미 있는 엑셀 파일을 불러와서 워크시트를 지정해준 다음, 그 워크시트의 셀을 지정한 뒤 value를 출력하면 해당 셀의 값을 가져오는 걸 알 수 있습니다.

⑥ a2.value를 출력했는데, a2는 무슨 타입인지 잘 모르겠네요. 한번 타입을 알아볼까요?

| 코드 |

```
import openpyxl

wb = openpyxl.load_workbook('D연구실지원자.xlsx')
ws = wb.active

a2 = ws['A2']
b2 = ws['B2']
c2 = ws['C2']

type(a2)
```

결과

```
openpyxl.cell.cell.Cell
```

아, cell 타입이었네요. 여기서는 워크북이 있고, 워크시트가 있고, 그 아래 셀이 있다는 것, 그리고 이렇게 셀을 가져온다는 것을 이해했습니다.

지금까지 openpyxl 라이브러리를 찾아서 어떻게 사용하는지 방법을 찾아봤습니다.

> 1 │ 빈 워크북을 생성해서 여러 값을 넣은 뒤 저장하기
>
> 2 │ (우리가 필요한) 이미 있는 엑셀 파일을 불러온 다음 값을 가져오기

까지 성공했습니다! (짝짝짝, 참 잘했어요.)

openpyxl로 많은 엑셀 파일 불러오기

그런데 해결해야 할 문제가 하나 더 있어요. 우리는 엑셀 파일을 한 두 개가 아니라 수백 개를 읽어야 한다는 거죠. 수백 수천 개 파일을 직접 경로와 파일 이름을 지정하고 바꿔주면서 읽어온다면 이것만 으로도 굉장히 번거로운 작업입니다. 사람 손으로 하기에는 너무 힘 든 작업이지요. 일일이 입력해줄 수 없을 테니까요.

우리가 이러려고 코딩을 배우는 게 아니죠?

이 작업 역시 파이썬에 시켜봅시다. 지금 당장 우리에게 필요한 건 파일 이름이죠. 파일을 열어서 데이터를 가져오려면 파일 이름을 건네줘야 하니까요. 디렉터리에 있는 엑셀 파일 의 이름을 모두 가져와서 한곳에 저장해두는 라이브러리가 있으면 좋을 것 같은데요. 정 말 있는지 한번 알아봅시다.

❶ 다시 구글로 가서 python directory file list라고 검색해 봅니다. 검색 결과를 보니 "How do I list all files of a directory?"라는 질문 글이 나옵니다. 우리가 궁금한 바로 그 질문인데요? 누군가 우리와 똑같은 고민(엑셀 파일을 많이 열어야 하는)을 먼저 했던 것 같죠? 들어가 보겠습니다.

▼ 그림 21-24 구글 검색: python directory file list

② 해당 커뮤니티에서 다른 사람들이 여러 해결 방법을 올려줬어요. 누군가가 글롭(glob)
이라는 라이브러리를 추천했네요. 단 두 줄 만에 현재 디렉터리에 있는 파일들의 리스트
를 불러온다고 합니다. 이처럼 커뮤니티에 이미 올라와 있는 질문과 답변을 참고할 수 있
습니다.

▼ 그림 21-25 질문과 답변 내용

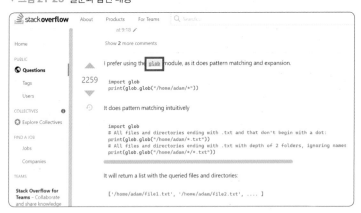

③ 그럼 우리도 이 글롭이라는 라이브러리를 사용해보죠! 혹시 아나콘다에서 글롭을 이
미 다운로드했을지도 모르니 이번에도 설치 전에 먼저 확인하겠습니다. 오, 글롭도 있네
요. 없다면 pip로 설치한 뒤 사용하면 된다는 것, 잊지 않았죠?

▼ 그림 21-26 글롭 다운로드 확인

④ 그럼 파이썬 코드에서 한번 실행해 볼게요. 커뮤니티에서 본 임포트문을 복사해서 가져옵니다.

```
코드
import openpyxl
import glob
print(glob.glob("/home/adam/*.txt"))
```

복사한 부분 중에서 괄호 안 따옴표에는 디렉터리 경로를 입력합니다. 만약 다음처럼 경로를 지정하지 않으면 현재 이 파이썬 파일이 있는 디렉터리가 자동으로 설정됩니다.

```
코드
import openpyxl
import glob
print(glob.glob("*.txt"))
```

이 별표(*) 모양은 와일드 카드라고 하는데 '모두', '싹 다'라는 뜻이에요. 여기서는 메모장 형식의 파일인 txt 확장자 파일을 싹 다 가져온다는 뜻이죠. 우리는 엑셀 파일인 xlsx 확장자 파일을 가져와야 하므로, 확장자를 수정합니다. 실행해보면 현재 파이썬 파일이 있는 디렉터리의 xlsx 확장자 파일이 출력됩니다.

<table>
<tr><td>

코드
```
import openpyxl
import glob
print(glob.glob("*.xlsx"))
```
</td><td>

결과
```
['D연구실지원자.xlsx']
```
</td></tr>
</table>

5 그런데 대괄호가 있는 걸 보니, 리스트 형식으로 가져오는 것 같아요. 어떤 형식으로 가져오는지 한번 보죠.

<table>
<tr><td>

코드
```
import openpyxl
import glob
print(type(glob.glob("*.xlsx")))
```
</td><td>

결과
```
<class 'list'>
```
</td></tr>
</table>

역시 리스트 형식으로 가져오네요. 현재 디렉터리에 ___.xlsx 같은 엑셀 형식의 파일이 있다면, 파일의 이름을 하나하나 가져와서 리스트 자료 구조에 넣어서 우리에게 전달해 준다고 이해하면 되겠네요.

6 자, 이제 수많은 연구실에서 보낸 엑셀 파일을 모두 현재 작업 디렉터리에 넣고, 다시한번 글롭을 실행하겠습니다.

코드
```
import openpyxl
import glob
print(glob.glob("*.xlsx"))
```

결과
```
['A연구실지원자.xlsx', 'B연구실지원자.xlsx', 'C연구실지원자.xlsx', 'D연구실지
원자.xlsx', 'E연구실지원자.xlsx', 'F연구실지원자.xlsx', 'G연구실지원자.xlsx',
'H연구실지원자.xlsx', 'I연구실지원자.xlsx', 'J연구실지원자.xlsx', 'K연구실지원
자.xlsx', '거니지원서류.xlsx']
```

잘 가져왔네요. 천 개가 아니라 열두 개가 나옵니다. 실습에 사용할 예시 파일을 천 개는 못 만들고 열두 개만 만들었거든요. 하지만 디렉터리 안에 있는 파일을 일단 다 가져온 것입니다.

이제 파일이 수백 개 있더라도 하나하나 다 손으로 입력할 필요가 없습니다. 글롭이라는 라이브러리를 사용해 리스트에 이름을 모은 다음 이 리스트에서 하나씩 건네받을 수 있습니다. 파일이 몇 천, 몇 만 개가 있어도 리스트에 다 넣고 하나씩 건네줄 테니 손으로 입력할 필요가 없습니다.

정리

지금까지의 작업을 정리하면,

1 | 엑셀 파일을 로드해서 값을 가져오는 방법

2 | 모든 엑셀 파일의 이름을 취합하는 방법

이 두 가지를 알게 되었습니다. 이것으로 현재 디렉터리에 있는 모든 엑셀 파일의 이름을 가져왔습니다. 그 파일을 하나씩 읽어서 내가 원하는 데이터만 가져온 뒤 하나의 엑셀 파일을 만들, 즉 필요한 모든 정보를 취합할 준비가 끝났습니다.

이제 본격적으로 코딩을 시작해 볼까요?

LESSON

22 코딩 시작

지난 시간에는 우리가 해야 할 작업이 무엇인지 생각해보고, 엑셀 데이터를 파이썬에서 사용하는 방법을 찾아보고, 또 직접 해봤습니다.

1 | openpyxl 라이브러리로 필요한 엑셀 파일을 로드해서, 원하는 셀의 값만 싹 가져 온 뒤, 새로운 엑셀 파일로 저장하는 방법

2 | 글롭 라이브러리로 필요한 모든 엑셀 파일의 이름을 리스트 자료 구조에 넣는 방법

엑셀 데이터를 취합하는 자동화 프로그램을 만들 준비가 끝났으니, 이번 시간에는 본격적 으로 자동화 프로그램을 코딩해 보겠습니다.

프로그램 구성

우리가 만들 프로그램은 크게 세 단계로 나눌 수 있습니다.

- 1단계: 필요한 엑셀 파일들 이름을 수집하기
- 2단계: 엑셀 파일에서 원하는 데이터를 모두 가져온 뒤 자료 구조에 보관하기
- 3단계: 빈 워크북을 만들어 자료 구조에 있는 모든 값을 순서대로 입력하고 저장하기

물론 2단계에서 값을 자료 구조에 보관하지 않고, 값을 받자마자 바로 빈 워크북에 넣는 방법도 있습니다. 하지만 우선은 안전한 방법으로 해볼게요.

1단계 엑셀 파일 이름 수집하기

필요한 정보는 엑셀 파일에 담겨 있습니다. 잠깐 복습해보면, 지난 시간에 글롭 라이브러리로 엑셀 파일들을 가져올 때 원래는 첫 번째 코드(①)처럼 엑셀 파일이 있는 경로를 알려줘야 하는데 우리는 경로를 쓰지 않았습니다.

코드
```
print(glob.glob("C:/users/*.xlsx")) -----①
print(glob.glob("*.xlsx"))          -----②
```

따라서 두 번째 코드(②)를 활용하면 현재 우리가 사용하고 있는 프로그램과 같은 디렉터리, 즉 .ipynb 파일이 있는 디렉터리에 있는 엑셀 파일을 모두 가져올 겁니다.

별표(*)는 '싹 다'라는 의미였죠.

이때 files라는 리스트를 하나 만들어서 files에 글롭을 넣으면 모든 엑셀 파일의 이름이 리스트로 들어가겠죠? 다음처럼 files를 만들고, 잘 들어갔는지 files를 출력해 봅시다.

코드
```
import openpyxl
import glob

files = []
files = glob.glob("*.xlsx")

print(files)
```

결과
```
[ 'A연구실지원자.xlsx', 'B연구실지원자.xlsx', 'C연구실지원자.xlsx', 'D연구실지
원자.xlsx', 'E연구실지원자.xlsx', 'F연구실지원자.xlsx', 'G연구실지원자.xlsx',
'H연구실지원자.xlsx', 'I연구실지원자.xlsx', 'J연구실지원자.xlsx', 'K연구실지원
자.xlsx', '거니지원서류.xlsx']
```

2단계 데이터 가져와 보관하기

이제 수집한 엑셀 파일에서 우리에게 필요한 값을 가져와야 합니다. 어떻게 하면 좋을까요?

일단 파일 하나로 이것저것 해보겠습니다. 이렇게 하는 이유는 간단합니다. 예를 들어 공장에 젤리를 만드는 기계를 처음 들여왔다면 일단 테스트 겸 젤리 10개를 만들어 보겠죠? 10개가 성공적으로 그리고 안전하게 만들어지는 걸 확인한 뒤 1,000개, 10,000개씩 대량으로 기계를 작동시킬 겁니다. 우리도 많은 엑셀 파일에서 값을 읽어와야 하지만, 우선 한 파일에 있는 값(지원자들)을 성공적으로 불러오는 것부터 확인하는 게 좋습니다. 그런 다음 모든 엑셀 파일에 대해 똑같은 행동을 반복하여 모든 지원자들의 정보를 읽어오겠습니다.

그럼 1단계에서 수집한 파일 중 한 파일에서 우리가 원하는 데이터를 가져와 봅시다.

원하는 데이터 가져오기

❶ 일단 엑셀 파일이 어떻게 생겼나 살펴봅시다. 형태는 똑같으니 아무 파일이나 열어도 괜찮습니다. 무작위로 E연구실지원자.xlsx 파일을 열어보니 다음과 같습니다.

▼ 그림 22-1 E연구실지원자.xlsx 파일

	A	B	C	D
1	A 대학교 투어 가이드 지원자 명단			
2	이름	이메일주소	핸드폰번호	
3	김신홍	sh1123@naver.com	010-9856-2542	
4	이덕신	duckgod@hanmail.net	010-2345-7788	
5	강삼산	kang333mt@empas.com	010-9875-9653	
6	신방울	bayushin@naver.com	010-4935-9621	
7	서사동	4dongwest@hotmail.com	010-5578-8832	
8				
9				
10				
11				

1행에는 제목이 있고, 2행에는 이름, 이메일주소, 핸드폰번호라고 항목에 대한 설명이 들어 있습니다. 그런데 이건 우리가 필요한 데이터가 아닙니다. 필요한 건 3행부터 시작하는 (A3, B3, C3, 그리고 A4, B4, C4 같은) 실제 데이터들이에요. 일단 코드를 작성해 A3, B3, C3를 한번 가져와 보겠습니다.

❷ 우선 openpyxl과 글롭을 임포트합니다. 한 파일만 가지고 작업해보기 위해 files 관련 코드는 잠시 #으로 주석 처리해 둡니다. 워크북(wb)을 하나 만들어서 방금 살펴본 E연구실지원자.xlsx 파일을 로드한 뒤, 워크시트를 선택합니다.

```
import openpyxl
import glob

# files = []
# files = glob.glob("*.xlsx")

wb = openpyxl.load_workbook('E연구실지원자.xlsx')
ws = wb.active
```

워크북의 워크시트를 선택할 때는 두 가지 방법이 있습니다.

첫째, 본문에서 사용한 방법입니다. 워크북은 최소한 1개 이상 워크시트가 있고 일반적으로 첫 번째 워크시트를 선택할 테니, ws = wb.active라고 작성해 현재 활성화된 첫 번째 워크시트를 선택할 수 있습니다.

▼ 그림 22-2 첫 번째 시트 선택

둘째, 워크북의 worksheets( ) 메서드를 사용하는 방법입니다. 두 번째, 세 번째 워크시트를 선택할 때 worksheets['숫자']로 접근할 수 있습니다.

▼ 그림 22-3 worksheets() 메서드

만약 워크시트가 세 개 있다면 다음 코드처럼 '세 번째 워크시트를 가져와'라는 식으로 사용하는 거죠.

```
wb = openpyxl.load_workbook('E연구실지원자.xlsx')
wb.worksheets[2]
```

이 두 가지 방법은 모두 '워크시트를 가져온다'는 똑같은 동작을 하는 코드입니다. 여기에서는 첫째 방법인 액티브로 해볼게요.

③ 값을 가져올 때는 a2.value 형태로 가져왔죠. 기억나나요? 워크시트에서 필요한 부분인 3행을 생각해 봅시다. A3, B3, C3의 값을 ws['A3'].value, ws['B3'].value, ws['C3'].value라고 가져오면 첫 번째 지원자의 정보를 출력할 수 있겠죠?

코드

```
import openpyxl
import glob

# files = []
# files = glob.glob("*.xlsx")

wb = openpyxl.load_workbook('E연구실지원자.xlsx')
ws = wb.active

print(ws['A3'].value, ws['B3'].value, ws['C3'].value)
```

결과

```
김신홍 sh1123@naver.com 010-9856-2542
```

오! 성공했습니다. 이제 지원자 한 명의 데이터가 아닌, 한 연구실에서 지원한 전체 인원의 데이터를 가져와 봅시다.

루프를 돌면서 원하는 데이터 모두 가져오기

그런데 문제가 있습니다. E연구실의 첫 번째 지원자 정보를 가져오는 데는 성공했는데, 해당 연구실의 모든 지원자 정보를 가져오려면 몇 번째 행까지 가져와야 될까요? E연구실에서는 5명이 지원했으니 항상 5명을 가져오면 될까요?

그렇지는 않겠죠. 연구실에 따라 지원자가 3명일 수도 있고, 4명일 수도 있고, 그 이상일 수도 있으니, 각 파일마다 몇 명의 정보가 들어 있는지 확실하지 않습니다. 그렇다고 파일을 다 열어보면서 몇 명이 지원했는지 확인할 수도 없고요.

이 문제를 어떻게 해결할 수 있을지 생각해 봅시다. 우리는 빈 셀이 아니라 데이터가 있는 셀만 가져와야 합니다. 엑셀에서 행을 몇 만 개도 만들 수 있지만, 셀에 데이터가 있어야 필요가 있지 빈 셀은 의미가 없으니까요. 워크북에서 워크시트를 불러올 때 빈 셀이 아닌 데이터가 있는 셀만 가져오는 방법이 있을 것 같죠?

④ 한번 구글에 검색해 보겠습니다. openpyxl에서 채워진 행(row)의 숫자를 어떻게 알 수 있을까요? openpyxl filled row only라고 검색해보니, 비슷한 궁금증을 가진 사람이 질문을 올려놨군요.

▼ 그림 22-4 구글 검색: openpyxl filled row only

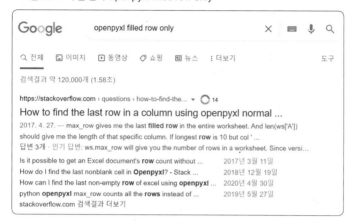

답변을 보니, 총 몇 개의 행이 채워져 있는지 알려면

- 워크시트에서 max_row를 사용하거나,

- 워크시트의 a에 길이를 구하는 len() 함수를 사용하면 된다고 합니다.

▼ 그림 22-5 답변 내용

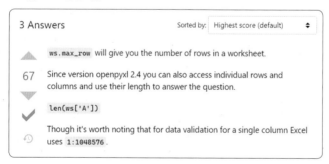

⑤ 두 가지 방법 다 확인해보죠. 위 코드는 ws.max_row를 출력한 것이고, 아래 코드는 len() 함수를 사용한 것입니다.

코드 max_row

```
(…)
wb = openpyxl.load_workbook('E연구실지원자.xlsx')
ws = wb.active

print(ws.max_row)
```

결과

```
8
```

코드 len()

```
(…)
wb = openpyxl.load_workbook('E연구실지원자.xlsx')
ws = wb.active

len(ws['A'])
```

결과

```
8
```

둘 다 8이라는 결과가 나옵니다. 채워져 있는 행의 번호를 얻었습니다.

⑥ 실제로도 그런지 파일을 한번 확인해 보겠습니다. 어? 파일에는 7행까지 값이 들어 있는데, 결과는 왜 8이라고 나올까요?

▼ 그림 22-6 E연구실지원자.xlsx 파일

	A	B	C	D
1	A 대학교 투어 가이드 지원자 명단			
2	이름	이메일주소	핸드폰번호	
3	김신홍	sh1123@naver.com	010-9856-2542	
4	이덕신	duckgod@hanmail.net	010-2345-7788	
5	강삼산	kang333mt@empas.com	010-9875-9653	
6	신방올	bayushin@naver.com	010-4935-9621	
7	서사동	4dongwest@hotmail.com	010-5578-8832	
8				
9				
10				
11				

자세히 살펴보니, 8행 위쪽에 테두리가 쳐져 있습니다. 7행과 겹치는 그 부분 말입니다(아무런 값도 속성도 테두리도 없는 9행과 비교해 보세요). 값이 없고 테두리만 있어도 빈 셀이 아니라 무언가 조작이 된 셀, 즉 데이터가 입력된 셀로 인식한다는 걸 알 수 있습니다.

7 이제 엑셀 파일에 루프를 돌려서 값을 가져와 보겠습니다. 루프는 for문, 식별자는 i로 하고, 범위는 range()로 주겠습니다. 범위는 우리가 필요한 3행부터 데이터가 있는 ws의 max_row까지 지정합니다.

```
(…)
wb = openpyxl.load_workbook('E연구실지원자.xlsx')
ws = wb.active


for i in range(3, ws.max_row):
```

이렇게 작성하면 i의 식별자가 반복하는 범위는 [3, 4, 5, 6, 7]이 되고, 8을 만나면 반복을 종료할 겁니다.

하지만 8번째 셀도 빈 셀은 아닙니다. 적어도 위에 테두리가 입력된, 데이터가 있는 셀로 인식되는 걸 확인했죠. 만약 8번째 셀에 단순히 테두리가 있는 게 아니라 지원자 정보가 입력되어 있다면, 해당 데이터는 읽어오지 못하게 됩니다. 주어진 (3, ws.max_row)의 범위는 [3, 4, 5, 6, 7]이기 때문입니다.

그래서 다음과 같이 ws.max_row+1을 입력해야 올바른 범위의 데이터를 가져올 수 있습니다. 현재 파일의 경우는 빈 셀을 가져오겠지만, 이 부분은 뒤에서 처리하겠습니다.

```
(…)
wb = openpyxl.load_workbook('E연구실지원자.xlsx')
ws = wb.active


for i in range(3, ws.max_row+1):
```

8 그러면 3행부터 max_row+1까지 돌면서 데이터를 쭉 가져와 보겠습니다. 출력할 때 A3, B3, C3 각 셀의 데이터도 하나씩 증가해야겠죠? A4, B4, C4와 같이 1씩 증가하면서 결국 A3부터 A8까지 값을 가져와야 합니다. 즉, 워크시트(ws)에서 A에 i를 더해 A3부터 A8까지 지정합니다.

```
코드
(…)
for i in range(3, ws.max_row+1):
    print(ws['A'+i])
```

그런데 플러스(+)는 스트링끼리 가능하므로 i를 str로 캐스팅해 줍니다.

```
코드
(…)
for i in range(3, ws.max_row+1):
    print(ws['A'+str(i)])
```

우선은 우리가 생각한 범위가 맞는지, 워크시트의 내용은 건드리지 말고, ws의 괄호 속 범위에 대해서만 스트링으로 만들어서 출력해 보겠습니다.

```
코드
(…)
for i in range(3, ws.max_row+1):
    print('A'+str(i), 'B'+str(i), 'C'+str(i))
```

```
결과
A3 B3 C3
A4 B4 C4
(…)
A8 B8 C8
```

생각한 범위가 잘 나왔습니다. 3부터 max_row+1까지 범위를 잘 잡아준 것 같아요.

❾ 셀 이름을 확인했으니, 그대로 워크시트(ws)에 넘겨주겠습니다.

```
코드
(…)
for i in range(3, ws.max_row+1):
    print(ws['A'+str(i)], ws['B'+str(i)], ws['C'+str(i)])
```

그리고 해당 셀의 값을 가져옵니다. 출력해보면 우리가 원하던 값들을 다 가져온 것을 확인할 수 있습니다.

```
코드
(…)
for i in range(3, ws.max_row+1):
    print(ws['A'+str(i)].value, ws['B'+str(i)].value, ws['C'+str(i)].value)
```

```
김신홍 sh1123@naver.com 010-9856-2542
이덕신 duckgod@hanmail.net 010-2345-7788
강삼산 kang333mt@empas.com 010-9875-9653
신방율 bayushin@naver.com 010-4935-9621
서사동 4dongwest@hotmail.com 010-5578-8832
None None None
```

⑩ 값을 3행부터 8행까지 잘 가져왔으니 이제 8행을 처리해 줄까요? 뭔가 조작된 셀이라고 인식하고 가져오긴 했는데 데이터가 없기 때문에 None이라고 나왔죠. 이 None은 필요가 없습니다. 다른 파일에도 비슷한 경우가 있을 수도 있으니, 값을 가져오기 전에 확인해서 None이 아닌 경우에만 가져 오라고, 다음과 같이 코드를 수정하겠습니다.

```
(…)
for i in range(3, ws.max_row+1):
    if ws['A'+str(i)].value != None:
        print(ws['A'+str(i)].value, ws['B'+str(i)].value, ws['C'+str(i)].
➡ value)
```

```
김신홍 sh1123@naver.com 010-9856-2542
이덕신 duckgod@hanmail.net 010-2345-7788
강삼산 kang333mt@empas.com 010-9875-9653
신방율 bayushin@naver.com 010-4935-9621
서사동 4dongwest@hotmail.com 010-5578-8832
```

반복문 코드를 가볍게 정리하면,

- 한 엑셀 파일에 담긴 지원자 정보를 모두 가져오기 위해 반복문을 사용했습니다.

- 연구실마다 몇 명이 지원했는지 모르기 때문에, 반복의 범위를 지원자 정보가 시작되는 3행부터 내용이 입력된 모든 행, 즉 range(3, ws.max_row+1)에 대해 데이터를 전부 읽어왔습니다.

- 이때 상황에 따라 마지막 줄이 None일 수도, 지원자일 수도 있기 때문에, 값을 읽어올 때 None이 아닌 경우에만 값을 읽어오고 출력했습니다.

자료 구조에 보관하기

값을 가져왔으니 이제 가져온 데이터를 자료 구조에 계속 넣어주는 일이 남았습니다.

⑪ 데이터를 넣을 자료 구조로 people이라는 리스트를 하나 만듭니다. people이라는 리스트 자료 구조에는, 우리에게 필요한 데이터만 담아둡시다. 서해안에 낙지를 잡으러 갈때 빨간색 낙지 바구니에는 소중한 낙지만 넣어야 하듯이, people에는 지원자들의 정보만 넣기로 해요.

지원자들의 소중한 정보를 보관하기 위해 v1, v2, v3 변수를 만들어서 각각 지원자의 이름, 이메일주소, 핸드폰번호를 임시로 저장한 뒤 테스트 삼아 출력해 봅니다. 앞에서 본 결과와 같은 결과가 잘 나왔나요?

코드
```
(…)
wb = openpyxl.load_workbook('E연구실지원자.xlsx')
ws = wb.active

people = []

for i in range(3, ws.max_row+1):
    v1 = ws["A"+str(i)].value
    v2 = ws["B"+str(i)].value
    v3 = ws["C"+str(i)].value

    print(v1, v2, v3)
```

결과
```
김신흥 sh1123@naver.com 010-9856-2542
이덕신 duckgod@hanmail.net 010-2345-7788
강삼산 kang333mt@empas.com 010-9875-9653
신방율 bayushin@naver.com 010-4935-9621
서사동 4dongwest@hotmail.com 010-5578-8832
None None None
```

⑫ 그러면 v1, v2, v3에 저장되어 있는 소중한 지원자의 정보를 append() 메서드를 이용해 people 바구니에 추가해 줍시다. 여기서 v1의 값이 None일 경우를 제외하고, None이아닐 경우에만 추가합니다. 그리고 people이라는 리스트를 출력합니다.

```
(…)
people = []

for i in range(3, ws.max_row+1):
    v1 = ws["A"+str(i)].value
    v2 = ws["B"+str(i)].value
    v3 = ws["C"+str(i)].value

    if v1 != None:
        people.append(v1)
        people.append(v2)
        people.append(v3)

print(people)
```

결과

```
['김신흥', 'sh1123@naver.com', '010-9856-2542', '이덕신', 'duckgod@hanmail.
net', '010-2345-7788', '강삼산', 'kang333mt@empas.com', '010-9875-9653', '
신방율', 'bayushin@naver.com', '010-4935-9621', '서사동', '4dongwest@hot
mail.com', '010-5578-8832']
```

자료 구조 코드를 가볍게 정리하면,

- 반복문을 사용해 지원자의 정보를 반복해 읽으면서 v1, v2, v3에 지원자의 정보를 임시로 저장합니다.

- 조건문을 사용해 데이터가 None이 아닌 경우에만 people이라는 리스트에 추가합니다.

- 데이터는 순서대로 people 리스트에 append됩니다.

이것으로 엑셀 파일의 3행부터 데이터가 있는 마지막 행까지 값을 모두 가져와서 자료 구조에 넣는 데 성공했습니다.

모든 엑셀 파일에서 반복하기

하나의 엑셀 파일에서 성공적으로 동작하는 걸 확인했으므로, 이제 이 동작을 모든 엑셀 파일에서 반복하면 됩니다. 몇 번 반복하면 될까요? 앞에서 글롭으로 가져온 엑셀 파일 개수만큼 반복하면 되겠죠?

⓭ 앞에서 주석 처리했던 files 관련 코드를 주석 해제합니다.

```
코드
import openpyxl
import glob

files = []
files = glob.glob("*.xlsx")
(…)
```

그런데 이렇게만 코드를 수정해 실행하면 아래 코드도 다 같이 실행되기 때문에, 이번에는 아래 코드 부분을 잠시 주석으로 처리하여 실행되지 않게 할게요. 그런 다음 위의 코드를 다 수정한 뒤 다시 코드로 되돌리는 방법을 사용하겠습니다.

코드 여러 줄을 주석 처리하려면 주석으로 처리하고 싶은 코드를 선택한 뒤 Ctrl+/를 입력하면 됩니다.

▼ 그림 22-7 코드 여러 줄 주석 처리

```
[12]: import openpyxl
      import glob

      files = []
      files = glob.glob("*.xlsx")

      # wb = openpyxl.load_workbook('E연구실지원자.xlsx')
      # ws = wb.active

      # people = []

      # for i in range(3, ws.max_row+1):
      #     v1 = ws["A"+str(i)].value
      #     v2 = ws["B"+str(i)].value
      #     v3 = ws["C"+str(i)].value

      #     if v1 != None:
      #         people.append(v1)
      #         people.append(v2)
      #         people.append(v3)

      # print (people)
```

⑭ 다시 코드로 돌아와서, 가져온 엑셀 파일이 몇 개인지 len() 함수로 알아보겠습니다.

코드	결과

<pre>import openpyxl
import glob
 	
files = []
files = glob.glob("*.xlsx")
 	
print(len(files))</pre>
	12

12개입니다. 이 12개 파일에 대해 E연구실지원자.xlsx 파일에 했던 행동을 똑같이 반복하면 됩니다. 앞에서 잘 동작하는 것을 확인했으므로, 자신 있게 모든 파일에 반복하겠습니다.

⑮ 주석 처리한 부분이 다시 실행되도록 주석을 해제합니다. 그리고 코드에서 필요 없는 부분을 삭제하고, 관련 있는 부분끼리 묶어서 다음과 같이 코드를 정리했습니다.

코드

```
import openpyxl
import glob

files = []
files = glob.glob("*.xlsx")

people = []

wb = openpyxl.load_workbook('E연구실지원자.xlsx')
ws = wb.active

for i in range(3, ws.max_row+1):
    v1 = ws["A"+str(i)].value
    v2 = ws["B"+str(i)].value
    v3 = ws["C"+str(i)].value

    if v1 != None:
        people.append(v1)
        people.append(v2)
        people.append(v3)
```

⑯ 위 코드에서 볼드로 표시한 부분이 우리가 앞에서 작성한 코드입니다. 이 행동을 모든 엑셀 파일에 대해 반복해야 하므로, 이 코드 전체를 다시 반복문에 넣을 겁니다.

반복문에 넣고 들여쓰기를 합니다. 볼드 코드 전체를 선택한 뒤 [Tab]을 누르면 전체 들여쓰기가 됩니다. 코드 여러 줄을 한 번에 들여 쓰는 방법이니 기억해 두세요.

파이썬은 들여쓰기가 아주 중요하기 때문에 주의해야 합니다.

▼ 그림 22-8 코드 여러 줄 들여쓰기

```
[16]: import openpyxl
      import glob

      files = []
      files = glob.glob("*.xlsx")
      people = []

      for
      wb = openpyxl.load_workbook('E연구실지원자.xlsx')
      ws = wb.active

      for i in range(3, ws.max_row+1):
          v1 = ws["A"+str(i)].value
          v2 = ws["B"+str(i)].value
          v3 = ws["C"+str(i)].value

          if v1 != None:
              people.append(v1)
              people.append(v2)
              people.append(v3)
```

```
[16]: import openpyxl
      import glob

      files = []
      files = glob.glob("*.xlsx")
      people = []

      for
          wb = openpyxl.load_workbook('E연구실지원자.xlsx')
          ws = wb.active

          for i in range(3, ws.max_row+1):
              v1 = ws["A"+str(i)].value
              v2 = ws["B"+str(i)].value
              v3 = ws["C"+str(i)].value

              if v1 != None:
                  people.append(v1)
                  people.append(v2)
                  people.append(v3)
```

⑰ 들여 쓴 코드 위에 for 루프를 넣어서 그 아래 코드 행동을 반복합니다. 반복문 안에서 12개 엑셀 파일에 대해 하나씩 식별하는 식별자가 필요한데, 이 식별자의 이름은 excel이라고 지었습니다.

그리고 E연구실지원자.xlsx의 파일을 여는 부분도 엑셀 파일 이름이 아니라 식별자(excel)를 넣어서 openpyxl.load_workbook(excel)로 수정해 줍니다. 여러 엑셀 파일을 한 번씩 식별해서 읽어야 하기 때문입니다. 특정 워크북을 오픈하는 게 아니라 이 식별자가 엑셀 파일을 반복하면서 리스트에 있는 이름을 여기에 넣어주는 거죠. 중첩 루프가 끝나면 people을 출력합니다.

```
import openpyxl
import glob

files = []
files = glob.glob("*.xlsx")

people = []

for excel in files:
    wb = openpyxl.load_workbook(excel)
    ws = wb.active

    for i in range(3, ws.max_row+1):
        v1 = ws["A"+str(i)].value
        v2 = ws["B"+str(i)].value
        v3 = ws["C"+str(i)].value

        if v1 != None:
            people.append(v1)
            people.append(v2)
            people.append(v3)

print(people)
```

결과

```
['거니', 'gunny@yahoo.com', '010-9856-8541', '그니', 'honey@naver.com',
'010-2345-7878', '고니', 'gon2@yahoo.com', '010-2487-8878', '곤이', 'gon
gon@gmail.com', '010-4935-7813', '구니', 'gunneeee@hotmail.com', '010-
3945-1876', '버니', 'bunny@gmail.com', '010-9856-1112', '번이', 'burn2@
gmail.com', '010-2345-3355', (…)]
```

너무 길어서 결과는 중간에 생략했습니다. 파이썬 파일과 같은 디렉터리에 있는 모든 엑셀 파일을 하나씩 열어서 3행부터 각 파일의 마지막 지원자 정보가 있는 행까지, None이 아닌 데이터를 모아보니 양이 엄청 많죠?

위 코드에서는 중첩 반복문을 사용했습니다. 앞에서 반복문을 공부할 때 구구단을 해보면서 나중에 중첩 반복문이 꼭 필요한 상황이 나온다고 설명했는데, 기억나나요? 위 코드를 보면 for 루프 안에 for 루프가 있는, 두 개의 루프가 중첩되어 있습니다. 이 중첩 루프의 동작 원리에 대해서는 코드 분석 시간에 자세히 살펴볼게요.

3단계 워크북에 순서대로 입력하고 저장하기

이제 people 리스트에는 우리가 원하는 데이터가 모두 들어 있습니다. 새로운 워크북과 워크시트를 만들어서 people 리스트에 있는 값을 하나씩 넣어주면 이 프로그램은 완성입니다.

1 코드 맨 아래 다음과 같이 빈 워크북과 빈 워크시트를 하나씩 만들겠습니다. 원래 맨 아래 있던 print(people) 코드는 이제 필요 없으니 지워주세요. 워크북을 사용하기 위해 임포트도 함께 해줍니다.

```
코드

import openpyxl
from openpyxl import Workbook
import glob

files = []
files = glob.glob("*.xlsx")

people = []

for excel in files:
    wb = openpyxl.load_workbook(excel)
    ws = wb.active

    for i in range(3, ws.max_row+1):
        v1 = ws["A"+str(i)].value
        v2 = ws["B"+str(i)].value
        v3 = ws["C"+str(i)].value

        if v1 != None:
            people.append(v1)
```

```
                people.append(v2)
                people.append(v3)

new_wb = Workbook()
new_ws = new_wb.acitve
```

새로운 엑셀 파일이 실제로 있을 필요는 없습니다. wb에 작업한 뒤 나중에 저장하면서 파일을 생성하면 됩니다.

변수 new_wb에 Workbook()으로 엑셀의 영혼을 불어넣으면 최소 1개의 워크시트를 가지게 됩니다. 이후 변수 new_ws에 방금 만든 엑셀의 첫 번째 워크시트를 넣어줍니다.

코드가 잘 실행되는지 한번 실행해 보겠습니다. 다음과 같은 에러가 발생하나요?

코드
```
(…)
new_wb = Workbook()
new_ws = new_wb.acitve
```

결과
```
AttributeError Traceback (most recent call last)
~\AppData\Local\Temp\ipykernel_12476\2442103689.py in <module>
     23
     24 new_wb = Workbook()
---> 25 new_ws = new_wb.acitve
     26
     27 for i in range(1, (len(people)//3)+1):
AttributeError: 'Workbook' object has no attribute 'acitve'
```

오류가 났네요. acitve를 찾을 수 없다고 하는데, 바로 앞에서 Workbook을 제대로 오픈하고 wb.active를 사용했는데 여기서 찾지 못하는 건 이상하죠? 아! 오류가 난 부분을 자세히 살펴보니, active가 아니라 acitve라고 오타가 있었네요. 오타를 수정해 주세요.

코드
```
(…)
new_wb = Workbook()
new_ws = new_wb.active
```

이처럼 코드를 작성할 때 오타를 내서 오류가 나는 경우가 의외로 많으니, 다들 오타 조심해요!

다 잘 되어 있는 것을 확인하고 다시 실행해 봅니다. 이제 오류가 나지 않고 잘 실행되나요?

② 다음으로 새롭게 만든 워크시트의 셀에 people 자료 구조에 저장해놓은 데이터를 넣어줘야 하는데, 이 작업도 루프를 통해 반복해서 넣어주면 되겠죠. 루프는 어떻게 돌려야 할까요? people 리스트에 있는 데이터를 보면 다음과 같이 데이터 세 개당 한 사람을 의미합니다.

'거니', 'gunny@yahoo.com', '010-9856-8541',
'그니', 'honey@naver.com', '010-2345-7878',
'고니', 'gon2@yahoo.com', '010-2487-8878',
(…)

만약 리스트의 크기를 확인했을 때 안에 데이터가 300개라면, 총 100명의 지원자 정보가 들어 있다고 생각할 수 있습니다. 그렇다면 새롭게 만든 워크북에 데이터 3개를 한 묶음으로 한 행씩 입력해주면 되겠네요.

③ for 루프로 반복문을 돌리겠습니다. people 리스트의 길이를 3으로 나누어서 나오는 수만큼 반복하며 데이터를 넣어줍시다. 이때 /3으로 나누지 않고 //3으로 나눠서 결과가 float 타입이 아니라 int 타입이 되도록 나누기나누기(//)를 사용했습니다.

```
코드
( … )
new_wb = Workbook()
new_ws = new_wb.active

for i in range(len(people)//3):
    new_ws[A1] = people[0]
    new_ws[B1] = people[1]
    new_ws[C1] = people[2]
```

④ 그런데 데이터를 넣을 때 위 코드보다 더 좋은 방법이 있습니다. 바로 pop( ) 메서드를 사용하는 방법입니다.

리스트는 순서가 있는 자료 구조입니다. 그래서 위 코드처럼 people[0], [1], [2]를 하면 리스트 인덱스 0, 1, 2번 데이터를 가져옵니다. pop( ) 메서드는 다음과 같이 0번째 인덱스를 표시하면 0번째 인덱스를 빼 와서 내어주는 메서드였죠?

```
people.pop(0)
```

코드에 pop( )을 넣어서 다시 작성해 보겠습니다. 먼저 새로 만드는 워크시트에 식별자 i를 넣어서 A, B, C를 하나씩 증가시킵니다.

```
코드
(…)
for i in range(len(people)//3):
    new_ws[A+i] = people[0]
    new_ws[B+i] = people[1]
    new_ws[C+i] = people[2]
```

⑤ 그런데 위와 같은 범위라면 반복문의 range( )가 (0, 지원자 수)가 되고, 식별자가 0부터 시작하므로 A0부터 시작하게 됩니다. A0이라는 셀은 없으므로, 1을 더해 1부터 시작하게 하고 끝날 때도 1을 더해줍니다.

또한, 워크시트의 셀을 지정해줄 때는 str 타입으로 알려줘야 되기 때문에 str 연산이 되어야 합니다. 숫자 형식인 식별자를 str( ) 함수를 이용해 임시로 str 타입으로 변경해 줍니다. 그리고 각 셀에는 pop( ) 메서드로 0번째 인덱스를 지정해 줍니다.

```
코드
(…)
for i in range(1, (len(people)//3)+1):
    new_ws['A'+str(i)] = people.pop(0)
    new_ws['B'+str(i)] = people.pop(0)
    new_ws['C'+str(i)] = people.pop(0)
```

pop() 메서드로 0번째 인덱스를 지정하는 이유는, pop()은 빼내 오는 메서드이기 때문입니다. people 리스트에서 첫 번째 값을 빼내 오면 그 데이터가 빠져나갔으니까 그다음 인덱스가 첫 번째가 되겠죠. 또 빼내 오고 그다음 인덱스가 첫 번째가 되면 또 빼내 오고… 이런 식으로 pop() 메서드를 이용해 편하게 하나씩 하나씩 빼면서 넣어줄 수 있습니다.

6 마지막으로 저장해 줍니다.

코드
```
(…)
new_wb.save("final.xlsx")
```

저장할 때 주의할 점이 있습니다. 현재 이 프로그램과 같은 경로에 있는 모든 xlsx 파일을 가져오게 코딩했습니다. 만약 새로 저장할 파일도 같은 경로에 저장하면 다음에 프로그램을 다시 실행할 때 새로 만든 엑셀 파일까지 같이 읽히게 되겠죠. 이것도 xlsx 파일이니까요.

그래서 폴더를 하나 만들어서 거기에 저장하겠습니다. result라는 폴더를 만든 다음, 그 경로에 final이라는 이름으로 저장합니다.

코드
```
(…)
new_wb = Workbook()
new_ws = new_wb.active

for i in range(1, (len(people)//3)+1):
    new_ws['A'+str(i)] = people.pop(0)
    new_ws['B'+str(i)] = people.pop(0)
    new_ws['C'+str(i)] = people.pop(0)

new_wb.save("result/final.xlsx")
```

7 자, 작성한 코드를 실행해 보겠습니다. 오류가 나도 괜찮습니다. 원래 코딩 2, 디버깅 8입니다. 오류가 나는 건 당연한 거니까 너무 신경 쓰지 마세요. 한번 실행해 볼게요. (…) 조용한 걸 보니 잘 실행된 것 같습니다. result 폴더에 엑셀 파일이 만들어졌나요? 파일을 열어서 확인해보면 모든 지원자의 정보가 하나의 엑셀 파일로 취합되어 예쁘게 모여 있습니다.

▼ 그림 22-9 final.xlsx 파일의 내용

	A	B	C
1	거니	gunny@yahoo.com	010-9856-8541
2	그니	honey@naver.com	010-2345-7878
3	고니	gon2@yahoo.com	010-2487-8878
4	곤이	gongon@gmail.com	010-4935-7813
5	구니	gunneeee@hotmail.com	010-3945-1876
6	버니	bunny@gmail.com	010-9856-1112
7	번이	burn2@gmail.com	010-2345-3355
8	부니	boonniie@hello.com	010-8987-8871
9	붕어	boong-eo@hanmail.net	010-1155-7232
10	부루리	bururi@ruri.com	010-2848-7772
11	김시앗	seed22@naver.com	010-5856-8541
12	이시롱	sirong2@yahoo.com	010-2345-7844
13	서새롱	saerrrrrrr@hmail.net	010-2427-8878
14	강시립	citytour@city.com	010-4935-2213
15	서수릴	sersuril@liliya.net	010-3945-1336
16	디그다	digda22@hotmail.com	010-2202-8541
17	김트리	tree.kim@gmail.com	010-2345-0278
18	이크롱	cronlee@helloworld.com	010-6652-2577
19	김신홍	sh1123@naver.com	010-9856-2542
20	이덕신	duckgod@hanmail.net	010-2345-7788

검증

이것으로 같은 디렉터리에 있는, xlsx 확장자를 가진 엑셀 파일을 모두 가져온 뒤 원하는 데이터만 모아서 새로운 엑셀 파일을 만드는 자동화 프로그램이 완성되었습니다.

그런데 우리가 만든 자동화 프로그램이 정말로 모든 데이터를 정상적으로 가져왔을까요? 한번 확인해 보겠습니다. 좀 덜 가져왔을 수도 있잖아요? 확인 방법은 총 인원이 몇 명인지 알아낸 뒤, 그 숫자만큼 데이터가 있는지 알아보면 될 것 같습니다.

그러면 총 인원을 알아야 하는데… 아! 처음에 people이라는 자료 구조에 데이터를 넣은 뒤 전체 데이터를 3으로 나눠보면, 처음에 가져온 총 인원이 몇 명인지 알 수 있겠네요.

코드

```python
import openpyxl
from openpyxl import Workbook
import glob

files = []
files = glob.glob("*.xlsx")
people = []

for excel in files:

    wb = openpyxl.load_workbook(excel)
    ws = wb.active

    for i in range(3, ws.max_row+1):
        v1 = ws["A"+str(i)].value
        v2 = ws["B"+str(i)].value
        v3 = ws["C"+str(i)].value

        if v1 != None:
            people.append(v1)
            people.append(v2)
            people.append(v3)

print(len(people)//3)
```

결과

```
58
```

총 58명입니다. 새로 만든 final.xlsx 파일에 58명이 다 제대로 들어 있나요? 성공적으로
다 잘 가져왔네요.

▼ 그림 22-10 총 58명의 정보

52	김대정	bigjung@gmail.com	010-5124-6898
53	김산암	sancancel@naver.com	010-3197-8787
54	오원산	5ws5ws@gmail.com	010-7841-2251
55	서삼평	nextthree@gmail.com	010-4415-6589
56	이우봉	onsan@gmail.com	010-7878-9856
57	오화정	seosang@gmail.com	010-3465-8945
58	이건희	gunny.algotogether@gmail.c	010-1111-111
59			
60			

정리

지금까지 엑셀 자동화 프로그램을 생각의 흐름대로 같이 한번 만들어 봤습니다. 어땠나요? 어려웠나요? 당장 100% 이해되지 않더라도 걱정하지 마세요. 원래 뭘 배울 때는 반복해서 계속 연습하는 게 중요하답니다.

앞에서 우리는 이 프로그램을 3단계로 나눠 봤습니다.

- 1단계: 필요한 엑셀 파일들 이름을 수집하기
- 2단계: 엑셀 파일에서 원하는 데이터를 모두 가져온 뒤 자료 구조에 보관하기
- 3단계: 빈 워크북을 만들어 자료 구조에 있는 모든 값을 순서대로 입력하고 저장하기

위 단계에 따라 글롭으로 파일들의 이름을 수집하고, 각 파일에서 지원자 정보를 가져온 뒤 people 자료 구조에 보관했습니다. 그리고 빈 워크북을 만들어 people 자료 구조에 있는 데이터들을 3개씩 한 행으로 구성해서 append( )해 줬습니다.

다음 시간에는 우리가 작성한 코드를 한줄 한줄 리뷰하면서 좀 더 살펴보겠습니다.

LESSON 23 마무리 및 코드 분석

정신없이 첫 번째 실전 프로그래밍이 끝났습니다.

상황을 다시 생각해보면, 대학교 운영팀 그니가 좋은 조건으로 대학교 투어 가이드를 모집한다고 공고를 냈고, 대부분의 연구실에서 많은 지원자가 몰려왔어요. 그니가 일일이 손으로 지원자 정보를 취합할 수는 없으니, 파이썬으로 여러 엑셀 파일에서 지원자 정보를 모아 하나의 엑셀 파일에 깔끔하게 정리하고 싶었습니다. 그래서 지금까지 엑셀 파일을 모두 가져와서 원하는 데이터만 쏙쏙 뽑은 다음, 하나의 엑셀 파일로 취합하는 파이썬 자동화 프로그램을 같이 만들어 봤습니다.

이번 시간에는 우리가 작성한 코드를 리뷰해 보겠습니다. 리뷰라고 해서 특별한 건 아니고요. 코드를 한줄 한줄 살펴보면서 이 코드가 어떤 동작을 하는지 복습해보고, 또 코딩하면서 이해가 안 된 부분을 더 자세히 알아보는 시간입니다. 크게 다음 세 단계로 나눠서 살펴보겠습니다.

- 1단계: 라이브러리와 엑셀 파일 불러오기
- 2단계: 루프 만들기
- 3단계: 새로운 엑셀 파일로 데이터 저장하기

1단계 라이브러리와 엑셀 파일 불러오기

먼저 파이썬에서 엑셀 관련 연산을 도와주는 라이브러리가 있나 찾아봤습니다. 많은 라이브러리가 있었고, 그 중에서 openpyxl 라이브러리를 사용하기로 했죠. 이 라이브러리를 선택한 기준은 순위가 높은가, 즉 많은 사람이 이미 사용해보고 검증했는가였고요. 보통 유명한 라이브러리일수록 코딩하다가 막혔을 때 찾아볼 수 있는 리소스가 많기 때문에 여러모로 유리할 수 있습니다.

아나콘다 셸에서 `pip install openpyxl`로 다운로드할 수 있는데, 확인해보니 아나콘다에 이미 설치되어 있었죠. 그래서 다운로드와 설치는 건너뛰고, 그냥 임포트만 해서 편하게 사용했습니다.

openpyxl과 마찬가지로 글롭 라이브러리도 이미 설치되어 있어서 바로 임포트하여 사용했습니다. 글롭은 많은 엑셀 파일을 읽어야 할 때 아주 유용했죠. 파일 이름을 사람이 손으로 하나 하나 입력할 필요 없이 현재 디렉터리에 있는 파일 이름을 가져와 줬습니다.

> 코드

```
from openpyxl import Workbook
import glob

files = []
files = glob.glob("*.xlsx")
people = []
```

`files`라는 빈 리스트를 만들어 현재 파이썬 프로그램이 있는 디렉터리 안에서 xlsx 확장자를 가진 엑셀 파일의 모든 이름을 이 리스트에 넣어줬습니다. 그리고 그 아래 나중에 우리가 사용할 중요한 데이터들을 저장하는 용도로 `people`이라는 빈 리스트도 만들었습니다.

2단계 루프 만들기

다음으로 루프를 작성했습니다. 코드를 보면 루프가 두 개 있어요. 바깥쪽 루프가 있고 (①), 안쪽 루프가 있죠(②).

> 코드

```
for excel in files:                        -------------------- ①

    wb = openpyxl.load_workbook(excel)
    ws = wb.active

    for i in range(3, ws.max_row+1):    ------------------ ②
        v1 = ws["A"+str(i)].value
        v2 = ws["B"+str(i)].value
        v3 = ws["C"+str(i)].value
```

```
        if v1 != None:
            people.append(v1)
            people.append(v2)
            people.append(v3)
```

여기서는 중첩 반복문이 어떻게 동작하는지 자세히 살펴보겠습니다.

바깥쪽 루프(①)

바깥쪽 루프(①)를 만든 이유는 하나의 엑셀 파일이 아니라 files라는 리스트에 있는 모든 엑셀 파일을 가져와야 하기 때문입니다. 첫 번째 루프를 돌리면 excel 식별자가 첫 번째 엑셀 파일, 두 번째 엑셀 파일, 세 번째 엑셀 파일… 이런 식으로 파일을 열어주는 거죠.

▼ 그림 23-1 두 루프의 역할

① For

    open(엑셀 파일)

  ② For

     모든 데이터

첫 번째 루프(①) 안에는 엑셀 파일을 열고 로드하는 동작을 작성했습니다. openpyxl로 load_workbook을 해주고, 식별자로 excel을 넣어줍니다. 이제 엑셀 파일 이름으로 들어가서 워크북을 로드하고, ws를 만들어서 워크북의 첫 번째 워크시트를 줍니다. 우리는 항상 첫 번째 워크시트라는 걸 알고 있으므로 로드된 워크북의 활성화된 워크시트를 가져오라는 뜻입니다. (또는 0번째 워크시트라는 의미의 wb.worksheets[0]라는 방법도 있었죠.)

코드

```
for excel in files:                        ----------------- ①

    wb = openpyxl.load_workbook(excel)
    ws = wb.active
    # ws = wb.worksheets[0]라는 코드도 같은 동작을 하죠.
```

엑셀 파일을 로드한 뒤에는 파일에 있는 값들을 가져와야 합니다. 그런데 엑셀마다 지원자 수가 다르거나 아예 없을 수도 있으니, 엑셀에 있는 지원자 수만큼 반복하기 위해 for 루프를 하나 더 만들어 줬는데, 그게 바로 안쪽 루프(②)입니다.

안쪽 루프(②)

안쪽 루프(②)는 i라는 식별자를 사용해 (3, ws.max_row+1) 범위를 반복하도록 작성했습니다. 이 범위의 뜻은 의미 있는 데이터가 들어 있는 엑셀 파일의 3행부터(1, 2행은 우리에게 필요 없는 데이터였죠) 데이터가 들어 있는, 즉 셀에 어떤 조작을 가한 마지막 행(max_row)까지 반복하라는 뜻입니다.

코드
```
for i in range(3, ws.max_row+1):  ------------------ ②
    v1 = ws["A"+str(i)].value
    v2 = ws["B"+str(i)].value
    v3 = ws["C"+str(i)].value
```

max_row에는 +1을 붙여줬습니다. 마지막 행까지 루프를 돌리기 위해서요. 예를 들어 max_row가 8이면 범위는 3부터 8이기 때문에 '3, 4, 5, 6, 7'까지 반복하고 8을 만나면 루프를 빠져나오게 되죠. 그러면 8행의 데이터를 가져오지 못하기 때문에 max_row에 +1을 해준 범위를 줬습니다. 인원이 몇 명 있는지는 모르겠지만, 3행부터 마지막 행까지 반복하라는 의미입니다.

반복하면서 해야 할 동작은 데이터를 가져오는 것입니다. 각 행에서 A3, B3, C3 값을 가져와서 v1, v2, v3에 넣어줍니다.

셀에 접근하는 방법은 ws["A3"]와 같이 셀을 지정해주면 되는데, 만약 데이터가 3행부터 8행까지 있다면 A3부터 A8까지 증가시켜 줘야 합니다. 그래서 "A"+str(i)라는 값을 스트링으로 캐스팅해서 둘을 붙여줬어요. "A"+"i" 이렇게 만들어서 원하는 셀에 접근한 것이죠. 셀에 접근해서 값을 가져와 v1에 넣어주고, v2에 넣어주고, v3에 넣어줍니다.

그리고 가져온 값이 None이 아니라면, append()를 사용해 앞에서 만든 people 리스트에 값을 추가합니다.

```
        if v1 != None:
            people.append(v1)
            people.append(v2)
            people.append(v3)
```

만약 여기서 최적화해야 한다면 다음과 같이 할 수도 있습니다. v1, v2, v3에 저장하지 않고 바로 people에 append해 주는 겁니다.

```
# 변수를 만들지 않고 바로 people에 append
v1 = ws["A"+str(i)].value
people. append(ws["A"+str(i)].value)
```

B와 C에도 적용해주면 다음과 같습니다.

```
    for i in range(3, ws.max_row+1):  ----------------- ②
        people. append(ws["A"+str(i)].value)
        people. append(ws["B"+str(i)].value)
        people. append(ws["C"+str(i)].value)
```

그런데 이렇게 하면 None 데이터를 걸러낼 수 없습니다. 위 코드에서 None 데이터를 걸러낼 방법은 없을까요? (참고로 값이 None이 되는 이유는 셀의 속성이 변했다면 데이터가 있다고 가정하고 값을 가져오는데 막상 셀에는 값이 없을 수 있기 때문입니다. 예를 들어 줄만 쳐져 있고 셀은 비어 있는 경우 데이터가 없으므로 None이라고 표시됩니다.)

데이터에는 None 값이 꽤 많기 때문에 잘 처리해줘야 데이터를 잘 다룰 수 있습니다!

다음과 같이 루프를 돌면서 "A"+str(i) 값이 None이 아니라면 append하라고 해줄 수 있습니다.

```
    for i in range(3, ws.max_row+1):  ----------------- ②
        if ws["A"+str(i)].value != None:
            people. append(ws["A"+str(i)].value)
            people. append(ws["B"+str(i)].value)
            people. append(ws["C"+str(i)].value)
```

이렇게 코드를 최적화해 봤습니다. 최적화 전 코드가 None이든 아니든 일단 변수 v1, v2, v3에 값을 넣고, None이 아닌지 검사하고 people 리스트에 넣었다면, 최적화된 위의 코드는 식별자 i가 (3, ws.max_row+1) 범위를 돌면서 None이 아닌 값만 가져와서 people 리스트에 바로 값을 넣습니다.

두 코드는 각각 장단점이 있습니다. 최적화된 코드가 변수를 3개 덜 쓰고, 코드가 훨씬 간결해졌지만, 만약 다른 사람이 코드를 본다면 이전 코드보다 조금 덜 직관적입니다. 이전 코드는 코드를 한눈에 더 쉽게 이해할 수 있고, 값도 변수에 넣은 다음 나중에 리스트에 넣는, 더 안전한 방법입니다.

3단계 새로운 엑셀 파일로 데이터 저장하기

이제 people이라는 리스트에 우리가 원하는, 의미 있는 데이터가 모두 담겨 있는 상태입니다. 마지막으로 데이터를 정리해서 저장합니다.

일단 새로운 워크북을 만들고, 새로운 워크북에서 현재 액티브한 시트를 새로운 워크시트로 줍니다.

코드

```
new_wb = Workbook()
new_ws = new_wb.active
```

그리고 루프를 돌면서 people 리스트에 들어 있는 값을 반복해서 가져와 정리합니다. 여기서 루프는 얼마나 돌아야 하느냐? 지원자 수만큼 돌면 됩니다. 우리는 세 개 데이터가 지원자 한 명의 정보를 담고 있다는 것을 알고 있습니다. 리스트에 '이름, 이메일주소, 핸드폰번호' 형태로 데이터를 저장했기 때문에 people 리스트에는 '지원자 수 x 3'만큼의 데이터가 들어 있습니다.

따라서 for 루프의 범위(range)는 (1, (len(people)//3)+1)이 됩니다. 1부터 시작한 이유는, 0부터 시작하면 A0, B0, C0부터 시작해야 하는데 엑셀에는 그런 셀이 없기 때문입니다. 그래서 A1부터 시작할 수 있도록 i+1을 해줬고, 앞에서 1을 더했으니까 뒤에도 1을 더했습니다.

```
for i in range(1, (len(people)//3)+1):
    new_ws['A'+str(i)] = people.pop(0)
    new_ws['B'+str(i)] = people.pop(0)
    new_ws['C'+str(i)] = people.pop(0)
```

그리고 3으로 나눠줄 때 나누기나누기(//)를 한 이유도 있었습니다. 그냥 나누기(/)를 하면 결과 값이 float 타입이 되는데, range의 범위로 플로트는 들어갈 수 없죠. 그래서 나누기나누기(//)를 사용해 범위 값을 int 타입으로 넣었습니다.

현재 people 리스트에는 다음과 같이 데이터가 들어 있습니다. 우리는 루프를 돌면서 이 데이터를 하나씩 꺼내 와서 새로 만든 엑셀 파일의 셀에 넣었습니다.

결과

```
['거니', 'gunny@yahoo.com', '010-9856-8541', '그니', 'honey@naver.com',
 '010-2345-7878', '고니', 'gon2@yahoo.com', '010-2487-8878', '곤이',
 'gongon@gmail.com', '010-4935-7813', '구니', 'gunneeee@hotmail.com', '010-
 3945-1876', '버니', 'bunny@gmail.com', '010-9856-1112', '번이', 'burn2@
 gmail.com', '010-2345-3355', (…)]
```

이 작업은 people.pop(0), 즉 pop( ) 메서드를 사용해 작성했습니다. pop( )은 리스트에서 첫 번째 데이터를 빼내서(즉, 원래 리스트에서는 값을 지우는 동시에) 다른 곳에 건네주는 메서드입니다.

즉, 위 결과 값에서 처음으로 '거니'를 빼내 와서 A1에 넣어주고, 다시 ('거니'가 없어지고 첫 번째 값이 된) 'gunny@yahoo.com'을 빼내 와서 B1에 넣어주고, 다시 ('거니'와 'gunny@yahoo.com'이 없어지고 첫 번째 값이 된) '010-9856-8541'을 빼내 와서 C1에 넣어줍니다.

코드

```
# 첫 번째 루프 시작 (A1)
new_ws['A'+str(i)] = people.pop(0) ----- A1 = '거니'
new_ws['B'+str(i)] = people.pop(0) ----- B1 = 'gunny@yahoo.com'
new_ws['C'+str(i)] = people.pop(0) ----- C1 = '010-9856-8541'

# 루프 한 바퀴 돌고 +1 (A2)
```

```
new_ws['A'+str(i)] = people.pop(0) ----- A2 = '그니'
new_ws['B'+str(i)] = people.pop(0) ----- B2 = 'honey@naver.com'
new_ws['C'+str(i)] = people.pop(0) ----- C2 = '010-2345-7878'

# 루프 한 바퀴 돌고 +1 (A3)
new_ws['A'+str(i)] = people.pop(0) ----- A3 = '고니'
new_ws['B'+str(i)] = people.pop(0) ----- B3 = 'gon2@yahoo.com'
new_ws['C'+str(i)] = people.pop(0) ----- C3 = '010-2487-8878'
```

이렇게 A1, B1, C1 루프를 한 바퀴 돌고 나면 +1 증가하여 다음은 A2, B2, C2가 되고, 이런 방식으로 계속 pop()을 합니다. 이 과정을 지원자 수만큼 반복하면서 새로 만든 엑셀 워크북의 워크시트에 데이터를 쭉쭉 채워줍니다.

데이터를 다 채운 다음에는 마지막으로 새로운 폴더(result)를 하나 만들어서 그 폴더에 파일(final.xlsx)을 저장했습니다.

코드

```
new_wb.save("result/final.xlsx")
```

새로운 폴더를 만들어서 저장한 이유는 현재 프로그램과 같은 디렉터리에 xlsx 형태의 파일을 저장하면 다음에 이 코드를 실행할 때 결과 파일인 final.xlsx까지 읽어오게 되고, 그러면 프로그램에 오류가 발생하기 때문입니다.

자, 한번 코드를 한줄 한줄 분석해 봤습니다. 많은 엑셀 파일에서 원하는 정보만 가져와서 하나의 파일에 데이터가 잘 취합되었네요!

추가: 워크북 꾸며주기

마지막으로 결과 파일을 보니 이런 의문이 듭니다.

새로 만든 엑셀 파일이 너무 데이터만 덜렁 있는데, 좀 꾸며줄 수 없을까?

▼ 그림 23-2 final.xlsx

	A	B	C	D
1	거니	gunny@yahoo.com	010-9856-8541	
2	그니	honey@naver.com	010-2345-7878	
3	고니	gon2@yahoo.com	010-2487-8878	
4	곤이	gongon@gmail.com	010-4935-7813	
5	구니	gunneeee@hotmail.com	010-3945-1876	
6	버니	bunny@gmail.com	010-9856-1112	
7	번이	burn2@gmail.com	010-2345-3355	
8	부니	boonniie@hello.com	010-8987-8871	
9	붕어	boong-eo@hanmail.net	010-1155-7232	
10	부루리	bururi@ruri.com	010-2848-7772	
11	김시앗	seed22@naver.com	010-5856-8541	
12	이시롱	sirong2@yahoo.com	010-2345-7844	

그러면 다음과 같이 한번 꾸며 보겠습니다. 물론 파이썬 코드로요.

1 | A1, B1, C1 셀 세 개를 병합(merge)해서 하나의 셀로 만든 다음 '지원자 리스트'라고 제목을 넣어줍니다.

2 | A2, B2, C2에는 각각 '이름, 이메일주소, 핸드폰번호'라고 설명을 넣어줍니다.

❶ 먼저 작업을 어디에 할지 자리를 잡아둡니다. 새로운 엑셀 파일을 만드는 부분에서 작업이 이루어져야 하므로 다음과 같이 넣어줍니다. 그리고 데이터는 3행부터 들어가야 하므로, for 루프의 range를 range(1, (len(people)//3)+1)이 아니라 range(3, (len(people)//3)+3)으로 해줍니다. 이러면 3행부터 데이터를 넣어주기 시작하겠죠.

코드

```
(…)
new_wb = Workbook()
new_ws = new_wb.active

# 셀 병합(merge)

# A2, B2, C2 = 이름, 이메일주소, 핸드폰번호

for i in range(3, (len(people)//3)+3):

  (…)
```

❷ 다음으로 A1, B1, C1을 병합해야 되는데… 모를 때는 뭐다? 바로 구글 검색이다! openpyxl cell merge라고 검색해 봅시다. 검색 결과에서 openpyxl 3.0.9 documentation[3] 페이지에 들어가 보니 뭐가 엄청 많아요. 이 페이지에서 merge를 검색해 볼까요?

`ws.merge_cells()`이라는 메서드가 있네요. 이 메서드를 사용하고 괄호 안에 범위를 입력하면 된다고 합니다.

▼ 그림 23-3 merge

❸ 새로 만든 워크시트의 A1부터 C1까지 병합해주고, '지원자 리스트'라고 제목도 넣어 줍니다.

코드

```
( … )
new_wb = Workbook()
new_ws = new_wb.active

# 셀 병합(merge)
new_ws.merge_cells('A1:C1')
new_ws['A1'] = "지원자 리스트"
( … )
```

---

3 https://openpyxl.readthedocs.io/

4 A2, B2, C2에도 이름을 넣어줍니다.

```
코드
(…)
# A2, B2, C2 = 이름, 이메일주소, 핸드폰번호
new_ws['A2'] = "이름"
new_ws['B2'] = "이메일주소"
new_ws['C2'] = "핸드폰번호"

(…)
```

5 이제 앞에서 만들었던 final.xlsx 파일은 삭제하고, 프로그램을 다시 실행합니다. 파일이 다시 생성되었나요? 의도한 대로 잘 되었는지 파일을 열어보겠습니다.

▼ 그림 23-4 새로 생성된 final.xlsx

	A	B	C	D
1	지원자 리스트			
2	이름	이메일주소	핸드폰번호	
3	거니	gunny@yahoo.com	010-9856-8541	
4	그니	honey@naver.com	010-2345-7878	
5	고니	gon2@yahoo.com	010-2487-8878	
6	곤이	gongon@gmail.com	010-4935-7813	
7	구니	gunneeee@hotmail.com	010-3945-1876	
8	버니	bunny@gmail.com	010-9856-1112	
9	번이	burn2@gmail.com	010-2345-3355	
10	부니	boonniie@hello.com	010-8987-8871	
11	붕어	boong-eo@hanmail.net	010-1155-7232	
12	부루리	bururi@ruri.com	010-2848-7772	
13	김시앗	seed22@naver.com	010-5856-8541	

병합도 잘 됐고, 파일 제목과 이름, 이메일주소, 핸드폰번호라는 항목명도 잘 입력됐습니다.

이외에도 할 수 있는 게 많습니다. 여기서 가장 중요한 건, 엑셀 기능을 사용할 수 있다는 걸 아는 겁니다. 설사 방법을 모르더라도 내가 원하는 동작을 검색해서 방법을 찾으면 언제든지 사용할 수 있다는 점을 기억하세요.

정리

이번 시간에는 지난 시간에 만든 파이썬 엑셀 자동화 프로그램을 한번 리뷰하면서 코드별로 이게 어떤 코드인지 다시 한번 살펴봤습니다. 프로그램이 나를 위해 몇 백, 몇 천 개 엑셀 파일 데이터를 자동으로 모아주니까 신통방통하죠? 이것으로 첫 자동화 프로그램 실습을 마치겠습니다.

우리가 원하는 작업을 하도록 코드를 작성하는 방법은 수없이 많습니다. 어떤 흐름으로, 어떤 자료 구조를 쓰고, 어떤 메서드를 쓰느냐에 따라 다 다르죠. 여기서는 엄청 잘 짜인 프로그램, 정교한 코딩보다는 그냥 생각의 흐름대로, 혹시 여러분이 나중에 비슷한 상황을 만났을 때 어떻게 시작하고 진행하면 되는지, 최대한 부담 없도록 노력했습니다. 우선은 엑셀로 해봤지만 나중에는 엑셀뿐만 아니라 다른 프로그램으로도 이 흐름 그대로 응용해서 여러분에게 딱 맞는, 필요한 프로그램을 만들어볼 수 있겠죠?

코드에 대한 설명을 주석으로 추가한 전체 코드를 마지막으로 첨부했으니 참고해 주세요. 그럼 다음 시간에는 또 다른 상황과, 그 상황에 맞는 자동화 프로그램을 만들어 보겠습니다.

코드

```python
import openpyxl
from openpyxl import Workbook
import glob

# 현재 디렉터리에 있는 모든 엑셀 파일 불러오기
files = []
files = glob.glob("*.xlsx")
people = []

# 불러온 엑셀 파일의 내용을 읽어서 저장
for excel in files:

    wb = openpyxl.load_workbook(excel)
    ws = wb.active

    for i in range(3, ws.max_row+1):
        v1 = ws["A"+str(i)].value
        v2 = ws["B"+str(i)].value
        v3 = ws["C"+str(i)].value
```

```python
        if v1 != None:
            people.append(v1)
            people.append(v2)
            people.append(v3)

# 새로운 워크북 생성
new_wb = Workbook()
new_ws = new_wb.active

# 워크북에 저장된 데이터 뿌려주기
for i in range(1, (len(people)//3)+1):
    new_ws['A'+str(i)] = people.pop(0)
    new_ws['B'+str(i)] = people.pop(0)
    new_ws['C'+str(i)] = people.pop(0)

# 새로운 폴더에 새로운 파일로 저장
new_wb.save("result/final.xlsx")
```

2장

실전 프로그래밍2:
워드 자동화

Lesson 24 워드 자동화 프로그램 소개

Lesson 25 코딩 시작

Lesson 26 마무리 및 코드 분석

워드 자동화 프로그램 소개

지난 시간에는 엑셀을 사용해서 '아! 파이썬에서 이런 식으로 자동화가 이루어지는구나.' 하고 살짝 맛을 봤습니다. 이번 시간에는 마이크로소프트 워드(MS Word) 프로그램을 가지고 놀면서 다양한 상황에서 사용할 수 있는 업무 관련 자동화 프로그램을 한번 만들어 보려고 합니다.

이번에는 한 회사원이 도움을 요청해 왔네요. 이야기를 들어볼까요?

상황

회사원 그니 〈gueny2@gilbut.co.kr〉
거니 님에게 ▼

거니 님, 안녕하세요. 저는 평범한 회사원입니다.
저는 출근하면 매일 물품납품계약서를 작성합니다. 팀장님이 매일 아침 계약서를 작성하라고 해요. 매일매일 반복되는 업무에 아침마다 힘이 빠집니다.
더 간편하게, 쉽고 정확하게 파이썬으로 이 업무를 자동화할 수는 없을까요?

어떤 상황인지 상상이 가나요? 아침마다 팀장님이 "얼른 계약서 작성해. 한숨 쉬지 말고~ 왜? 계약서가 무섭냐?" 뭐, 이런 상황이죠.

매일 납품 계약이 이루어지고, 물품납품계약서도 매일 작성해야 하는데 안에 들어가는 내용은 아마 비슷할 겁니다. 워드 켜고, 오늘 날짜 쓰고, 내용 바꾸고… 어렵지는 않은데 비슷한 계약서를 물품 이름이랑 가격만 조금 다르게 해서 매일매일 문서로 만든다고 생각하면 좀 지치는 반복 업무입니다. 사람이 손으로 입력하면 꼭 오타가 나오기도 하죠.

그래서 워드 양식에 중요한 내용이 알아서 입력되는 프로그램을 우리가 파이썬으로 한번 만들어 보겠습니다.

시작

시작할 때 가장 먼저 해야 하는 건 뭘까요? 일단 워드와 관련한 파이썬 라이브러리를 찾아 봐야겠죠?

라이브러리 검색/설치

1 워드와 함께 잘 동작하는 파이썬 라이브러리가 무엇인지 구글에서 검색해 보겠습니다. python ms word library라고 검색해 볼까요?

▼ 그림 24-1 구글 검색: python ms word library

2 검색 결과 페이지들을 훑어보니 python-docx라는 라이브러리를 많이 언급하네요. 이 라이브러리를 많이들 사용하는 것 같아요. python-docx 공식 홈페이지에 들어가보니 라이브러리에 어떤 기능이 있는지, 어떻게 사용하는지, 무엇을 지원하는지 등을 전부 소개하고 있습니다.

▼ 그림 24-2 python-docx 공식 홈페이지[1]

---

1 https://python-docx.readthedocs.io/en/latest

사이트에 나온 샘플 코드를 보니, 지난 시간에 엑셀을 다루면서 workbook을 생성했던 것처럼 document라는 걸 생성하고 로드해서 사용한다고 합니다. document에 대한 설명은 User Guide에도 잘 나와 있습니다. 다른 라이브러리를 사용할 때도 공식 홈페이지에서 제공하는 User Guide를 잘 활용하면 좋습니다.

❸ 그림 24-2에 보이는 샘플 코드를 가져와서 주피터에 붙여 넣었습니다. 코드가 너무 기니까 복잡한 것들은 지우고 이 정도만으로 실행해 볼까요?

코드

```
from docx import Document
from docx.shared import Inches

document = Document()

document.add_heading('Document Title', 0)

p = document.add_paragraph('A plain paragraph having some ')
p.add_run('bold').bold = True
p.add_run(' and some ')
p.add_run('italic.').italic = True

document.save('demo.docx')
```

결과

```
ModuleNotFoundError   Traceback (most recent call last)
<ipython-input-1-401e85f3a007> in <module>
----> 1 from docx import Document
      2 from docx.shared import Inches
      3
      4 document = Document()
      5
ModuleNotFoundError: No module named 'docx'
```

컴파일 오류가 났습니다. 오류 메시지를 보니 우리가 python-docx라는 라이브러리를 설치하지 않아서 파이썬이 무슨 명령인지 알 수가 없다고 합니다. 그리고 보니 엑셀 자동화 프로그램에서 사용한 openpyxl과 글롭은 아나콘다가 미리 설치해둔 라이브러리였는데,

python-docx는 설치해둔 것이 아니었나 봅니다. 그럼 이번에는 라이브러리 설치부터 진행해 봅시다.

④ python-docx 웹 사이트로 가서 다운로드하고 설치하는 법을 살펴봅니다.[2] openpyxl을 설치하는 방법은 pip install openpyxl이었습니다. 마찬가지로 이 라이브러리는 pip install python-docx로 설치합니다.

코드

```
pip install python-docx
```

간단하죠? 라이브러리를 다운로드하고 설치하는 과정이 간단한 것도 파이썬의 장점이랍니다.

⑤ 아나콘다 내비게이터에서 cmd로 갑니다. 첫 번째에 있는 CMD.exe Prompt의 **Launch** 버튼을 누르면 cmd 창이 뜹니다.

▼ 그림 24-3 CMD.exe Prompt

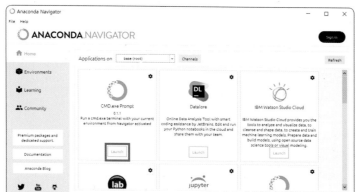

⑥ cmd 창에 방금 본 pip install python-docx를 입력하고 실행합니다. 무언가 컴퓨터 공학 전문가스러운 게 막 나오면서 다운로드하고 성공적으로 설치했다고 알려줍니다. 이제 이 라이브러리를 사용할 수 있습니다.

---

2 https://python-docx.readthedocs.io/en/latest/user/install.html

▼ 그림 24-4 아나콘다 cmd

▼ 그림 24-4 아나콘다 cmd

라이브러리 사용해보기

샘플 코드 실행

① 아까 주피터 랩에서 오류가 났던 코드를 다시 실행해 봅시다. demo라는 워드 파일을 만드는 코드인 것 같죠?

▼ 그림 24-5 demo.docx 생성

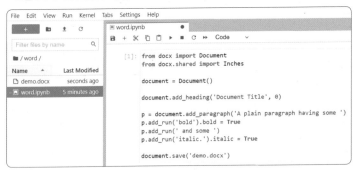

이번에는 잘 실행되었고, 같은 디렉터리에 demo.docx가 생겼습니다. (참고로 저는 word 라는 디렉터리를 만들고 그 안에서 이 장의 코드를 작성했습니다. 그러면 이 장에서 필요한 파일들만 볼 수 있지요.)

② demo.docx가 어떤 파일인지 한번 열어서 살펴볼까요?

▼ 그림 24-6 demo.docx의 내용

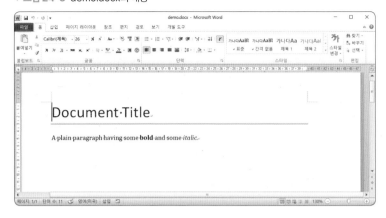

샘플 코드 분석

뭔가 그럴싸한 내용이 입력되어 있습니다. 이 내용과 파일이 어떻게 생성된 것인지 코드를 한번 살펴보겠습니다.

① 일단 맨 위에 필요한 부분을 임포트한 뒤, document라는 변수를 만들어 Document()라는 함수를 호출했습니다. 이는 변수에 워드 파일의 영혼을 불어넣는 일종의 소환 의식 같은 거죠. 이제부터 document는 워드 문서입니다.

코드
```python
from docx import Document
from docx.shared import Inches

document = Document()
```

② document에 add_heading() 메서드로 헤드를 하나 크게 넣었습니다. 워드 파일에서 Document Title이라고 나온 부분이죠.

코드
```python
document.add_heading('Document Title', 0)
```

③ document보다 작은 단위인 paragraph, 즉 문단 단위를 하나 만들고, 텍스트를 입력했어요.

> **코드**
> ```python
> p = document.add_paragraph('A plain paragraph having some ')
> ```

④ 그 아래에는 add_run() 메서드를 사용해 텍스트를 추가하면서 볼드와 이탤릭 스타일을 넣었습니다. 마지막으로 파일을 저장합니다.

> **코드**
> ```python
> p.add_run('bold').bold = True
> p.add_run(' and some ')
> p.add_run('italic.').italic = True
>
> document.save('demo.docx')
> ```

코드를 살펴본 결과, document라는 단위가 있고 그 아래 paragraph라는 단위가 있다는 걸 알았습니다. 또 add_run()으로 텍스트를 추가하면서 폰트를 변경하거나, 볼드나 이탤릭 옵션을 넣어줄 수도 있네요.

⑤ 좋습니다. 이번 실습에서는 이 라이브러리를 사용해 보겠습니다. 방금 본 코드는 문서를 만드는 방법인데 우리는 이미 작성되어 있는 '물품납품계약서 양식'을 로드해서 몇몇 부분을 바꿔야 하므로, 이미 있는 문서를 로드하는 방법을 알아봅시다.

python-docx 공식 홈페이지로 다시 가서 User Guide의 Working with Documents로 들어갑니다.

▼ 그림 24-7 User Guide > Working with Documents

User Guide

- Installing
- Quickstart
- Working with Documents
- Working with Text
- Working with Sections
- Working with Headers and Footers
- API basics
- Understanding Styles
- Working with Styles
- Understanding pictures and other shapes

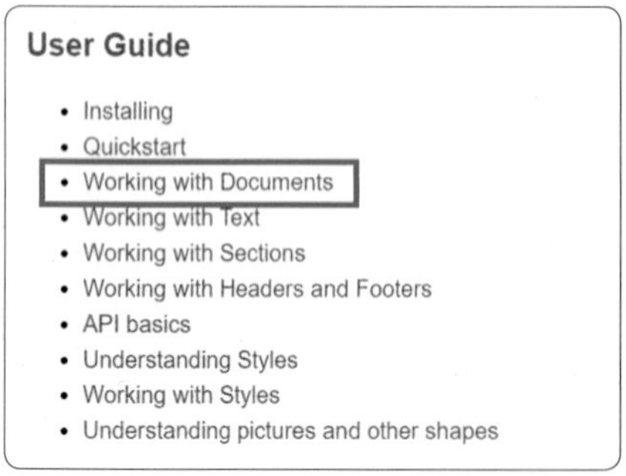

REALLY opening a document 부분의 코드를 보니 문서를 여는 방법이 나오네요. 샘플 코드처럼 document 함수를 이용해 경로와 파일 이름을 입력하면 파일을 열 수 있겠어요.

▼ 그림 24-8 REALLY opening a document

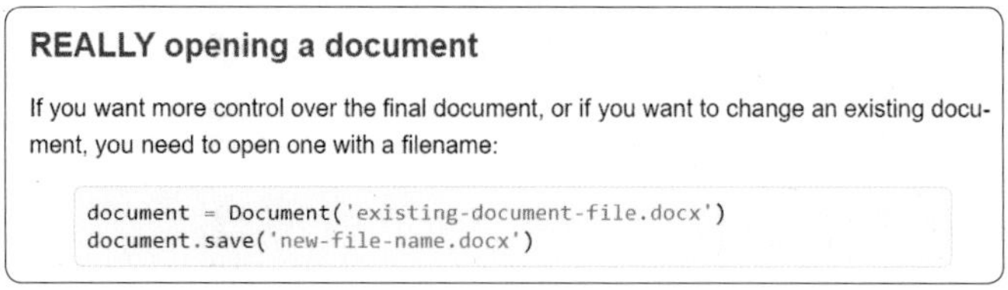

REALLY opening a document

If you want more control over the final document, or if you want to change an existing document, you need to open one with a filename:

```
document = Document('existing-document-file.docx')
document.save('new-file-name.docx')
```

워드 파일 불러오기

❶ 우리가 사용할 계약서 양식을 살펴보겠습니다. 앞에서 생성한 demo.docx 파일은 삭제하고 물품납품계약서인 contract_form.docx 파일을 현재 디렉터리로 가져옵니다.

▼ 그림 24-9 물품납품계약서(contract_form.docx)

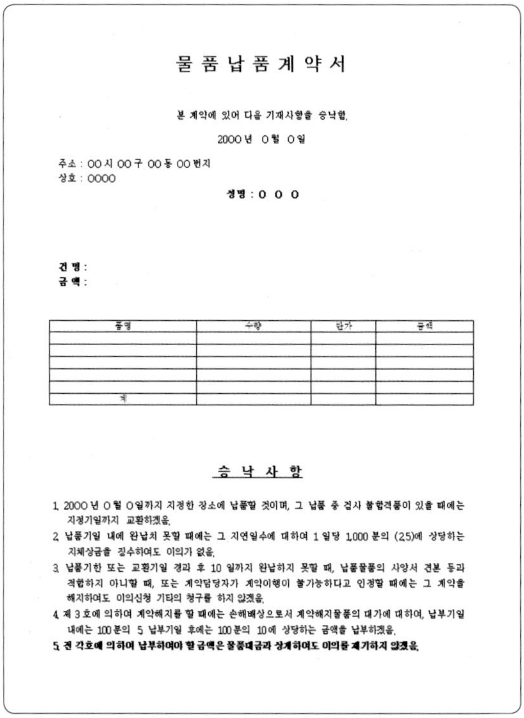

물 품 납 품 계 약 서

본 계약에 있어 다음 기재사항을 승낙함.

2000 년 0 월 0 일

주소 : 00 시 00 구 00 동 00 번지
상호 : 0000

성명 : 0 0 0

건 명 :
금 액 :

품명	수량	단가	금액
계			

승 낙 사 항

1. 2000 년 0 월 0 일까지 지정한 장소에 납품할 것이며, 그 납품 중 검사 불합격품이 있을 때에는 지정기일까지 교환하겠음.
2. 납품기일 내에 완납치 못할 때에는 그 지연일수에 대하여 1 일당 1,000 분의 (2.5)에 상당하는 지체상금을 징수하여도 이의가 없음.
3. 납품기한 또는 교환기일 경과 후 10 일까지 완납하지 못할 때, 납품물품의 사양서 견본 등과 적합하지 아니할 때, 또는 계약담당자가 계약이행이 불가능하다고 인정할 때에는 그 계약을 해지하여도 이의신청 기타의 청구를 하지 않겠음.
4. 제 3 호에 의하여 계약해지를 할 때에는 손해배상으로서 계약해지물품의 대가에 대하여, 납부기일 내에는 100 분의 5 납부기일 후에는 100 분의 10 에 상당하는 금액을 납부하겠음.
5. **전 각호에 의하여 납부하여야 할 금액은 물품대금과 상계하여도 이의를 제기하지 않겠음.**

위 파일이 매일매일 반복해서 작성해야 하는 계약서 양식입니다. 이 양식을 기본으로 하고, 여기서 몇몇 글자들만 바꾸는 것이죠.

② 우선 파이썬으로 이 파일을 로드해 보겠습니다. doc라는 변수를 만들어서 Document를 열고 파일을 넣어줍니다. 현재 워드 파일과 프로그램 파일이 같은 디렉터리에 있으니까 경로는 따로 설정하지 않아도 됩니다.

그 아래 para라는 변수를 만듭니다. doc에는 많은 paragraph가 있을 테니 para에 doc의 paragraph를 넣은 뒤 para를 출력해 보겠습니다.

코드

```python
from docx import Document
from docx.shared import Inches

doc = Document('contract_form.docx')
para = doc.paragraphs

print(para)
```

결과

```
[<docx.text.paragraph.Paragraph object at 0x000001DB120F1288>, <docx.text.
paragraph.Paragraph object at 0x000001DB120FCA08>, <docx.text.paragraph.
Paragraph object at 0x000001DB120FCA88>, <docx.text.paragraph.Paragraph
object at 0x000001DB120FC988>, <docx.text.paragraph.Paragraph object at
0x000001DB120FC9C8>, <docx.text.paragraph.Paragraph object at 0x000001DB-
120FC908>, <docx.text.paragraph.Paragraph object at 0x000001DB120FCB08>,
<docx.text.paragraph.Paragraph object at 0x000001DB120FCAC8>, <docx.text.
paragraph.Paragraph object at 0x000001DB120FCA48>, <docx.text.paragraph.
Paragraph object at 0x000001DB120FC808>, <docx.text.paragraph.Paragraph
object at 0x000001DB120FCE48>, <docx.text.paragraph.Paragraph object at
0x000001DB120FCBC8>, <docx.text.paragraph.Paragraph object at 0x000001DB-
120FCC48>, <docx.text.paragraph.Paragraph object at 0x000001DB120FCCC8>,
```

```
<docx.text.paragraph.Paragraph object at 0x000001DB120FCD08>, <docx.text.
paragraph.Paragraph object at 0x000001DB120FCD88>, <docx.text.paragraph.
Paragraph object at 0x000001DB120FCDC8>, <docx.text.paragraph.Paragraph
object at 0x000001DB120FCE88>, <docx.text.paragraph.Paragraph object at
0x000001DB120FCEC8>, <docx.text.paragraph.Paragraph object at 0x000001DB-
120FCF48>, <docx.text.paragraph.Paragraph object at 0x000001DB120FCF88>,
<docx.text.paragraph.Paragraph object at 0x000001DB120FC4C8>, <docx.text.
paragraph.Paragraph object at 0x000001DB120FC388>]
```

③ 앗, 뭐가 엄청 많이 나왔습니다. 이건 무슨 타입일까요?

코드
```
(…)
print(type(para))
```

결과
```
<class 'list'>
```

타입을 물어보니 리스트라고 하네요. 리스트라면 paragraph를 몇 개 가지고 있을까요?

코드
```
(…)
print(len(para))
```

결과
```
23
```

paragraph가 23개, 즉 물품납품계약서에는 23개 문단이 있습니다. para[0]부터 para[22]까지 문단이 쭉쭉 있겠네요.

④ 문서 전체를 로드하려면 이 paragraph를 잘 사용해야 할 것 같죠? python-docx 공식 홈페이지에 가서 paragraph에 어떤 기능이 있는지 좀 더 살펴보겠습니다. python-docx 홈페이지의 메인 페이지에서 User Guide를 지나 밑으로 스크롤하면 다음과 같이 API Documentation의 하위 내용 중 Paragraph objects가 보입니다.

▼ 그림 24-10 API Documentation > Text-related objects > Paragraph objects

API Documentation

- Document objects
    - `Document` constructor
    - `Document` objects
    - `CoreProperties` objects
- Document `Settings` objects
- Style-related objects
    - `Styles` objects
    - `BaseStyle` objects
    - `_CharacterStyle` objects
    - `_ParagraphStyle` objects
    - `_TableStyle` objects
    - `_NumberingStyle` objects
    - `LatentStyles` objects
    - `_LatentStyle` objects
- Text-related objects
    - `Paragraph` objects
    - `ParagraphFormat` objects
    - `Run` objects
    - `Font` objects

들어가면 아까 본 add_run() 메서드도 보이고, clear() 메서드도 있습니다. alignment는 괄호가 없는 걸로 보아 속성인 것 같아요. 밑으로 스크롤하면 여러 메서드와 속성이 나오네요. 속성은 attribute라고 하는데 그냥 값, 속성값입니다.

▼ 그림 24-11 메서드, 속성

Text-related objects

Paragraph objects

class docx.text.paragraph.**Paragraph** [source]

Proxy object wrapping <w:p> element.

add_run(*text=None*, *style=None*) [source]

Append a run to this paragraph containing ***text*** and having character style identified by style ID ***style***. ***text*** can contain tab (\t) characters, which are converted to the appropriate XML form for a tab. ***text*** can also include newline (\n) or carriage return (\r) characters, each of which is converted to a line break.

alignment

A member of the WD_PARAGRAPH_ALIGNMENT enumeration specifying the justification setting for this paragraph. A value of **None** indicates the paragraph has no directly-applied alignment value and will inherit its alignment value from its style hierarchy. Assigning **None** to this property removes any directly-applied alignment value.

clear()

Return this same paragraph after removing all its content. Paragraph-level formatting, such as style, is preserved.

⑤ 메서드를 쭉 살펴보니 아래에 text라는 속성이 있는데, 문단의 텍스트를 문자열 형태로 돌려준다고 합니다.

▼ 그림 24-12 text 속성

> **text**
> String formed by concatenating the text of each run in the paragraph. Tabs and line breaks in the XML are mapped to \t and \n characters respectively.
>
> Assigning text to this property causes all existing paragraph content to be replaced with a single run containing the assigned text. A \t character in the text is mapped to a <w:tab/> element and each \n or \r character is mapped to a line break. Paragraph-level formatting, such as style, is preserved. All run-level formatting, such as bold or italic, is removed.

한번 텍스트를 출력해 볼까요? 0번째 paragraph의 텍스트를 출력하니까 맨 위에 있던 제목이 나오는군요!

코드	결과
(…) print(para[0].text)	물 품 납 품 계 약 서

⑥ 이번에는 문단이 어떤 식으로 들어가 있는지 알아보기 위해 모든 문단을 다 출력해 보겠습니다. for문을 사용해 0부터 para의 길이만큼 돌면서 텍스트를 출력합니다.

코드

```python
from docx import Document
from docx.shared import Inches

doc = Document('contract_form.docx')
para = doc.paragraphs

for i in range(0, len(para)):
    print(para[i].text)
```

물 품 납 품 계 약 서

본 계약에 있어 다음 기재사항을 승낙함.

2000년 0월 0일

주소 : 00시 00구 00동 00번지
상호 : 0000
성명 : 0 0 0

건 명 :
금 액 :

승 낙 사 항

 1. 2000년 0월 0일까지 지정한 장소에 납품할 것이며, 납품 중 불량품이 있을 때는 지정기일까지 교환하겠음.
 2. 납품기일 내에 완납하지 못할 때는 지연일수에 대하여 1일당 1,000분의(2.5)에 상당하는 지체상금을 징수하여도 이의가 없음.
 3. 납품기한 또는 교환기일 경과 후 10일까지 완납하지 못할 때, 납품물품의 사양서 견본 등과 적합하지 아니할 때, 또는 계약담당자가 계약이행이 불가능하다고 인정할 때는 계약을 해지하여도 이의신청 기타의 청구를 하지 않겠음.
 4. 제3호에 의하여 계약해지를 할 때는 손해배상으로서 계약해지물품의 대가에 대하여, 납부기일 내에는 100분의 5, 납부기일 후에는 100분의 10에 상당하는 금액을 납부하겠음.
 5. 전 각호에 의하여 납부하여야 할 금액은 물품대금과 상계하여도 이의를 제기하지 않겠음.

❼ 문서 전체가 로드되었습니다! 각 paragraph가 몇 번째 문단인지, 몇 번째 행인지 확실하게 알 수 있도록 각 문단 앞에 번호(라인 넘버)도 함께 넣어 보겠습니다. 식별자 i는 정수이므로 문자열로 캐스팅한 뒤 약간 간격을 주고 다시 출력합니다.

```
( … )
for i in range(0, len(para)):
    print(str(i) + "    " + para[i].text)
```

```
0    물 품 납 품 계 약 서
1
2    본 계약에 있어 다음 기재사항을 승낙함.
3
4    2000년  0월  0일
5
6    주소 : 00시 00구 00동 00번지
7    상호 : 0000
8    성명 : 0  0  0
9
10
11    건 명 :
12    금 액 :
13
14
15
16    승 낙 사 항
17
18    1. 2000년 0월 0일까지 지정한 장소에 납품할 것이며, 납품 중 불량품이 있을 때
는 지정기일까지 교환하겠음.
19    2. 납품기일 내에 완납하지 못할 때는 지연일수에 대하여 1일당 1,000분의(2.5)
에 상당하는 지체상금을 징수하여도 이의가 없음.
20    3. 납품기한 또는 교환기일 경과 후 10일까지 완납하지 못할 때, 납품물품의 사양
서 견본 등과 적합하지 아니할 때, 또는 계약담당자가 계약이행이 불가능하다고 인정할 때
는 계약을 해지하여도 이의신청 기타의 청구를 하지 않겠음.
21    4. 제3호에 의하여 계약해지를 할 때는 손해배상으로서 계약해지물품의 대가에 대
하여, 납부기일 내에는 100분의 5, 납부기일 후에는 100분의 10에 상당하는 금액을 납부
하겠음.
22    5. 전 각호에 의하여 납부하여야 할 금액은 물품대금과 상계하여도 이의를 제기하
지 않겠음.
```

각 문단 앞에 번호가 붙으니 훨씬 알아보기가 쉽네요. paragraph 0번은 물품납품계약서, 1번은 빈 공간, 2번은 본 계약에~, 3번은 빈 공간, 4번은 날짜 (…) 이런 식으로 들어가 있습니다.

document가 하나 있고 그 아래 paragraph가 23개 들어 있는 구조라는 것을 알았으니 원하는 paragraph에 접근해서 글을 작성하거나 수정하면 될 것 같습니다.

워드 파일 수정

paragraph에 글을 작성하는 방법은, python-docx 공식 홈페이지의 설명과 예제 코드를 참조할 때, 크게 다음 두 가지가 있습니다.

> **1** | 해당 paragraph에 직접 접근하여 텍스트를 입력/수정하는 방법
>
> **코드**
> ```
> para[0].text = blablabla
> ```
>
> **2** | paragraph를 run으로 보낸 다음 run과 add_run()을 이용해 텍스트를 입력/수정하는 방법
>
> **코드**
> ```
> run = para[0]
> run.add_run("blablabla")
> ```

1번 방법은 paragraph에 직접 텍스트를 입력하고, 2번 방법은 paragraph를 가져와서 문자열을 뒤에 append()합니다.

python-docx 공식 홈페이지 예제들을 훑어보면, 아까 맨 앞의 예제에서도 봤지만, paragraph를 가져와서 add()하는 방법을 주로 사용합니다. 즉, 2번 방법이 텍스트를 넣거나 어떤 효과(폰트, 스타일 등)를 넣을 때 사용하는 정석적인 방법인 듯합니다. 우리는 코드를 작성하면서 필요할 때마다 1번과 2번 방법을 적절히 사용하겠습니다.

날짜(1번 방법)

날짜는 내가 직접 넣을 수도 있고, 오늘 날짜를 자동으로 입력할 수도 있습니다. 일단은 날짜를 직접 입력해 보겠습니다. OOOO년 O월 O일 형태로 들어가므로, 1번 방법을 사용한다면 다음과 같이 작성합니다. 그리고 변경된 내용은 test.docx 파일로 저장합니다.

코드
```python
from docx import Document
from docx.shared import Inches

doc = Document('contract_form.docx')
para = doc.paragraphs

para[4].text = "2022년 1월 1일"

doc.save('test.docx')
```

실행하면 디렉터리에 test.docx 파일이 생성됩니다.

▼ 그림 24-13 test.docx 파일 생성

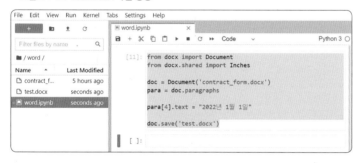

test.docx 파일을 열어보면 우리가 지정한 날짜로 바뀌어 있습니다.

▼ 그림 24-14 날짜 변경(1번 방법)

날짜(2번 방법)

이번에는 2번 방법으로 입력해 보겠습니다. 1번 방법은 잠시 주석으로 처리해두고, 2번 방법을 사용해 4번 paragraph(para[4])에 add_run( )으로 원하는 날짜를 넣어줍니다.

```
코드
from docx import Document
from docx.shared import Inches

doc = Document('contract_form.docx')
para = doc.paragraphs

# para[4].text = "2022년 1월 1일"

run = para[4]
run.add_run("2022년 1월 1일")

doc.save('test.docx')
```

▼ 그림 24-15 날짜 변경(2번 방법)

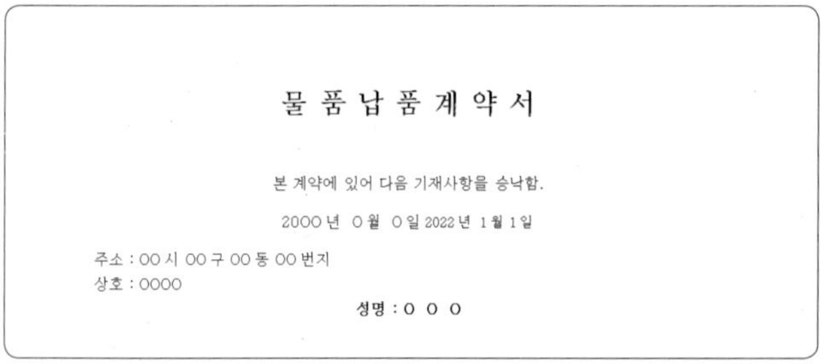

물 품 납 품 계 약 서

본 계약에 있어 다음 기재사항을 승낙함.

2000 년 0 월 0 일 2022년 1월 1일

주소 : 00 시 00 구 00 동 00 번지
상호 : 0000

성명 : 0 0 0

2번 방법을 사용하니 이미 있는 텍스트 뒤에 append됩니다. add_run( )은 이렇게 뒤에 텍스트가 추가되는 메서드라는 게 확실해졌습니다. 지금은 날짜를 직접 입력했는데, 여기서 더 나아가,

파이썬이 오늘 날짜를 자동으로, 알아서 입력하게 하고 싶다!

라는 생각이 들었나요? 날짜를 만드는 함수가 분명히 있을 텐데 이 작업은 다음 시간에 해 보겠습니다. 일단 이번 시간에는 python-docx와 더 친해져 봅시다.

주소와 상호

para[4]의 날짜를 바꿔줬으니, 이번에는 para[6]의 주소를 바꿔 보겠습니다. add_run()을 사용하면 이미 있는 텍스트 뒤에 추가될 테니, 직접 바꾸겠습니다.

```
코드
from docx import Document
from docx.shared import Inches

doc = Document('contract_form.docx')
para = doc.paragraphs

para[4].text = "2022년 1월 1일"

para[6].text = "주소 : 성남시 수정구 수정 1동 1번지"
para[7].text = "상호 : 거니전자"

doc.save('test.docx')
```

para[7]의 상호도 거니전자로 바꿔주고요. 사실 회사 주소나 상호는 항상 수정해야 하는 정보가 아니라 모든 계약서에 고정으로 들어가는 문자열이기 때문에 한번 하드코딩해 주면 다음부터는 수정할 일이 없을 겁니다.

하드코딩이란 데이터를 코드에 직접 쓰는 방식을 말해요. 이러면 값이 딱 고정되어 있죠.

이름

para[8]은 이름인데, 이름인 만큼 뭔가 좀 특별하게 꾸며 보겠습니다. 사이즈도 좀 키우고, 굵은 글씨로 보여주고 싶어요. 지금까지는 직접 입력하는 방법을 썼지만, 스타일을 적용해야 하니 이번에는 2번 방법으로 수정해 보겠습니다.

python-docx 공식 홈페이지에서 스타일을 적용하는 방법을 찾아봅니다. User Guide에서 이번에는 Working with Text 부분으로 들어갑니다. 텍스트와 관련한 설명들이 쭉 나옵니다.

▼ 그림 24-16 User Guide > Working with Text

User Guide

- Installing
- Quickstart
- Working with Documents
- Working with Text
- Working with Sections
- Working with Headers and Footers
- API basics
- Understanding Styles
- Working with Styles
- Understanding pictures and other shapes

스크롤을 내리다 보면 아래에 Apply character formatting이라고 나오는데 여기에 우리가 원하는, paragraph를 가져와서 폰트의 사이즈와 스타일을 수정하는 방법이 나와 있습니다. 이걸 참고해서 작업해 볼까요?

▼ 그림 24-17 Apply character formatting

Apply character formatting

Character formatting is applied at the Run level. Examples include font typeface and size, bold, italic, and underline.

A Run object has a read-only font property providing access to a Font object. A run's Font object provides properties for getting and setting the character formatting for that run.

Several examples are provided here. For a complete set of the available properties, see the Font API documentation.

The font for a run can be accessed like this:

```
>>> from docx import Document
>>> document = Document()
>>> run = document.add_paragraph().add_run()
>>> font = run.font
```

Typeface and size are set like this:

```
>>> from docx.shared import Pt
>>> font.name = 'Calibri'
>>> font.size = Pt(12)
```

우선 run을 만들어서 8번 paragraph를 데리고 옵니다.

```
코드
( ⋯ )
para[7].text = "상호 : 거니전자"

run = para[8]
```

그리고 add_run()을 사용해 필요한 텍스트를 넣어줍니다.

```
코드
( ⋯ )
run = para[8].add_run("성명 : 이 거 니")
```

예제 코드를 보니 폰트를 수정하려면 Pt를 임포트해야 한다고 합니다. 맨 위에 import문을 넣어줍니다. 그리고 run.font를 사용해 사이즈를 지정합니다.

```
from docx import Document
from docx.shared import Inches
from docx.shared import Pt
(…)
run = para[8].add_run("성명 : 이 거 니")
run.font.size = Pt(15)
run.bold = True

doc.save('test.docx')
```

굵기(bold) 역시 True로 설정하고 실행합니다. 결과를 보니 이름이 append( )되었네요.

▼ 그림 24-18 이름 변경

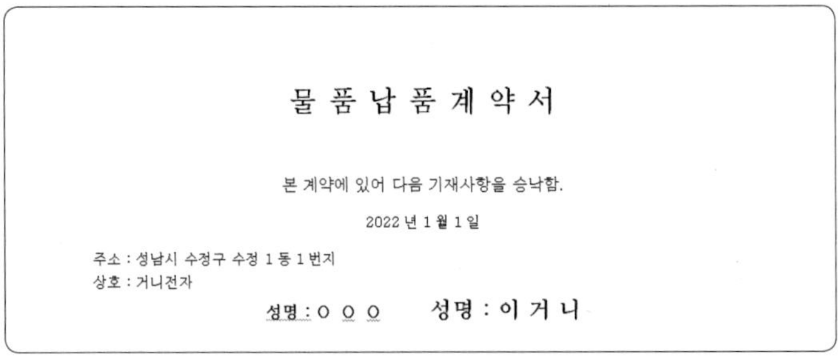

우리는 추가하려는 의도가 아니므로, 작성하기 전에 para[8]의 텍스트를 비워준 다음 add_run( )을 적용해보면 어떨까요?

```
(…)
para[8].text = ''
run = para[8].add_run("성명 : 이 거 니")
run.font.size = Pt(15)
run.bold = True

doc.save('test.docx')
```

▼ 그림 24-19 수정한 이름 변경

물 품 납 품 계 약 서

본 계약에 있어 다음 기재사항을 승낙함.

2022 년 1 월 1 일

주소 : 성남시 수정구 수정 1 동 1 번지
상호 : 거니전자

성 명 : 이 거 니

의도한 대로 잘 나왔네요. 이름이 강조 표시되었어요. paragraph에 직접 입력하는 방법, paragraph를 데리고 와서 run으로 보낸 다음 run과 add_run( )을 이용해 입력/수정하는 방법을 모두 사용해 봤습니다.

다음으로 나오는 '건명'과 '금액'은 데이터를 입력해야 나오는 부분이므로 나중에 입력하겠습니다.

테이블

그런데 문서에서는 '금액' 다음에 테이블(표)이 있었는데, 테이블이 보이지 않네요. 혹시 테이블은 paragraph가 아닌 걸까요? 구글에서 다시 한번 검색해 보겠습니다.

구글에서 python-docx read table example이라고 검색하니 스택오버플로라는 개발자 커뮤니티에 누가 테이블 관련 코드에 대해 답을 달아 놓은 게 있네요.[3]

▼ 그림 24-20 python-docx read table example

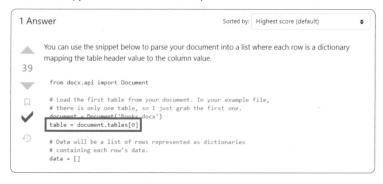

---

3 https://stackoverflow.com/questions/27861732/parsing–of–table–from–docx–file

아, 테이블은 document에서 직접 가져오는군요.

```
코드
table = document.tables[0]
```

document 아래 paragraph가 있고, paragraph 아래 table이 있는 줄 알았는데, paragraph가 아니라 상위 그룹인 document에서 따로 table을 관리한다고 이해하면 됩니다.

▼ 그림 24-21 document에서 table을 관리

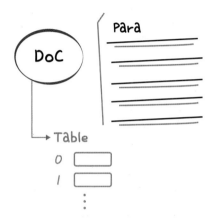

그러면 우선 이 문서에 테이블이 몇 개 있는지 확인해 보겠습니다(저장 코드는 주석 처리).

```
코드
( … )
print(len(doc.tables))
# doc.save('test.docx')
```

```
결과
1
```

한 개 있군요. 그럼 바로 다음과 같이 테이블을 가져오겠습니다. doc가 보관 중인 첫 번째 테이블은 doc.table[0]을 통해 접근할 수가 있겠죠?

```
코드
( … )
table = doc.tables[0]
# doc.save('test.docx')
```

다음에 해결해야 할 문제는 '테이블 내용에 어떻게 접근할까?'입니다. 이번에도 구글에서 검색해 봅시다. 구글에 python-docx read table이라고 검색하니, 역시 스택오버플로에 누군가 먼저 질문을 올려 놨습니다.[4]

▼ 그림 24-22 python-docx read table

2. Accessing content

To access the content of chosen cells, you can reach them through columns or rows.
Using the above example of accessing iterable variables, we'll print the content of the first cell in the first column of the first table:

```
tables[0].columns[0].cells[0].text
```

and here we'll print the content of all cells in the second row of the first table:

```
for cell in tables[0].rows[1].cells:
    print(cell.text)
```

답변을 보면 한 테이블에 대해 columns로도 접근할 수 있고, rows로도 접근할 수 있습니다.

- tables[0].columns[0].cells[0].text

  테이블을 세로(열)부터 접근하고 싶다면 columns[' ']로 원하는 열을 지정한 후 cells[ ]를 통해 원하는 데이터에 접근

- tables[0].rows[0].cells[0].text

  테이블을 가로(행)부터 접근하고 싶다면 rows[' ']로 원하는 행을 지정한 후 cells[ ]를 통해 원하는 데이터에 접근

▼ 그림 24-23 columns, rows, cells

		columns[0]		columns[1]	columns[2]	columns[3]
rows[0]	품명	cells[0]	수량	단가	금액	
rows[1]		cells[1]				
rows[2]		cells[2]				
rows[3]		cells[3]				
rows[4]		cells[4]				
rows[5]		cells[5]				
rows[6]	계	cells[6]				

---

4 https://stackoverflow.com/questions/67096301/i-need-to-get-a-table-with-data-from-a-docx-file

만약 '품명' 셀에 접근한다면, rows[0]을 통해 행으로 접근하여 첫 번째 셀 cells[0]으로 접근하거나, columns[0]을 통해 열로 접근하여 첫 번째 셀인 cells[0]으로 접근하면 됩니다. 그러면 rows[0]의 cells[0] 값을 출력해볼 수 있겠죠?

```
코드
(…)
table = doc.tables[0]
print(doc.tables[0].rows[0].cells[0])

# doc.save('test.docx')
```

```
결과
<docx.table._Cell object at 0x000001DB11DAA888>
```

실행하면 셀 오브젝트(Cell object)로 나오는군요. 그러면 셀 오브젝트에 텍스트가 있나요?

```
코드
(…)
table = doc.tables[0]
print(doc.tables[0].rows[0].cells[0].text)
print(doc.tables[0].columns[0].cells[0].text)
```

```
결과
품명
품명
```

아하, 0번 table의 0번 row의 0번 cell에는 품명이라는 텍스트가 있습니다. 또한, 열로 접근했을 때 0번 table의 0번 column의 0번 cell에도 역시 품명이라는 텍스트가 나오는 것을 볼 수 있습니다.

우리가 앞에서 파악한 대로 테이블이 이루어져 있네요. 취향에 따라 rows 또는 columns로 접근하여 행이나 열을 선택한 뒤 cells로 [0]번째, [1]번째 (…) 셀로 접근합니다. 그런 다음 나머지 데이터를 채워주면 완성이겠죠?

이 코드를 원래 작성하던 코드로 가져와서 품명은 광센서, 수량 5개, 단가 500원, 금액 2500원으로 저장해 볼게요. (품명은 모델명이 아니라 큰 카테고리의 부품명으로 넣을게요.)

파일을 연 상태에서 test.docx에 저장하려고 하면 오류가 나면서 저장되지 않습니다. 이 점 주의해 주세요!

```
코드
( ··· )
table = doc.tables[0]
doc.tables[0].rows[1].cells[0].text = '광센서'
doc.tables[0].rows[1].cells[1].text = '5'
doc.tables[0].rows[1].cells[2].text = '500'
doc.tables[0].rows[1].cells[3].text = '2500'

doc.save('test.docx')
```

넣고자 한 값들이 잘 들어갔습니다.

▼ 그림 24-24 입력 성공

품명	수량	단가	금액
광센서	5	500	2500
계			

좀 더 자동화스러운 프로그램

여기서 한 가지 생각해 봅시다. 지금까지는 하나하나 직접 손으로 값을 입력했습니다. 내일 또 계약서를 작성할 때 파이썬을 실행해서 값을 바꾼 다음 실행하면 새로운 값들이 입력된 계약서가 나오겠지만, 이걸 자동화라고 부를 수 있을까요? 자동화 프로그램이라고 하는데 내가 손으로 코드를 다 쳐야 한다?

예를 들어 식당에 들어가는데 자동문이 있어요. '자동문이구나!' 하고 앞으로 갔는데, 문이 안 열려요. 보니까 옆에 누르는 버튼이 있어서 이걸 눌러야 문이 열립니다. '이게 자동문인가? 센서가 있어서 앞에 가기만 하면 열리는 게 자동문 아닌가?' 현재는 이런 느낌입니다.

이 프로그램을 조금만 더 자동으로 돌아가게 만들어보면 좋을 것 같아요. 자동화 방법으로는 다음 두 가지를 생각해볼 수 있습니다.

1 | 파이썬 코드를 직접 수정하지 않고 수정해야 할 정보만 입력받아서 (사용자에게 input()으로 입력받듯이) 문서 파일(.docx)을 생성하는 방법

2 | 사용할 정보들을 어딘가에 쭉 입력해 놓으면 파이썬이 알아서 가져가는 방법. 예를 들어 메모장에 새로운 정보를 입력해 놓으면 프로그램이 알아서 텍스트를 가져온 뒤 알아서 알맞은 곳에 넣고 알아서 문서 파일을 생성하는 거죠.

어떤 방법이 좋을까요? 그러고 보니 앞에서 input() 함수는 다뤄봤지만, 파이썬과 파일을 다루는 건 아직 해보지 않았네요. 이번 기회에 파이썬과 텍스트 파일과 같이 놀아보는 것도 좋을 것 같으니, 두 번째 방법을 함께 알아봅시다!

정리

이번 시간에는 워드와 파이썬을 함께 사용할 수 있는 python-docx 라이브러리를 다운로드해 설치하고, 이것저것 실행해보며 감을 익혀 봤습니다.

다음 시간에는 현재 프로그램을 조금 더 간소화하고, 메모장에 내가 필요한 정보들을 넣어두면 파이썬이 알아서 메모장을 읽은 뒤 중요 데이터를 가져다가 채워 넣는 방식으로 자동화를 한 단계 더 발전해 보겠습니다.

코딩 시작

우리는 python-docx를 다운로드해서 중요한 텍스트를 손으로 입력하고, 워드 파일로 저장하는 것까지 해봤어요. 파이썬 코드로 워드 문서를 작성해본 것이죠.

이제 한 단계 더 발전시켜서 텍스트를 손으로 입력하는 게 아니라, 메모장에 내용을 써서 저장해두면 자동으로 내용을 가져와서 입력해주고, 그럴싸~한 계약서를 만들어주는 자동화 프로그램을 만들어 보겠습니다.

프로그램 구성

위에서 설명한 워드 자동화 프로그램을 만들기 위해 다음과 같은 과정을 진행합니다.

- 1단계: 메모장으로 텍스트 파일을 만들어 데이터 저장하기
- 2단계: 파이썬에서 데이터가 든 텍스트 파일을 읽어오기
- 3단계: 읽어온 데이터를 잘 다루기 위해 자료 구조에 넣기
- 4단계: 자료 구조에 담긴 데이터를 워드 파일에 채워 넣고 저장하기

그럼, 하나하나 차근차근 해결해 볼까요?

1단계 데이터 저장하기

이전 시간에는 워드로 된 물품납품계약서 문서에서 필요한 부분을 수정한 뒤 새로운 워드 파일로 만들었는데,

만약 이 작업을 자동화한다면?

만약 메모장에 내용만 써도 자동으로 입력된다면?

이때 필요한 정보는 뭘까요? 주소, 상호, 성명과 같은 데이터는 한 번 입력해 놓으면 수정할 일이 거의 없지요. 대체로 고정되어 있기 때문에 자동화에 필요한, 즉 중요한 데이터라고 볼 수는 없습니다. 그렇다면 메모장에 들어 있어야 할 중요한 데이터로는 어떤 것들이 있을까요? 생각해 봅시다.

날짜: 중요하죠. 필요한 데이터입니다. 게다가 두 개가 필요합니다. 먼저 계약 날짜가 들어 갑니다. 그리고 아래 '승낙사항'을 보면 지정 장소에 납품하겠다고 하는 납품 날짜가 들어 갑니다. 다시 말해 계약 날짜와 납품 날짜, 두 종류의 날짜를 입력해야 합니다.

건명: 매번 체크해야 하는 중요한 데이터죠. 그때그때 달라질 수 있습니다.

금액: 역시 수량이나 단가에 따라 매번 바뀌는 데이터이므로 계산해야 합니다. 테이블의 내용을 입력하다 보면 자연스럽게 금액이 계산될 것 같네요.

테이블: 테이블에는 네 가지 값, 즉 품명, 수량, 단가, 금액이 들어갑니다.

자, 그렇다면 우리가 받아야 할 데이터는 다음과 같이 정리할 수 있습니다.

▼ 그림 25-1 물품납품계약서 워드 문서

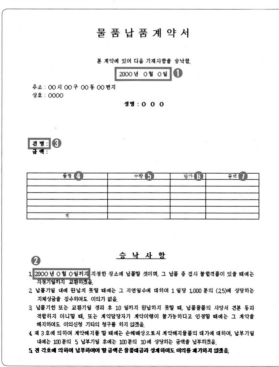

① 계약 날짜
② 납품 날짜
③ 건명
④ (테이블의) 품명
⑤ (테이블의) 수량
⑥ (테이블의) 단가
⑦ (테이블의) 금액

좋습니다. 이제 예를 들어 다음과 같은 요청사항을 메신저로 받았다고 가정하고, 이 물품을 납품해 볼게요. (자세한 모듈명은 생략하고 간단하게 표기합니다.)

서보 모터 10개 5000원 50000원

온도 센서 5개 3000원 15000원

자, 메모장에 입력해 보겠습니다. 날짜 두 개, 건명, 테이블 내용(품명, 수량, 단가, 금액)을 순서대로 입력합니다. 계약 날짜와 납품 날짜에 들어갈 날짜를 입력하는 방법에는 여러 가지가 있습니다.

- '오늘'이라고 되어 있으면 파이썬에서 오늘 날짜를 입력

- '내일'이라고 되어 있으면 내일 날짜를 입력

- '20220513'처럼 날짜 형식으로 되어 있으면 해당 날짜를 입력

음… 마지막 방법으로 날짜를 입력하고 싶은데 일단은 오늘, 내일을 입력하는 방법을 진행해 보겠습니다. 건명은 임의로 '전자부품 매매건'이라고 할게요. 테이블 내용은 표에 들어가므로 단위는 생략하고 숫자만 입력했습니다. 정보를 다 입력한 뒤에는 이전 시간에 사용하던 디렉터리에 list.txt라는 이름으로 저장합니다.

```
오늘
내일
전자부품 매매건
서보 모터
10
5000
50000
온도 센서
5
3000
15000
```

2단계 파이썬에서 텍스트 파일 읽어오기

다음 단계는 파이썬에서 텍스트 파일을 읽어오는 겁니다. 어떻게 파이썬에서 텍스트 파일을 읽어올 수 있을까요? 이럴 때 우리가 해야 할 일은? 구글로 가야죠?

1 구글에서 파이썬에서 텍스트를 읽는 법(python txt read)을 검색해 볼게요. 블로그 글이 많이 나오는데요. 검색 결과 중 https://www.w3schools.com의 Python File Open이라는 항목으로 들어가 보겠습니다.

▼ 그림 25-2 구글 검색: python txt read

2 해당 사이트의 샘플 코드를 살펴봅시다. open( )이라는 함수를 사용해서 텍스트 파일을 읽는다고 합니다. 읽어오려는 텍스트 파일 이름과 모드를 넣어줍니다. 샘플 코드에서는 r, 즉 읽기 모드로 오픈해서 f라는 변수에 텍스트 파일의 영혼을 불어넣어 주겠다고 하네요. 이제부터 f는 텍스트 파일이 된 겁니다.

▼ 그림 25-3 w3schools.com > Python File Open

To open the file, use the built-in `open()` function.

The `open()` function returns a file object, which has a `read()` method for reading the content of the file:

Example

```
f = open("demofile.txt", "r")
print(f.read())
```

`Run Example »`

3 샘플 코드를 그대로 사용해 보겠습니다. 앞에서 작성한 word.ipynb 파일에서 안 쓰는 부분을 지우고, 다음과 같이 넣어볼게요.

```python
from docx import Document
from docx.shared import Inches
from docx.shared import Pt

doc = Document('contract_form.docx')
para = doc.paragraphs

para[4].text = "2022년 1월 1일"
para[6].text = "주소 : 성남시 수정구 수정 1동 1번지"
para[7].text = "상호 : 거니전자"

para[8].text = ''
run = para[8].add_run("성명 : 이 거 니")
run.font.size = Pt(15)
run.bold = True

table = doc.tables[0]
file = open("list.txt", "r")
print(file.readline())

# doc.save('test.docx')
```

f 대신 더 알아보기 쉽게 file이라고 하고, list.txt 파일을 읽습니다. 그리고 file에 readline()
메서드를 호출합니다. 일단 save 코드는 주석으로 처리해두고 실행해보면, 다음과 같은 오
류가 뜨네요. 그런데 오류 메시지를 봐도 무엇이 잘못된 건지 잘 모르겠습니다.

```
UnicodeDecodeError   Traceback (most recent call last)
<ipython-input-2-b3addb530603> in <module>
     17 table = doc.tables[0]
     18 file = open("list.txt", "r")
---> 19 print(file.readline())
     20
     21 # doc.save('test.docx')
UnicodeDecodeError: 'cp949' codec can't decode byte 0xec in position 2:
illegal multibyte sequence
```

④ 자, 이럴 때는 오류 메시지를 그대로 복사해서 구글에서 검색해 봅니다. 과연 어떤 오류일까요?

▼ 그림 25-4 오류 메시지 검색

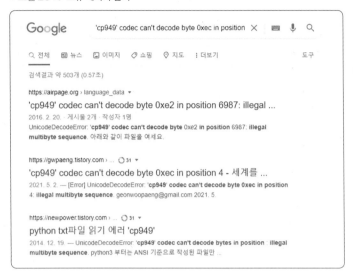

검색 결과를 보니 묘하게 한글로 설명된 문서들이 주로 뜹니다. '아… 한글과 관련이 있겠구나!' 하는 짐작이 가죠? 아마도 한글을 그냥 읽어오면 안 되고 어떤 변환을 해서 읽어와야 할 것 같습니다.

블로그들을 살펴보니 한글을 읽어올 때는 텍스트 파일을 읽은 다음("r"), UTF-8(encoding='UTF-8')로 인코딩해줘야 한다고 합니다. 다음과 같이 "r" 뒤에 넣어주고 다시 실행합니다.

코드
```
(…)
file = open("list.txt", "r", encoding='UTF-8')
print(file.readline())
```

결과
```
오늘
```

실행 결과, 첫 번째 라인인 '오늘'을 읽어왔습니다. 자, 우리가 file이라는 변수를 만들어서 open() 함수를 이용해 파일을 정해주고, 읽어오겠다고 했습니다. 앞으로 변수 file은 건네진 파일 그 자체인 척 연기하면서 파일과 관련한 다양한 작업을 도와주게 되는데, 이번에는 '해당 파일을 한 줄 읽어봐라(readline())'라고 했더니 첫 번째 줄을 읽어온 거죠.

⑤ 만약 readline()을 한 번 더 작성하면, 두 번째 라인도 읽어옵니다. readline() 메서드는 이처럼 한 줄씩 읽어옵니다.

```
코드
(…)
file = open("list.txt", "r", encoding='UTF-8')
print(file.readline())
print(file.readline())
```

```
결과
오늘
내일
```

3단계(1) 읽어온 데이터를 자료 구조에 넣기: 리스트

파이썬으로 텍스트 파일을 읽어오는 데 성공했습니다. 그런데 한 줄씩 읽어온단 말이죠. 어차피 다 읽어야 하는데 한 줄씩 말고 그냥 다 가져오면 안 될까요?

① 우리가 원하는 건 모든 텍스트를 가져오는 겁니다. 이왕이면 가져와서 활용하기 좋게 자료 구조에도 넣고 싶습니다. 우선 앞에서 참고했던 w3schools.com에서 우리가 원하는 동작을 하는 코드가 있나 찾아봅시다.

▼ 그림 25-5 whole text[5]

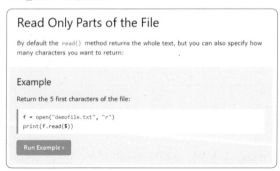

Read Only Parts of the File

By default the `read()` method returns the whole text, but you can also specify how many characters you want to return:

Example

Return the 5 first characters of the file:

```
f = open("demofile.txt", "r")
print(f.read(5))
```

Run Example »

---

5 https://www.w3schools.com/python/python_file_open.asp

아하, read( ) 메서드를 사용하면 한 번에 모든 텍스트를 가지고 온다고 하네요. read( ) 메서드로 list.txt 파일을 읽어보니, 이제 다 읽어왔네요!

```
코드
(…)
file = open("list.txt", "r", encoding='UTF-8')
print(file.read())
```

```
결과
오늘
내일
전자부품 매매건
서보 모터
10
5000
50000
온도 센서
5
3000
15000
```

❷ 읽어온 단어들은 저장해두고 다시 사용해야 하므로, 자료 구조에 넣어줍시다. 단어별로 넣으려면 어떤 걸 기준으로 잘라야 할까요? 현재 단어 하나마다 Enter가 있어서 개행(줄 바꿈)되어 있습니다. 코드에서는 이 Enter(개행)를 ₩n으로 읽습니다. 그러면 이 문자열들은 개행을 기준으로 쪼갤 수 있겠어요. 문자열들을 쪼개서 리스트의 아이템으로 각각 만들어주는 split( ) 함수를 이용해 볼게요.

다음과 같이 contents라는 리스트 변수를 만들어서 읽어온 문자열을 '₩n' 문자 기준으로 잘라서 넣습니다. (참고로 '₩n' 문자 기준으로 잘라오기 때문에 텍스트 파일의 맨 위나 아래에 빈 라인이 없도록 주의해야 합니다.)

```
코드
(…)
file = open("list.txt", "r", encoding='UTF-8')
contents = file.read().split('\n')
print(contents)
```

```
['오늘', '내일', '전자부품 매매건', '서보 모터', '10', '5000', '50000', '온도
센서', '5', '3000', '15000']
```

실행하니 리스트에 한 단어씩 들어가 있습니다. 데이터를 자료 구조에 넣었으니 이제 필요할 때마다 리스트에서 가져다 쓰면 됩니다.

❸ 텍스트 데이터를 보면 처음 세 개는 날짜와 건명이고, 그 이후로 네 개씩은 한 물품입니다.

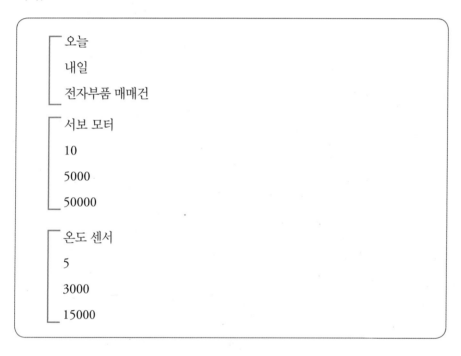

따라서 다음과 같이 일단 세 데이터(날짜 두 개와 건명)를 먼저 contents 자료 구조에서 차례대로 pop()합니다.

```
코드
(⋯)
file = open("list.txt", "r", encoding='UTF-8')
contents = file.read().split('\n')

변수 = contents.pop(0)
변수 = contents.pop(0)
변수 = contents.pop(0)
```

④ pop()은 데이터를 꺼내서 변수에 담는 메서드였죠? 변수를 만들어서 데이터를 담을
수 있습니다. 변수 이름을 알아보기 쉽게 지어볼게요.

```
코드
file = open("list.txt", "r", encoding='UTF-8')
contents = file.read().split('\n')

issue_date = contents.pop(0)      ----- 오늘(계약일)
deli_date = contents.pop(0)       ----- 내일(납품일, delivery를 줄여서)
title = contents.pop(0)           ----- 전자부품 매매건(건명)
```

이러면 계약일, 납품일, 건명이 빠져서 저장됩니다. 나머지는 테이블에 들어가는 품목이
죠. 테이블에 차례대로 예쁘게, 네 개를 한 품목으로 넣으면 됩니다.

3단계(2) 테이블에 넣을 데이터를 자료 구조에 넣기: 딕셔너리 in list

이제 계약서의 테이블 데이터(테이블에 넣어야 할 개별 물품과, 물품에 대한 정보)도 자
료 구조를 만들어서 넣어볼까요? 물론 자료 구조를 만들지 않고 나중에 테이블을 채울
때 하나씩 꺼내서 채워도 됩니다. 하지만 코딩을 배우는 입장에서는 이런저런 자료 구조
를 다양하게 사용해보는 게 좋으니까요. 따라서 이 데이터들도 자료 구조에 한번 넣어줘
볼게요.

테이블 데이터는 어떤 자료 구조에 들어가면 좋을까요? 데이터 네 개당 한 품목이므로, 한
품목당 하나의 딕셔너리가 되면 자연스러울 것 같아요.

❶ 이를 위해서는 우선 루프를 돌려야 합니다. 앞에서 실습한 엑셀 자동화 프로그램을 다시 떠올려 봅시다. 연구실마다 지원자 수가 달랐기 때문에 파일 하나당 몇 명의 데이터를 가져와야 하는지가 확실하지 않았습니다. 그래서 반복문으로 빈 셀이 나올 때까지 데이터를 가져오는 행위를 반복했습니다. 마찬가지로 품목이 몇 개 작성되었는지 그 길이를 모르기 때문에 while을 사용해 봅시다. contents 리스트에 데이터가 없을 때까지, 즉 0보다 크면(안에 무언가가 있으면) 루프를 돕니다. 코드는 위에서 작성한 코드 아래에 이어서 작성하겠습니다.

```
코드
(…)
issue_date = contents.pop(0)
deli_date = contents.pop(0)
title = contents.pop(0)

while len(contents) > 0 :
```

❷ 루프를 돌면서 뭘 하냐면, 일단 빈 딕셔너리를 하나 만듭니다.

```
코드
(…)
while len(contents) > 0 :
    product = {}
```

그리고 그 안에 테이블에 들어갈 네 가지 데이터인 품명, 수량, 단가, 금액을 차례로 넣어주겠습니다. 그러면 한 품목당 딕셔너리가 만들어지겠죠?

```
코드
(…)
while len(contents) > 0 :
    product = {'product_name':'', 'product_qty':'', 'product_original_
➥ pr':'', 'product_selling_pr':''}
```

❸ product라는 빈 딕셔너리를 만들고, {품명: 수량: 단가: 금액: }이라는 네 항목을 만들어서 비워 두었어요. 품목을 읽어올 때마다 해당 정보를 딕셔너리에 채워줍시다. product의 데이터는 앞에서 날짜와 건명을 가져올 때와 마찬가지로 pop()으로 꺼내옵니다.

```
(…)
while len(contents) > 0 :
    product = {'product_name':'', 'product_qty':'', 'product_original_
pr':'', 'product_selling_pr':''}
    product['product_name'] = contents.pop(0)
    product['product_qty'] = contents.pop(0)
    product['product_original_pr'] = contents.pop(0)
    product['product_selling_pr'] = contents.pop(0)
```

④ 위 반복문에서는 '만약 contents 안에 어떠한 데이터(품목)가 있으면 4번을 차례로 읽어서 각 딕셔너리의 항목을 채워라.'라고 명령했습니다. 이렇게 한 품목당 딕셔너리가 만들어지면 order_list라는 리스트 자료 구조를 만들어서 넣어줄 겁니다. 넣을 때는 append( )를 사용하면 되겠죠?

```
(…)
order_list = []

while len(contents) > 0 :
    product = {'product_name':'', 'product_qty':'', 'product_original_
pr':'', 'product_selling_pr':''}
    product['product_name'] = contents.pop(0)
    product['product_qty'] = contents.pop(0)
    product['product_original_pr'] = contents.pop(0)
    product['product_selling_pr'] = contents.pop(0)

    order_list.append(product)

print(order_list)
```

```
[{'product_name':'서보 모터', 'product_qty':'10', 'product_original_
pr':'5000', 'product_selling_pr':'50000'}, {'product_name':'온도 센서',
'product_qty':'5', 'product_original_pr':'3000', 'product_selling_pr':
'15000'}]
```

⑤ order_list를 출력해보면 [리스트]에 들어간 {딕셔너리}가 2개 보입니다. 두 품목이 들어 있는 거죠. len()으로 몇 개인지 물어보면 확실하게 2개라고 알려줍니다. 한 품목당 딕셔너리 하나, 품목이 두 개 있으므로 리스트의 길이도 2입니다.

코드	결과
(…) order_list.append(product) print(len(order_list))	2

⑥ 리스트 안 개별 데이터에 접근하려면 다음 코드와 같이 작성하면 됩니다.

```
코드
(…)
print(order_list[0]['product_name'])
```

```
결과
서보 모터
```

리스트 0번째 딕셔너리의 키(product_name)의 데이터를 가져오면 '서보 모터'가 나오죠? 이렇게 직접적으로 접근할 수 있습니다.

4단계(1) 테이블에 데이터 채워 넣기

지금까지 텍스트 파일에서 계약서에 필요한 중요 정보와 테이블에 넣을 데이터를 모두 읽어와 자료 구조에 보관했습니다. 이제 자료 구조에 있는 데이터를 넣어볼 텐데, 먼저 테이블입니다. 물품납품계약서에 있는 테이블에 한 품목당 값을 4개 채워야 합니다. 이전 시간에 설명했듯이 테이블은 rows를 선택해 행으로 접근하고, columns을 선택해 열로 접근할 수 있었어요.

이 테이블에서는 품명, 수량, 단가, 금액을 채워줘야 하니 rows로 접근하는 게 좋겠죠? 테이블의 인덱스를 살펴보면 다음과 같이 rows와 cells 넘버는 고정된 것입니다.

▼ 그림 25-6 테이블

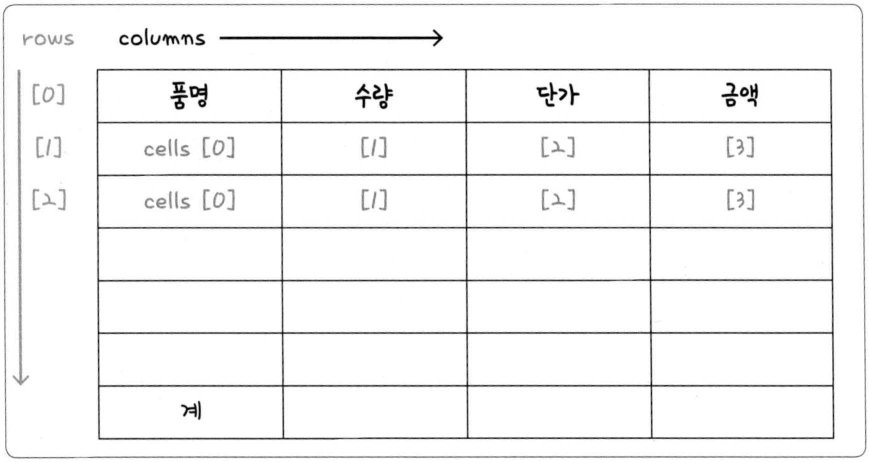

rows	columns ⟶			
[0]	**품명**	**수량**	**단가**	**금액**
[1]	cells [0]	[1]	[2]	[3]
[2]	cells [0]	[1]	[2]	[3]
	계			

1번 로우의 0, 1, 2, 3 셀에 값이 들어가고, 다시 2번 로우의 0, 1, 2, 3 셀에 값이 들어가면 됩니다. 즉, 로우를 1씩 증가시키면서, 우리가 만든 딕셔너리로 구성된 리스트의 길이만큼 루프를 돌면서 값을 하나씩 넣어주면 됩니다.

자, for 루프를 한번 돌려볼게요. 파이썬에서 for 루프를 돌리는 방법은 대표적으로 두 가지가 있습니다. 기억하나요?

- **첫 번째 방법**: for 루프로 식별자 i와 범위를 설정해주고, i가 1씩 증가하면서 해당 범위에 대해 반복하는 방법

예시 코드
```
for i in range(0, 15):
    rows[i].cells[0] = 'asd'
```

- **두 번째 방법**: 식별자 i와 범위 range 대신 식별자는 자료 구조 단일 아이템, 범위는 자료 구조로 주어서, 단일 아이템이 자료 구조의 모든 아이템에 한 번씩 붙어서 반복하는 방법. 이는 i와 range를 주지 않고 order라는 임시 식별자를 두고 order_list 리스트의 요소를 하나씩 이동해 가면서 값을 넣는 방법입니다.

예시 코드
```
for order in order_list:
```

첫 번째 방법은 여러 프로그래밍 언어에서 공통적으로 반복문을 구성하는 일반적인 방법이고, 두 번째 방법은 좀 더 파이썬의 향기가 짙게 나는 방법입니다. 그런데 이번 예제에서는 테이블과 테이블 좌표로 작업해야 하기 때문에, 숫자로 된 식별자가 1씩 증가하는 첫 번째 방법이 더 직관적일 듯합니다.

앞서 말했듯 두 번째 방법이 더 파이썬스럽긴 합니다. 하지만 위 예시 코드처럼 숫자로 된 식별자와 숫자로 된 범위가 없어서, 지금처럼 rows를 1씩 증가하면서 작업해야 하는 상황에서는 직접 변수를 만들고 제어해줘야 합니다. 우리가 직접 i든 j든 변수를 만들어서 직접 값을 증가시키면서 고정된 셀 넘버에 넣어줘야 하는데, 이건 좀… 불편합니다.

그래서 이 불편함을 없애기 위해 파이썬은 enumerate()라는 함수를 제공합니다. 다음 예제를 보면 사과, 바나나, 포도가 담긴 과일 리스트가 있습니다. 그리고 아래에는 for 루프를 돌 때 fruits 식별자가 fruits_list의 아이템에 하나씩 붙어서 반복하는 아주 파이썬스러운 반복문을 볼 수 있습니다.

코드
```
fruits_list = ('apple', 'banana', 'grape')
for i, fruits in enumerate(fruits_list):
  print(i)
  print(fruits)
```

결과
```
0
apple
1
banana
2
grape
```

만약 여기서 1씩 증가하는 무언가도 필요하다면 식별자 i를 추가로 넣고 enumerate() 함수를 이용하여, 파이썬스럽게 루프를 돌리면서 하나씩 증가하는 식별자를 손쉽게 만들 수도 있습니다. 하지만 이번 예제에서는 간단한 첫 번째 방법으로 진행하고, 다음 시간에 두 번째 방법을 사용하여 코드를 발전시켜 볼게요.

① 자, for 루프를 도는데 0부터 얼마나 돌아야 할까요? 이제 품목 개수가 있으니까 order_list의 길이만큼, 품목의 개수만큼 돌면 되겠죠. 코드 위쪽에 있던, 데이터를 넣을 테이블도 가지고 옵니다.

```
코드
(…)
    order_list.append(product)

# 위에 있던 table = doc.tables[0] 코드를 아래로 가져오고 for 루프 추가
table = doc.tables[0]
for i in range (0, len(order_list)):
```

근데 table이 그냥 table이라고만 되어 있으니, 좀 더 명확하게 order_table이라고 이름을 지어줄게요. 우리가 사용하는 order_table은 이 도큐먼트의 0번째 테이블(doc.tables[0])이죠.

```
코드
(…)
order_table = doc.tables[0]
for i in range (0, len(order_list)):
    order_table.rows[i+1].cells[0].text =
```

② 이제 로우를 증가시키면서 데이터를 넣겠습니다. 그냥 rows[i]라고 넣으면 0부터 시작하므로 테이블의 헤드 부분(품명, 수량, 단가, 금액이 적혀 있는 부분)을 가리키게 됩니다. 그래서 1을 더해줍니다(rows[i+1]). 그러면 자연스럽게 1번 로우의 데이터부터 들어가겠죠?

1번 로우에 0, 1, 2, 3으로 고정된 셀에 값이 들어갑니다. 다시 말해 로우만 반복문에 있는 식별자 i를 따라 증가하고 셀 넘버는 고정입니다.

```
(…)
order_table = doc.tables[0]
for i in range (0, len(order_list)):
    order_table.rows[i+1].cells[0].text =
    order_table.rows[i+1].cells[1].text =
    order_table.rows[i+1].cells[2].text =
    order_table.rows[i+1].cells[3].text =
```

❸ 다음으로 order_list에 있는 품목에 직접 접근해야 합니다. i를 사용했으니까요. order_list의 [0]번째의 product_name, product_qty, product_original_pr, product_selling_pr에 접근합니다.

```
(…)
for i in range (0, len(order_list)):
    order_table.rows[i+1].cells[0].text = order_list[0]['product_name']
    order_table.rows[i+1].cells[1].text = order_list[0]['product_qty']
    order_table.rows[i+1].cells[2].text = order_list[0]['product_original_
➥ pr']
    order_table.rows[i+1].cells[3].text = order_list[0]['product_selling_
➥ pr']
```

뒤의 order_list[0] 부분도 0, 1, 2, 3… 이렇게 증가해야 하므로, i로 두겠습니다.

```
(…)
for i in range (0, len(order_list)):
    order_table.rows[i+1].cells[0].text = order_list[i]['product_name']
    order_table.rows[i+1].cells[1].text = order_list[i]['product_qty']
    order_table.rows[i+1].cells[2].text = order_list[i]['product_original_
➥ pr']
    order_table.rows[i+1].cells[3].text = order_list[i]['product_selling_
➥ pr']
```

상품의 정보가 입력된 딕셔너리들을 품고 있는 리스트를 선택해야 하는데, 이전 코드처럼 order_list[0]으로 고정해두면 첫 번째 품목에 대한 정보만 기록될 수 있으니까요. 로우가 증가함에 따라 다음 딕셔너리 아이템(order_list[1])을 선택해야 하기 때문에 i로 수정 했습니다.

❹ 다음으로 우리가 또 채워야 하는 것이 있습니다. 테이블을 보면 계, 즉 total 금액이 있습니다. 수량을 모두 더한 값, 단가를 모두 더한 값, 금액을 모두 더한 값이 필요합니다.

▼ 그림 25-7 계

품명	수량	단가	금액
계			

루프를 한 번 돌 때마다 값을 계속 축적해 나가면 되겠죠? 모든 품목의 수량, 단가, 금액에 대한 총액을 각각 계산하여 담아둘 변수를 만듭니다. 이번에는 변수 이름을 좀 짧게 만들어 볼게요. original_pr을 o_p, selling_pr은 s_p로 만들어 줍니다.

코드
```
(…)
order_table = doc.tables[0]

total_qty = 0
total_o_p = 0
total_s_p = 0

for i in range (0, len(order_list)):
    order_table.rows[i+1].cells[0].text = order_list[i]['product_name']
    order_table.rows[i+1].cells[1].text = order_list[i]['product_qty']
    order_table.rows[i+1].cells[2].text = order_list[i]['product_original_
➥ pr']
    order_table.rows[i+1].cells[3].text = order_list[i]['product_selling_
➥ pr']
```

⑤ 그리고 루프가 한 바퀴 돌면서 테이블에 한 품목 넣어줄 때마다 그 값을 자기 자신에게 더하도록(+=), 즉 값이 계속 증가하도록 작성해 줍니다. 예를 들어 첫 리스트가 3000이라면 0에 3000을 더해 3000을 가지고 있고, 다음이 5000이면 3000에 5000을 더해 8000을 가지고 있는 거죠.

```
코드

order_table = doc.tables[0]

total_qty = 0
total_o_p = 0
total_s_p = 0

for i in range (0, len(order_list)):
    order_table.rows[i+1].cells[0].text = order_list[i]['product_name']
    order_table.rows[i+1].cells[1].text = order_list[i]['product_qty']
    order_table.rows[i+1].cells[2].text = order_list[i]['product_original_
➡ pr']
    order_table.rows[i+1].cells[3].text = order_list[i]['product_selling_
➡ pr']

    total_qty += order_list[i]['product_qty']
    total_o_p += order_list[i]['product_original_pr']
    total_s_p += order_list[i]['product_selling_pr']
```

⑥ 이렇게 작성하고 나서 자세히 보니 'product_qty', 'product_original_pr', 'product_selling_pr'은 스트링입니다. 스트링끼리 더하면(+=) 큰일납니다. 이상한 결과가 나와 버리거든요. 잠시만 인티저로 캐스팅해야 계산할 수 있겠네요.

```
코드

(…)
    total_qty += int(order_list[i]['product_qty'])
    total_o_p += int(order_list[i]['product_original_pr'])
    total_s_p += int(order_list[i]['product_selling_pr'])
```

❼ 총 수량, 단가, 금액을 모은 다음에는 루프가 끝난 뒤 하드 코드로 '계 row'에 입력해 줍니다. 셀 넘버 [1], [2], [3]에 각각 총 수량, 총 단가, 총 금액을 넣습니다. 이렇게 하면 루프를 돌면서 값을 축적한 뒤 루프가 끝나면 계 row에 축적한 값을 넣어줄 것입니다.

┤ 코드 ├
```
(…)
for i in range (0, len(order_list)):
    order_table.rows[i+1].cells[0].text = order_list[i]['product_name']
    order_table.rows[i+1].cells[1].text = order_list[i]['product_qty']
    order_table.rows[i+1].cells[2].text = order_list[i]['product_original_
➡ pr']
    order_table.rows[i+1].cells[3].text = order_list[i]['product_selling_
➡ pr']

    total_qty += int(order_list[i]['product_qty'])
    total_o_p += int(order_list[i]['product_original_pr'])
    total_s_p += int(order_list[i]['product_selling_pr'])

order_table.rows[6].cells[1].text = total_qty
order_table.rows[6].cells[2].text = total_o_p
order_table.rows[6].cells[3].text = total_s_p
```

❽ 이제 파일로 저장해 줍니다. 앞에서 주석으로 처리해둔 마지막 줄의 save 코드를 다시 주석에서 해제합니다. 파일명은 test20.docx로 정해볼게요. 파일명이 똑같으면 오류가 났을 때 바뀐 파일인지 아닌지 헷갈릴 수 있기 때문입니다. 또한 파일명을 다르게 해두면 찾기도 편합니다.

┤ 코드 ├
```
(…)
doc.save('test20.docx')
```

다시 실행해 봅시다!

```
TypeError  Traceback (most recent call last)
<ipython-input-3-31996df7ab90> in <module>
    50     total_s_p += int(order_list[i]['product_selling_pr'])
    51
---> 52 order_table.rows[6].cells[1].text = total_qty
    53 order_table.rows[6].cells[2].text = total_o_p
    54 order_table.rows[6].cells[3].text = total_s_p
(…)
TypeError: 'int' object is not iterable
```

오류가 떴네요. 오류 메시지를 확인해 봅시다. 총 수량과 단가 등을 담아두는 변수들을 계속 더하기 위해 숫자로 취급하여 인티저로 사용하고 있었는데, 테이블에 데이터를 넣을 때는 인티저 말고 문자열인 스트링으로 넣어달라고 합니다. 그러면 숫자로서 연산이 끝났으니 다시 스트링으로 변환하여 넣겠습니다.

괜찮습니다. 오류는 잡으라고 있는 거니까요. 겁내거나 스트레스 받을 필요가 전혀 없습니다.

코드

```
(…)
order_table.rows[6].cells[1].text = str(total_qty)
order_table.rows[6].cells[2].text = str(total_o_p)
order_table.rows[6].cells[3].text = str(total_s_p)

doc.save('test20.docx')
```

9 다시 또 실행! 이번에는 오류 없이 잘 실행되었습니다. 값이 잘 들어갔는지 test20. docx 파일을 열어보겠습니다.

본 품 납 품 계 약 서

본 계약에 있어 다음 기재사항을 승낙함.

2022 년 1 월 1 일

주소 : 성남시 수정구 수경 1 동 1 번지
상호 : 거니전자

성명 : 이 거 니

건 명 :
금 액 :

품명	수량	단가	금액
서보 모터	10	5000	50000
온도 센서	5	3000	15000
계	15	8000	65000

잘 들어갔네요. 물론 우리가 테이블에 add_run() 같은 메서드로 멋있게 넣은 건 아니고, 직접 입력해주긴 했지만 이것도 나름 의미가 있어요. 잘하셨습니다! 다음 시간에는 add_run()을 사용해서 속성과 조화롭게, 예쁘게 넣어주는 방법을 사용해 봅시다.

4단계(2) 건명, 금액, 날짜 채워 넣기

이제 남은 부분을 마저 채워 넣겠습니다. 남은 부분은 건명, 금액, 날짜 등입니다.

건명, 금액

먼저 건명과 금액이 몇 번째 paragraph였는지 확인합니다.

코드
```
for i in range(0, len(para)):
    print(str(i) + "    " + para[i].text)
```

결과
```
(…)
11   건 명 :
12   금 액 :
(…)
```

11번과 12번입니다. 11번 건명은 title에, 12번 금액은 우리가 계산한 total_s_p에 저장되어 있습니다. 11번, 12번 paragraph에 넣어줍니다. 그냥 넣으면 '건명', '금액' 텍스트가 사라질 테니 이 부분도 함께 넣어줍니다.

```
코드
(…)
order_table.rows[6].cells[1].text = str(total_qty)
order_table.rows[6].cells[2].text = str(total_o_p)
order_table.rows[6].cells[3].text = str(total_s_p)

para[11].text = "건 명 : "+title
para[12].text = "금 액 : "+total_s_p

doc.save('test20.docx')
```

한번 실행해 보면 TypeError: can only concatenate str (not "int") to str라는 메시지와 함께 para[12]에 오류가 있다고 알려줍니다. para[12]에 스트링을 넣어야 하는데 인티저를 넣었다고 합니다. 다음과 같이 스트링으로 캐스팅하여 오류를 수정해 줍니다.

```
코드
(…)
para[11].text = "건 명 : "+title
para[12].text = "금 액 : "+str(total_s_p)
(…)
```

이제 날짜만 남았습니다. 계속 이어가 볼까요?

계약 날짜

날짜를 넣어줘야 하는 곳은 총 2곳입니다.

- 계약 날짜
- 납품 날짜

우리가 앞에서 4번 paragraph에 계약 날짜를 직접 넣어주는 코드를 작성했는데, 이 부분은 이제 필요 없으니 주석으로 처리해 줍니다.

```
코드
(…)
# para[4].text = "2022년 1월 1일"
para[6].text = "주소 : 성남시 수정구 수정 1동 1번지"
para[7].text = "상호 : 거니전자"
(…)
```

우리는 list.txt 파일을 통해 날짜를 두 개 받았습니다.

- 계약 날짜: **오늘(issue_date)**
- 납품 날짜: **내일(deli_date)**

issue_date로 '오늘'이라는 값을 받았다면 para[4]에 '오늘 날짜'를 넣어줘야 합니다. 만약 2022년 1월 1일처럼 직접 입력된 날짜를 받았다면 issue_date를 입력받은 대로 넣어줍니다. 따라서 멋지게 조건문을 사용하겠습니다.

```
코드
(…)
para[11].text = "건 명 : "+title
para[12].text = "금 액 : "+str(total_s_p)

if issue_date == "오늘":
    para[4].text = 오늘 날짜
else:
    para[4].text = issue_date

doc.save('test20.docx')
```

여기서 '오늘 날짜'를 어떻게 입력할 수 있을까요? 망설이지 말고 구글로 갑니다. python today date라고 검색합니다. 결과가 많이 뜨는데, 그중 하나에 들어가 봅니다.

▼ 그림 25-9 python today date[6]

구글에서 본 결과와 똑같이 나왔습니다. 여기서 우리에게 맞게 코드를 좀 수정해 봅시다. "di =" 부분은 필요 없으니 삭제하고, "%d/%m/%Y" 대신 "%Y/%m/%d" 순서로 받아볼까요? 그리고 슬래시가 아니라 "%Y년 %m월 %d일"로 바꾸면 어떻게 될까요?

datetime을 임포트한 뒤에 여러 형식으로 날짜를 넣을 수가 있습니다. 결과 중에 d1 형태가 우리가 쓰는 형태와 비슷하니, d1에 해당하는 코드를 복사해서 가져옵니다. 다른 셀에 붙여 넣고 테스트 삼아 실행해 보겠습니다.

┤ 코드 ├

```python
from datetime import date

today = date.today()

# dd/mm/YY
d1 = today.strftime("%d/%m/%Y")
print("d1 =", d1)
```

┤ 결과 ├

```
d1 = 08/11/2022
```

---

6 https://www.programiz.com

코드	결과

``python
from datetime import date
 	
today = date.today()
 	
# dd/mm/YY 	
d1 = today.strftime("%Y년 %m월 %d일")
print(d1)
``
	2022년 11월 08일

우리가 원하는 형태로 오늘 날짜가 잘 나옵니다. 그럼 이 코드를 가져올게요. 먼저 맨 위에 임포트문을 넣어줍니다.

```python
from docx import Document
from docx.shared import Inches
from docx.shared import Pt
from datetime import date
(…)
para[11].text = "건 명 : "+title
para[12].text = "금 액 : "+str(total_s_p)

today = date.today()

if issue_date == "오늘":
    para[4].text = today.strftime("%Y년 %m월 %d일")
else:
    para[4].text = issue_date

doc.save('test20.docx')
```

만약(if) '오늘' 날짜를 넣어야 한다면 today를 계산한 다음 para[4]에 today.strftime("%Y년 %m월 %d일")을 넣어줍니다. 그렇지 않고(else) 날짜가 입력되어 있다면 그냥 그 날짜 (issue_date)를 넣어줍니다.

납품 날짜

다음은 납품 날짜(deli_date)입니다. 납품 날짜는 한 단계 더 복잡합니다. 옵션이 3개가 있거든요.

- 오늘

- 내일

- 직접 입력한 날짜

오늘 날짜는 date.today()로 구할 수 있었는데, 내일 날짜는 어떻게 구할까요? 궁금하니 구글로 가볼게요. 구글에 python datetime tomorrow를 검색하니 우리와 비슷한 고민을 했던 친구의 글이 있습니다. 무려 13년 전 글이네요.

▼ 그림 25-10 python datetime tomorrow[7]

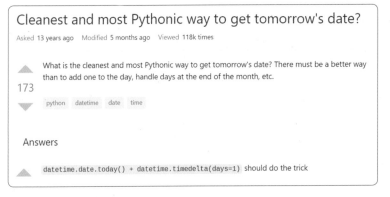

밑에 가장 공감을 많이 받은 답변의 코드를 참고하면 안전하게 내일 날짜를 구할 듯합니다. 바로 테스트해 봅니다. 필요한 임포트도 해주고, 코드를 추가합니다.

---

7 https://stackoverflow.com/questions/1506901/cleanest-and-most-pythonic-way-to-get-tomorrows-date

```
import datetime
from datetime import date

today = date.today()
tmr = date.today() + datetime.timedelta(days=1)

print(today)
print(tmr)
```

```
2022-11-08
2022-11-09
```

잘 나오네요. 그럼 이제 납품 날짜를 넣어 보겠습니다. 납품 날짜가 들어갈 para[18]에 텍스트가 많이 있는데요. 날짜만 쏙 빼서 수정할 수가 없을 것 같죠?

▼ 그림 25-11 납품 날짜 위치

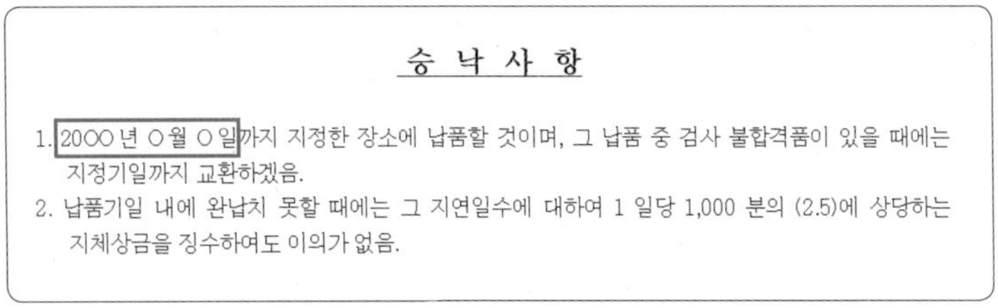

승 낙 사 항

1. 2000 년 ○ 월 ○ 일까지 지정한 장소에 납품할 것이며, 그 납품 중 검사 불합격품이 있을 때에는 지정기일까지 교환하겠음.
2. 납품기일 내에 완납치 못할 때에는 그 지연일수에 대하여 1 일당 1,000 분의 (2.5)에 상당하는 지체상금을 징수하여도 이의가 없음.

그래도 일단은 날짜만 생각하고 코드를 작성해 보겠습니다. 만약 납품 날짜가 오늘이면 앞에서처럼 오늘 날짜를 넣습니다. 그런데 우리는 내일 날짜도 넣어야 하므로 변수를 하나 만들어서 거기에 오늘 날짜를 넣어줄게요. 변수 이름은 마감(expire)이라는 의미를 담아서 exp_str이라고 만듭니다. (참고로 str, 즉 스트링이라고 만든 건 텍스트 안에 넣어줘야 하기 때문입니다.)

다음으로 오늘이라면 그대로 오늘 날짜를 넣습니다. 그리고 내일이라면 위에서 작성한 내일 날짜 코드를 넣습니다.

```
코드
(…)
if deli_date == "오늘":
    exp_str = today.strftime("%Y년 %m월 %d일")
elif deli_date == "내일":
    exp_str = tmr.strftime("%Y년 %m월 %d일")
else:
    exp_str = deli_date
```

그리고 오늘도 내일도 아니라면 exp_str은 그냥 deli_date가 됩니다. 만약 명시한 날짜가 있다면 그 날짜가 들어가는 거죠.

이 날짜를 이제 para[18]에 넣습니다. 그냥 넣으면 날짜만 남고 기존에 있던 텍스트는 사라질 테니, 다음과 같이 날짜(exp_str) + 텍스트를 해주겠습니다. 텍스트를 복사한 뒤 중간에 끼워줍니다. test30.docx 파일로 저장하라고 설정한 뒤 실행해 보겠습니다.

```
코드
(…)
para[18].text = "1." + exp_str + "까지 지정한 장소에 납품할 것이며, 그 납품 중 검사 불합격품이 있을 때에는 지정기일까지 교환하겠음."

doc.save('test30.docx')
```

test30.docx 파일이 잘 생겼나요? 그림 25-12처럼 생성된 파일을 보니 우리가 넣으려고 한 데이터는 다 잘 들어갔습니다. 지금은 납품 날짜가 있는 1번 조항의 텍스트 크기가 다릅니다. 이건 나중에 크기를 조정해주면 되겠죠? 예쁘지 않게 좀 우당탕탕 이상하게 들어간 것 같지만, 어쨌든 채워야 할 곳을 모두 채운 워드 문서로 저장했습니다.

물 품 납 품 계 약 서

본 계약에 있어 다음 기재사항을 승낙함.

2022 년 06 월 06 일

주소 : 성남시 수정구 수정 1 동 1 번지
상호 : 거니전자

성명 : 이 거 니

건 명 : 물고기 매매건
금 액 : 14000

품명	수량	단가	금액
잉어	10	5000	9000
붕어	5	3000	5000
계	15	8000	14000

승 낙 사 항

1. 2022 년 06 월 4 일까지 지정한 장소에 납품할 것이며, 그 납품 중 검사 불합격품이 있을 때에는 지정기일까지 교환하겠음.
2. 납품기일 내에 완납치 못할 때에는 그 지연일수에 대하여 1 일당 1,000 분의 (25)에 상당하는 지체상금을 징수하여도 이의가 없음.
3. 납품기한 또는 교환기일 경과 후 10 일까지 완납하지 못할 때, 납품물품의 사양서 견본 등과 적합하지 아니할 때, 또는 계약당당자가 계약이행이 불가능하다고 인정할 때에는 그 계약을 해지하여도 이의신청 기타의 청구를 하지 않겠음.
4. 제 3 호에 의하여 계약해지를 할 때에는 손해배상으로서 계약해지물품의 대가에 대하여, 납부기일 내에는 100 분의 5 납부기일 후에는 100 분의 10 에 상당하는 금액을 납부하겠음.
5. 전 각호에 의하여 납부하여야 할 금액은 물품대금과 상계하여도 이의를 제기하지 않겠음.

정리

이번 시간에는 필요한 정보가 담긴 텍스트 파일을 불러와서 원하는 위치에 직접 넣어 봤습니다. 아직 전체적인 워드 형태가 좀 안 맞지만 그건 다음 시간에 꾸며줄게요. 일단 손으로 직접 입력하는 것보다는 텍스트 파일을 읽어와서 넣어주는, 더 자동화되었다고 말할 수 있는 방식을 사용해 봤습니다.

다음 시간에는 코드를 다시 한줄 한줄 검토하면서 이게 뭐하는 코드인지 자세히 알아보고, 코드를 더 발전시켜 보겠습니다.

마무리 및 코드 분석

지난 시간에는 python-docx를 다루면서 원하는 곳에 텍스트를 입력해 봤습니다. 이번 시간에는 워드 자동화 프로그램 프로젝트를 마무리하겠습니다.

전체 상황은 다음과 같습니다. 매일 반복해서 작성해야 하는 워드 문서가 있습니다. 간단히 텍스트 파일에 중요한 정보만 적어두면 파이썬 프로그램이 알아서 텍스트 파일에 있는 내용을 읽어와 내가 원하는 대로 기존 문서에 넣어줍니다. 아직은 직접 입력하는 부분이 많아서 자동화라고 하기에는 조금 부족합니다. 그래서 이번에는 텍스트 파일의 값을 알아서 읽어오고 알아서 넣어주는, 조금 더 자동화된 프로그램으로 변신시켜 보겠습니다.

변신시키기 전에 지금까지 작성한 코드가 뭐하는 코드인지 한줄 한줄 살펴보고, 계약서 양식에 좀 더 어울리게 코드를 다듬어 볼게요. 먼저 우리가 프로그램을 어떻게 만들었는지 코드를 보면서 흐름을 살펴봅시다.

워드 파일 불러오기

맨 위에는 필요한 라이브러리를 임포트해 주었습니다. 처음 임포트할 때 우리가 필요한 라이브러리의 샘플 코드를 가져오면서 필요한 라이브러리들을 같이 가져왔습니다. 기본적으로 파이썬에서 Document를 관리하는 데 사용하는 Document 라이브러리와 그 아래 폰트 크기를 늘리는 예제에서 가져온 Pt, 날짜를 넣는 데 사용한 datetime 관련 임포트입니다.

이어서 우리가 수정해야 하는 contract_form이라는 기본 양식의 docx 파일을 읽어온 뒤 doc라는 변수를 만들어 docx의 영혼을 불어넣어 주었습니다. docx 파일과 코드 파일이 같은 디렉터리에 있어서 특별히 경로를 지정해주지 않아도 바로 읽어왔습니다.

```
from docx import Document
from docx.shared import Pt
from datetime import date
import datetime

doc = Document('contract_form.docx')
para = doc.paragraphs
```

Document는 paragraph들이 쭉쭉 나열된 형태였죠. doc.paragraphs는 para라는 변수에 넣어줬어요. 이러면 para에 Document의 전체 paragraph가 들어가 있기 때문에 우리가 para[6], para[7]이라는 형태로 접근할 수 있었습니다.

주피터 랩의 다른 셀에서 다음 코드를 실행해보면, 전체 paragraph가 출력됩니다. 출력 결과를 보면 라인 넘버를 얻을 수 있지요.

```
for i in range(0, len(para)):
    print(str(i) + "    " + para[i].text)
```

```
0   물 품 납 품 계 약 서
1
2   본 계약에 있어 다음 기재사항을 승낙함.
3
4   2022년 11월 08일
5
6   주소 : 성남시 수정구 수정 1동 1번지
7   상호 : 거니전자
8   성명 : 이 거 니
(…)
```

라인 넘버를 알아낸 다음 para[6], para[7], para[8]에 필요한 텍스트를 직접 입력했습니다.

코드

```
para[6].text = "주소 : 성남시 수정구 수정 1동 1번지"
para[7].text = "상호 : 거니전자"
para[8].text = ''
run = para[8].add_run("성명 : 이 거 니")
run.font.size = Pt(15)
run.bold = True
```

▼ 그림 26-1 para[6], para[7], para[8]

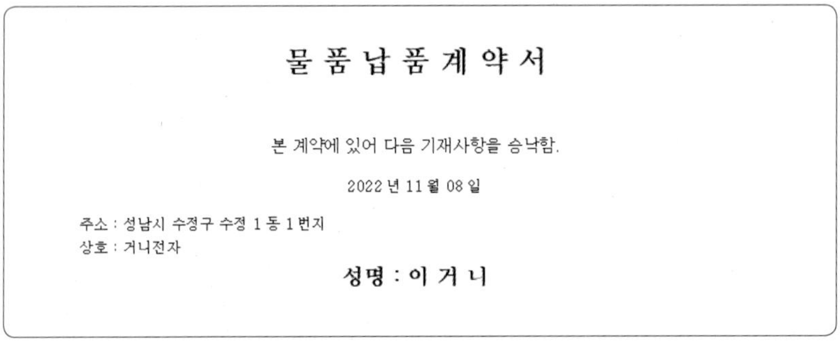
물 품 납 품 계 약 서

본 계약에 있어 다음 기재사항을 승낙함.

2022 년 11 월 08 일

주소 : 성남시 수정구 수정 1 동 1 번지
상호 : 거니전자

성명 : 이 거 니

para[6], para[7]에는 고정된 데이터를 넣었고, para[8]은 이름이기 때문에 add_run()을 사용해서 폰트 사이즈도 키워주고, 스타일을 볼드로 설정해서 진하게 넣었습니다. 이를 통해, 다음 두 가지 방법을 배웠습니다.

- para[6], para[7]처럼 직접 넣어주는 방법
- para[8]처럼 add_run()으로 글자를 꾸며서 넣어주는 방법

텍스트 파일 읽어오기

이후 코드부터는 데이터가 담긴 list.txt 파일을 읽어오기 시작합니다. 먼저 파일을 오픈하는 open() 함수를 호출합니다. 첫 번째 인자로 파일 경로와 파일 이름을 넣어줍니다. 파일이 같은 디렉터리에 있으므로 경로를 입력하지 않고 파일 이름만 입력했습니다. 다음으로 파일을 읽으려면 'r', 쓰려면 'w', 읽고 쓰고 다하려면 'rw'를 넣어줍니다. 마지막으로 한글 파일을 읽어오는 데 문제가 있어서 여러 한글 블로그를 참고해 'UTF-8'로 인코딩해 줬습니다.

```
코드
file = open("list.txt", "r", encoding='UTF-8')
contents = file.read().split('\n')
```

다음으로 split()해 줍니다. split() 메서드는 문자열을 다룰 때 혹시 필요하면 쓰라고 파이썬이 같이 패키지로 넣어주었는데요. file로부터 read() 메서드를 부르면 아주 길고 긴 문자열이 contents 변수에 들어가게 됩니다. 그래서 그 긴 문자열을 어떠한 규칙에 맞추어서 나눠줘야 합니다. 여기서는 나눌 규칙을 개행('₩n')으로 주어서 개행이 나올 때마다 쪼개서 리스트의 아이템으로 만들어 넣어주는 split()을 사용했습니다. 즉, contents를 읽어오면 다음과 같이 n라인까지 한 번에 쭉 읽어오기 때문에 n라인을 기준으로 하나하나 나눠서 리스트에 넣어준 것이죠.

```
결과
['오늘', '내일', '전자부품 매매건', '서보 모터', '10', '5000', '50000', '온도
센서', '5', '3000', '15000']
```

다음으로 테이블에 들어갈 데이터에 집중하기 위해 처음 세 개는 먼저 빼 와서 각각 변수에 저장해 줬습니다.

```
코드
issue_date = contents.pop(0)
deli_date = contents.pop(0)
title = contents.pop(0)
```

이제 테이블에 넣어야 할 값들만 딱 남았습니다.

1 | contents 리스트 안에 데이터가 없을 때까지 루프를 돌면서,

2 | 딕셔너리 product에 한 물품당 네 개 값을 넣습니다. 이때 pop()으로 차례대로 하나씩 빼 와서 딕셔너리 키에 넣어줍니다.

3 | 루프를 돌 때마다 물품의 정보가 잘 담긴 딕셔너리 형식의 product 아이템을 order_list라는 리스트에 append()해 줍니다.

코드

```
order_list = []

# 품목당 딕셔너리 1개를 만들어서 리스트에 append해 주는 코드
while len(contents) > 0 :
    product = {'product_name':'', 'product_qty':'', 'product_original_
pr':'', 'product_selling_pr':''}
    product['product_name'] = contents.pop(0)
    product['product_qty'] = contents.pop(0)
    product['product_original_pr'] = contents.pop(0)
    product['product_selling_pr'] = contents.pop(0)

    order_list.append(product)
```

이 단계에서 order_list 리스트를 출력해보면 두 가지 물품에 해당하는, 두 딕셔너리의 데이터가 나옵니다.

결과

```
[{'product_name':'서보 모터', 'product_qty':'10', 'product_original_
pr':'5000', 'product_selling_pr':'50000'}, {'product_name':'온도 센서',
'product_qty':'5', 'product_original_pr':'3000', 'product_selling_pr':
'15000'}]
```

물론 딕셔너리를 사용하지 않고, 리스트에 있는 값을 그냥 순서대로 테이블에 채워도 됩니다. 다만, 우리가 파이썬스럽게 중첩된 자료 구조를 한번 사용해본 거죠. 리스트라는 자료 구조 안에 아이템으로서 딕셔너리 자료 구조가 있는 그림입니다. 이렇게 order_list라는 리스트에 예쁘게 품목을 담았습니다.

테이블에 데이터 넣기

다음으로 테이블에 총 수량, 총 단가, 총 금액을 계산해 넣어야 하므로, 0으로 초기화시킨 변수 세 개를 만들었습니다.

```
order_table = doc.tables[0]


total_qty = 0
total_o_p = 0
total_s_p = 0
```

그다음에 파이썬스럽지는 않지만 난이도가 쉬운 방법으로 테이블에 데이터를 넣어 봤습니다. 루프를 돌면서 데이터를 하나씩 채워주는데, i와 range를 이용했습니다.

코드

```
for i in range (0, len(order_list)):
    order_table.rows[i+1].cells[0].text = order_list[i]['product_name']
    order_table.rows[i+1].cells[1].text = order_list[i]['product_qty']
    order_table.rows[i+1].cells[2].text = order_list[i]['product_original_
➥ pr']
    order_table.rows[i+1].cells[3].text = order_list[i]['product_selling_
➥ pr']

    total_qty += int(order_list[i]['product_qty'])
    total_o_p += int(order_list[i]['product_original_pr'])
    total_s_p += int(order_list[i]['product_selling_pr'])
```

위 코드는 좀 더 자세히 설명하겠습니다. 현재 우리가 텍스트 파일에서 읽어온 품목들이 order_list에 담겨 있습니다. 위 코드는 담겨 있는 데이터들을 문서 내 테이블에 뿌려주는 코드입니다. 코드를 보면 for 루프를 이용하여 반복합니다. 0번부터 order_list 리스트에 product 딕셔너리 아이템이 담긴 수만큼 반복합니다. 이 예제처럼 order_list에 상품이 두 개 있다면 범위는 [0,1]이 되어 두 번 반복합니다. 어떤 걸 반복하느냐 하면,

코드

```
order_table.rows[i+1].cells[0].text = order_list[i]['product_name']
```

여기서 order_table은 위에서 doc.tables[0]의 역할을 부여받았습니다. 문서 내 첫 번째 테이블 역할을 하게 되는 거죠. 이후 order_table에 rows 방향으로 접근을 시작합니다. 처음에 식별자 i는 0부터 시작하니, order_table.rows[0+1]가 됩니다. 그러면 order_table.rows[1].cells[0].text가 될 텐데, order_table의 1번째 행에 0번째 셀의 텍스트 내용을 바꾸겠다고 하는 것입니다. 어떤 내용으로 바꿀까요? order_list[0]['product_name']의 내용으로 채워 넣겠다는 것입니다. order_list는 상품의 정보가 있는 리스트로, 리스트에 있는 첫 번째 아이템[0]의 이름['product_name']을 집어넣으라는 코드죠. 그렇게 이름, 수량 등을 테이블에 차례대로 입력한 뒤, 다음 코드가 나옵니다.

코드

```
total_qty += int(order_list[i]['product_qty'])
```

total_qty라는 변수는 앞에서 0으로 초기화하고 시작했습니다. +=를 보아하니 0부터 시작해서 반복하는 동안 계속 숫자를 누적하여 쌓아 나가는 코드군요. 어떤 숫자를 쌓아 나갈까요? order_list[i]['product_qty']의 숫자인데, order_list[0]의 상품 수량(['product_qty'])을 누적하여 total_qty라는 변수에 쌓아 나갑니다. 테이블 맨 아래에 총 수량과 총 금액 등의 정보가 들어가야 하니까요.

테이블에 데이터 넣기: 좀 더 파이썬스러운 방법으로 바꿔보기

지금부터는 테이블에 데이터를 넣는 부분을 좀 더 파이썬스러운 방법으로 바꿔 보겠습니다. 여기서 해야 하는 동작은 order_list 리스트에 있는 데이터를 order_table에 차례대로 넣어주는 겁니다. 루프를 돌려야겠죠? 루프를 돌리는 방법은 다음 두 가지가 있습니다.

- **첫 번째 방법**: i와 range를 넣고 i를 범위대로 증가시키면서 직접 접근하는 방법
- **두 번째 방법**: order_list 리스트 형태의 범위를 주고, 리스트의 아이템을 하나씩 처리하는 방법

이 중 첫 번째 방법은 앞에서 해봤고, 이제 좀 더 파이썬스러운 두 번째 방법을 사용해 보겠습니다. 범위는 order_list, 식별자는 order로 해서 코드를 작성할 겁니다.

```
(…)
order_table = doc.tables[0]

total_qty = 0
total_o_p = 0
total_s_p = 0

for order in order_list:
```

그런데 문제가 있습니다. 우리는 rows[1], rows[2]… 이렇게 차례대로 rows에 접근해야 합니다. 첫 번째 방법에서는 루프를 돌 때마다 증가하는 변수 i가 있어서 각 rows에 접근할 수 있었는데, 두 번째 방법에는 그러한 i가 없습니다. 그러면 우리가 i += 1과 같이 직접 i를 만들어서 관리해야 한다는 건데, 그건 너무 비효율적입니다.

이때 사용할 수 있는 함수를 앞에서 살짝 소개했는데, 바로 enumerate() 함수입니다. 위 코드에 enumerate() 함수를 사용하면 다음과 같이 됩니다.

```
(…)
for i, order in enumerate(order_list):
```

즉, 파이썬스러운 루프도 돌리고 싶고, 계속 증가하는 변수도 필요하다면 enumerate() 함수로 범위를 묶은 다음, 식별자를 두 개 넣어줄 수가 있습니다. 그러면 파이썬스럽게 이 order라는 아이가 리스트 하나 하나에 딱 붙으면서 반복하는 동시에, i도 증가시키면서 같이 쓸 수 있게 됩니다. 즉, 앞에서 작성한 order_table.rows[i+1] 코드도 계속 사용할 수 있죠.

그리고 order_list[i]['product_name']과 같이 order_list에 직접 인덱싱하는 게 아니라 그냥 바로 order['product_name']이라고 해도 됩니다. order_list의 딕셔너리마다 order가 붙기 때문에 키를 입력해주면 밸류가 알아서 들어가는 거죠.

코드

```
for i, order in enumerate(order_list):
    order_table.rows[i+1].cells[0].text = order['product_name']
    order_table.rows[i+1].cells[1].text = order['product_qty']
    order_table.rows[i+1].cells[2].text = order['product_original_pr']
    order_table.rows[i+1].cells[3].text = order['product_selling_pr']
```

그 아래 코드 역시 order_list에 직접 접근하기보다는 루프를 돌고 있는 order를 사용합니다. 이렇게 하면 코드를 더 간결하게 줄일 수 있겠죠?

코드

```
    total_qty += int(order['product_qty'])
    total_o_p += int(order['product_original_pr'])
    total_s_p += int(order['product_selling_pr'])
```

자, 정리하면 우리가 수정해야 할 다큐먼트의 0번째 테이블(doc.tables[0])을 order_table에 넣었습니다. 이 테이블은 0번 rows, 1번 rows, 2번 rows… 이렇게 로우만 증가하고, rows의 cells는 0, 1, 2, 3이 고정입니다. i는 0부터 시작하는데 rows[0]은 품명이므로 +1을 해줘서 rows[1]부터 시작할 수 있게 해줍니다.

첫 번째 rows의 0, 1, 2, 3번 cell에 현재 식별자(order)와 키를 입력하면('product_name', 'product_qty', 'product_original_pr', 'product_selling_pr') 밸류를 넣어줄 수 있습니다. 루프를 한 번 돌면서 밸류를 네 번 넣어주면 i가 1이 되겠죠? 1에 +1을 해주면 2이므로 이제 두 번째 rows의 0, 1, 2, 3에 각각 다음 딕셔너리의 내용을 차례대로 넣어줍니다.

▼ 그림 26-2 테이블에 데이터 넣기

품명	수량	단가	금액
서보 모터	10	5000	50000
온도 센서	5	3000	15000
계	15	8000	65000

또 총 수량, 총 단가, 총 금액을 계산해야 하므로 루프가 돌 때마다 값을 계속 더해줬습니다. 더한 값은 rows[6]의 cell에 직접 입력해 줬습니다. 값을 더해줄 때는 인티저(int)로 캐스팅했고, 테이블에 텍스트로 넣어줄 때는 스트링(str)으로 캐스팅해 줬습니다.

그런데 여기서 문제가 있었죠. 테이블에 직접 데이터를 넣어주니까 기존에 있던 테이블의 속성들을 다 무시하고 우당탕탕 데이터가 들어간 거죠. 테이블의 원래 속성을 유지한 채로 더 예쁘게 넣으면 좋겠다는 이야기를 앞에서도 했습니다. 그래서 이번에는 텍스트를 가져와 셀에 직접 넣는 게 아니라 add_run() 메서드를 이용해서 넣어주려고 합니다.

우리가 앞에서 사용해 봤듯이 add_run() 메서드는 paragraph에 사용합니다. 그런데 다행히 셀도 paragraph 단위가 있습니다. 따라서 cells[0]의 paragraph에 add_run()을 다음 코드처럼 사용해줄 수 있는 거죠.

코드

```
for i, order in enumerate(order_list):
    order_table.rows[i+1].cells[0].paragraphs[0].add_run(order['product_
    name'])
    order_table.rows[i+1].cells[1].paragraphs[0].add_run(order['product_
    qty'])
    order_table.rows[i+1].cells[2].paragraphs[0].add_run(order['product_
    original_pr'])
    order_table.rows[i+1].cells[3].paragraphs[0].add_run(order['product_
    selling_pr'])
```

그 아래 rows[6] 부분도 마찬가지로 paragraph에 add_run()을 사용해줄 수 있습니다.

코드

```
order_table.rows[6].cells[1].paragraphs[0].add_run(str(total_qty))
order_table.rows[6].cells[2].paragraphs[0].add_run(str(total_o_p))
order_table.rows[6].cells[3].paragraphs[0].add_run(str(total_s_p))
```

자, 그럼 이제 우리 생각대로 파일이 잘 수정되는지 test60.docx 파일로 다시 한번 저장해보겠습니다.

코드

```
(…)
doc.save('test60.docx')
```

코드를 실행시키고, test60.docx를 열어서 테이블 부분을 보면 같은 데이터가 잘 들어가 있습니다. 그리고 test30.docx와 다르게 중앙으로 정렬되어 있네요. 이전보다 테이블 속성이 좀 적용된 것 같죠?

▼ 그림 26-3 테이블에 속성 적용

품명	수량	단가	금액
서보 모터	10	5000	50000
온도 센서	5	3000	15000
계	15	8000	65000

그 아래 코드를 보면 para[11]과 para[12]에 건명과 금액을 넣었습니다. 이 코드도 다음과 같이 add_run()을 사용해서 넣겠습니다.

코드

```
para[11].add_run("건 명 : "+title)
para[12].add_run("금 액 : "+str(total_s_p))
```

test70.docx 파일로 다시 저장해서 건명과 금액 부분을 볼까요?

▼ 그림 26-4 건명과 금액(1)

건 명 : 건 명 : 전자부품 매매건
금 액 : 금 액 : 65000

아! 예전에는 우당탕탕 넣어야 했기 때문에 이 부분을 건명이고 금액이고 다 지워버린 다음에 다시 전체를 넣었습니다. 그런데 add_run()을 사용하므로 이렇게 넣을 필요가 없겠네요.

그리고 폰트 크기와 굵기도 좀 다릅니다. 따라서 add_run()을 사용해서 폰트 크기도 키우고, 볼드도 적용해 줍니다.

코드

```
run = para[11].add_run(title)
run.font.size = Pt(11)
run.bold = True

run = para[12].add_run(str(total_s_p))
run.font.size = Pt(11)
run.bold = True
```

다시 실행해보면 우리가 생각한 대로 잘 적용되었습니다.

▼ 그림 26-5 건명과 금액(2)

```
건 명 : 전자부품 매매건
금 액 : 65000
```

날짜 맞추기

다음은 계약서에 필요한 두 날짜를 넣어주는 부분입니다. 첫 번째 날짜는 계약 날짜, 두 번째 날짜는 납품 날짜를 넣었습니다.

먼저 계약 날짜 코드를 보면 만약 데이터에,

1 | '오늘'이라고 쓰여 있다면 오늘 날짜를, '내일'이라고 쓰여 있다면 내일 날짜를 가져 와 넣어줍니다.

2 | '6월 30일'과 같이 직접 날짜가 쓰여 있다면 그 날짜(issue_date에 저장되죠)를 넣 어줍니다.

코드

```
today = date.today()

if issue_date == "오늘":
    para[4].text = today.strftime("%Y년 %m월 %d일")
else:
    para[4].text = issue_date
```

다음으로 납품 날짜 코드를 보면 만약 데이터에, '오늘'이라고 쓰여 있다면 오늘 날짜를 가 져와 텍스트에 직접 넣어줍니다.

내일이라고 쓰여 있다면, 오늘 날짜에 하루를 더합니다. today = date.today()라는 줄에 서 today라는 변수는 오늘 날짜를 가지고 있습니다. 날짜끼리의 연산은 구글 검색을 통해 datetime 라이브러리가 지원하는 timedelta() 메서드를 통해 다음과 같이 할 수 있었습니다.

```
코드
datetime.timedelta(days=1)
```

그래서 today + datetime.timedelta(days=1)이라고 하면 오늘 날짜에 하루를 더한 날짜를 얻을 수 있었습니다. 근데 우리가 원하는 형식은 ○년 ○월 ○일이기 때문에 strftime() 메서드를 이용해 우리가 원하는 대로 문자열을 꾸며 주었습니다.

```
코드
(today + datetime.timedelta(days=1)).strftime("%Y년 %m월 %d일")
```

위와 같이 오늘 날짜에 1일이 더해진 날이 있다면, 그 문자열을 다시 내가 원하는 포맷(%Y 년 %m월 %d일)으로 문자열을 바꿀 수 있었습니다. 마지막으로 날짜가 직접 쓰여 있다면 (예를 들어 20221108) deli_date를 pop()으로 꺼내서 넣어줍니다.

```
코드
if deli_date == "오늘":
    exp_str = today.strftime("%Y년 %m월 %d일")
elif deli_date == "내일":
    exp_str = (today + datetime.timedelta(days=1)).strftime("%Y년 %m월 %d
➥ 일")
else:
    exp_str = deli_date
```

그 아래는 납품 날짜가 들어가는 para[18]을 꾸며주는 코드입니다. 앞에서 한 것처럼 우 당탕탕 날짜를 넣으면 기존의 텍스트가 다 없어지므로 para[18]의 텍스트를 모두 넣은 다음에 중간에 날짜만 우리가 조작한 날짜를 넣는 방식을 사용했습니다. 이번에도 add_run()을 넣어서 수정해 보겠습니다.

```
코드
para[18].add_run("1." + exp_str + "까지 지정한 장소에 납품할 것이며, 그 납품 중
➥ 검사 불합격품이 있을 때에는 지정기일까지 교환하겠음.")
```

이렇게 add_run()을 하면 append되기 때문에 저 텍스트가 두 번 나오게 됩니다. 따라서 기존의 텍스트를 지우고, add_run()으로 append해 줍니다. 그리고 앞에서처럼 run을 사용해서 폰트 크기를 11로 키워줍니다.

코드

```
para[18].text = ''
run = para[18].add_run("1." + exp_str + "까지 지정한 장소에 납품할 것이며,
➥ 그 납품 중 검사 불합격품이 있을 때에는 지정기일까지 교환하겠음.")
run.font.size = Pt(11)

doc.save('test90.docx')
```

코드를 실행하여 test90.docx 파일로 저장한 뒤 확인해 보세요. 결과가 잘 나왔나요?

▼ 그림 26-6 최종 test90.docx 파일

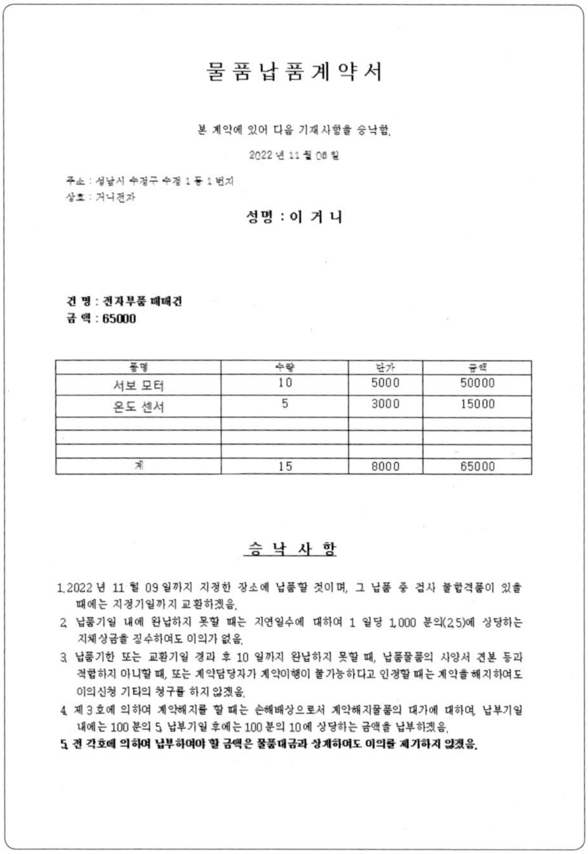

물 품 납 품 계 약 서

본 계약에 있어 다음 기재사항을 승낙함.

2022 년 11 월 08 일

주소 : 성남시 수정구 수정 1 동 1 번지
상호 : 거니전자

성명 : 이 거 니

건 명 : 전자부품 매매건
금 액 : 65000

품명	수량	단가	금액
서보 모터	10	5000	50000
온도 센서	5	3000	15000
계	15	8000	65000

승 낙 사 항

1.2022 년 11 월 09 일까지 지정한 장소에 납품할 것이며, 그 납품 중 검사 불합격품이 있을 때에는 지정기일까지 교환하겠음.
2. 납품기일 내에 완납하지 못할 때는 지연일수에 대하여 1 일당 1,000 분의(2.5)에 상당하는 지체상금을 징수하여도 이의가 없음.
3. 납품기한 또는 교환기일 경과 후 10 일까지 완납하지 못할 때, 납품물품의 사양서 견본 등과 적합하지 아니할 때, 또는 계약담당자가 계약이행이 불가능하다고 인정할 때는 계약을 해지하여도 이의신청 기타의 청구를 하지 않겠음.
4. 제 3 호에 의하여 계약해지를 할 때는 손해배상으로서 계약해지물품의 대가에 대하여, 납부기일 내에는 100 분의 5, 납부기일 후에는 100 분의 10에 상당하는 금액을 납부하겠음.
5. 전 각호에 의하여 납부하여야 할 금액은 물품대금과 상계하여도 이의를 제기하지 않겠음.

정리

이렇게 워드 자동화 프로그램을 마무리하겠습니다. 이번 프로그래밍은 로직이 어렵다기 보다는 조금 잡다한 내용을 정리하느라 코드가 길어진 것 같아요.

자, 이것으로 매일 아침 계약서를 써야 하는 사람을 위해서, 형식에 맞게 바뀌는 데이터를 텍스트 파일에 넣어주면, 텍스트를 알아서 읽어와서 워드 파일에 넣고 저장해주는 워드 자동화 프로그램을 만들어 봤습니다. 코드에 대한 설명을 주석으로 추가한 전체 코드를 마지막으로 첨부하였으니 참고해 주세요.

다음 시간에는 파이썬을 이용해 웹 자동화 프로그램을 한번 만들어 보겠습니다.

코드

```python
from docx import Document
from docx.shared import Inches
from docx.shared import Pt
from datetime import date

# 문서 불러오기
doc = Document('contract_form.docx')
para = doc.paragraphs

# 기본 문서 꾸미기
para[6].text = "주소 : 성남시 수정구 수정 1동 1번지"
para[7].text = "상호 : 거니전자"
para[8].text = ''
run = para[8].add_run("성명 : 이 거 니")
run.font.size = Pt(15)
run.bold = True

# 텍스트 파일 로드와 내용 저장
order_list = []
file = open("list.txt", "r", encoding='UTF-8')
contents = file.read().split('\n')

# 저장된 텍스트 내용 뿌리기 시작
issue_date = contents.pop(0)
deli_date = contents.pop(0)
title = contents.pop(0)
```

```
# 첫 3개의 데이터를 소비한 뒤 이후 물품과 물품 정보를 4개씩 받기
while len(contents) > 0 :
    product = {'product_name':'', 'product_qty':'', 'product_original_
➥ pr':'', 'product_selling_pr':''}
    product['product_name'] = contents.pop(0)
    product['product_qty'] = contents.pop(0)
    product['product_original_pr'] = contents.pop(0)
    product['product_selling_pr'] = contents.pop(0)

    # 물품 하나당 딕셔너리 형태로 만들어 리스트에 넣기
    order_list.append(product)

order_table = doc.tables[0]

total_qty = 0
total_o_p = 0
total_s_p = 0

# 테이블에 물품 정보 뿌려주고 밑에서는 총합 계산
for i, order in enumerate(order_list):
    order_table.rows[i+1].cells[0].paragraphs[0].add_run(order['product_
➥ name'])
    order_table.rows[i+1].cells[1].paragraphs[0].add_run(order['product_
➥ qty'])
    order_table.rows[i+1].cells[2].paragraphs[0].add_run(order['product_
➥ original_pr'])
    order_table.rows[i+1].cells[3].paragraphs[0].add_run(order['product_
➥ selling_pr'])

    total_qty += int(order['product_qty'])
    total_o_p += int(order['product_original_pr'])
    total_s_p += int(order['product_selling_pr'])

# 총합 입력
order_table.rows[6].cells[1].paragraphs[0].add_run(str(total_qty))
order_table.rows[6].cells[2].paragraphs[0].add_run(str(total_o_p))
order_table.rows[6].cells[3].paragraphs[0].add_run(str(total_s_p))
```

```python
# 텍스트에서 읽어온 계약 건명 넣기
run = para[11].add_run(title)
run.font.size = Pt(11)
run.bold = True

# 계산된 총 금액 넣기
run = para[12].add_run(str(total_s_p))
run.font.size = Pt(11)
run.bold = True

# 오늘 날짜 저장
today = date.today()

# 만약 매매 계약 날짜가 오늘이라면, 오늘 날짜 입력
if issue_date == "오늘":
    para[4].text = today.strftime("%Y년 %m월 %d일")
else:
    para[4].text = issue_date

# 만약 납품 날짜가 오늘이라면, 오늘 날짜 입력
if deli_date == "오늘":
    exp_str = today.strftime("%Y년 %m월 %d일")
# 납품 날짜가 내일이라면, 내일 날짜 입력
elif deli_date == "내일":
    exp_str = (today + datetime.timedelta(days=1)).strftime("%Y년 %m월 %d
일")
else:
    exp_str = deli_date

# 납품 문자열 꾸미기
para[18].text = ''
run = para[18].add_run("1." + exp_str + "까지 지정한 장소에 납품할 것이며, 그
납품 중 검사 불합격품이 있을 때에는 지정기일까지 교환하겠음.")
run.font.size = Pt(11)

# 새로운 문서 파일로 저장
doc.save('result.docx')
```

3장

실전 프로그래밍3: 웹 자동화

Lesson 27 웹 자동화 프로그램 소개

Lesson 28 코딩 시작 I

Lesson 29 코딩 시작 II

Lesson 30 마무리 및 코드 분석

LESSON 27

웹 자동화 프로그램 소개

지금까지 2부 1장에서는 엑셀, 2장에서는 워드로 자동화 프로그램을 만들어 봤습니다. 마지막 3장에서는 우리가 정말 자주 사용하는 웹과 관련한 자동화 프로그램을 만들어 보겠습니다.

그런데 웹 자동화는 조금 어려울 수 있습니다. 엑셀이나 워드는 그래도 평소에 사용도 해보고 익숙한 프로그램이잖아요? 물론 웹도 자주 사용은 하지만 직접 작성하기보다는 작성한 웹 페이지를 탐색하는 것이었으니까요. 웹 페이지에 대한 지식이 없고 웹 구조에 대해 잘 모르는 상태에서 웹 자동화 프로그램을 만들려고 하면 분명 어려울 것입니다.

어려우니까 뺄까요? 하지만 웹, 즉 인터넷은 우리가 거의 매일 사용하는 서비스인걸요. 그만큼 어렵더라도 한번 다뤄보는 것이 좋겠습니다. 여러분이 조금이라도 더 쉽게 이해하면서 3장을 진행할 수 있도록 제가 중간중간 간단하게나마 설명을 곁들이면서 진행하겠습니다.

참고

파이썬 웹 자동화는 코딩하는거니 유튜브 채널에서도 한번 가볍게 다룬 적이 있으니 3장을 시작하기 앞서 간단히 시청해보면 좋습니다. 파이썬과 웹 자동화는 이런 방식으로 이루어진다는 걸 대략적으로 알 수 있어서 3장을 이해하는 데 도움이 될 것입니다.[1]

▼ 그림 27-1 코딩하는거니 유튜브 채널의 파이썬 웹 자동화

---

1 https://www.youtube.com/watch?v=afv7vsgweBE

상황

이번에도 그니의 상황을 들어보겠습니다.

 회사원 그니 〈gueny2@gilbut.co.kr〉
거니 님에게 ▼

거니 님, 안녕하세요. 저 회사원 그니입니다.

요즘 어떤 물건을 사려고 중고물품 거래 카페를 자주 방문하고 있습니다.

하지만 저도 제 시간이 있고, 해야 할 일도 있어서 계속 카페만 들락날락할 수가 없습니다. 그런데 어쩌다 좋은 물건이 올라오면 누군가 홀랑 채 갑니다. 너무 마음이 아파요. 저 대신 카페를 모니터링하면서 원하는 물건이 올라오면 바로 알려주는 자동 모니터링 프로그램을 만들 수는 없을까요?

물건이 올라오기를 하염없이 기다릴 수도 없고, 좋은 거래가 올라왔는데 올라오자마자 누가 홀랑 가져가면 하루 종일 기분 안 좋죠. 왠지 돈을 잃은 것 같기도 하고요. 그니 같은 분들을 위해 중고물품 거래 웹 사이트를 모니터링하면서 알림을 보내주는 프로그램을 파이썬으로 만들어 봅시다.

시작

파이썬으로 인터넷 모니터링을 어떻게 만들어야 할지 한번 생각해 봅시다. 먼저 엑셀이나 워드와 마찬가지로 웹에서도 우리를 도와줄 수 있는 파이썬 라이브러리가 있을 거라는 생각이 들죠? 분명히 있을 거예요. 자신 있게 검색해 볼게요.

① 구글에서 'python web automation library list'라고 검색해보면 여러 라이브러리가 나옵니다. 그중 셀레니움(Selenium)이란 단어가 많이 눈에 띕니다. Selenium으로 검색해보니 공식 홈페이지[2]도 있고, 셀레니움을 설명한 사이트[3]도 있네요.

---

2 https://www.selenium.dev
3 https://selenium-python.readthedocs.io

▼ 그림 27-2 구글 검색: Selenium

② 위 페이지에서 살펴봐도 되지만, 제가 웹 사이트를 하나 더 알려드릴게요. PyPI(The Python Package Index)[4]라는 곳입니다. 이 웹 사이트에는 파이썬 패키지를 업로드할 수 있습니다. 예를 들어 누군가(여러분도 해당될 수 있죠) 패키지를 만들어서 여기에 올려 놓으면 다른 사람이 쉽게 어떤 패키지인지 확인하고, 다운로드해서 사용할 수 있습니다. Selenium을 검색해 보세요.

▼ 그림 27-3 PyPI > Selenium 검색

③ 맨 위에 있는 selenium 4.6.0으로 들어가면 설치 방법과 샘플 코드들이 올라와 있습니다.

---

4 https://pypi.org

▼ 그림 27-4 selenium

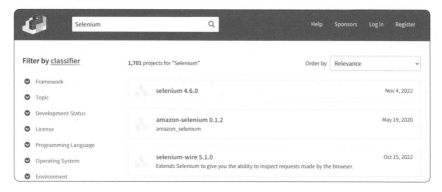

④ 먼저 셀레니움을 설치합니다. PyPI의 셀레니움 페이지[5] 맨 위에 install 명령어가 나와 있습니다.

▼ 그림 27-5 셀레니움 설치 명령어

⑤ 이 명령어를 아나콘다 내비게이터의 커맨드 프롬프트(CMD.exe Prompt)에 들어가서 입력해 줍니다.

▼ 그림 27-6 아나콘다 내비게이터 > 커맨드 프롬프트(CMD.exe Prompt)

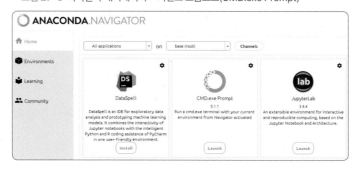

---

5 https://pypi.org/project/selenium

```
$ pip install selenium
```

⑥ 샘플 코드에는 셀레니움을 임포트하고, 웹 페이지에 접근하는 방법이 나와 있습니다. 이 코드를 한번 사용해 볼까요?

▼ 그림 27-7 샘플 코드

Example 0:

- open a new Firefox browser
- load the page at the given URL

```
from selenium import webdriver

browser = webdriver.Firefox()
browser.get('http://selenium.dev/')
```

셀레니움 사용법 익히기

임포트하고 웹 사이트에 접근하기

앞에서 본 샘플 코드를 한번 살펴봅시다. 가장 먼저 임포트해 줍니다.

코드

```
from selenium import webdriver

browser = webdriver.Firefox()
browser.get('http://selenium.dev/')
```

그 아래에 파이어폭스(Firefox)라고 나와 있습니다. 파이어폭스는 웹 브라우저 중 하나입니다. 우리는 파이어폭스보다 크롬(Chrome)을 많이 사용하므로, 파이어폭스 대신 크롬을 넣겠습니다. 그리고 들어가는 웹 사이트도 네이버를 넣어볼게요.

```
코드

from selenium import webdriver

browser = webdriver.Chrome()
browser.get('http://naver.com')
```

▼ 그림 27-8 네이버 실행

크롬 브라우저가 뜨면서 네이버가 잘 실행되었나요? 주소창 아래 'Chrome이 자동화된 테스트 소프트웨어에 의해 제어되고 있습니다.'라는 메시지도 보이네요. 셀레니움을 임포트하고 주소를 넣었을 뿐인데 바로 크롬에서 해당 주소의 웹 사이트를 열어줍니다. 웹 사이트에서 셀레니움을 구체적으로 어떻게 사용할 수 있는지, 앞에서 본 셀레니움 설명 사이트[6]에 가서 코드를 더 살펴보겠습니다. 사이트에 가서 2. Getting Started로 들어갑니다.

▼ 그림 27-9 Getting Started

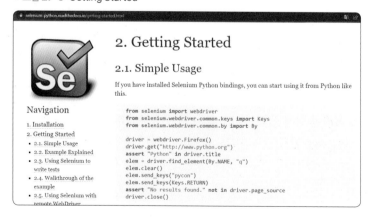

---
6 https://selenium-python.readthedocs.io

앞에서 우리가 했던 대로 셀레니움을 임포트하고, 웹 브라우저 이름을 넣고, 사이트 주소를 넣었습니다. 아, 여기는 변수 이름을 browser라고 안 쓰고 driver를 썼네요. 나중에 코드가 헷갈리지 않게 우리도 driver로 바꿔줄게요.

다음으로 elem이라는 엘리먼트 변수를 하나 만들고, 드라이버에 find_element(By.NAME)을 입력한 다음, elem에 send_keys를 합니다. 아하! 코드를 살펴보니 어떻게 작동하는지 알겠어요.

> **1** 웹 사이트에서 엘리먼트를 찾는다.
>
> **2** 원하는 엘리먼트를 찾아서 변수(elem)에 넣는다.
>
> **3** 찾은 엘리먼트에 원하는 동작을 시킨다.

자, 이게 무슨 뜻인지 이쯤에서 웹 페이지에 대해 잠시 설명하겠습니다. 앞에서 본 네이버 화면을 떠올려 보세요. 네이버 화면에는 수많은 엘리먼트가 있습니다. 예를 들어 검색창 부분을 보면 네이버 로고 엘리먼트, 검색창 엘리먼트, 자동 완성 버튼 엘리먼트, 검색 버튼 엘리먼트 등이 모두 엘리먼트입니다.

▼ 그림 27-10 네이버 검색 화면

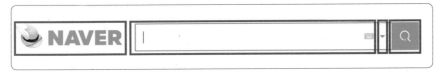

즉, 셀레니움을 사용하면 원하는 엘리먼트에 '키보드를 입력해라', '마우스 클릭 행동을 보내라'와 같이 명령을 내릴 수 있는 겁니다.

실제로 해볼까요? 우선은 간단하게 검색창 엘리먼트를 가져와서 거니라고 입력한 다음 `Enter`를 입력해 봅시다. 그러려면 먼저 엘리먼트를 찾는 게 중요하겠죠? 우리가 원하는 엘리먼트는 어떻게 찾을 수 있을까요?

엘리먼트 찾기

셀레니움 설명서가 있는 웹 사이트에서 엘리먼트들에 어떻게 접근하는지 알려주는 항목은 4. Locating Elements입니다. 들어가 보면 id로 찾을 수도 있고, name으로 찾을 수도 있고, 경로로 찾을 수도 있고, 그 외 태그, 클래스, css 셀렉터로도 찾을 수 있다고 합니다.

▼ 그림 27-11 여러 엘리먼트

```
find_element(By.ID, "id")
find_element(By.NAME, "name")
find_element(By.XPATH, "xpath")
find_element(By.LINK_TEXT, "link text")
find_element(By.PARTIAL_LINK_TEXT, "partial link text")
find_element(By.TAG_NAME, "tag name")
find_element(By.CLASS_NAME, "class name")
find_element(By.CSS_SELECTOR, "css selector")
```

현재 크롬 브라우저에 네이버 메인 화면이 떠 있을 텐데 F12를 눌러보세요. 그러면 다음과 같이 개발자 모드의 창이 열리고, 그 안에 HTML 코드를 볼 수 있습니다.

▼ 그림 27-12 개발자 모드(F12)

HTML(Hypertext Markup Language, 하이퍼텍스트 마크업 언어)은 웹 사이트의 모습을 기술하기 위한 마크업 언어입니다(프로그래밍 언어는 아닙니다). 다음과 같이 태그를 열고 닫는 식으로 구성됩니다. 본론은 〈body〉 부분에 많이 들어가죠.

▼ 그림 27-13 html 구성

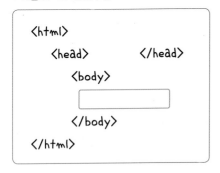

다시 네이버 화면을 살펴봅니다. 자세히 보면 body 부분이 header, container, footer로 나뉘져 있고, 해당 글자에 마우스를 올릴 때마다 그곳이 어디인지 알려줍니다. 우리가 필요한 검색창 부분은 header 부분이네요.

▼ 그림 27-14 html > header

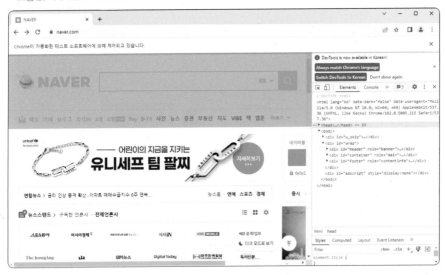

header 부분은 다시 검색창과 메뉴 부분으로 나뉩니다.

▼ 그림 27-15 html > header > 검색창

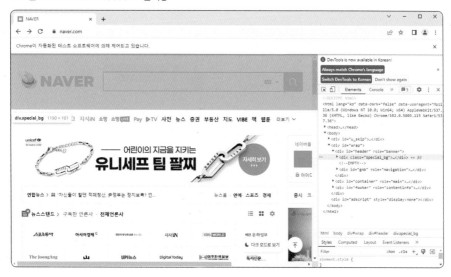

▼ 그림 27-16 html > header > 메뉴

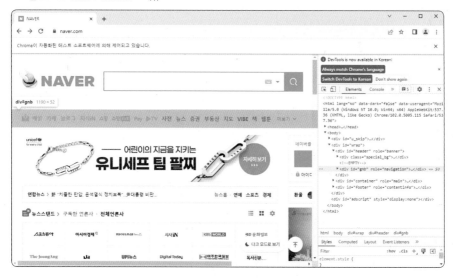

검색창도 여러 엘리먼트로 구분되어 있습니다. 이렇게 엘리먼트를 찾을 수 있습니다.

▼ 그림 27-17 검색창의 엘리먼트들

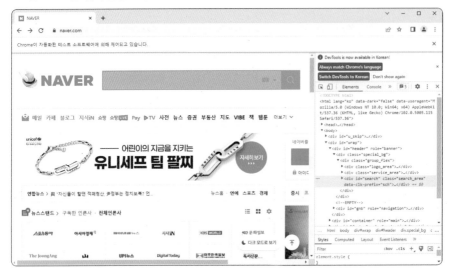

또 다른 방법이 있습니다. F12 로 개발자 도구를 켠 상태에서 > 원하는 메뉴 위에서 > 마우
스 우클릭 후 > 검사 항목을 눌러보세요.

▼ 그림 27-18 원하는 메뉴 > 마우스 우클릭 > 검사

그러면 정확하게 담당하는 html 태그가 나오게 됩니다.

▼ 그림 27-19 해당 메뉴의 html 태그

html 태그를 보면 div class 이름이 green_window이고, 그 안에 input(텍스트를 입력받는 것)이 있습니다. input의 id는 query, name도 query이고, class는 input_text입니다.

그림 27-11을 보면 id, name, tag_name 또는 class_name 등 다양한 속성으로 엘리먼트를 특정해 찾을 수 있습니다. 위 네이버 코드를 보면 id와 name이 처음 나오고 명확히 특정되므로 둘 중 하나를 이용해서 찾으면 되겠어요.

코드

```
find_element(By.ID, "id")
find_element(By.NAME, "name")
```

엘리먼트로 명령하기

① 엘리먼트 중 id를 사용해서 다음과 같이 동작해 보겠습니다.

1 | 네이버에 들어가서 엘리먼트를 찾아라(find_element).

2 | 엘리먼트를 찾을 때는 id로 찾아라(By.ID, "id").

3 | 찾은 엘리먼트를 데리고 와서 elem이라는 변수에 집어넣어라(elem =).

```
코드
from selenium import webdriver
from selenium.webdriver.common.by import By

driver = webdriver.Chrome()
driver.get('http://naver.com')

elem = driver.find_element(By.ID, "query")
```

② 이렇게 하면 검색창이 elem으로 들어가겠죠? 그리고 검색창에 (아까 샘플 코드에서 본 것처럼) 키보드의 키를 보낼 수(send_keys(" ")) 있게 됩니다. 여기에서는 '거니'를 한 번 보내볼게요.

```
코드
(…)
elem = driver.find_element_by_id('query')
elem.send_keys("거니")
```

여기까지 작성한 코드를 실행해 보겠습니다. 크롬 브라우저가 실행되고, 네이버에 접속하고, 검색창 안에 거니가 입력되었나요?

▼ 그림 27-20 네이버 실행 > 검색창에 거니 입력

③ '검색어 입력'에서 한 단계 더 나아가서 Enter 를 입력해 검색까지 실행하겠습니다. 앞에서 본 샘플 코드에서 Keys.RETURN 부분이 Enter 입니다.

```
(…)
elem = driver.find_element(By.ID, "query")
elem.send_keys("거니")
elem.send_keys(Keys.RETURN)
```

④ 코드를 작성하고 실행해보니 오류가 났습니다.

```
----> 8 elem.send_keys(Keys.RETURN)
NameError: name 'Keys' is not defined
```

Keys가 뭔지 모르겠다고 하네요. 이러면 임포트가 필요하다고 생각하면 됩니다. 샘플 코드를 보니, 역시 Keys를 임포트하는군요. 우리도 임포트해 줍니다. 실행해보니 네이버 검색창에 '거니'를 입력한 후 Enter 를 눌러 검색까지, 잘 실행되었습니다.

이제 이런 오류는 신경 쓰이지 않죠? 오류는 언제든지 발생할 수 있습니다. 해결해주면 되니까 문제없어요.

```
from selenium import webdriver
from selenium.webdriver.common.by import By
from selenium.webdriver.common.keys import Keys

driver = webdriver.Chrome()
driver.get('http://naver.com')

elem = driver.find_element(By.ID, "query")
elem.send_keys("거니")
elem.send_keys(Keys.RETURN)
```

⑤ 이번에는 Enter 를 누르는 게 아니라 검색창 옆에 있는 검색 버튼을 눌러봅시다. 이 경우 검색 버튼의 엘리먼트를 찾아야 합니다. F12 로 개발자 도구를 켠 상태에서 > 검색 버튼에서 > 마우스 우클릭 후 > 검사 항목을 누릅니다.

▼ 그림 27-21 검색 버튼 > 마우스 우클릭 > 검사

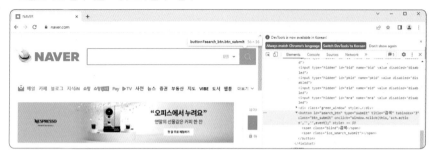

검색 버튼의 상세 정보가 나왔습니다. 검색 버튼의 id는 "search_btn"이네요.

코드
```
<button id="search_btn" type="submit" title="검색" tabindex="3" class="btn_
submit" onclick="window.nclick(this,'sch.action','','',event);"
style="background-color: #4288ca">
(…)
</button>
```

⑥ 엘리먼트 id를 찾았으니 이를 사용해 코드를 작성해 줍니다. 검색창에 '거니'라고 입력
하는 것까지는 똑같고, Enter 입력(elem.send_keys(Keys.RETURN)) 대신, 검색 버튼 엘리
먼트의 id를 찾아((By.ID, "search_btn")) 클릭해 줍니다(elem.click()). 실행하면 이번
에는 검색 버튼을 클릭하는 방식으로 '거니' 키워드가 잘 검색되었나요?

코드
```
from selenium import webdriver
from selenium.webdriver.common.by import By
from selenium.webdriver.common.keys import Keys

driver = webdriver.Chrome()
driver.get('http://naver.com')

elem = driver.find_element(By.ID, "query")
elem.send_keys("거니")

elem = driver.find_element(By.ID, "search_btn")
elem.click()
```

7 그런데 이때 다음 경우를 생각해볼 수 있습니다. 크롬 드라이버에 네이버로 가라는 코드를 작성했습니다. 그런데 인터넷 속도가 그렇게 빠르지 않다면 웹 사이트를 로드하는 중에, 즉 아직 모든 화면이 나오지 않은 상태에서 쿼리를 찾기 시작해 오류가 뜰 수가 있습니다.

이 경우에는 네이버로 간 다음 3초 기다리라고 명령할 수 있어요(time.sleep(3)). 그러면 웹 페이지가 안전하게 다 로드된 상태에서 다음 동작을 실행한 테니 오류 없이 실행할 수 있겠죠. time 명령을 수행하기 위해 상단에 임포트해 줍니다(import time).

코드
```
from selenium import webdriver
from selenium.webdriver.common.by import By
from selenium.webdriver.common.keys import Keys
import time

driver = webdriver.Chrome()
driver.get('http://naver.com')
time.sleep(3)

elem = driver.find_element(By.ID, "query")
elem.send_keys("거니")

elem = driver.find_element(By.ID, "search_btn")
elem.click()
```

한번 실행해 보세요. 네이버에 접속하고 3초 기다린 다음 검색을 수행하나요?

지금까지 셀레니움을 어떻게 사용하는지, 사용 방법에 대해 알아봤습니다.

중고나라에 가서 키워드 넣고 검색하기

셀레니움 라이브러리에 대해 어느 정도 알아봤으니 중고물품을 모니터링하기 위해 '중고나라'라는 네이버 카페로 가보겠습니다.

1 네이버 주소 대신 중고나라 카페의 주소를 넣어주면 됩니다.

```
코드
from selenium import webdriver
from selenium.webdriver.common.by import By
from selenium.webdriver.common.keys import Keys
import time

driver = webdriver.Chrome()
driver.get('https://cafe.naver.com/joonggonara')
time.sleep(3)
```

❷ 다음으로 우리가 해야 할 일은 원하는 키워드를 검색하는 겁니다. 크롬에 떠 있는 중고나라 카페를 보면 검색할 수 있는 검색창이 마련되어 있습니다.

▼ 그림 27-22 중고나라 검색창

앞에서 했던 방법처럼 F12를 눌러서 개발자 도구를 켜고, 검색창에서 마우스 우클릭 〉 검사 항목을 누릅니다.

```
코드
<input title="카페글 검색어 입력" type="text" class="inp" name="query"
style="ime-mode:active" id="topLayerQueryInput" onkeydown="if (event.
keyCode == 13) {searchBoard();}">
```

input title은 "카페글 검색어 입력", class는 "inp", name은 "query", id는 "topLayer QueryInput" 등등이 나오네요. 어떤 걸로 가져와 볼까요? 이번에는 class를 사용해서 가져와 보겠습니다.

③ 그러면 다음과 같은 순서로 '맥북'을 검색하도록 코드를 짜보겠습니다.

> 1 | class_name으로 검색창을 찾는다.
>
> 2 | 검색창에 원하는 키워드(맥북)를 입력한다.
>
> 3 | Enter를 눌러 해당 키워드로 검색한다.

코드
```python
from selenium import webdriver
from selenium.webdriver.common.keys import Keys
import time

driver = webdriver.Chrome()
driver.get('https://cafe.naver.com/joonggonara')
time.sleep(3)

elem = driver.find_element(By.CLASS_NAME, "inp")
elem.send_keys("맥북")
elem.send_keys(Keys.RETURN)
```

▼ 그림 27-23 실행된 검색 화면

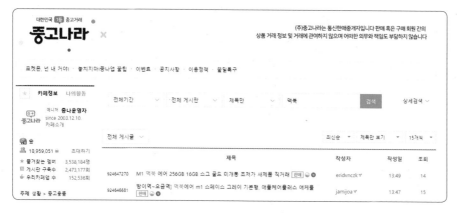

검색 화면까지 잘 진행되었나요? 이렇게 중고나라 카페에서 맥북이라는 키워드를 넣고
Enter를 쳐서 검색하는 데까지 성공했습니다.

이후 검색하려는 키워드가 바뀔 수 있으니까 keyword라는 변수를 만드는 방향으로 수정하
겠습니다. 나중에 다른 물건을 찾으려면 keyword 변수만 수정하면 되겠죠?

코드

```
(…)
keyword = "맥북"
driver = webdriver.Chrome()
driver.get('https://cafe.naver.com/joonggonara')
time.sleep(3)

elem = driver.find_element(By.CLASS_NAME, "inp")
elem.send_keys(keyword)
elem.send_keys(Keys.RETURN)
```

뷰티풀숲으로 크롤링하기

이후 필요한 작업을 생각해보면, 다음과 같습니다.

1 | 5분마다 한 번씩 맥북을 검색해서 검색된 게시물을 다 불러온다.

2 | 지금 불러온 게시물과 5분 전 불러온 게시물을 비교한다.

3 | 새로운 글이 있으면 '새로운 글이 올라왔다'라고 알림을 보낸다.

이 작업에 필요한 건 웹 페이지에서 내가 원하는 정보를 가져오고, 가져온 글을 분석하는
기능입니다. 웹 페이지에서 어떤 정보를 가져와서 원하는 데이터를 추출하거나 수집하는
것을 **크롤링**(crawling)이라고 합니다. 웹 페이지를 돌아다니면서 내가 원하는 정보만 모아
오는 거죠.

지금 사용하고 있는 셀레니움 라이브러리는 원하는 내용을 입력하고 검색하는 등 웹 페이
지와 상호작용하는 데 특화된 라이브러리입니다. 크롤링하는 라이브러리는 아닙니다. 따
라서 파이썬에 크롤링 라이브러리가 있는지 한번 찾아보겠습니다.

❶ 구글에서 'python crawling library list'라고 검색해 볼까요? 검색 결과 크롤링 관련 라이브러리 Top 7 리스트가 나왔습니다.

1 | Beautiful Soup

2 | LXML

3 | MechanicalSoup

4 | Python Requests

5 | Scrapy

6 | Selenium

7 | Urllib

셀레니움도 크롤링과 분석 기능이 있나 봅니다. 그래도 공부하는 셈치고 책에서는 다양한 라이브러리를 사용해 볼게요. 리스트 1위에 있는, 그래서 자료도 많고 성능이 검증된 뷰티풀숲(Beautiful Soup)을 사용하겠습니다.

> **참고**
>
> 이런 순위는 바뀔 수 있고 새로운 라이브러리가 얼마든지 나올 수 있기 때문에 꼭 책에 나온 라이브러리만 사용해야 하는 건 아닙니다. 이 책에서 라이브러리를 어떻게 사용하는지 배우면 다른 라이브러리도 두려움 없이 사용할 수 있을 거예요.

❷ pypi에서 뷰티풀숲[7]을 검색하면 이 라이브러리에 대한 정보를 볼 수 있습니다. 설치 방법도 나와 있습니다. 아나콘다에 설치되어 있는지 확인해보고, 설치되어 있지 않으면 아나콘다에 설치해 줍니다. 이제 설치 방법은 알죠? 아나콘다 내비게이터 > CMD.exe Prompt로 들어간 뒤 설치 명령어(pip install beautifulsoup4)를 입력하면 됩니다.

▼ 그림 27-24 뷰티풀숲

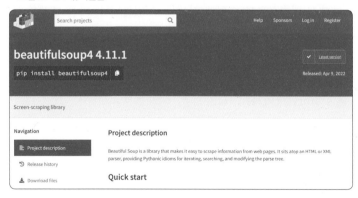

---

7 https://pypi.org/project/beautifulsoup4

❸ 잘 설치되었으면 어떻게 사용하는지 샘플 코드를 살펴보겠습니다. pypi의 뷰티풀숲 페이지에서 아래로 내리면 링크(Links) 부분이 있는데 Documentation을 눌러 뷰티풀숲의 공식 홈페이지[8]로 이동할 수 있습니다.

여기서 Quick Start 부분의 코드를 보세요. 첫 번째 줄에서는 뷰티풀숲을 설치한 뒤 임포트하고 있습니다. 두 번째 줄에서는 soup이라는 변수를 만들어서 뷰티풀숲의 영혼을 불어넣어 주는 걸로 보이는데, 인자 두 개를 함수에 건네줍니다. html_doc이라는 html 코드가 담긴 페이지를 건네주고, 'html.parser'라는 키워드를 주면 soup에 코드의 페이지가 분석되어 담기는 모양입니다.

코드
```
from bs4 import BeautifulSoup
soup = BeautifulSoup(html_doc, 'html.parser')

print(soup.prettify())
# <html>
#  <head>
#   <title>
(…)
```

그리고 soup에 있는 데이터에 대해 soup.prettify(), 즉 더 프리티하게(예뻐지게) 하는 무언가를 실행하면 다음 주석처럼 분석에 필요한 HTML 태그들이 예쁘게 정리되어 나온다고 하네요.

soup에 분석된 html 페이지에 대해 prettify()하면, soup.title, soup.p(클래스), soup.a 등으로 여러 html 태그에 대해서 개별적으로 손쉽게 검색할 수 있습니다. 다음 예제를 보면, 예제에서 soup.title로 웹 페이지의 타이틀만 깔끔하게 가져옵니다.

코드
```
soup.title
# <title>The Dormouse's story</title>
```

---

8 https://www.crummy.com/software/BeautifulSoup/bs4/doc

④ 그럼 실제로 해보겠습니다. 일단 앞에서 본 샘플 코드를 가져와서 넣어줍니다. 상단에 임포트문을 넣어주고, 분석 코드도 가져왔어요.

코드
```python
from selenium import webdriver
from selenium.webdriver.common.by import By
from selenium.webdriver.common.keys import Keys
import time
from bs4 import BeautifulSoup

keyword = "맥북"
driver = webdriver.Chrome()
driver.get('https://cafe.naver.com/joonggonara')
time.sleep(3)

elem = driver.find_element(By.CLASS_NAME, "inp")
elem.send_keys(keyword)
elem.send_keys(Keys.RETURN)

soup = BeautifulSoup(html_doc, 'html.parser')
```

⑤ html_doc 부분에는 우리가 원하는 웹 페이지, 즉 현재 셀레니움이 보고 있는 페이지의 소스 코드를 넣어줍니다. 셀레니움에 현재 페이지의 모든 코드를 가져오라고 명령하고 싶다면 driver.page_source를 하면 됩니다.

코드
```python
(…)
soup = BeautifulSoup(driver.page_source, 'html.parser')
```

뒤에 있는 'html.parser'를 좀 더 설명하면, 파싱(parsing)이란 컴퓨터가 문장 단위의 문자열 데이터를 분해하고 분석해서 목적한 패턴에 맞게 재구성하는 과정을 말합니다. 즉, 'html.parser'는 html 스타일로 한번 구문을 분석해 달라는 요청입니다. 넘기는 페이지가 html 스타일이니까요.

6 마지막으로 soup을 출력하라고 명령한 뒤, 코드를 실행해 봅니다.

코드
```
(…)
soup = BeautifulSoup(driver.page_source, 'html.parser')
print(soup.prettify())
```

결과
```
<html lang="ko">
 <head>
  <meta content="noindex, nofollow" name="robots"/>
  <meta content="text/html;charset=utf-8" http-equiv="Content-Type"/>
  <meta content="requiresActiveX=true" http-equiv="X-UA-Compatible"/>
  <title>
   중고나라 : 네이버 카페
  </title>
  <link href="/favicon.ico?2" rel="shortcut icon" type="image/x-icon"/>
 (…)
```

크롬 브라우저가 열리고, 중고나라 카페가 뜨고, 3초 기다렸다가, 맥북을 검색하고, 마지막으로 뷰티풀숲이 코드를 가져와서 파싱했을 거예요. 그래서 soup을 출력해보면 위와 같이 긴 html 코드가 나타납니다. 우리가 화면으로 보던 그 페이지의 모든 코드를 가져왔습니다. 엄청 길죠? 엄청 길지만, 성공했습니다!

정리

이번 시간에는 웹 페이지의 구조를 간단히 살펴보고, 셀레니움을 사용해 웹 페이지를 열어서 원하는 동작을 수행해 봤습니다. 또 뷰티풀숲을 사용해 웹 페이지의 코드를 가져오는 것까지 해봤습니다. 셀레니움과 뷰티풀숲이라는 새로운 라이브러리로 웹 페이지를 뜯어보고 안을 들여다보니 항상 보던 웹 페이지인데도 새롭네요.

다음 시간에는 우리가 목표했던 자동화 프로그램을 완성해 보겠습니다.

코딩 시작 I

우리는 지금 웹 자동화 프로그램을 만들고 있습니다. 중고나라 카페에 원하는 물건이 올라오면 알림을 주는 프로그램입니다. 지난 시간에는 웹 페이지에서 우리가 원하는 페이지를 열고 페이지의 모든 코드를 가져오는 것까지 해봤습니다.

이번 시간에는 프로그램을 좀 더 발전시켜볼 텐데, 본격적으로 시작하기 전에 한 가지 짚고 넘어가야 할 것이 있습니다. 바로 '중고나라'라는 네이버 카페의 특징입니다. 그런데 이 부분은 웹 페이지에 대한 지식이 별로 없을 경우 좀 어려울 수 있습니다. 그러니까 '100% 완벽하게 이해하겠어!'라고 생각하기보다는 '아, 이렇게 되어 있구나(끄덕끄덕)' 정도로 생각하고 넘어가도 괜찮습니다.

아이프레임

F12로 개발자 도구를 열어서 중고나라 페이지를 검사하면 html 코드가 나옵니다. 코드를 보면 맨 처음에 〈html〉 태그가 열리고, 마지막에 닫힙니다. 다음으로 〈head〉가 열리고 닫히고, 〈body〉가 열리고 닫히는데 이 body 부분에 내용이 들어가죠.

코드
```
<html lang="ko">
▶<head>…</head>
▶<body class>…</body>
</html>
```

〈body〉 시작 부분의 화살표(▶)를 눌러서 안의 코드를 자세히 보면 **아이프레임**(iframe)이라는 게 있습니다.

▼ 그림 28-1 body > 아이프레임(iframe)

아이프레임이란 내부 프레임(inline frame)이라는 뜻인데, html 문서 안에서 다른 html 문서를 보여주려고 할 때 사용합니다. html 페이지 안에 또 다른 html 페이지가 있는 창을 중첩해서 배치하는 것이죠.

네이버 카페도 아이프레임을 사용해서 웹 페이지 안에 또 다른 웹 페이지를 보여줍니다. 웹 페이지가 두 개 이상이 되는 거죠. 앞에서도 봤지만, 아래와 같은 html 코드가 하나의 웹 페이지입니다.

코드

```
<html lang="ko">
▶<head>…</head>
▶<body class>…</body>
</html>
```

아이프레임 부분의 화살표를 눌러서 안의 내용을 살펴보세요.

▼ 그림 28-2 아이프레임 내용

```
▼<iframe name="cafe_check" id="cafe_check" width="0" height="0" frameborder="0" title="카
페확인">
  ▼#document
    ▼<html>
        <head></head>
        <body></body>
      </html>
</iframe>
```

〈iframe〉 태그가 열고 닫히는 사이에 #document라는 게 있고 그 안에 〈html〉, 〈head〉, 〈body〉가 또 들어 있습니다. html 안에 또 html이 있는 거죠.

〈iframe〉 부분에 마우스를 올려서 웹 페이지의 어느 영역에 해당하는지 확인해보면 다음 그림의 파란색 부분입니다. 왼쪽의 메뉴와 오른쪽의 글 목록(본문) 부분이 따로따로 구분되어 있는 페이지라는 뜻이죠.

▼ 그림 28-3 〈iframe〉 부분의 영역

이 내용을 설명하는 이유는 우리가 웹 페이지의 글을 가져와서 필요한 정보를 찾고 분석할 때, 왼쪽 메뉴 부분의 웹 페이지는 필요가 없다는 걸 알려드리기 위해서입니다. 우리가 관심 있는 건 오른쪽의 본문이니까요. 셀레니움에도 우리가 필요한 웹 페이지가 어떤 것인지 정확하게 알려줘야 합니다.

예를 들어 검색한 페이지의 글 목록 가져오도록 driver.find_element를 작성해 보겠습니다. 글 목록의 class name을 찾아보면 article이라고 하네요.

▼ 그림 28-4 글 목록의 class name

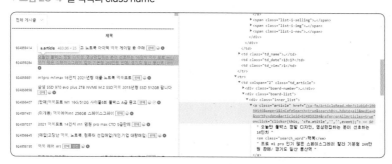

앞에서 코드를 다음과 같이 작성했습니다. 중고나라 카페에 가서(메인 화면이 뜨겠죠?) class_name이 'inp'인 것을 찾아(검색창이죠?) 키워드를 넣고 Enter를 누르라는 코드였고, 그 아래 검색된 페이지의 글을(class name이 'article'인) 가져오라고 하고 실행해보면, 오류가 뜹니다. 여기서 이 엘리먼트를 못 찾는다는 거죠.

```
코드
(…)
keyword = "맥북"
driver = webdriver.Chrome()
driver.get('https://cafe.naver.com/joonggonara')
time.sleep(3)

elem = driver.find_element(By.CLASS_NAME, "inp")
elem.send_keys(keyword)
elem.send_keys(Keys.RETURN)

elem = driver.find_element(By.CLASS_NAME, "article")
```

```
결과
NoSuchElementException: Message: no such element: Unable to locate
element: {"method":"css selector","selector":".article"}
```

분명히 왼쪽의 검색창은 잘 찾아서 키워드를 입력하는데, 오른쪽(본문)에서 article이라는 클래스로 엘리먼트를 선택하니 선택할 수 없다고 합니다.

만약 아이프레임이 웹 페이지 안에 또 다른 웹 페이지가 들어가는 구조라면 셀레니움 드라이버에게 제대로 된 웹 페이지를 잘 알려줘야 합니다. 즉, 글을 가져올 수 있는 웹 페이지를 알려줘야 합니다. 어려운가요? 물론, 아이프레임이 없는 웹 사이트도 많습니다. 그런데 네이버 카페에서는 아이프레임을 사용하므로 조금 특별하게 다뤄야 합니다.

아이프레임으로 웹 페이지 스위칭하기

그래서 어떻게 할 거냐고요? 중고나라 웹 페이지에 가서 원하는 키워드로 검색하는 데까지는 똑같지만, 그 이후에 글 목록에 접근하려면 아이프레임으로 웹 페이지를 스위칭(switching), 즉 바꿔줄 겁니다.

그림 28-3에서도 봤지만 글 목록에 해당하는 코드는 `<iframe name="cafe_main" (…)>` 이라는 부분입니다.

▼ **그림 28-5** 글 목록: `<iframe name="cafe_main" (…)>`

```
▼<div id="content-area">
  ▶<div id="group-area" class="skin-1080 fl">…</div>
  ▼<div id="main-area" class="skin-1080 fr">
      <input id="gateOpen" type="hidden" value="1">
      <input id="searchviewtype" type="hidden" value="title">
    ▶<iframe name="cafe_main" id="cafe_main" title="카페 메인" src="/Article
      SearchList.nhn?search.clubid=10050146&search.searchBy=0&search.query=%B
      8%C6%BA%CF" width="860" height="100%" frameborder="0" scrolling="no"
      marginwidth="0" marginheight="0" allowtransparency="true"
      allowfullscreen style="height: 1528px;">…</iframe> == $0
    ▶<script type="text/javascript">…</script>
  </div>
```

이 아이프레임을 가져와 보겠습니다. 앞에서 id나 name으로 엘리먼트를 찾아서 데려왔는데 셀레니움에서는 css_selector도 많이 사용합니다. 즉, 특정할 수 있는 아이디(id)나 이름 (name) 같은 게 있으면 끄집어서 선택할 수 있는데, 이름이 없어서 내가 직접 지도를 들고 찾아가야 할 때는 css_selector를 쓰는 거죠. 이번 기회에 css_selector는 어떤 식으로 검색하는지 살펴보겠습니다.[9]

속성이 다음과 같은 html 코드가 있다고 합시다. input 태그이니 무언가를 입력하는 곳으로 보입니다. 만약 어떠한 키를 저 입력칸에 입력하기 위해 얘를 선택해서 잡아와야 한다면, 어떤 정보로 잡아올 수 있을까요?

┤ 코드 ├
```
<input type="text" id="firstname" name="first_name" class="myForm">
```

css_selector에서 해시마크(#)는 id를 의미하고, 마침표(.)는 class를 의미합니다. 잡아올 게 조금 보이나요? 'input 태그 중 id가 firstname인 애를 잡아오거나, input 태그 중 class가 myForm이면 잡아와라!'라고 하면 잘 잡힐 것 같죠?

---

9 구글에서 selenium css selectors examples, 셀레니움에서 css_selector의 사용법을 검색해봐도 좋습니다. 본문 내용은 https://
devqa.io/selenium-css-selectors에서도 볼 수 있습니다.

```
driver.findElement(By.CSS_SELECTOR("input#firstname"))
// 또는
driver.findElement(By.CSS_SELECTOR("#firstname"))

driver.findElement(By.CSS_SELECTOR("input.myForm"))
// 또는
driver.findElement(By.CSS_SELECTOR(".myForm"))
```

중고나라의 아이프레임 부분을 보면 id가 "cafe_main"으로 되어 있으니, 얘를 잡아오려면 'iframe 중 id가 cafe_main인 애를 잡아라!'라고 하면 카페 글들이 있는 본문 웹 페이지가 선택되어 잡히겠죠? 그러면서 셀레니움에 그 웹 페이지를 쳐다보라고 말해줘야 할 것 같아요.

코드

```
<iframe name="cafe_main" id="cafe_main" title="카페 메인" (…) ></iframe>
```

즉, 이 코드를 우리가 작성하던 코드의 iframe 부분에 넣어줍니다. id이므로 #을 사용합니다. 그리고 driver로 웹 페이지를 바꾸는데(switch) 어디로 바꾸냐 하면, 위의 iframe으로 바꿔줍니다.

코드

```
(…)
elem.send_keys(Keys.RETURN)

# iframe 다른 웹 페이지로 눈을 돌린다.
iframe = driver.find_element(By.CSS_SELECTOR, ("iframe#cafe_main"))
driver.switch_to.frame(iframe)

soup = BeautifulSoup(driver.page_source, 'html.parser')
```

soup에 뷰티풀숲을 하는 마지막 부분 코드를 보면 driver.page_source는 현재 자신이 보고 있는 웹 페이지의 정보를 전달해주는 명령어였습니다. 이제 검색창이 있던 웹 페이지가 아닌 iframe을 쳐다보라고 switch했으니, 카페 글 내용들을 잘 분석할 수 있겠죠? 그러고 나서 똑같이 page_source를 html.parser하라고 요청합니다. 한번 실행해 보세요. 오류 없이 잘 진행되었나요?

아이프레임 중 필요한 부분만 가져오기

이제 우리가 필요한 부분이 무엇인지 더 정확하게 짚어봅시다. 키워드(맥북)로 검색한 화면을 보면 아이프레임 영역에서도 '글 번호, 글 제목, 작성자'만 가져오고 싶어요.[10]

▼ 그림 28-6 글 번호, 글 제목, 작성자

가져온 코드를 출력해보면 알겠지만 코드가 엄청 깁니다. 길고 긴 코드에서 [Ctrl]+[F]를 눌러 검색창을 띄운 뒤 글 번호나 글 제목이나 작성자를 찾으면 분명 해당 부분이 있습니다.

▼ 그림 28-7 코드에서 작성자 검색

```
        <td class="td_name">
         <div class="pers_nick_area">
          <table cellspacing="0" role="presentation">
           <tbody>
            <tr>
             <td class="p-nick">
              <a class="m-tcol-c" href="#" onclick=" return false;">
               올
              </a>
              <span class="mem-level">
               <img height="11" src="https://cafe.pstatic.net/levelicon/1/1_1.gi
f" width="11"/>
```

---

10 글 목록 중 작성자(닉네임) 부분은 화면에서는 블러 처리, 코드에서는 **으로 처리합니다.

이 긴 코드에서 우리가 원하는 내용을 5분마다 가져와서 분석해야 합니다. 어떻게 가져올 수 있을까요?

자, F12를 눌러 개발자 도구를 열고, 맥북을 검색한 화면의 코드를 검사해 봅시다. 글 목록 부분의 코드가 어디인지 찾아보세요. 앞에서 본 것처럼 웹 페이지에서 마우스를 이리저리 움직이면 마우스가 가리키는 영역에 따라서 코드 위치도 가리킵니다.

⟨iframe⟩의 ⟨html⟩ 안 ⟨body⟩에서 content−area를 지나 main−area에 가면 article−board m−tcol−c라는 클래스가 있고, 그 안에 ⟨table⟩이 있네요. 그리고 ⟨table⟩ 안에 ⟨tr⟩… ⟨/tr⟩이 엄청 많습니다.

```
코드

<iframe name="cafe_main" (…)>
  #document
  <html lang="ko">
    <head>...</head>
    <body>
      <div id="content-area">
        <div id="main-area">
        (…)
        <div class="article-board m-tcol-c">
          <table>
            <tbody>
              <tr>...</tr>
              <tr>...</tr>
              <tr>...</tr>
              <tr>...</tr>
              <tr>...</tr>
  (…)
```

웹 페이지와 대조해서 보면 이 ⟨tr⟩…⟨/tr⟩ 하나하나가 모두 글이라는 것을 알 수 있습니다.

▼ 그림 28-8 <tr>...</tr>

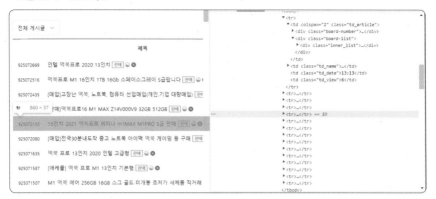

⟨tr⟩로 들어가보면 작성자 이름, 날짜, 조회 수가 나눠져 있습니다. 그러면 우리는 ⟨tr⟩만 모두 가져오면 되겠죠?

```
코드
▼<tr>
  ▶<td colspan="2" class="td_article">…</td>
  ▶<td class="td_name">…</td>
    <td class="td_date">13:10</td><td class="td_view">1</td>
</tr>
```

참고로 HTML에서 ⟨table⟩ 태그는 테이블을 표시합니다. ⟨table⟩로 시작해서 ⟨/table⟩로 끝나지요. 그 안에는 여러 ⟨tr⟩ 태그가 있습니다. 이는 테이블의 row입니다. 그리고 ⟨tr⟩ 안에는 ⟨td⟩ 태그가 있는데 이는 해당 row에 입력된 테이블의 data입니다. 다음과 같은 모양이 나오는 거죠.

```
코드
<table>
    <tr>
        <td> 테이블 내용 </td>
    </tr>
    <tr>
        <td> 테이블 내용 </td>
    </tr>
</table>
```

테이블의 정보를 가져오려고 ⟨tr⟩ 태그로 접근하려고 하니 선택해서 잡아올 만한 id나 name 같은 정보가 안 보입니다. 이럴 때 css_selector를 쓴다고 했죠? 안쪽(자식)에서 가져올 만한 정보가 없으니, 그 위(부모)나 위위(조부모)에 정보가 있다면 그 길로 접근해 부모를 통해 자식을 선택해서 데려올 수 있어요.

중고나라 게시글에서 마우스 우클릭 › 검사를 눌러보면 다음과 같은 정보가 나옵니다. 그런데 우리가 원하는 데이터가 있는 ⟨tr⟩에는 선택할 수 있는 정보가 없습니다. 한 단계 상위 태그인 모든 ⟨tr⟩을 포함하고 있는 ⟨tbody⟩ 태그에도 없고, 더 상위인 ⟨table⟩ 태그에도 선택할 수 있는 정보가 없습니다. 하지만 그 구역(division)을 전체적으로 감싸고 있는 ⟨div⟩ 태그에는 드디어 신분이라는 게 있습니다. 바로 class 이름입니다.

▼ 그림 28-9 div에 class 정보 있음

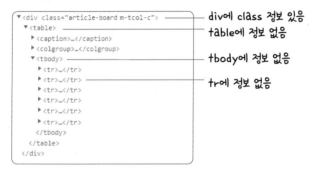

이 힌트를 이용해 타고 내려가서 ⟨tr⟩에 있는 글 제목 등의 데이터에 접근합니다.

코드
```
<div class="article-board m-tcol-c">
  <tbody>
(…)
```

이 부분은 조금 복잡하기 때문에 제가 작성하는 코드를 유심히 봐주세요.

❶ iframe의 html 코드를 모두 가지는 soup을 알아보기 쉽게 html이라고 수정했습니다.

```
(…)
# iframe 다른 웹 페이지로 눈을 돌린다.
iframe = driver.find_element(By.CSS_SELECTOR, ("iframe#cafe_main"))
driver.switch_to.frame(iframe)

# html = iframe의 html 코드를 모두 가지고 있다.
html = BeautifulSoup(driver.page_source, 'html.parser')
```

❷ 이제 html이 모든 코드를 가지고 있습니다. 그중에서 내가 원하는 것을 선택(select)하고 싶습니다. (select는 뷰티풀숲의 메서드입니다. 원하는 것만 선택해서 가져올 수 있게 해줍니다.)

하지만 원하는 것에는 이름이 없기 때문에, 이름이 없는 자식들에게 접근하기 위해 이름이 있는 부모에게 먼저 접근합니다. div class 이름으로 접근한 뒤(클래스에는 마침표(.)를 찍는다고 했지요? 클래스 중간에 빈칸이 있는데, 빈칸이 있으면 안 되므로 여기도 마침표를 찍습니다.) 그 아래 이름이 없는 테이블을 가져오게 합니다.

```
(…)
# html = iframe의 html 코드를 모두 가지고 있다.
html = BeautifulSoup(driver.page_source, 'html.parser')

# 부모인 div class="article-board m-tcol-c"의 table에 접근
html.select('div.article-board.m-tcol-c > table')
```

❸ 이어서 table 아래 tbody, tbody 아래 tr까지 접근합니다. 가져온 tr은 posts라는 리스트에 저장합니다. 한번 실행해 보세요. 오류 없이 잘 실행되었나요?

```
(…)
# 부모인 div class="article-board m-tcol-c"의 table에 접근
posts = html.select('div.article-board.m-tcol-c > table > tbody > tr')
```

④ 이제 posts 리스트에 데이터가 잘 들어갔나 출력해 보겠습니다. 그런데 그 전에, len()을 알아보겠습니다.

코드	결과
(···) `print(len(posts))`	15

15가 나왔습니다. 15가 뭘까요? 바로 글 개수입니다. tr은 각각 글 하나를 의미하죠. 글이 한 페이지에 15개씩 들어 있기 때문에 우리가 이 페이지의 tr을 모두 가져왔을 때 15개를 가져온 겁니다.

⑤ posts를 출력해보면 리스트 형식으로 15개의 tr이 감싸고 있는 내용은 모두 다 긁어온 것을 확인할 수 있습니다. 테이블 클래스로 접근해서 타고 타고 들어가 이름 없는 자식인 〈tr〉까지 접근했습니다.

코드
```
(···)
print(posts)
```

결과
```
[<tr>
<td class="td_article" colspan="2">
<div class="board-number"><div class="inner_number">953074476</div></div>
<div class="board-list">
<div class="inner_list">
<a class="article" href="/ca-fe/ArticleRead.nhn?clubid=10050146&amp;page=1
&amp;inCafeSearch=true&amp;searchBy=1&amp;query=%EB%A7%A5%EB%B6%81&amp;in
cludeAll=&amp;exclude=&amp;include=&amp;exact=&amp;searchdate=all&amp;med
ia=0&amp;sortBy=date&amp;articleid=953074476&amp;referrerAllArticles=true"
onclick="clickcr(this, 'cfa.atitle','','',event);">
(···)
```

이것으로 검색 웹 페이지에서 본문이 있는 iframe 페이지로 성공적으로 스위치하고, 우리가 원하는 글들의 정보가 담겨 있는 테이블 안에 〈tr〉을 css_selector로 잘 접근해서 모든 raw 데이터를 가져온 것을 알 수 있습니다. 그런데도 쓸모 없는 태그들이 너무나 많이 같이 넘어왔습니다. 우리가 원하는 것을 더 정확하게 선택(select)해야 합니다.

⑥ 첫 번째 글만 출력한 뒤에 우리가 원하는 글 번호, 글 제목, 작성자 부분을 찾아서 select해 보겠습니다. 가장 먼저 글 번호 부분이 눈에 띄네요. 글 번호 부분의 class 이름은 inner_number라고 합니다.

코드
```
(…)
print(posts[0])
```

결과
```
(…)
<div class="board-number"><div class="inner_number">925078871</div></div>
(…)
```

⑦ inner_number의 글 번호만 가져오기 위해 div에서 inner_number라는 클래스를 가져오라고 작성했습니다. 15개의 글 내용이 담긴 테이블의 행 〈tr〉들이 리스트 형태로 담겨 있는데, 그중 첫 번째 〈tr〉에 posts[0]으로 접근해 select하는 겁니다. div 태그로 감싸져 있는 글 번호만 가져오기 위해서 div 클래스 중 inner 넘버가 있으면 선택해서 가져오라는 명령어를 select 메서드에 넘겨주었습니다.

코드
```
(…)
print(posts[0].select('div.inner_number'))
```

결과
```
[<div class="inner_number">925078871</div>]
```

⑧ 그리고 여기서 위 리스트를 선택한 뒤(저 부분밖에 없으므로 [0]), 텍스트(text)만, 사람이 읽을 수 있는 글자만 가져오라고 하면 다음과 같이 글 번호만 얻어집니다.

코드
```
(…)
print(posts[0].select('div.inner_number')[0].text)
```

결과
```
925078871
```

⑨ 이 번호는 15개에 모두 있겠죠? 그러면 posts 리스트 내에서 루프를 돌면서, 즉 모든 글을 하나씩 돌면서 div.inner_number를 가져오라고 해보겠습니다.

코드
```
(…)
for post in posts:
    print(post.select('div.inner_number')[0].text)
```

결과
```
925078871
925078757
925078254
925077571
925076815
(…)
```

posts 리스트에 15개의 본문 글이(⟨tr⟩) 있다면 15번 반복합니다. 각 ⟨tr⟩ 내에는 글 번호, 글 제목, 작성자 등의 정보들이 담겨 있습니다. 각 ⟨tr⟩ 태그 안에 위치한 ⟨div⟩ 중 클래스 이름이 inner_number라는 글 번호가 담겨 있는 태그들을 반복해 선택한 뒤 각각 출력해 보니, 그 많은 쓸모 없는 데이터 중 글 번호만 깔끔하게 가져오는 데 성공했습니다.

⑩ 다음으로 글 제목을 가져오겠습니다. 아까 tr 전체를 출력한 결과(print(posts[0]))에서 글 제목 부분을 찾아봅니다. 글 제목을 발견했고, ⟨a class⟩…⟨/a⟩ 태그 안에 있습니다. class 이름은 article입니다.

결과
```
(…)
<a class="article" (…) 배터리 사이클 47회 신품급 2019 <em class="search_
word">맥북</em>프로13 MUHN2KH/A 그레이색상 판매합니다</a>
(…)
```

⑪ ⟨a⟩ 태그 중에 class 이름이 article인 걸 select하고, 앞에서와 마찬가지로 그중에서 텍스트(text)만 가져옵니다(앞에서 작성한 글 번호 부분의 코드는 잠시 주석 처리했습니다).

코드

```
(…)
# for post in posts:
#     print(post.select('div.inner_number')[0].text)

print(posts[0].select('a.article')[0].text)
```

결과

```
                                                 배터리 사이클 47회 신품급 2019 맥북프로13
MUHN2KH/A 그레이색상 판매합니다
```

글 제목 텍스트만 잘 가져왔는데, 앞뒤로 공백이 좀 많네요. 데이터를 가져올 때 이렇게 공백이 섞이는 경우가 있습니다. 이는 의도한 바도 아니고 분석에 안 좋은 영향을 줄 수도 있으니, 공백은 제거해 줍시다.

⑫ 파이썬은 데이터 분석에 잘 맞는 언어이므로 관련 함수도 가지고 있습니다. 파이썬이 문자열 타입을 주면서 여러 메서드도 같이 주었는데 그중 문자열 타입 데이터에 strip() 이라는 메서드를 쓰면 앞뒤 공백을 제거할 수 있습니다. 다음과 같이 사용하면 깔끔하게 글자만 가져옵니다.

코드

```
(…)
print(posts[0].select('a.article')[0].text.strip())
```

결과

```
배터리 사이클 47회 신품급 2019 맥북프로13 MUHN2KH/A 그레이색상 판매합니다
```

⑬ 글 제목도 앞에서처럼 루프를 돌리면 모든 글 제목을 다 가져올 수 있겠죠?

코드

```
(…)
for post in posts:
    print(post.select('a.article')[0].text.strip())
```

결과

```
[매입]고장난 맥북, 노트북, 컴퓨터 선입매입(개인.기업 대량매입)
맥북프로 14형 M1 PRO 스그 16G 512G MKGP3KH/A
[매입] Apple 맥북/맥북에어/미개봉 최고가로 매입합니다.
[앱상품]맥북에어 2015. 팝니다
(55일) M1pro 14인치 16/512 깡통 기본형 맥북프로
(…)
```

⑭ 다음으로 작성자를 찾아보겠습니다. 역시 〈a〉 태그에 잡혀 있습니다.

결과

```
<a class="m-tcol-c" href="#" onclick=" return false;">다*****</a>
```

m-tcol-c이라는 클래스 이름을 사용해서 텍스트 부분만 가져오도록 하면, 작성자만 얻을 수 있습니다.

코드

```
(…)
# for post in posts:
#     print(post.select('div.inner_number')[0].text)

# for post in posts:
#     print(post.select('a.article')[0].text.strip())

print(posts[0].select('a.m-tcol-c')[0].text)
```

결과

```
다*****
```

⑮ 역시 마찬가지로 모든 post에 대해 루프를 돌려서 모든 작성자를 가져옵니다.

코드

```
( ⋯ )
for post in posts:
    print(post.select('a.m-tcol-c')[0].text)
```

결과

```
다*****
서****
전***************
( ⋯ )
```

자, 이렇게 우리가 원하는 글 번호, 글 제목, 작성자의 텍스트만 가져오는 데 성공했습니다!

코드

```
글 번호: post.select('div.inner_number')[0].text
글 제목: post.select('a.article')[0].text.strip()
작성자: post.select('a.m-tcol-c')[0].text
```

중간 점검: 코드 리뷰

여기서 잠깐 지금까지 작성한 코드를 한번 살펴볼까요? 먼저 필요한 부분을 임포트해 줬습니다. 셀레니움과 뷰티풀숲 라이브러리를 찾고 예제 코드로 사용법을 배우는 과정에서 무엇을 임포트해야 하는지 살펴보고 그대로 가져왔습니다.

코드

```
from selenium import webdriver
from selenium.webdriver.common.by import By
from selenium.webdriver.common.keys import Keys
import time
from bs4 import BeautifulSoup
```

검색할 키워드는 맥북입니다. 셀레니움을 사용해서 크롬 브라우저로 중고나라 카페 웹 페이지를 열고, 3초 기다렸다가, 검색창(class_name('inp'))에 '맥북' 키워드를 입력한 뒤 Enter 를 누릅니다.

```
keyword = "맥북"
driver = webdriver.Chrome()
driver.get('https://cafe.naver.com/joonggonara')
time.sleep(3)

elem = driver.find_element(By.CLASS_NAME, "inp")
elem.send_keys(keyword)
elem.send_keys(Keys.RETURN)
```

그러면 검색 결과가 나오는데 iframe을 사용하는 네이버 카페의 특성상 본문 안에 포함된 또 다른 웹 페이지로 셀레니움을 스위치(switch)해주고, 뷰티풀숲을 사용해서 그 웹 페이지 코드를 파싱합니다. 우리가 보기 좋게 파싱하는 겁니다.

```
# iframe 다른 웹 페이지로 눈을 돌린다.
iframe = driver.find_element(By.CSS_SELECTOR, ("iframe#cafe_main"))
driver.switch_to.frame(iframe)

# html = iframe의 html 코드를 모두 가지고 있다.
html = BeautifulSoup(driver.page_source, 'html.parser')
```

필요한 글 목록 정보들을 가져오려고 했는데 속성 정보가 없어서, 그 위의 부모에 먼저 접근해서 타고 타고 내려왔습니다('div.article-board.m-tcol-c > table > tbody > tr').

```
# 부모인 div class="article-board m-tcol-c"의 table > tbody > tr에 접근
posts = html.select('div.article-board.m-tcol-c > table > tbody > tr')

글 번호: post.select('div.inner_number')[0].text
글 제목: post.select('a.article')[0].text.strip()
작성자: post.select('a.m-tcol-c')[0].text
```

가져온 tr은 posts 리스트에 담고, posts[0]의 코드를 살펴봤죠. 그래서 글 번호, 글 제목, 작성자의 태그를 살펴보면서 class 이름을 알아내고, class 이름을 사용해서 필요한 텍스트만 가져왔습니다.

정리

모든 정보를 잘 수집했는데, 좀 복잡했나요? 이제 어려운 건 다 했습니다.

다음으로 어떤 작업을 해야 할지 잠깐 생각해 봅시다. 앞에서 젤리 공장 이야기를 했었죠? 무언가를 대량 생산하기 전에는 항상 소량으로 테스트해야 한다고요. 젤리를 성공적으로 생산하는지 먼저 10~20개 테스트해서 이를 성공적으로 만들었다면 똑같은 젤리를 100개든 1,000개든 만들 수 있지요. 그럼 이제 우리도 소량으로 테스트하는 작업이 필요하겠군요.

이번 시간에는 중고나라에 들어가서 맥북을 검색한 뒤 글의 내용을 분석하는 데 성공했습니다. 그렇다면 이제 이 정보 수집 과정을 5분마다 반복해 봅시다. 계속, 계속 가져옵니다. 그리고 가져와서 비교합니다. 비교했을 때 만약 5분 전에 가져온 리스트와 지금 가져온 리스트가 다르면, 새로운 글이 올라왔다는 뜻이겠죠? 그러면 이전에 있던 글은 지워버리고 새로운 글만 남깁니다. 남긴 글은 우리에게 알림으로 보내줍니다.

다음 시간에는 위 내용까지 모두 작업해서 웹 자동화 프로그램을 완성해 보겠습니다.

LESSON 29 코딩 시작 II

지난 시간에는 중고나라 카페에서 원하는 키워드로 검색한 다음 첫 페이지에 나오는 최신 글 15개를 긁어왔습니다. 긁어온 글은 posts라는 자료 구조에 넣었는데 필요 없는 코드까지 모두 가져왔기 때문에 필요한 데이터만 선택해야 했습니다. 글 번호, 글 제목, 작성자의 텍스트만 가져온 거죠.

가져온 텍스트를 모아서 출력해보기

그러면 for 루프를 돌려서 가져온 글의 글 번호, 글 제목, 작성자를 모아서 쫙 출력해 보겠습니다.

❶ 우선 for 루프는 posts 자료 구조 안에서 글 번호를 가져옵니다.

코드
```
(…)
for post in posts:
    print(post.select('div.inner_number')[0].text)
```

❷ 빈 공간을 하나 만들어준 다음, 글 제목을 가져옵니다.

코드
```
(…)
for post in posts:
    print(post.select('div.inner_number')[0].text + " " + post.select('a.
➥ article')[0].text.strip())
```

❸ 다시 빈 공간을 만들어주고, 작성자를 가져옵니다.

```
코드

(…)
for post in posts:
    print(post.select('div.inner_number')[0].text + " " + post.select('a.
➥ article')[0].text.strip() + " " + post.select('a.m-tcol-c')[0].text)
```

❹ 지난 시간에는 '맥북'이라는 키워드로 검색했는데 이번 시간에는 '다이슨'으로 바꿔볼
까요? 앞에서 keyword 부분을 작성했기 때문에 이 부분을 바꿔주면 간단히 검색 키워드를
바꿀 수 있습니다.

```
코드

from selenium import webdriver
from selenium.webdriver.common.by import By
from selenium.webdriver.common.keys import Keys
import time
from bs4 import BeautifulSoup

keyword = "다이슨"
(…)
```

코드를 실행하면 중고나라에서 다이슨을 검색해서 검색 1페이지의 글 15개를 긁어온 뒤
글 번호, 글 제목, 작성자를 출력합니다. 우리가 원하는 정보를 잘 가져오고 있네요!

```
결과

926258221 다이슨 에어랩 컴플리트 프러시안블루 멈뭄맘뭄뭄
926257836 다이슨 에어랩 컴플리트 푸시아 Spice0617
926256389 (미개봉)신제품 다이슨 에어랩2 멀티 스타일러 컴플리트 롱 판매합니다 인천
지상
926256388 다이슨 V8 앱솔루트 무선청소기(4000mAh리듐이온배터리 교체>45분 연속작동,
별도거치대,전체해체 Cleaning완) & 오토싱 물걸레 무선청소기(리듐이온배터리교체완) 중
고구입(29만원/2대)을 원하시면 연락주세요 Grace 62
926256380 다이슨v10 오리진 청소기 나인마피아
(…)
```

여기서 공백 대신 tab을 넣어주면 결과들을 더 잘 구분할 수 있습니다.

```
for post in posts:
    print(post.select('div.inner_number')[0].text + "\t" + post.select('a.
➡ article')[0].text.strip() + "\t" + post.select('a.m-tcol-c')[0].text)
```

```
926258221   다이슨 에어랩 컴플리트 프러시안블루      멈★★★★
926257836   다이슨 에어랩 컴플리트 푸시아  S★★★★★★★★
926256389   (미개봉)신제품 다이슨 에어랩2 멀티 스타일러 컴플리트 롱 판매합니다
인★★★
926256388   다이슨 V8 앱솔루트 무선청소기(4000mAh리듐이온배터리 교체>45분 연속작
동,별도거치대,전체해체 Cleaning완) & 오토싱 물걸레 무선청소기(리듐이온배터리교체완)
중고구입(29만원/2대)을 원하시면 연락주세요      G★★★★★★
926256380   다이슨v10 오리진 청소기   나★★★★
(…)
```

가져온 데이터를 자료 구조에 넣기

원하는 데이터를 가져오는 걸 확인했으니, 이 데이터를 사용하기 쉽게 자료 구조에 넣어 주겠습니다. 지난 예제에서 해봤던 딕셔너리를 만들어서 데이터를 넣고, 만든 딕셔너리를 다시 리스트 안에 넣을 생각입니다. 일단 직접 해보면서 계속 설명하겠습니다.

① 앞에서 확인용으로 작성했던 코드는 지우고, 딕셔너리를 넣을 리스트를 post_list라고 만듭니다. 우리가 긁어온 글들은 posts 리스트 안에 들어 있지요? posts 리스트 안에서 post라는 식별자를 사용해 for 루프를 돌면서 딕셔너리를 만듭니다. 이렇게 만든 딕셔너리들은 위에서 만든 post_list 리스트에 append()해줄 겁니다.

```
(…)
# 부모인 div class="article-board m-tcol-c"의 table에 접근
posts = html.select('div.article-board.m-tcol-c > table > tbody > tr')

post_list = [ ]
for post in posts:
    post_dic = { }
```

2 딕셔너리에 글 번호, 글 제목, 작성자를 차례로 넣는데, 우선 변수명을 각각 pnum, ptitle, pwriter라고 할게요.

코드
```
(…)
post_list = []
for post in posts:
    post_dic = {'pnum':'', 'ptitle':'', 'pwriter':''}
```

3 각각의 변수에 글 번호, 글 제목, 작성자가 들어가게 합니다.

코드
```
(…)
post_list = [ ]
for post in posts:
    post_dic = {'pnum':'', 'ptitle':'', 'pwriter':''}
    post_dic['pnum'] = post.select('div.inner_number')[0].text
    post_dic['ptitle'] = post.select('a.article')[0].text.strip()
    post_dic['pwriter'] = post.select('a.m-tcol-c')[0].text
```

4 이렇게 하면 글 하나하나를 돌 때마다 딕셔너리가 하나씩 생성됩니다. 만들어진 딕셔너리(post_dic)는 post_list 리스트에 계속 추가합니다(append()).

코드
```
(…)
post_list = []
for post in posts:
    post_dic = {'pnum':'', 'ptitle':'', 'pwriter':''}
    post_dic['pnum'] = post.select('div.inner_number')[0].text
    post_dic['ptitle'] = post.select('a.article')[0].text.strip()
    post_dic['pwriter'] = post.select('a.m-tcol-c')[0].text

    post_list.append(post_dic)
```

중간 점검: 코드 리뷰

여기서 잠깐 전체 코드를 보면서 흐름을 다시 한번 되새겨 보겠습니다. 먼저 필요한 부분을 임포트해 주고, 중고나라 카페에 들어가서 '다이슨'이라는 키워드로 검색합니다.

코드

```
from selenium import webdriver
from selenium.webdriver.common.by import By
from selenium.webdriver.common.keys import Keys
import time
from bs4 import BeautifulSoup

keyword = "다이슨"
driver = webdriver.Chrome()
driver.get('https://cafe.naver.com/joonggonara')
time.sleep(3)

elem = driver.find_element(By.CLASS_NAME, "inp")
elem.send_keys(keyword)
elem.send_keys(Keys.RETURN)
```

웹 페이지를 스위치한 다음, 스위치한 본문의 모든 코드를 뷰티풀숲을 사용해 html로 보냅니다.

코드

```
# iframe 다른 웹 페이지로 눈을 돌린다.
iframe = driver.find_element(By.CSS_SELECTOR, ("iframe#cafe_main"))
driver.switch_to.frame(iframe)

# html = iframe의 html 코드를 모두 가지고 있다.
html = BeautifulSoup(driver.page_source, 'html.parser')
```

이 코드 중에서 〈tr〉이라는 태그를 가진 코드만 posts에 넣은 다음, 그 안에서 원하는 정보만 찾아 가져옵니다. 그 정보들을 예쁘게 딕셔너리(post_dic)로 만든 다음, 리스트(post_list)로 append()해 줍니다.

```
# 부모인 div class="article-board m-tcol-c"의 table > tbody > tr에 접근
posts = html.select('div.article-board.m-tcol-c > table > tbody > tr')

post_list = []
for post in posts:
    post_dic = {'pnum':'', 'ptitle':'', 'pwriter':''}
    post_dic['pnum'] = post.select('div.inner_number')[0].text
    post_dic['ptitle'] = post.select('a.article')[0].text.strip()
    post_dic['pwriter'] = post.select('a.m-tcol-c')[0].text

    post_list.append(post_dic)
```

마지막으로 딕셔너리와 리스트가 잘 만들어졌는지, for 루프가 끝난 뒤 post_list를 출력해 보겠습니다.

```
(…)
print(post_list)
```

결과

```
[{'pnum':'926273152', 'ptitle':'(창원)다이슨 에어랩 최상위 모델 컴플리트 택
포 45만원', 'pwriter':'지****'}, {'pnum':'926272331', 'ptitle':'(Blueair
680i) + (UMAX TV) + (다이슨핫앤쿨) 3가지 서비스포함 일괄 판매합니다', 'pwrit-
er':'p******'}, {'pnum':'926272268', 'ptitle':'(Blueair 680i) + (UMAX
TV) + (다이슨핫앤쿨) 3가지 서비스포함 일괄 판매합니다', 'pwriter':'p******'},
{'pnum':'926272215', 'ptitle':'(Blueair 680i) + (UMAX TV) + (다이슨핫앤쿨)
3가지 서비스포함 일괄 판매합니다', 'pwriter':'p******'}, (…)
```

결과가 잘 나왔나요? 리스트의 길이를 len()으로 확인해보면 우리가 웹 페이지에서 본 15개 글이 잘 들어온 것을 확인할 수 있습니다.

```
print(len(post_list))
```

결과

```
15
```

비교하기: 무엇을 비교할까?

이제 머릿속으로 한번 시뮬레이션해 봅시다. 웹 페이지에 들어가서 검색하고 글을 긁어왔어요. 다음으로 해야 할 일은 무엇일까요? 새로운 글이 올라왔는지 알아보는 겁니다. 이걸 어떻게 알 수 있을까요?

떠올려야 할 것은 마지막 글의 번호, 즉 최근에 올라온 글의 번호입니다. 예전에 올라온 글일수록 번호가 작고, 최근에 올라온 글일수록 번호가 크기 때문입니다.

▼ 그림 29-1 최신 글 목록 예시

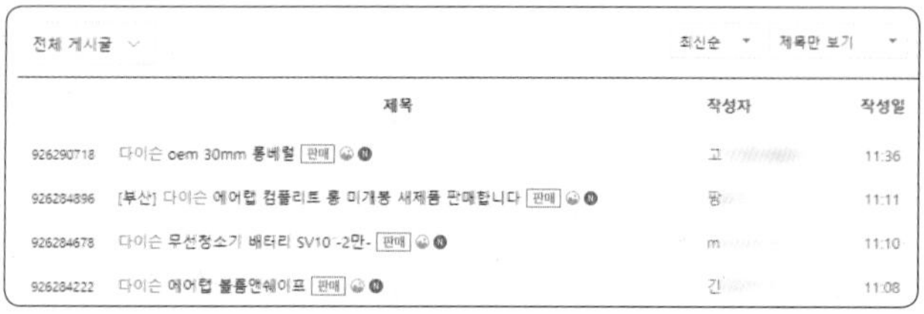

이 글의 번호는 posts_list[0]의 pnum에 있겠죠? for 루프를 돌고 마지막에 post_list[0]['pnum']을 출력해 봅시다.

```
코드
(…)
for post in posts:
    post_dic = {'pnum':'', 'ptitle':'', 'pwriter':''}
    post_dic['pnum'] = post.select('div.inner_number')[0].text
    post_dic['ptitle'] = post.select('a.article')[0].text.strip()
    post_dic['pwriter'] = post.select('a.m-tcol-c')[0].text

    post_list.append(post_dic)

print(post_list[0]['pnum'])
```

```
결과
926291141
```

우리가 수집한 글 번호 중에서 마지막 번호가 나옵니다. 수집한 번호 중 가장 큰 수라는 점을 눈여겨보세요. 5분 뒤에 같은 키워드로 다시 검색하고 글들을 긁어올 텐데, post_list[0]['pnum'] 번호가 작은가를 비교해보는 거죠.

▼ 그림 29-2 글 번호 비교

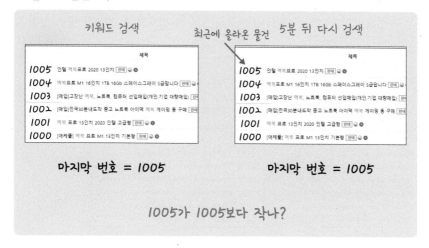

만약 5분 전/후의 최신 글 번호를 비교했을 때,

- 번호가 똑같다면 5분 동안 해당 키워드가 포함된 글은 올라오지 않았다는 뜻입니다.
- 5분 후 번호가 5분 전 번호보다 크다면 우리가 긁어온(5분 전) 이후에 올라온 글이라는 뜻입니다.

▼ 그림 29-3 비교 결과 첫 번째 글

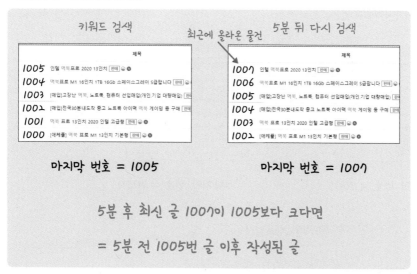

2번일 경우에는 그다음 글의 번호와도 비교해야 합니다. 새로운 글이 1개가 아니라 2개 이상 올라올 수도 있으니까요. 두 번째 글의 번호도 5분 전 번호보다 크다면 새로 올라온 글이라는 뜻입니다.

▼ 그림 29-4 비교 결과 두 번째 글

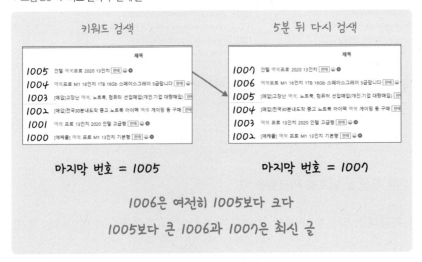

다음으로 세 번째 글의 번호도 비교합니다. 이번에는 번호가 똑같아요. 비교 결과 5분 사이에 새로운 글이 2개 올라왔다는 것을 알 수 있습니다. 즉, 알림을 보낼 글은 5분 사이에 새로 올라온 글 2개입니다.

▼ 그림 29-5 비교 결과 세 번째 글

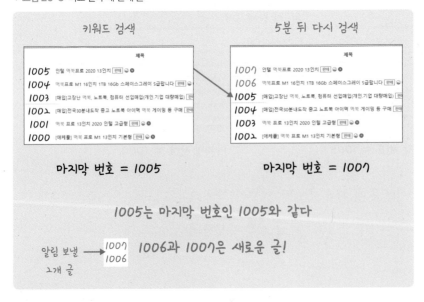

비교하기: 어떻게 비교할까?

그럼 어떻게 비교할 수 있을까요? 본격적으로 코드를 작성해 봅시다.

1 마지막 번호인 post_list[0]['pnum']는 아주 중요한 번호이므로 계속 기억해야 합니다. 그러므로 last_num이라는 변수에 넣어줄게요.

코드
```
(…)
for post in posts:
    post_dic = {'pnum':'', 'ptitle':'', 'pwriter':''}
    post_dic['pnum'] = post.select('div.inner_number')[0].text
    post_dic['ptitle'] = post.select('a.article')[0].text.strip()
    post_dic['pwriter'] = post.select('a.m-tcol-c')[0].text

    post_list.append(post_dic)

last_num = (post_list[0]['pnum'])
```

2 그런데 위와 같이 코드를 작성하면 매번 글을 가져올 때마다 last_num도 바뀌게 됩니다. 지금은 우리가 코드를 실행할 때마다 글을 긁어오지만, 나중에는 특정 키워드를 등록한 뒤 자동으로 검색하고 알림을 보내라고 시킬 겁니다. 언제까지? 더 이상 그 키워드의 알림을 받고 싶지 않을 때까지! 따라서 무한루프(while True:)를 돌려서 계속 알림을 받습니다. while True: 코드 밑으로 모든 코드는 들여쓰기를 해줍니다.

코드
```
from selenium import webdriver
from selenium.webdriver.common.by import By
from selenium.webdriver.common.keys import Keys
import time
from bs4 import BeautifulSoup

keyword = "다이슨"
driver = webdriver.Chrome()
driver.get('https://cafe.naver.com/joonggonara')
time.sleep(3)
```

```
while True:
    elem = driver.find_element(By.CLASS_NAME, "inp")
    elem.send_keys(keyword)
    elem.send_keys(Keys.RETURN)

    (…)
```

③ 이렇게 무한루프를 돌면서 5분마다 물건을 검색할 건데, 우선 last_num을 0으로 초기화합니다.

코드
```
(…)
keyword = "다이슨"
last_num = 0
(…)
```

④ 마지막에 last_num이 0이라면 루프가 처음 1번 돌아간 시점입니다. 이 첫 번째 루프의 last_num을 기억합니다. 맨 처음 루프를 돌고 나서 last_num을 저장하고, 두 번째 루프를 돌고 나서 last_num을 가져와 비교하는 거죠.

코드
```
for post in posts:
    post_dic = {'pnum':'', 'ptitle':'', 'pwriter':''}
    post_dic['pnum'] = post.select('div.inner_number')[0].text
    post_dic['ptitle'] = post.select('a.article')[0].text.strip()
    post_dic['pwriter'] = post.select('a.m-tcol-c')[0].text

    post_list.append(post_dic)

if last_num == 0:
    last_num = post_list[0]['pnum']
```

5 두 번째 루프가 돌아간 이후부터는 이제 last_num과 현재 post_list 리스트에 있는 번호가 같은지 아니면 더 큰지 비교해야 합니다. post_list는 5분마다 새롭게 검색해서 새 리스트를 만들기 때문에 새로운 글이 얼마나 되는지 카운트해야 하죠. 비교하면서 카운트하는 건 for 루프를 사용합니다. 일단 임시로 이렇게 돌려볼게요. 범위는 post_list로 잡고 0부터 돌립니다. 그러면 0부터 14까지 15번 돌겠죠.

일반적으로는 posts의 리스트 i=0부터 last_num보다 작거나 같은지 확인해야 합니다. 만약 post_list가 5분 뒤에 새롭게 변경되었을 때 맨 위에 있는 번호가 5분 전에 봤던 맨 위 글보다 작거나 같아요. 그러면 바로 break를 통해 루프를 빠져나오죠.

break는 루프 안에서 반복하고 있을 때, 더 이상 반복할 필요가 없으면 루프를 강제로 빠져나가는 키워드입니다. 여기서 for 루프는 새로운 글이 몇 개가 등록되었나 반복하면서 개수를 카운트하는데 만약 마지막에 등록되었던 글 번호보다 같거나 작으면 새로운 글이 올라오지 않았다는 뜻이기 때문에 바로 break를 통해 빠져나오게 됩니다.

```
코드
(…)
if last_num == 0:
    last_num = post_list[0]['pnum']

# 두 번째 루프가 돌아간 이후
else:
    for i in range(0, len(post_list)):
        if (post_list[i]['pnum'] <= last_num):
            break
```

6 만약 새로운 글이 올라와서 비교했을 때 last_num보다 크다면 if 루프에 들어오지 못하고 한 번 돌기 때문에 i가 1이 되어 버립니다. 즉, i가 0부터 시작해서 14까지 돌 건데 i가 1 증가한다는 건 last_num이 작거나 같지 않다는 것, 다시 말해 새로운 글이 하나 증가했다는 뜻입니다.

▼ 그림 29-6 i가 1 증가

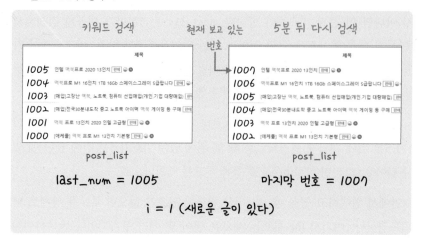

i가 1이 된 후에는 리스트의 두 번째 번호와 비교합니다(post_list[1]['pnum']). 두 번째 글의 번호(pnum)가 last_num보다,

- **작다면?** if 조건문으로 들어와 브레이크(break)합니다. 그러면 i=1로 남고 새로운 글은 하나라는 뜻이 되죠.
- **크다면?** 역시 if 조건문에 들어오지 못합니다. 조건문에 들어오지 못하니까 브레이크가 안 걸리고 다시 한번 i가 증가하게 됩니다. 따라서 i=2로 증가하고, 이는 새로운 글이 2개가 있다는 뜻이 됩니다.

▼ 그림 29-7 i가 2 증가

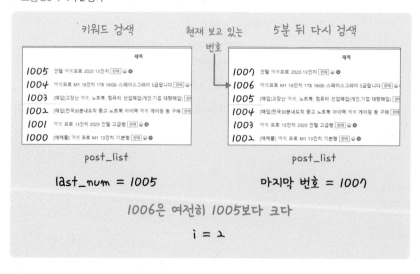

즉, if 조건문에 들어온다는 것은 5분 전 글이거나 더 이전 글이란 뜻이고, 우리는 더 이상 i를 증가시킬 필요가 없기 때문에 브레이크합니다.

7 여기서 잠깐, 브레이크하기 전에 뭘 할 거냐면, post_list를 i부터 끝까지 삭제(del)해줄 겁니다.

```
코드
(…)
# 두 번째 루프가 돌아간 이후
else:
    for i in range(0, len(post_list)):
        # 이 조건문에 들어오는 건 5분 전 글보다 더 이전 글
        if (post_list[i]['pnum'] <= last_num):
            del post_list[i:]
            break
```

삭제하는 이유는 더 이상 필요 없기 때문입니다. pnum이 last_num보다 작거나 같다면 그 글은 더 이상 최신 글이 아닙니다. 이미 예전에 한번 확인했던 글입니다. 따라서 새로운 글까지 남기고 이전 글은 지워버립니다.

▼ 그림 29-8 필요 없는 부분 삭제

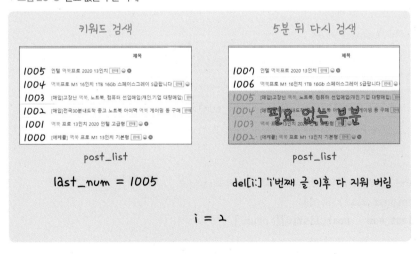

8 이 루프가 끝나면 i가 몇이냐에 따라서 새로운 글의 개수가 정해집니다. 따라서 i가 0이냐 아니냐에 따라서 조건문을 작성할 수 있습니다.

1 | 만약 i가 0이라면(i == 0) 새로운 글이 없다는 뜻이고,

2 | 만약 i가 0이 아니라면(i != 0) 새로운 글이 적어도 1개는 있다는 뜻입니다.

아니면 이런 방법도 있습니다. 바로 post_list의 길이(len())를 이용하는 겁니다. 만약 i가 0이라면(i == 0) 새로운 글이 없으므로, 리스트의 모든 아이템이 지워집니다(del post_list[i:]). 즉,

1 | len(post_list)의 길이가 0이면 새로운 글이 없다는 뜻이고,

2 | len(post_list)의 길이가 0이 아니라면 그 길이만큼 새로운 글이 있다는 뜻입니다.

새로운 글이 있다면 다음 루프를 위해서 last_num을 다시 post_list 리스트의 최신 pnum으로 바꿔줍니다. 새로운 글이 있으면 5분 전에 봤던 최신 글의 번호가 더 이상 필요 없기 때문입니다. 항상 새로운 글이 들어오면 post_list의 최신 pnum으로 last_num을 교체해주는 거죠.

코드

```
(…)
# 두 번째 루프가 돌아간 이후
else:
    for i in range(0, len(post_list)):
        # 이 조건문에 들어오는 건 5분 전 글보다 더 이전 글
        if (post_list[i]['pnum'] <= last_num):
            del post_list[i:]
            break

    # 새로운 글이 있다면 다시 리스트의 최신으로 넣어줌
    if(len(post_list) != 0):
        last_num = post_list[0]['pnum']
```

거의 끝났습니다. 얼추 완성된 것 같아요.

무한루프 돌리기

이제 앞에서 작성한 코드를 정리하면서, 무한루프를 돌리면서 코드가 잘 실행되는지 확인해 보겠습니다. 사실 무한루프는 코딩을 잘못한 상황에서 많이 마주치는데, 이번 예제 같은 경우는 내가 취소할 때까지 계속 5분마다 작업을 수행해야 하므로 일부러 무한루프를 이용하게 되었습니다.

① while(컨디션) 반복문은 컨디션이 True일 경우 반복합니다. 근데 해당 컨디션을 처음부터 True로 주면 그야말로 무한루프가 되는 것이지요.

```
코드
(…)
keyword = "다이슨"
last_num = 0
driver = webdriver.Chrome()
driver.get('https://cafe.naver.com/joonggonara')
time.sleep(3)

while True:
    elem = driver.find_element(By.CLASS_NAME, "inp")
    elem.send_keys(keyword)
    elem.send_keys(Keys.RETURN)

    # iframe 다른 웹 페이지로 눈을 돌린다.
    iframe = driver.find_element(By.CSS_SELECTOR, ("iframe#cafe_main"))
    driver.switch_to.frame(iframe)
(…)
```

② 그냥 무한루프를 돌리면 너무 빠를 테니 맨 마지막에 모든 코드가 끝났을 때 대기 시간을 10초 정도 주겠습니다. 그리고 아직 알림 관련 코드를 작성하지 않았으니, 루프를 돌다가 새로운 글이 있다면 한번 출력해 보겠습니다.

10초를 대기하기 전에 post_list의 길이를 검사해서 총 몇 개의 새로운 글이 있었는지 출력합니다. 그럼 실행해 볼까요? 오류가 나오겠거니… 생각하고 마음 편하게 실행해 봅니다.

```
(…)
# 새로운 글이 있다면 다시 리스트의 최신으로 넣어줌
        if(len(post_list) != 0):
            last_num = post_list[0]['pnum']

    print("총 " + str(len(post_list)) + "만큼의 새로운 글이 있습니다.")
    time.sleep(10)
```

결과

```
총 15만큼의 새로운 글이 있습니다.

NoSuchElementException: Message: no such element: Unable to locate
element: {"method":"css selector","selector":".inp"}
```

처음에는 15개 글을 잘 긁어왔는데, 다음에는 오류가 떴네요.

❸ 오류 메시지를 살펴봅시다. 오류는 다음 코드에서 발생했습니다. 오류 메시지를 보면 'inp'를 찾을 수 없다는데요. inp는 처음 중고나라에 들어가서 키워드를 검색하기 위해 검색창을 선택하는 부분입니다. 처음에는 검색이 잘 되어서 새로운 글을 찾았는데, 10초를 자다가 두 번째 루프를 진행할 때는 왜 검색창을 찾지 못할까요?

코드

```
elem = driver.find_element(By.CLASS_NAME, "inp")
```

아! 그러고 보니 우리는 아이프레임으로 스위칭한 상태입니다. 다른 웹 페이지를 보고 있으니 중고나라 카페 사이드 메뉴에 있는 검색창을 찾지 못하는 거군요! 그러면 중고나라 카페 웹 페이지를 열고 > 검색 > 아이프레임으로 스위칭해서 글을 긁어오고 > 다시 원래 웹 페이지로 돌아가서 > 검색 > 아이프레임으로 스위칭해서 글을 긁어오는 일련의 과정을 반복해야겠습니다.

셀레니움에서 원래 보던 웹 페이지로 스위칭하는 구문을 찾아서 넣어줍니다. 셀레니움 도큐먼트 사이트에서 찾아도 좋고, 저는 그냥 구글에서 원하는 동작을 검색했습니다(python selenium switch to previous frame). 역시 아이프레임과 관련해 비슷한 오류를 겪고 비슷한 해결책을 생각한 개발자의 글이 남아 있네요. 살펴보니 driver.switch.to.default_content()를 사용하였습니다.

▼ 그림 29-9 셀레니움에서 원래 보던 웹 페이지로 스위칭하는 구문 [11]

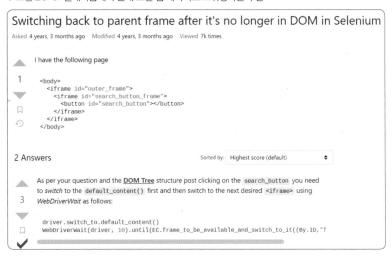

```
코드
(…)
while True:
    # 원래 보던 웹 페이지(검색 기능이 있는)를 본다.
    driver.switch_to.default_content()

    elem = driver.find_element(By.CLASS_NAME, "inp")
    elem.send_keys(keyword)
    elem.send_keys(Keys.RETURN)

    # iframe 다른 웹 페이지로 눈을 돌린다.
    iframe = driver.find_element(By.CSS_SELECTOR, ("iframe#cafe_main"))
    driver.switch_to.frame(iframe)
(…)
```

다시 실행해보면 처음에 15개의 새로운 글을 긁어 오고, 새로운 글이 없다는 결과가 계속
해서 잘 나옵니다.

> **결과**
>
> 총 15만큼의 새로운 글이 있습니다.
> 총 0만큼의 새로운 글이 있습니다.
> 총 0만큼의 새로운 글이 있습니다.
> (…)

일단 원하는 동작을 문제없이 수행하는 것을 확인했습니다. 끝에 last_num을 함께 출력하면 새 글이라는 걸 더 알아보기 쉽겠죠? 검색 시간도 원하는 대로 수정할 수 있습니다. 저는 5분(300초)으로 바꿔볼게요.

> **코드**
>
> ```
> (…)
>     print("총 " + str(len(post_list)) + "만큼의 새로운 글이 있습니다. " +
> ↪ str(last_num))
>     time.sleep(300)
> ```

> **결과**
>
> 총 15만큼의 새로운 글이 있습니다. 926672286
> 총 0만큼의 새로운 글이 있습니다. 926672286
> 총 0만큼의 새로운 글이 있습니다. 926672286
> 총 0만큼의 새로운 글이 있습니다. 926672286
> (…)

만약 새로운 글이 있으면 last_num이 바뀔 겁니다. 이렇게 애초에 목표했던 기능을 구현하는 데는 성공했습니다. 그러나 코드를 작성하고 오랜 기간 실행해보고 검토한 결과 중고나라 또는 네이버 카페의 오류를 발견했습니다. 이유는 정확히 알 수 없지만 키워드로 검색하면 일정 시간대에 멈춰서 수십 분간 검색 결과가 똑같았습니다. 검색 기능이 잘 작동하지 않으므로 우리가 만든 웹 관련 프로젝트를 중고나라 카페에서 실제로 활용하기는 힘들 것 같아요.

그렇다고 이 과정이 괜한 짓이라는 건 아닙니다. 웹과 관련해 내가 필요한 것을 자동화하는 걸 학습해보는 과정으로 진행하고 다른 프로젝트에 참고한다면 좋습니다. 파이썬과 셀레니움은 여러분에게 필요한 웹 사이트가 어디든 잘 활약할 수 있을 겁니다.

알림

마지막으로 알림을 주는 방법에 대해 살펴보겠습니다. 지금처럼 알림을 주면 우리가 컴퓨터를 사용하지 않을 경우에는 (다른 일을 하거나 외출을 하거나) 확인할 수가 없습니다. 내 스마트폰으로 알림이 오는 게 가장 좋겠죠.

스마트폰에 알림을 주는 가장 일반적인 방법은 이메일을 보내는 겁니다. 새로운 글이 등록됐을 때 메일을 보내면 내 폰에서 '띠링~' 하는 거죠. 여기서는 지메일(Gmail)로 알림 메일을 보내 보겠습니다.

파이썬 라이브러리 검색

① 파이썬에서 무언가 하고 싶을 때 가장 먼저 해야 하는 것은 뭘까요? 여러 번 해왔으니 고민할 것 없죠? 바로 구글에 검색하는 것입니다. 검색해 봅니다(python how to send gmail). 그리고 검색 결과 중 가장 위에 검색된 글(괴짜를 위한 컴퓨터 과학 포털 GeeksforGeeks)로 들어가 보겠습니다.[12]

▼ 그림 29-10 구글 검색: python how to send gmail

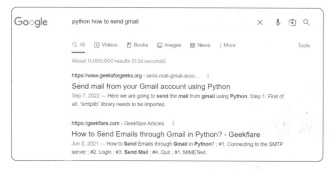

② 다음과 같은 코드가 우리를 반겨줍니다. 코드를 보면 smtplib 라이브러리를 임포트하고 시작합니다. 이 라이브러리가 뭔지는 잘 모르겠지만, 간단하게 메일 전송을 도와주나 봅니다. 이 라이브러리는 따로 다운로드할 필요 없이 파이썬에서 자체적으로 만들어서 넣어뒀어요. 그대로 사용해 볼게요.

---

12 https://www.geeksforgeeks.org/send-mail-gmail-account-using-python/

▼ 그림 29-11 샘플 코드

```python
Python3

import smtplib

# creates SMTP session
s = smtplib.SMTP('smtp.gmail.com', 587)

# start TLS for security
s.starttls()

# Authentication
s.login("sender_email_id", "sender_email_id_password")

# message to be sent
message = "Message_you_need_to_send"

# sending the mail
s.sendmail("sender_email_id", "receiver_email_id", message)

# terminating the session
s.quit()
```

구글로부터 메일 사용 허락받기

구글이 만든 지메일은 사람이 직접 보내는 게 아닌, 기계가 자동으로 메일을 보내는 것에 대해 상당히 조심스러워 합니다. 그래서 지메일로 메일을 보내기 위해서는 구글로부터 '이 계정은 기계가 메일을 보낼 수 있게 해줘.'라고 허락받아야 합니다.

❸ 구글 메일함에 들어가서, 톱니바퀴 모양의 설정 버튼을 누른 뒤, '모든 설정 보기'를 누르세요.

▼ 그림 29-12 설정 버튼

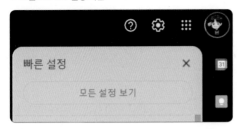

❹ 전달 및 POP/IMAP 탭에서 아래 IMAP 액세스를 사용한다고 설정하고 변경사항을 저장합니다.

▼ 그림 29-13 전달 및 POP/IMAP > IMAP 액세스 사용에 체크

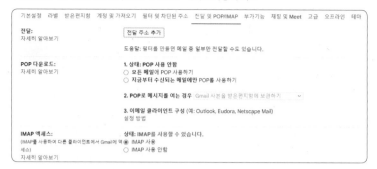

⑤ 자동으로 메일을 보내겠다고 구글에 허락을 구했어요. 이제 자동으로 메일을 보낼 때 필요한 비밀번호만 하나 얻으면 됩니다! 구글 메일함 우측 상단에 있는 내 계정 아이콘을 클릭해 'Google 계정 관리'에 들어갑니다.

▼ 그림 29-14 내 계정 아이콘 > Google 계정 관리

⑥ 먼저 왼쪽 보안 탭에서 '2단계 인증'을 활성화(사용)해서 내가 정상적인 사용자라는 걸 알려줘야 합니다.

▼ 그림 29-15 보안 > 2단계 인증

❼ 2단계 인증을 활성화한 후 그 아래에 있는 앱 비밀번호를 누르면 기계에서 이 계정에 로그인할 수 있는 비밀번호를 구글이 알려줄 겁니다. 앱 비밀번호 생성에서 앱 선택은 [메일], 기기 선택은 [Windows 컴퓨터]를 선택하고 **생성** 버튼을 누릅니다.

▼그림 29-16 앱 비밀번호 생성 > 앱 선택 > 메일

▼그림 29-17 앱 비밀번호 생성 > 기기 선택 > Windows 컴퓨터

❽ 그러면 다음과 같은 16자리 앱 비밀번호를 얻습니다. 지메일로 메일을 보낼 준비가 끝났습니다.

▼ 그림 29-18 앱 비밀번호

Windows 컴퓨터용 앱 비밀번호

gunn ypas ▨▨▨▨ ▨▨▨

주피터 랩에서 알림 관련 코드 작성

이제 우리가 작업하던 아나콘다 주피터 랩 환경으로 돌아옵니다.

9 주피터 랩에서 B를 두 번 눌러서 새로운 셀 두 개를 만듭니다.

▼ 그림 29-19 새로운 셀 두 개 생성

```
[ ]:                                        ⎘ ↑ ↓ ⊥ ⊽ 🗑

[ ]:
```

10 둘 중 아래 셀에 함수를 하나 만들고, 위 셀에서 호출해 보겠습니다. 먼저 아래 셀에 send_mail() 이라는 함수를 만들어 호출되면 hi라고 출력하게 했습니다.

┌ **아래 셀** ┐
```
def send_mail():
    print("hi")
```

11 아래 셀을 한번 실행해주고, 위 셀에 만든 함수(send_mail())를 호출하면(입력해 실행하면) hi라고 반응합니다.

▼ 그림 29-20 아래 셀과 위 셀 입력

```
[2]: send_mail()                            ⎘ ↑ ↓ ⊥ ⊽ 🗑
     hi

[1]: def send_mail():
         print("hi")

[ ]:
```

코딩하다가 조금 복잡한 함수를 만들 때는 이렇게 모듈화해서 따로 만들어놓고, 필요할 때 불러서 사용하면, 사용하기도 편하고 프로그램도 복잡해지지 않습니다. 주피터 랩의 경우 위와 같이 다른 셀에 만들어놓고 불러올 수 있고, 만약 다른 개발 환경이라면 코드가 복잡한 함수를 myfunction.py 같은 독립적인 파이썬 파일로 만들어서 임포트한 후에 사용하기도 합니다. 물론 하나의 프로그램에 모든 코드를 포함할 수도 있지만 안 그래도 긴 코드가 더 복잡해보일 수 있고, 독립적인 함수를 만들어서 모듈화해 놓으면 오류를 찾기도 쉬워요.

함수의 모듈화! 중요하고 편한 팁이에요!

이번 예제에서는 send_mail()이라는 함수를 따로 만들어서 복잡한 코드를 한데 모아두겠습니다. 그리고 메일 전송이 필요한 상황마다 간단하게 send_mail() 함수를 호출하면서 메일을 보내도록 할게요.

⑫ 아래 셀에 만든 함수를 위 셀에서 불러오는 데 성공했으니, 아까 geeksforgeeks에서 본 메일 보내는 코드를 아래 셀에 그대로 가져옵니다.

▼ 그림 29-21 샘플 코드 붙여 넣기

```
[2]: send_mail()

     hi

[1]: import smtplib

     def send_mail():
         # creates SMTP session
         s = smtplib.SMTP('smtp.gmail.com', 587)

         # start TLS for security
         s.starttls()

         # Authentication
         s.login("sender_email_id", "sender_email_id_password")

         # message to be sent
         message = "Message_you_need_to_send"

         # sending the mail
         s.sendmail("sender_email_id", "receiver_email_id", message)

         # terminating the session
         s.quit()
```

13 우리는 IMAP을 활성화했고, 구글로부터 앱 비밀번호까지 발급받았으므로 당당하게 메일을 보낼 수 있습니다. send_mail() 함수 안에 붙여 넣은 샘플 코드에서 필요한 부분만 바꾼 뒤 메일이 잘 보내지는지 확인해 볼게요.

1 샘플 코드의 주석은 지웁니다.

2 아이디와 비밀번호를 넣는 s.login() 라인에 이메일과 앱 비밀번호를 넣어줍니다 ("sender_email_id", "sender_email_id_password").

코드
```
s.login("gunny.algotogether@gmail.com", "gunnypas********")
```

3 message 변수에 메일 내용을 적고, 메시지에 한글을 포함하기 위해 .encode ('utf-8')로 문자열을 인코딩해 줍니다.

코드
```
message = "테스트 메시지 내용입니다.".encode('utf-8')
```

4 s.sendmail() 라인에서 보내는 사람과 받는 사람의 이메일 주소("sender_email_id", "receiver_email_id")를 다 내 이메일 주소로 넣어줍니다.

코드
```
s.sendmail("gunny.algotogether@gmail.com", "gunny.algotogether@
↳ gmail.com", message)
```

코드
```
import smtplib

def send_mail():
    s = smtplib.SMTP('smtp.gmail.com', 587)
    s.starttls()
    s.login("gunny.algotogether@gmail.com", "gunnypas********")
    message = "테스트 메시지 내용입니다.".encode('utf-8')
    s.sendmail("gunny.algotogether@gmail.com", "gunny.algotogether@gmail.
↳ com", message)
    s.quit()
```

14 아래 셀이 오류 없이 잘 실행되는지 확인한 뒤, 위 셀에서 send_mail() 함수를 호출해 봤습니다. 그리고 메일이 잘 보내지는 걸 확인했습니다.

▼ 그림 29-22 테스트 메시지 도착

웹 프로젝트에 알림 관련 코드 추가

물론 현재 send_mail()은 인자(Parameter)를 하나도 건네받지 않아서 단순히 부르기만 하면 내가 원하는 내용이 나에게 메일로 오게 되어 있어요. 그래서 이 내용을 살짝 바꿔야 합니다.

🔟5️⃣ 우리는 post_list 자료 구조에 새로운 글 리스트가 담길 테니, 이 자료 구조에 있는 아이템의 개수(len(post_list))가 함수 호출과 함께 전달된다면 저 길이만큼 새로운 상품이 등록되었다고 메시지를 보낼 수 있습니다. 다음과 같이 send_mail() 함수를 수정합니다.

아래 셀

```python
import smtplib

def send_mail(len):
    s = smtplib.SMTP('smtp.gmail.com', 587)
    s.starttls()
    s.login("gunny.algotogether@gmail.com", "gunnypas********")
    message = ("새로운 상품이 " + str(len) + "개 등록되었습니다.").encode
('utf-8')
    s.sendmail("gunny.algotogether@gmail.com", "gunny.algotogether@gmail.
com", message)
    s.quit()
```

🔟6️⃣ 현재는 post_list 자료 구조에 새로운 글 리스트가 없으니, 테스트 삼아 3이라는 숫자를 넣어 send_mail()을 호출해 보겠습니다. 잘 반영되어서 새로운 상품이 3개 등록되었다고 메일이 오네요!

```
send_mail(3)
```

▼ 그림 29-23 자료 구조에 있는 아이템의 개수를 알려주는 알림 확인

 gunny.algotogether@gmail.com
숨은 참조: 나에게 ▼

새로운 상품이 3개 등록되었습니다.

⑰ 이제 작성한 send_mail() 함수를 원래 작성하던 웹 자동화 코딩에 활용해 새로운 물건이 등록되면 나에게 메일로 알림을 보낼 수 있겠죠? 앞에서 만든 두 셀 중에서 send_mail()의 내용이 적혀 있는 아래 셀만 남기고, 함수 호출 테스트용으로 만든 위 셀은 이제 지워줍니다.

post_list는 새로운 글을 계속 보관하면서 옛날 글은 지우는 리스트이므로 len()이 0이 아닐 때만 알림 메일을 보내라고 하면 메일함이 한층 깔끔해지겠죠?

코드

```
(…)
if last_num == 0:
        last_num = post_list[0]['pnum']

    # 두 번째 루프가 돌아간 이후
    (…)
        # 새로운 글이 있다면 다시 리스트의 최신으로 넣어줌
        if(len(post_list) != 0):
            last_num = post_list[0]['pnum']
            send_mail(len(post_list))
```

⑱ 하나만 더 해보겠습니다. 현재는 새로운 글이 없으면 메일이 오지 않기 때문에 검색이 시작될 때 나에게 '검색 시작'이라는 메일을 보내면 좋겠어요. send_mail() 함수에 다음과 같이 최초의 루프가 돌아갔을 때 999라는 숫자를 보내(len == 999) 나에게 '검색 시작' 메시지를 메일로 보내라는 코드를 추가합니다.

```python
import smtplib

def send_mail(len):
    s = smtplib.SMTP('smtp.gmail.com', 587)
    s.starttls()
    s.login("gunny.algotogether@gmail.com", "gunnypas********")
    if(len == 999):
        message = ("검색 시작").encode('utf-8')
    else:
        message = ("새로운 상품이 " + str(len) +  "개 등록되었습니다.").
➥ encode('utf-8')
    s.sendmail("gunny.algotogether@gmail.com", "gunny.algotogether@gmail.
➥ com", message)
    s.quit()
```

⑲ 그리고 맨 처음 루프가 돌아간 시점에 send_mail(999)를 호출해주면, 미리 약속한 '검색 시작'이라는 알림 메일을 보낼 겁니다.

코드

```python
# 최초로 루프가 돌아간 시점
if last_num == 0:
    last_num = post_list[0]['pnum']
    send_mail(999)
```

정리

지금까지 셀레니움과 뷰티풀숲을 이용해 네이버 중고나라 카페에서 내가 원하는 키워드를 일정 시간마다 계속 검색하면서 새로운 글이 올라오면 나에게 메일로 알림을 보내는 자동화 프로그램을 만들어 봤습니다.

생각보다 복잡한가요? 그런데 코드가 그렇게 길지는 않습니다. 다음 시간에는 코드를 정리하면서 여러분에게 의문점이 하나도 남지 않도록, 한줄 한줄 코드를 분석해 보겠습니다.

마무리 및 코드 분석

지금까지 네이버 중고나라 카페에서 원하는 키워드를 5분마다 검색한 뒤 새로운 글이 올라와 있으면 나에게 메일로 알림을 보내는 프로그램을 같이 만들어 봤습니다.

근데요. 거니 님, 만들긴 했는데 실제로 사용하지는 않을 것 같아요~

괜찮습니다! 이 책에서 엑셀, 워드, 웹 자동화 프로그램을 만들었지만, 여러분 중 몇 분이나 이 프로그램들을 실제로 사용하겠습니까? 앞에서도 설명했지만, 각자에게 필요한 프로그램은 다 다를 수밖에 없습니다. 나중에 나에게 필요한 프로그램을 만들 때 어떻게 만들어야 할지 막막하지 않도록 연습한 겁니다.

웹 자동화 프로그램을 만들어본 이유

세 번째로 웹 자동화 프로그램을 만들어본 이유는 코딩 연습, 파이썬 연습, 복잡할 것 같은 프로그램을 처음부터 끝까지 만들어보는 연습 등의 의미도 물론 있습니다만, 특히 정말 알려주고 싶었던 점은 이겁니다. 네이버에서 무엇을 검색하는 것처럼,

어떤 웹 사이트에서 행동을 반복하고 싶다면,

정말 간단한 코드로 이것을 구현할 수 있다!

는 것입니다. 모를 때는 엄청 거창해 보이고, 나도 이렇게 만들 수 있을까? 싶었지만, 우리가 작성한 코드가 생각보다 길지 않았잖아요?

물론 셀레니움과 뷰티풀숲을 사용하는 데 약간 복잡했던 부분도 있었습니다. 아이프레임으로 스위칭하고 새 글이 올라왔는지 분석하는 부분 때문에 코드가 좀 복잡했나요? 그래도 다 만들고 나니 대략은 이해가 되죠? 어렵고 복잡해 보이는 문제를 해결하는 코드, 어느 정도 난이도가 있는 프로그램을 만드는 코드도 하나하나 만들다 보면 완성할 수 있습니다. 앞으로 여러분이 필요한 프로그램을 만들 수 있도록, 어려워 보여도 도전할 수 있도록 연습해 봤습니다.

이번 시간에는 우리가 작성한 코드가 어떻게 동작하는지 한 줄씩 살펴보면서 복습해 봅시다.

프로그램 동작 방식

이 프로그램의 목적은 네이버 카페 '중고나라'에 들어가서 특정 키워드를 검색한 뒤, 특정 키워드를 포함한 새로운 글이 올라오면 나한테 알림을 주는 것입니다. 새로운 글이 올라온 것을 어떻게 확인할 수 있을까요?

우리는 글 번호를 사용했습니다. 예를 들어 특정 키워드로 검색하고 검색 결과가 나오면 최근에 등록된 순서대로 정렬되어 나오는데, 최근에 등록된 글일수록 글 번호가 큰 수였습니다. 그러므로 번호를 비교하면 최신 글인지 알 수 있겠죠?

▼ 그림 30-1 글 번호

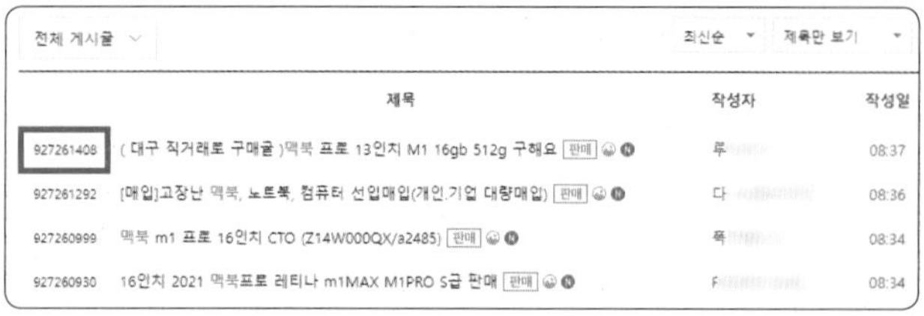

첫 번째 검색 시점의 마지막 번호, 즉 최신 번호를 보관합니다. 5분 뒤에 다시 검색해 결과를 비교했을 때,

- 기존 번호와 똑같다.

  => 새로운 글이 없다. 모든 글을 삭제한다.
- 기본 번호보다 큰 번호가 2개 있다.

  => 새로운 글이 2개 있다. 새로운 글 2개만 남기고 다른 글은 삭제, 새로운 글이 2개 있다고 알림을 보낸다.

삭제하는 이유는 우리가 이미 본 글이기 때문에 가지고 있을 이유가 없기 때문입니다. 그래서 필요 없는 글은 지우고 post_list에 글이 있을 때만 알림을 주게 만들었습니다. 알림을 준 다음 마지막 번호는 최신 번호로 다시 업데이트합니다. 이러한 방식으로 새로운 글이 있나 없나 알아보는 프로그램을 만들어 봤습니다.

코드 분석: 웹 사이트에서 데이터 모두 가져오기

프로그램의 동작 방식을 살펴봤는데 그렇게 복잡하지 않죠? 이번에는 코드로 어떻게 구현했는지 살펴보겠습니다. 우선 필요한 라이브러리를 임포트해 줬습니다. 구글 검색 후 예제 코드에서 각각 가져온 라이브러리입니다. 검색할 단어는 keyword라는 변수에 넣어줍니다. 현재는 다이슨이라는 검색어를 넣었는데 어떤 단어든 여기에 입력하면 검색되는 거죠.

```
코드

from selenium import webdriver
from selenium.webdriver.common.by import By
from selenium.webdriver.common.keys import Keys
import time
from bs4 import BeautifulSoup

keyword = "다이슨"
last_num = 0
```

다음으로 last_num을 0으로 초기화해 줬습니다. last_num은 마지막 글의 번호를 기억하는 변수인데, 최초에 0으로 초기화함으로써 프로그램이 처음 동작한다는 걸 알려줄 수 있습니다. 이따 살펴볼 다음 코드를 보면,

```
코드

# 최초로 루프가 돌아간 시점
    if last_num == 0:
        last_num = post_list[0]['pnum']
        send_mail(999)
```

last_num이 0인 상태에서 최초의 루프가 돌면 post_list에 15개 글이 들어갈 것이고, 그중 맨 위에 있는 글의 번호를 last_num으로 저장합니다. 그다음에 '검색 시작'이라는 알림 메일을 보내기 위해 send_mail(999)를 호출합니다.

send_mail() 함수는 우리가 아래 셀에 따로 만들어놓은 함수인데, 인자로 숫자 하나를 받아 그 숫자만큼 새로운 글이 있다는 걸 메일을 통해 알려줍니다. 하지만 999를 넘겨주면 send_mail() 함수 내에서 프로그램이 시작되는 시점이라고 알고 '검색 시작'이라는 메시지의 메일을 보내도록 했습니다.

다음으로 크롬 드라이버를 설정해주고, 동작이 시작되길 원하는 url에 중고나라 카페 주소를 넣었습니다. 이후 셀레니움을 이용해 중고나라 카페에 들어간 뒤 인터넷 속도를 고려해 3초간 대기합니다.

```
코드
driver = webdriver.Chrome()
driver.get('https://cafe.naver.com/joonggonara')
time.sleep(3)
```

3초 후에는 무한루프를 돌기 시작합니다. 무한루프는 사용자가 중단할 때까지 계속 어떤 한 임무를 수행합니다. 어떤 행동을 무한 반복하는지 살펴볼까요?

무한루프에서 처음으로 나오는 것은 원래 봤던 페이지를 보라는 코드입니다. 이 코드가 필요한 이유는 중고나라가 아이프레임을 사용해서 한 화면에 웹 페이지를 두 개 넣어놓았기 때문입니다. 처음에 검색창이 있는 웹 페이지를 보면서 검색한 뒤, 검색 결과가 나오는 다른 웹 페이지로 눈을 돌립니다. 그리고 루프가 돌아오면 다시 처음의 검색창이 있는 웹 페이지를 보면서 검색해야 하기 때문에 '원래 봤던 페이지를 보라'는 코드를 작성했습니다.

```
코드
while True:
    # 두 번째 루프 이후 본문을 보던 iframe을 다시 검색 페이지로 복귀
    driver.switch_to.default_content()

    # 검색 키워드를 입력한 후 검색 클릭
    elem = driver.find_element(By.CLASS_NAME, "inp")
    elem.send_keys(keyword)
    elem.send_keys(Keys.RETURN)
```

바로 다음에 나오는 코드가 키워드를 검색하는 코드입니다. 검색창의 엘리먼트인 class_name 'inp'를 찾아서 데리고 옵니다. 아래는 중고나라 검색창의 코드입니다. 검색창 엘리먼트에 다이슨 키워드를 입력하고 Enter 를 누릅니다. 그러면 검색되겠죠.

검색한 뒤에 검색 결과가 나오는 본문을 보려면 스위치해야 합니다. 검색창이 있는 페이지와 검색 결과가 나오는 페이지는 다른 페이지이기 때문입니다. 본문인 아이프레임의 cafe_main으로 눈길을 돌린 다음 아이프레임 엘리먼트를 가져와서 그 엘리먼트로 스위치합니다. 이제 우리는 이 웹 페이지를 보겠다는 뜻입니다.

```
코드

# iframe 변경
iframe = driver.find_element(By.CSS_SELECTOR, ("iframe#cafe_main"))
driver.switch_to.frame(iframe)

# html = iframe의 html 코드를 모두 파싱 => 본문 코드 분석
html = BeautifulSoup(driver.page_source, 'html.parser')
```

스위치한 웹 페이지의 본문 코드를 가져와서 분석하기 시작합니다. 드라이버가 보고 있는 아이프레임의 페이지 소스 코드를 뷰티풀숲으로, 파서를 통해 좀 더 예쁘게 html로 넣어줬습니다. 즉, 이 html은 뷰티풀숲이 잘 꾸며놓은 아이프레임 페이지의 글을 가지고 있는 거죠.

코드 분석: 필요한 데이터만 선택하기

그런데 웹 페이지의 전체 내용을 가져오기 때문에 데이터가 너무 많습니다. 이 html 코드에서 원하는 데이터만 가져와야 합니다. 우리가 원하는 코드는 검색 결과로 나온 하나하나의 글들이죠.

▼ 그림 30-2 글 하나하나가 필요

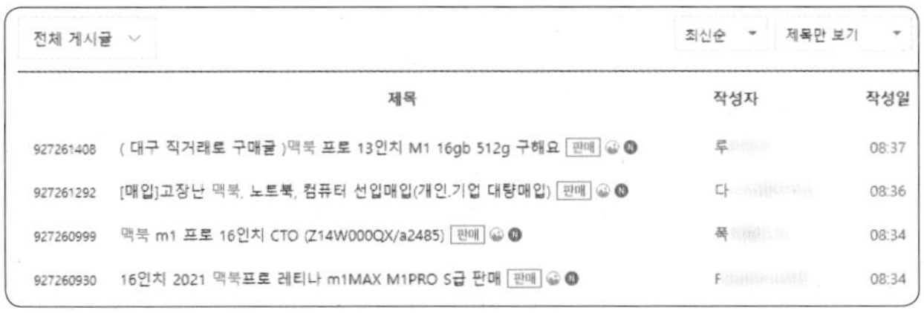

이 글들은 table 태그 안에 tbody 태그 안에 tr 태그로 되어 있습니다. tr 하나하나가 다 글입니다. 이 tr을 가져오고 싶은데 앞에서 본 name이나 class_name 같은 유니크 부분이 없어서 신분을 알 수 없습니다. 그래서 부모로 올라갔습니다. 신분을 알 수 있을 때까지 올라가니, div 클래스의 article-board.m-tcol-c가 나왔습니다.

▼ 그림 30-3 div.article-board.m-tcol-c

```
▼<div class="article-board m-tcol-c">
  ▼<table>
    ▶<caption>…</caption>
    ▶<colgroup>…</colgroup>
    ▼<tbody>
      ▶<tr>…</tr>
      ▶<tr>…</tr>
      ▶<tr>…</tr>
```

공백 대신 마침표(.) 넣어준 것 기억나죠?

부모는 신분이 있으므로 접근할 수 있습니다. 따라서 부모에 먼저 접근해서 부모 안에 있는 table에 들어가서 그 table 안에 있는 tbody에 들어가서 tr을 전부 가져옵니다.

코드

```python
# 부모인 div class="article-board m-tcol-c"의 table > tbody > tr에 접근
posts = html.select('div.article-board.m-tcol-c > table > tbody > tr')
```

가져온 내용을 posts에 넣으니 posts의 길이(len( ))는 15가 됩니다. 검색한 결과의 첫 페이지에 있는 글 15개를 가져온 거예요. 가져올 때 필요 없는, 쓸데없는 코드도 다 가져오기 때문에, 다음으로 한 일은 posts 15개를 하나씩 돌면서 우리에게 정말 필요한 부분만 선택해서 가져오는 겁니다.

먼저 post_list라는 빈 리스트를 만들어 놓습니다. 그리고 post라는 식별자가, 글 하나하나가 담겨 있는 posts라는 자료 구조를 돌면서 해당 글의 글 번호(pnum), 글 제목(ptitle), 작성자(pwriter)로 이루어진 딕셔너리 자료 구조를 만듭니다.

코드

```python
post_list = []

    for post in posts:
        post_dic = {'pnum':'', 'ptitle':'', 'pwriter':''}
        post_dic['pnum'] = post.select('div.inner_number')[0].text
        post_dic['ptitle'] = post.select('a.article')[0].text.strip()
        post_dic['pwriter'] = post.select('a.m-tcol-c')[0].text

        post_list.append(post_dic)
```

하나의 글마다 하나의 딕셔너리 자료 구조를 만들어서, 위에서 만들어놓은 post_list 리스트에 넣어줍니다.

- pnum을 찾는 방법은 먼저 posts[0]에서 글 번호가 있는 태그를 검색합니다. div 태그에서 class_name이 inner_number인 부분이므로 선택(select)해서 가져옵니다. 해당 코드 중에서 태그 부분을 제외하고 의미가 있는 텍스트만 가져오면, 딱 글 번호만 가져와서 딕셔너리에 넣을 수 있습니다.
- ptitle도 위와 같은 방법으로 a 태그의 article이라는 class를 가져왔습니다. 글 제목 앞뒤로 필요 없는 공백들이 많이 있으면 strip()으로 공백을 제거합니다.
- pwrite도 같은 방법으로 가져옵니다.

가져온 딕셔너리는 post_list 리스트에 append()해 줍니다. 최초의 루프가 돌았을 때는 15개 리스트가 리스트 안에 들어갔습니다.

최초의 루프가 돌아갔다면 last_num이 0이므로 post_list 리스트 15개 중 최신 글의 pnum이 last_num이 됩니다. 또 최초의 루프가 돌 때는 '검색 시작'을 알려주고요.

코드

```
# 최초로 루프가 돌아간 시점
if last_num == 0:
    last_num = post_list[0]['pnum']
    send_mail(999)
```

앞에서 설명했듯, 어떠한 구문을 긁어와서 우리가 필요한 정보만 가져오는 행위를 파싱이라고 합니다. 여기까지 왔으면 중고나라에서 키워드로 검색한 결과를 가져와서 우리가 필요한 정보(글 번호, 글 제목, 작성자)만 예쁘게 모아서 post_list 자료 구조에 정리되어 있을 겁니다.

코드 분석: 가져온 데이터 분석/비교해 알림 주기

다음으로는 조건문 구조에서 내가 가져온 post_list에 대해 분류하기 시작합니다. 조건문 구조에서는 2가지 갈림길이 있습니다. 만약 last_num이 0일 경우와 0이 아닌 경우입니다.

- last_num이 0일 경우: 프로그램이 실행되고 최초로 들어오는 조건문입니다. 최초에 last_num이 0으로 초기화되어 있기 때문이죠. 이 경우 두 가지 행동을 하는데 첫 번째는 다음 루프에서 새로운 글이 등록되었을 때 비교하기 위해 last_num 변수에 최신 글의 글 번호를 지정해주는 것입니다. 그리고 검색이 시작되었다는 메일을 보내주고 이 분기는 마무리됩니다.

- last_num이 0이 아닌 경우: 조건문의 두 번째 갈림길입니다. 두 번째 반복부터는 이 분기로 들어오게 되는데 이제부터 새롭게 수집된 post_list 자료 구조에 있는 글의 last_num으로 최신 글이 등록되었나 확인하는 작업이 시작됩니다.

코드

```python
# 최초로 루프가 돌아간 시점
if last_num == 0:
    last_num = post_list[0]['pnum']
    send_mail(999)


# 두 번째 루프가 돌아간 이후
else:
    for i in range(0, len(post_list)):
        # 이 조건문에 들어오는 건 5분 전 글보다 더 이전 글
        if (post_list[i]['pnum'] <= last_num):
            del post_list[i:]
            break

    # 새로운 글이 있다면 다시 리스트의 최신으로 넣어줌
    if(len(post_list) != 0):
        last_num = post_list[0]['pnum']
        send_mail(len(post_list))

time.sleep(300)
```

이후 프로세스는 똑같습니다. 본문에 있는 코드를 뷰티풀숲으로 예쁘게 가져온 다음, 새롭게 검색된 글의 tr 15개를 다시 가져와서 posts를 하나하나 돌면서 모든 게시물의 pnum, ptitle, pwriter를 post_list에 append()합니다. 최초의 루프 이후 5분(300초) 뒤에 검색한 새로운 리스트 15개가 들어간 겁니다.

최초의 루프가 아닌 두 번째 루프이므로 else 부분으로 넘어옵니다. 새로운 리스트 15개에 대해 pnum이 5분 전에 본 last_num보다 작거나 같은지, 아니면 높은지를 살펴봐야 합니다.

- 5분 전의 last_num보다 작거나 같다면 5분 전에 봤던 리스트와 똑같다는 뜻입니다.
- 5분 전의 last_num보다 크다면 새로운 글이라는 뜻입니다.

자, 만약 새로운 글이 있다고 해봅시다.

1 | post_list[0]의 pnum은 5분 전의 last_num보다 큰가?

그러면 if 문 안으로 들어가지 않고 루프를 한 번 더 돕니다. 그러면서 for 문의 i는 +1이 되면서 1이 됩니다.

2 | post_list[1]의 pnum은 5분 전의 last_num보다 큰가?

크다면 역시 if 문 안으로 들어가지 않고 루프를 한 번 더 돕니다. 그러면서 for 문의 i는 또 +1이 되면서 2가 됩니다.

3 | post_list[2]의 pnum은 5분 전의 last_num보다 큰가?

크다면 역시 if 문 안으로 들어가지 않고 루프를 한 번 더 돕니다. 그러면서 for 문의 i는 또 +1이 되면서 3이 됩니다.

post_list[i]의 pnum이 last_num보다 같거나 작을 때까지 이 동작을 반복합니다.

코드

```
# 두 번째 루프가 돌아간 이후
else:
    for i in range(0, len(post_list)):
        # 이 조건문에 들어오는 건 5분 전 글보다 더 이전 글
        if (post_list[i]['pnum'] <= last_num):
            del post_list[i:]
            break
```

만약 3번의

post_list[2]의 pnum은 5분 전의 last_num보다 큰가?

를 봤을 때 크지 않고 같다면 이 글은 5분 전에 본 최신 글과 같은 글이라는 것을 알 수 있습니다. 이 경우 post_list[2]부터 이후 글은 볼 필요가 없습니다. 우리가 이미 5분 전에 확인한 글들이니까요. 따라서 post_list[2]를 포함한 이후의 아이템은 리스트에서 삭제하고(del post_list[i:]), for if를 빠져나갑니다(break).

이 경우 post_list[0]과 post_list[1], 두 개의 글이 새로운 글로 남아 있습니다. 따라서 post_list의 길이(len())는 2일 것이고, post_list의 길이가 0이 아니므로((len(post_list) != 0)) 그 아래 if 문으로 들어갑니다. 만약 post_list의 len()이 0이라면 if 문을 지나쳐 5분 쉬게 되겠죠(time.sleep(300)). 5분 쉬는 경우 last_num은 계속 유지됩니다. 새로운 글이 없다면 우리가 가져온 글이 최신 글이니 바뀔 필요가 없기 때문입니다.

코드

```
# 새로운 글이 있다면 다시 리스트의 최신으로 넣어줌
if(len(post_list) != 0):
    last_num = post_list[0]['pnum']
    send_mail(len(post_list))

time.sleep(300)
```

만약 새로운 글이 있어서 if 문으로 들어오게 되면 다음과 같이 동작합니다.

1 | last_num을 현재 최신 글 번호로 업데이트합니다(post_list[0]['pnum']).

　 5분 뒤에 다시 검색했을 때 5분 전 최신 글이 아닌 현재의 최신 글과 비교해야 하므로, 업데이트해야 합니다. 그리고 가장 먼저 나오는, 최상위에 있는 글이 최신 글이므로 post_list[0]의 pnum을 가져오면 자연스럽게 최신 글의 번호를 얻을 수 있었어요.

2 | 알림 메시지를 만들어서 메일을 보냅니다.

즉, 새로운 글이 있다면 last_num을 갱신하고, 알림 메시지를 보내고, 다시 5분간 슬립(sleep)했습니다. 다시 해보니까 생각보다 그렇게 어렵진 않죠?

코드 분석: 알림 메일 보내기

웹 프로젝트에는 셀이 두 개 있는데, 위 셀에는 앞에서 설명한 웹 자동화 프로그램의 코드를, 아래 셀에는 알림 메일을 보내는 send_mail() 함수를 만들어 저장해 놓았습니다. 지메일로 메일을 보내는 코드는 구글 검색으로 찾아서 가져왔으며, 우리의 필요에 맞게 다음 내용을 수정했습니다.

- 999 코드가 전달되면 프로그램이 시작된다는 걸 알려주기 위해 '검색 시작'이라는 메일을 보냅니다.
- 999 이외의 숫자가 오면 새로운 글의 개수를 포함해 메일을 보냅니다.

┤ 코드 ├

```
import smtplib

def send_mail(len):
    s = smtplib.SMTP('smtp.gmail.com', 587)
    s.starttls()
    s.login("gunny.algotogether@gmail.com", "gunnypas********")
    if(len == 999):
        message = ("검색 시작").encode('utf-8')
    else:
        message = ("새로운 상품이 "  + str(len) +  "개 등록되었습니다.").en
➡ code('utf-8')
    s.sendmail("gunny.algotogether@gmail.com", "gunny.algotogether@gmail.
➡ com", message)
    s.quit()
```

메일이 잘 오는지 확인하고 싶어요!

현재는 새로운 글이 없으면 메일이 안 오니까 좀 심심하죠? 메일함이 깨끗해서 좋긴 하지만, 프로그램이 정말 제대로 검색하고 있는지 더 모니터링하고 싶다면 다음과 같이 send_mail(len(post_list)) 코드의 위치를 조건문 아래로 바꿔보세요.

코드

```
# 새로운 글이 있다면 다시 리스트의 최신으로 넣어줌
        if(len(post_list) != 0):
            last_num = post_list[0]['pnum']

    send_mail(len(post_list))
    time.sleep(300)
```

이러면 post_list의 길이와 상관없이 루프가 한 번 돌 때마다 조건 없이 메일을 보내기 때문에 검색 상황을 계속 메일로 받아볼 수 있어요.

▼ 그림 30-4 새로운 글이 없어도 진행 상황 파악

(제목 없음) - 새로운 상품이 0개 등록되었습니다.
(제목 없음) - 새로운 상품이 0개 등록되었습니다.
(제목 없음) - 새로운 상품이 0개 등록되었습니다.
(제목 없음) - 새로운 상품이 15개 등록되었습니다.
(제목 없음) - 검색 시작

정리

지금까지 웹 자동화 프로그램을 만들고 작성한 코드를 처음부터 끝까지 살펴보면서 한번 분석해 봤습니다. 아직도 많이 복잡하다고 느껴진다면 아마도 HTML이나 웹에 대한 기본 지식이 없는 상태에서 웹 관련 프로그램을 만들다 보니 그럴 것입니다. 그리고 중고나라 카페가 좀 복잡했어요. 만약 이보다 단순한 웹 사이트였다면 코드나 동작 방식이 훨씬 간단했을 겁니다. 그러니까 조금 어려웠다고 해도 걱정하지 마세요.

HTML에 익숙하지 않은 상황에도 조금 무리해서 이 예제를 넣은 이유는 우리가 평소에 인터넷을 굉장히 많이 사용하기 때문입니다. 나중에 여러분도 웹 크롤링이나 웹 자동화를 많이 사용하게 될 테니 웹 관련 자동화 예제는 꼭 넣고 싶었습니다.

이제 여러분도 웹 자동화 프로그램에 도전해서 직접 만들어볼 수 있습니다. 좋아하는 연예인의 콘서트 티켓을 자동으로 대량 구매하는 등 나쁜 곳에 쓰면 안 됩니다. 여러분에게 도움이 되는, 좋은 곳에 코딩 기술을 사용하기를 바라겠습니다. 코드에 대한 설명을 주석으로 추가한 전체 코드를 마지막으로 첨부하였으니 참고해 주세요.

코드

```python
from selenium import webdriver
from selenium.webdriver.common.by import By
from selenium.webdriver.common.keys import Keys
import time
from bs4 import BeautifulSoup

keyword = "다이슨"
last_num = 0
driver = webdriver.Chrome()
driver.get('https://cafe.naver.com/joonggonara')
time.sleep(3)

while True:
    # 두 번째 루프 이후 본문을 보던 iframe을 다시 검색 페이지로 복귀
    driver.switch_to.default_content()

    # 검색 키워드를 입력한 후 검색 클릭
    elem = driver.find_element(By.CLASS_NAME, "inp")
    elem.send_keys(keyword)
    elem.send_keys(Keys.RETURN)

    # iframe 변경
    iframe = driver.find_element(By.CSS_SELECTOR, ("iframe#cafe_main"))
    driver.switch_to.frame(iframe)

    # html = iframe의 html 코드를 모두 파싱
    html = BeautifulSoup(driver.page_source, 'html.parser')

    # 부모인 div class="article-board m-tcol-c"의 table > tbody > tr에 접근
    posts = html.select('div.article-board.m-tcol-c > table > tbody > tr')
```

```python
    post_list = [ ]

    for post in posts:
        post_dic = {'pnum':'', 'ptitle':'', 'pwriter':''}
        post_dic['pnum'] = post.select('div.inner_number')[0].text
        post_dic['ptitle'] = post.select('a.article')[0].text.strip()
        post_dic['pwriter'] = post.select('a.m-tcol-c')[0].text

        post_list.append(post_dic)

    # 최초로 루프가 돌아간 시점
    if last_num == 0:
        last_num = post_list[0]['pnum']
        send_mail(999)

    # 두 번째 루프가 돌아간 이후
    else:
        for i in range(0, len(post_list)):
            # 이 조건문에 들어오는 건 5분 전 글보다 더 이전 글
            if (post_list[i]['pnum'] <= last_num):
                del post_list[i:]
                break

        # 새로운 글이 있다면 다시 리스트의 최신으로 넣어줌
        if(len(post_list) != 0):
            last_num = post_list[0]['pnum']
            send_mail(len(post_list))

    time.sleep(300)
```

코드

```python
import smtplib

def send_mail(len):
    s = smtplib.SMTP('smtp.gmail.com', 587)
    s.starttls()
    s.login("gunny.algotogether@gmail.com", "gunnypas********")
    if(len == 999):
```

```
            message = ("검색 시작").encode('utf-8')
        else:
            message = ("새로운 상품이 " + str(len) + "개 등록되었습니다.").en
➡ code('utf-8')
        s.sendmail("gunny.algotogether@gmail.com", "gunny.algotogether@gmail.
➡ com", message)
        s.quit()
```

마치며 완독을 축하합니다!

지금까지 신나게 함께 코딩을 해봤습니다.

- **1부 1장** 파이썬 개발환경 세팅하고
- **1부 2장** 코딩의 기본 지식과 환경 설정을 알아보고
- **1부 3장** 파이썬이 마련해준 자료 구조와 패키지로 딸려오는 메서드를 알아보고
- **2부 1장** 엑셀 자동화 프로그램을 만들어보고
- **2부 2장** 워드 자동화 프로그램을 만들어보고
- **2부 3장** 웹 자동화 프로그램까지 만들어 봤습니다.

코딩을 대하는 자세

엄청 긴 길을 달려왔는데, 다 지나고 돌아보니 왜 이렇게 짧은 것 같죠? 여러분과 함께 해서 즐거웠나 봅니다. 여러분도 코딩이라는 새로운 세계를 알게 되어서 즐거웠나요?

저의 바람이지만, 이 책을 처음 펼쳤을 때와 책을 다 읽은 지금을 비교했을 때 코딩을 대하는 자세가 좀 달라졌기를 바랍니다.

책을 읽기 전에는 내가 뭘 할 수 있는지, 뭐부터 해야 할지 막막했다가 이 책 한 권을 뚝딱 따라 한 뒤에, '아! 이럴 때는 이거부터 해야지!' 또는 '구글에서 검색해서 알아봐야지!' 이런 생각을 가지고 '행동 개시!'할 준비가 되었다면, 저 역시 '이 책이 어느 정도는 성공이다!'라고 생각할 수 있을 것 같습니다.

나중에는 깊이 있게 학습할 수도 있습니다

이 책을 시작할 때는 컴퓨터에 대한 기본 지식이 없는 분들도 읽을 수 있었으면 하는 마음에, 제가 좀 깊이 알아야 하는 개념은 일부러 소개하지 않았습니다. 예를 들어 함수나 메

서드나 하는 일은 비슷한 거 같은데 점을 찍네 마네, 이러면 함수네 저러면 메서드네 했죠? 사실 메서드와 함수에 대해서도 설명하려면 설명할 게 많습니다. 컴퓨터 공학에서 프로그램을 나눌 때 절차지향 또는 객체지향 프로그래밍 언어로 나눌 수 있는데……

아니, 거니 님? 이제 끝났다고 전문 용어 쏟아 내시는 거예요?

맞아요! 전문 용어 쓰는 겁니다. 이게 마지막 장이거든요!

농담이고, 사실 메서드라는 건 객체지향 프로그래밍 언어에서 오브젝트를 만들고, 오브젝트에서 자식을 만들고, 상속을 하고, 다른 오브젝트 안에 있는 함수를 사용할 때 그걸 메서드라고 부르는데, 제가 실습할 때 메서드를 사용해야 하는 입장에서 객체지향 개념을 설명하지 않아도 되나 엄청 고민하다가, 그냥 넘겼어요.

그런데 여러분, 머리 아픈 원리를 몰라도 점 찍어서 메서드 잘 사용하게 되었죠? 그러면 된 거예요. 우선 사용하다가 나중에 좀 익숙해지고, 다른 개념들도 주워 듣고, 내가 지금보다 더 잘 사용하고 싶은 욕심이 생기면 그때 깊이 있게 배우면 됩니다.

물고기가 아니라 물고기 잡는 방법을

이 책에서 코딩의 기본을 배우고 엑셀, 워드, 웹에서 파이썬을 사용해 봤는데, 여러분 중에 몇 분이나 이 책을 보고 중고나라에서 물건을 검색하는 웹 자동화 프로그램을 실제로 사용할까요? 아마 거의 없을 겁니다. 우리가 지금까지 같이 만들어본 자동화 프로그램은 절대 여러분의 상황에 꼭 맞는 자동화 프로그램일리가 없습니다. 이 부분에 대해서도 많이 고민했는데, 책에서 어떤 프로그램을 만들든 딱 그 프로그램이 필요한 수요는 적게 마련입니다.

결국 이 책은 여러분에게 필요한 프로그램 코드를 주는 게 아니라, 진짜 프로그래머가 무엇을 만들 때 어떻게 만드는지 실제로 겪는 과정과 해답을 찾아가는 과정, 즉 프로그램을 만드는 방법을 알려주는 형태로 구성했습니다. 혹시나 여러분이,

거니 님이 서울대랑 미국 대학을 나왔다고 해서 기대했는데, 구글 검색하고 있네?

이렇게 오해하지는 않을까, 저도 고민했거든요. 하지만 프로그램을 만들어 보려고 할 때 정말 도움이 될 수 있는 내용과 팁을 알려주고 싶었습니다. 이런 저의 마음이 잘 전달된다면 기쁘겠습니다. 그리고 실제 저도 코딩할 때 구글 검색을 많이 하는데, 마치 내가 다 알

고 있다는 듯이 이야기하는 것도 마음이 좀 내키지 않았습니다. (다른 프로그래머들도 뭐든 100% 다 아는 게 아니기 때문에 이렇게 찾아가면서, 알아가면서, 시행착오를 겪으면서 코딩한다니까요.)

동영상 강의를 책으로

사실 첫 시작은 동영상 강의였습니다. 먼저 동영상으로 제작한 강의를 책으로 옮기는 데 여러 제약 사항도 있었습니다. 말할 때는 중요하다고 생각하는 곳에 강세를 넣으면서 이야기했는데 그런 부분을 글로 그대로 옮기는 데는 부족함이 있었고, 특히 세 번째 웹 자동화에서 웹 페이지 등의 HTML 코드가 너무 길어서 실행 결과를 조금씩만 보여드리면서 진행할 수밖에 없었던 부분은 전달력이 조금 떨어질 수 있을 것 같아 아쉬웠습니다.

다만 강의 내용을 글로 옮기면서 동영상 강의 중 미처 설명하지 못했던 부분이나 조금 더 풀어서 설명하면 좋겠다 싶은 부분을 자세히 글로 풀 수 있었던 점은 좋았습니다. 어려운 내용을 최대한 친근하게 표현하고 싶었던 제 의도가 이 책에서 잘 전달되었다면 정말 좋겠습니다!

프로그래밍을 계속 해나갈 여러분을 응원합니다

저와 함께 프로그래밍 세계에 입문해준 여러분, 진심으로 감사합니다.

이 책을 시작으로 앞으로 멋진 프로그래머가 될 여러분을 열심히 응원하겠습니다.

감사합니다. 거니였습니다.

기호

- 065
!= 093
* 065
** 071
/ 066
// 067
% 069
+ 064
<= 094
== 092
>= 094

A

add( ) 202
and 095
append( ) 176

B

break 126

C

capitalize( ) 229
casefold( ) 229
character 055
clear( ) 177, 218
continue 132
copy( ) 178
count( ) 179, 195, 229

D

del 174, 217
difference( ) 204, 207

E

elif 106

else 103
endswith( ) 229
enumerate( ) 338

F

find( ) 229
float 053
for 122

G

glob 256

I

IDE 027
if 102
index( ) 182, 195, 229
input( ) 079
insert( ) 182
integer 053
intersection( ) 204, 206
isalnum( ) 229
isalpha( ) 230
isdecimal( ) 230
islower( ) 230
issubset( ) 204
issuperset( ) 204
isupper( ) 230
items( ) 215, 222

K

keys( ) 215

L

len( ) 172, 215
list( ) 160

M

max( ) 172
min( ) 172

N

not 099

O

openpyxl 242
or 097

P

pip 244
pop( ) 183, 202, 217
popitem( ) 217
print 040
python-docx 299

R

range( ) 123
remove( ) 183, 202
replace( ) 230
reverse( ) 186

S

Selenium 373
sort( ) 186
split( ) 161, 230
startswith( ) 230
string 055
swapcase( ) 230

T

today( ) 348
type( ) 053

type conversion 060

U

union( ) 204, 205
update( ) 202, 219, 220

V

values( ) 216

W

while 120

ㄱ

개발 환경 026
곱하기 065
곱하기곱하기 071
글롭 256

ㄴ

나누기 066
나누기나누기 067
내장함수 170
논리연산자 094

ㄷ

단축키 044
더하기 064
딕셔너리 209

ㄹ

루프 119
리스트 157
리스트 연산 167

ㅁ

마크다운 048
메서드 176
모듈로 069
문자열 055
문자형 055

ㅂ

반복문 119
반복 실행 089
변수 073
변수 이름 076
불리언 타입 091
뷰티풀숲 390
비교연산자 091
빼기 065

ㅅ

세트 197
셀레니움 373
순차 실행 089
숫자형 값 053
스트링 055
실수 053

ㅇ

아나콘다 028
아이프레임 395
에디트 모드 043
연산자 064

ㅈ

자료 구조 154
정수 053
조건문 090, 101
조건 실행 089

주석 062
주피터 026
주피터 랩 033
중첩 반복문 139

ㅋ

캐릭터 055
캐스팅 059
커맨드 모드 042
크롤링 390

ㅌ

통합 개발 환경 027
튜플 189

ㅍ

파이썬에서의 문자열 226

ㅎ

함수 144
형 변환 060

A ~ C

add( ) 202

append( ) 176

capitalize( ) 229

casefold( ) 229

clear( ) 177, 218

copy( ) 178

count( ) 179, 195, 229

D ~ F

difference( ) 204, 207

endswith( ) 229

enumerate( ) 338

find( ) 229

I

index( ) 182, 195, 229

input( ) 079

insert( ) 182

intersection( ) 204, 206

isalnum( ) 229

isalpha( ) 230

isdecimal( ) 230

islower( ) 230

issubset( ) 204

issuperset( ) 204

isupper( ) 230

items( ) 215, 222

K ~ M

keys( ) 215

len( ) 172, 215

list( ) 160

max( ) 172

min( ) 172

P ~ R

pop( ) 183, 202, 217

popitem( ) 217

range( ) 123

remove( ) 183, 202

replace( ) 230

reverse( ) 186

S ~ V

sort( ) 186

split( ) 161, 230

startswith( ) 230

swapcase( ) 230

today( ) 348

type( ) 053

union( ) 204, 205

update( ) 202, 219, 220

values( ) 216